스스로 마스터하는 트레이닝 북

포토샵 CS6

Foreign Copyright:
Joonwon Lee
Address: 127, Yanghwa-ro, Mapo-gu, Chomdan Building 6ᵗʰ floor,
          Seoul, Korea
Telephone: 82-70-4345-9818
E-mail: jwlee@cyber.co.kr

스스로 마스터하는 트레이닝 북

포토샵 CS6

2012. 9. 10. 1판 1쇄 발행
2014. 3. 28. 1판 2쇄 발행
2015. 2. 28. 1판 3쇄 발행
2016. 4. 20. 1판 4쇄 발행

저자와의
협의하에
인지생략

지은이 | 홍성경
펴낸이 | 이종춘
펴낸곳 | BM 주식회사 성안당
주소 | 04032 서울시 마포구 양화로 127 첨단빌딩 5층(출판기획 R&D 센터)
       10881 경기도 파주시 문발로 112(제작 및 물류)
전화 | 02) 3142-0036
       031) 950-6300
팩스 | 031) 955-0510
등록 | 1973.2.1 제406-2005-000046호
출판사 홈페이지 | www.cyber.co.kr
ISBN | 978-89-315-5215-7 (13000)
정가 | 22,000원

이 책을 만든 사람들
책임 | 최옥현
기획·진행 | 오렌지페이퍼
디자인 | 디자인허브
홍보 | 전지혜
국제부 | 이선민, 조혜란, 김해영, 김필호
마케팅 | 구본철, 차정욱, 나진호, 이동후, 강호묵
제작 | 김유석

도움을 주신 분들

사진 협찬 | Photographer 김영삼(e-mail: ssami03@nate.com)
고도몰(www.godo.co.kr) 사진동호회 GodoPhotos

스스로 마스터하는 트레이닝 북

포토샵
CS6

홍성경 지음

스마트 시리즈 소개

혼자서도 체계적으로 스마트하게

 스로

각 프로그램의 최중요 기능을 우선 구성하여 **혼자서도 체계적으로** 공부할 수 있습니다. 또한 본문에 부가 요소를 강화하여 더욱 쉽게 이해할 수 있습니다.

가장 중요한 핵심 기능만 스마트하게

 마스터하는

이론, 실습, 문제에 이르기까지 **철저하게 배우고 복습**하는 단계로 구성되어 있어 한 번 배운 내용은 완벽하게 내 것으로 만들어 줍니다. 권말에는 실무 프로젝트를 별지로 구성하여 **현장 업무까지 완벽하게 대비**할 수 있도록 하였습니다.

한 번 배울 때 완벽하고 스마트하게

 트레이닝 북

확인실습 ⋯▶ 응용실습 ⋯▶ 프로젝트로 이어지는 **단계별 문제 확인 구성**으로 꼼꼼하게 연습할 수 있습니다. 또한 응용실습과 프로젝트는 해설 파일을 별도로 제공하여 더욱 완벽하게 마스터할 수 있도록 도와드리며, 프로젝트는 동영상 해설 파일(QR코드, 부록 CD)을 특별 제공합니다.

많은 것을 보라

포토샵은 우리의 일상 속 가까이에 있습니다. 아마 컴퓨터 그래픽 툴 중에 가장 많은 사용자를 보유하고 있을 것입니다. 일명 '뽀샵질'이라는 단어는 누구나 아는 일상어처럼 되었으니까요. 하지만 많이 들어보았다고 해서 모두 포토샵을 잘 다루는 것이라 할 수 있을까요?

필자가 강의를 하다보면 포토샵을 처음 배우는 사람들이 "포토샵으로 겨우 사진 수정만 하고 있어요.", "너무 복잡해요.", "툴은 좀 쓰겠는데 기능이 너무 많아요."라거나 조금 경력 있는 디자이너들도 "난 재능이 없나봐요. 늘 쓰던 기능만 써요"라고 하는 말을 자주 듣곤 합니다. 이런 말을 들을 때 제가 가장 먼저 하는 말은 포기하지 말라는 것입니다. 그리고 주변을 많이 둘러보라고 말합니다. 포토샵이 활용된 디자인들은 널려 있습니다. 잡지나 포스터, 전단지, 팸플릿, 책 표지, 인터넷 속의 웹디자인까지. 너무나 많은 샘플과 아이디어가 흘러 넘칩니다. 이런 것들을 주의깊게 살펴보고 기억하세요. 분명 모르는 사이 포토샵 실력이 늘어날 것입니다.

스킬을 익혀라

포토샵은 엄청난 툴과 명령, 이를 뒷받침해주는 많은 디자인 소스를 갖고 있는 프로그램입니다. 이를 제대로 활용하지 않는다면 뭔가 아쉬운 작품밖에는 만들 수 없습니다. 이렇게 많은 기능을 제대로 활용하기 위해서는 먼저 많은 포토샵 서적을 보는 것이 중요합니다. 이 책은 포토샵을 처음 시작하는 사람이나 기본적인 기능을 위주르 사용하는 사람들이 기본기를 다지고 스킬을 높이는 데 도움이 되도록 고민하여 만든 책입니다. 물론 이 책을 본 이후에 다른 포토샵 응용서적을 보거나 어도비(Adobe) 사이트에 있는 동영상 설명 등을 참고하는 것도 실력을 향상시키는 데 큰 도움이 됩니다.

그리고 스마트 시리즈와 함께

이 책은 갈수록 진화하고 있는 포토샵의 최신 버전인 CS6를 기준으로 설명하였습니다. 기존의 다양한 기능과 CS6 버전만의 놀라운 신기능을 적절히 설명하여 초보자들에게는 포토샵을 익숙하게, 기존에 포토샵을 다루던 분들에게는 범포토샵적인 디자인 작업을 할 수 있도록 하였습니다. 핵심 이론 설명과 확인 문제, 실질적인 기능을 배울 수 있는 본문, 포토샵을 활용한 실전 능력을 확인해보는 프로젝트, 또한 프로젝트는 특별히 동영상 해설 파일을 제공하여 더욱더 효율적인 학습이 될 수 있도록 하였습니다.

끝으로 이 서적이 나올 때까지 저보다 더 고생해주신 오렌지페이퍼 분들, 그리고 원고를 도와준 찬이, 예제를 만들어준 현주, 책 쓸 때마다 사진을 뺏기는 싸미와 신재, 지쳐가는 날 달래준 여러 친구들에게 감사하다는 말씀 전합니다.

홍성경

스마트 시리즈 활용법

스마트 시리즈의 구성과 활용 방법을 소개합니다.

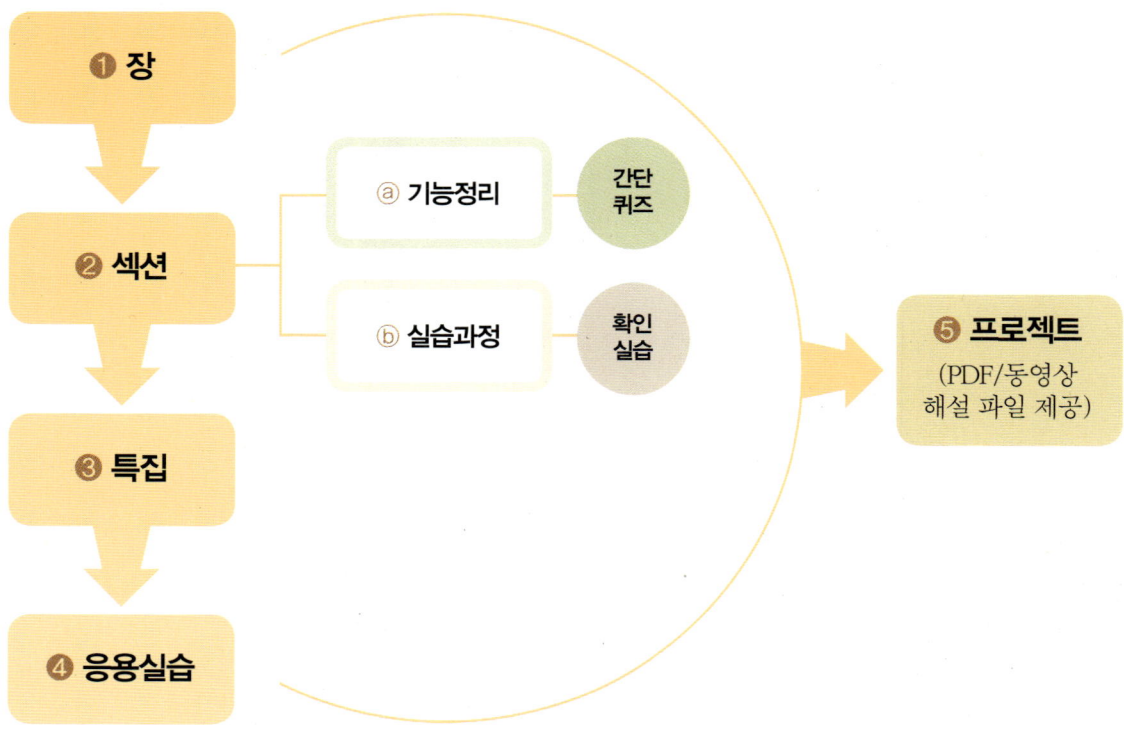

❶ 장

❷ 섹션

ⓐ 기능정리 — 간단 퀴즈

ⓑ 실습과정 — 확인 실습

❸ 특집

❹ 응용실습

❺ 프로젝트
(PDF/동영상 해설 파일 제공)

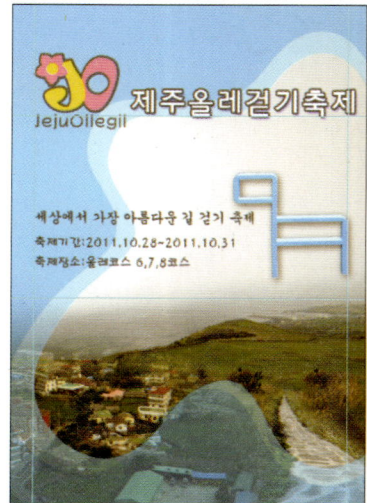

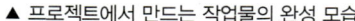

▲ 프로젝트에서 만드는 작업물의 완성 모습

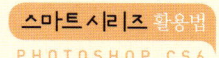
❶ **장** | 프로그램의 유사한 주제에 따른 기능들을 모아 '장'으로 구성하였습니다.

❷ **섹션** | 장의 하위 수준으로, 간단한 이론을 살펴보고 핵심 기능을 직접 따라해보며 내용을 익히는 과정입니다.

ⓐ **기능정리** : 본격적으로 본문을 실습하기 전에 핵심 개념을 간단하게 이론으로 살펴보는 단계입니다. 중요한 개념을 '간단퀴즈'로 다시한 번 되짚어 봅니다.

ⓑ **실습과정** : 핵심 기능을 익히는 메인 과정입니다. 다수의 실습과정이 나올 수 있으며, 마지막에는 '확인실습'으로 배운 내용을 체크합니다.

❸ **특집** | 본문에서 다루지 못한 중급 이상의 기능을 학습할 수 있는 구성입니다.

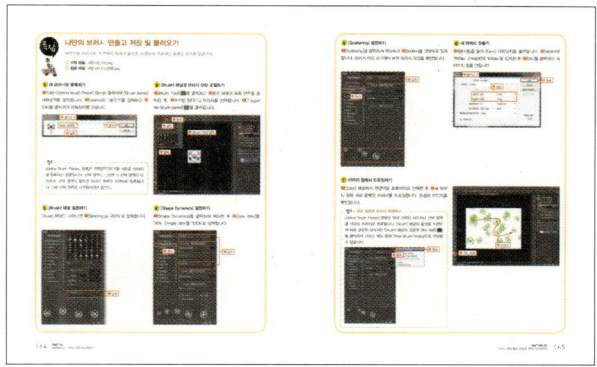

❹ **응용실습** | '장'의 학습을 종합적으로 테스트할 수 있는 문제입니다. 책의 지면에서는 간단한 힌트를 확인할 수 있고 해설 파일은 별도로 제공합니다.

❺ **프로젝트** | 실전 능력 향상을 위해 특별 구성된 종합 문제입니다. 동영상 해설 파일이 제공됩니다.

PART 01 포토샵 CS6와 인사하기

포토샵은 가장 많은 유저를 거느린 그래픽 프로그램입니다. 사진을 찍은 후 간단한 수정 작업을 하려는 일반인부터 전문적인 디자인 작업을 하는 사람들까지 모두 사용할 수 있는, 쉽고 다양한 툴과 명령을 지원합니다. 포토샵이 개발된 지 약 20년 동안 획기적인 변화를 거듭하여, 직관적인 아이콘으로 구성된 툴과 패널, 옵션만 선택하면 자동 적용되는 명령 등 한층 사용성 좋은 프로그램으로 자리 잡았습니다. 이번 장에서는 포토샵의 기능과 역할, 작업 환경과 툴, 패널을 다루는 기본 방식에 대해 자세히 살펴보도록 하겠습니다.

SECTION 01. 새로워진 포토샵 CS6 시작하기

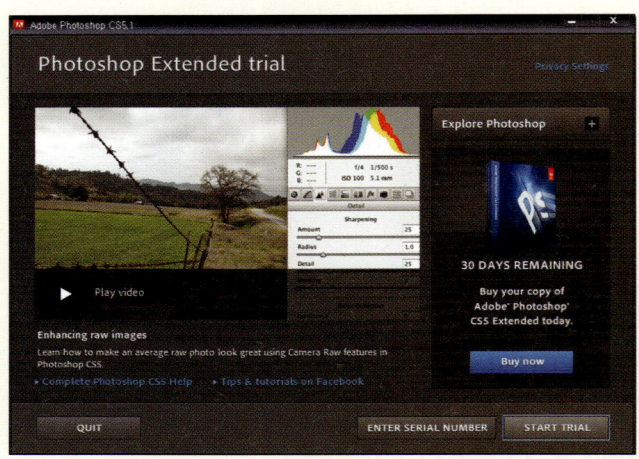

SECTION 02. 포토샵 CS6의 작업 환경 살펴보기

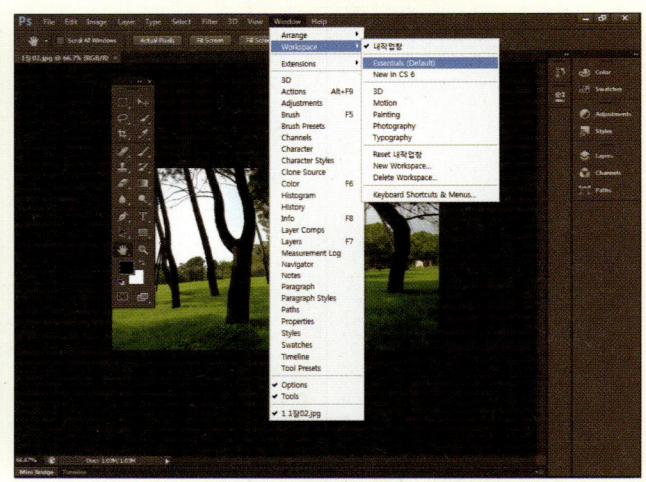

SECTION 03. 이미지 불러오기

SECTION 04. 새 캔버스 만들고 저장하기

SECTION 05. 효율적인 작업을 위한 화면 핸들링 기능 살펴보기

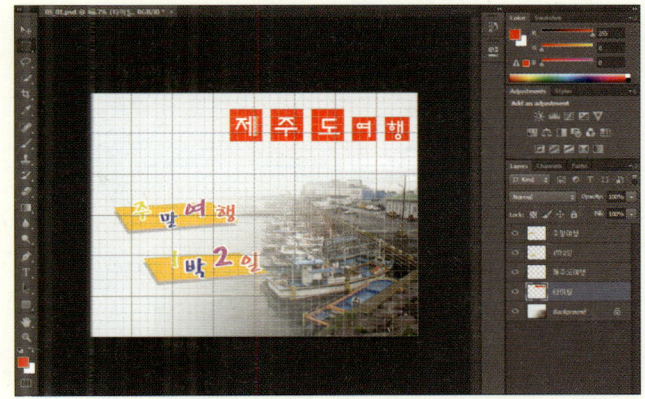

P A R T 02 포토샵 작업을 위한 기초 걸음마 떼기

포토샵으로 이미지를 다루기 전에 알아야 할 용어와 간단한 기능에 대해 살펴봅니다. 먼저 이미지의 개념을 이해하고, 용도에 따라 이미지 크기를 조절하고, 회전하고, 자르는 방법을 배웁니다. 그리고 포토샵에서 가장 중요한 개념 중 하나라고 할 수 있는 레이어에 대해 간단히 살펴봅니다. 이미지 편집과 합성 작업의 핵심 개념이라고 할 수 있는 레이어의 기초를 잘 다져두도록 합니다.

SECTION 01. 이미지와 캔버스의 크기 조절 및 회전하기

SECTION 02. 이미지 자르기

SECTION 03. 포토샵 작업의 기본 개념, 레이어 알기

PART **03** 이미지 선택하고 편집하기

이번 장에서는 이미지 보정 및 편집 작업을 하기 위해서 기본적으로 알아야 하는 내용인, 이미지를 선택하고, 이동하는 방법에 대해 배워봅니다. 이미지에 선택 영역을 설정하는 이유는 특정 영역에만 색상 및 밝기를 보정하거나 편집, 합성 작업을 편리하게 하기 위해서입니다. 선택에 관련된 명령은 [Tool] 패널과 [Selection] 메뉴에서 다양하게 지원하므로 자신에게 편리한 방법을 선택하여 사용하면 됩니다.

SECTION 01. 이미지를 선택 및 이동하고, 크기 조절하기

SECTION 02. 이미지 복사 및 잘라내기, 붙여넣기

SECTION 03. 다양한 모양으로 변형하기

SECTION 04. 이미지를 일정한 모양대로 선택하기에 편리한 툴 배우기

SECTION 05. 이미지의 불규칙한 부분을 빠르게 선택할 수 있는 툴 배우기

PART 페인팅하고, 지우는 작업 마스터하기

포토샵은 이미지를 보정, 편집, 합성하는 기능 위주로 발전하고 있습니다만, 그림을 그리고 채색하는 것은 그래픽 프로그램의 가장 기본적인 재미를 주는 요소입니다. [Brush Tool]과 [Pencil Tool]을 이용하면 자유롭게 드로잉하는 것은 물론, 원하는 모양의 테두리로 설정하거나 도장처럼 활용할 수도 있습니다. 채색을 위한 가장 대표적인 메뉴는 [Gradient Tool], [Paint Bucket Tool], [Fill] 명령입니다. 이번 장에서는 드로잉하고 채색한 후 지우는 작업 과정을 배워보도록 하겠습니다.

SECTION 01. 원하는 색상을 선택하는 다양한 방법 알아보기

SECTION 02. 브러시 관련 툴로 드로잉, 채색, 리터칭까지

SECTION 03. 채색 전용 툴 사용하기

SECTION 04. 선택 영역을 채우거나 테두리 만들기

SECTION 05. 색상을 없애고 지우는 도구들 살펴보기

PART 05 더욱 강력해진 사진 이미지 리터치 기능 활용하기

'뽀샵질'이란 단어는 어느새 포토샵 작업을 일컫는 일반적인 용어가 되었습니다. '뽀샵질'을 하는 이유는 평범한 사진을 다듬고, 지우고, 색상과 밝기를 수정하여 멋진 사진으로 보이기 위해서입니다. 이번 장에서는 보정과 리터치 작업에 유용한 기능에 대해 배워보겠습니다. 일반적인 리터치 방법부터 조금 복잡하고 세부적인 기능까지 활용할 수 있도록 자세히 살펴봅니다.

SECTION 01. 이미지를 복사하고 복구하는 수정 도구 살펴보기

SECTION 02. 이미지를 문질러 수정하는 5가지 툴 살펴보기

SECTION 03. 자동으로 이미지 색상과 밝기를 조절하는 명령 적용하기

SECTION 04. [Adjustments] 패널로 이미지의 밝기 수정하기

SECTION 05. [Adjustments] 패널로 이미지의 색상 수정하기

SECTION 06. 원하는 색상만 골라 수정하기

PART **06** 글자와 벡터 이미지 다루기

포토샵은 기본적으로 여러 개의 점(비트)들이 모여 이미지를 이루는 비트맵 그래픽 타입의 프로그램입니다. 하지만 [Pen Tool]이나 다양한 도형 툴을 이용하면 일러스트레이터와 같이 포인트와 패스로 이루어진 벡터 그래픽 작업도 할 수 있습니다. 또한 [Type Tool]을 이용하여 글자를 입력하거나 수정 작업을 하여 이미지를 꾸미고, [Warp Text] 기능을 이용해 글자를 디자인 요소로 활용할 수도 있습니다. 이번 장에서는 벡터 오브젝트와 글자를 다루는 방법에 대해 자세히 알아보겠습니다.

SECTION 01. [Type Tool]로 이미지에 글자 입력하기

SECTION 02. 벡터 이미지의 시작, [Pen Tool] 다루기

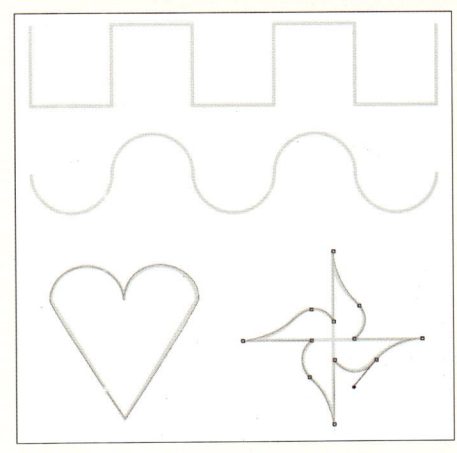

SECTION 03. 다양한 벡터 작업을 편리하게 해주는 도형 툴 다루기

SECTION 04. [Paths] 패널로 패스 다루고, 이미지 선택하기

포토샵 작업의 핵심, 레이어와 마스크의 모든 것

레이어는 포토샵에서 가장 중요한 기능으로, 2장에서 기본적인 레이어의 핸들링 방법에 대해 간단하게 배웠습니다. 이번 장에서는 레이어의 모든 기능을 샅샅이 다뤄보겠습니다. [Layers] 패널은 'Background' 레이어를 포함한 여러 종류의 레이어로 구별되는데 이런 레이어의 종류 및 레이어에 적용할 수 있는 여러 가지 스타일에 대해 알아보겠습니다. 또한 레이어 이미지를 합성하는 블렌딩 모드와 레이어의 특정 부분을 가릴 수 있는 마스크를 활용하여 좀 더 복잡한 이미지 합성 작업을 해보겠습니다.

SECTION 01. 레이어 깔끔하게 묶어 관리하기

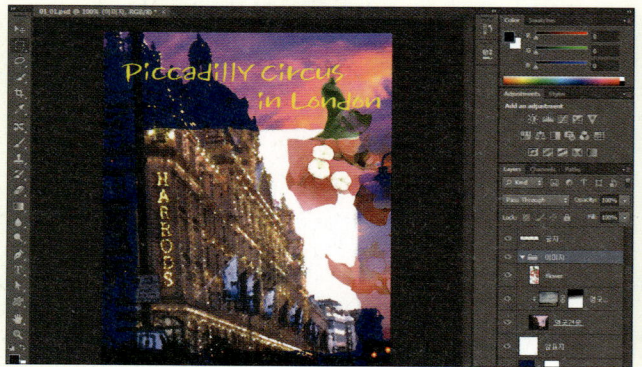

SECTION 02. 레이어 혼합의 모든 것, 블렌딩 모드와 투명도 활용하기

SECTION 03. 레이어 스타일 설정하기

SECTION 04. 합성의 고급 기능, 레이어 마스크 알기

SECTION 05. 클리핑 마스크와 벡터 마스크 알기

PART **고급 유저에 한걸음 가까워지는 채널과 필터 활용하기**

이번 장에서는 채널로 이미지를 수정, 합성해보고, 필터로 원하는 이미지 효과를 적용해 보겠습니다. 채널(Channel)의 종류에는 색상 채널과 알파 채널이 있는데, 색상 채널은 이미지의 색상 모드와 밀접한 연관이 있어 분위기 있는 이미지를 제작할 때 주로 활용됩니다. 합성에서 사용되는 알파 채널은 선택 영역을 이미지로 저장하여 불러올 수 있는 채널입니다. 채널은 포토샵에서 고급 기능에 해당하며 잘 활용하면 좀 더 고급스러운 이미지 합성과 수정 작업을 할 수 있습니다. 필터(Filter)는 카메라에 끼워서 사용하는 필터와 같은 효과를 주는 기능으로, 포토샵에서 기본적으로 제공하는 필터만 활용하여도 다양한 이미지 효과를 손쉽게 작업할 수 있습니다.

SECTION 01. 색상 채널로 색상 수정하기

SECTION 02. 합성의 중요 변수, 알파 채널 배우기

SECTION 03. 이미지를 100가지 느낌으로 바꾸는 필터 사용하기

SECTION 04. 사진 이미지에 유용한 필터 명령 살펴보기

SECTION 05. 왜곡을 적용하거나 보정하는 필터 살펴보기

만능 그래픽 툴, 포토샵의 고급 기능 배우기

포토샵에서는 이미지를 편집, 합성하는 기능 이외에 웹 이미지, 3D, 애니메이션까지 제작할 수 있습니다. 이런 기능은 디자인 고급 작업까지 마스터하기 위한 것으로, 이번 장에서 배워볼 예정입니다. [Slice Tool]로 이미지를 잘라 웹에 최적화되도록 저장하여 HTML 파일을 만들거나 [ANIMATION] 패널을 이용하여 동영상 또는 GIF 이미지 애니메이션을 만들어 보겠습니다. 또한 [3D] 패널로 입체적인 3D 이미지를 만들어 봄으로써 웹, 멀티미디어 작업까지 완벽하게 준비할 수 있도록 합니다.

SECTION 01. 웹에 최적화된 이미지로 슬라이스하기

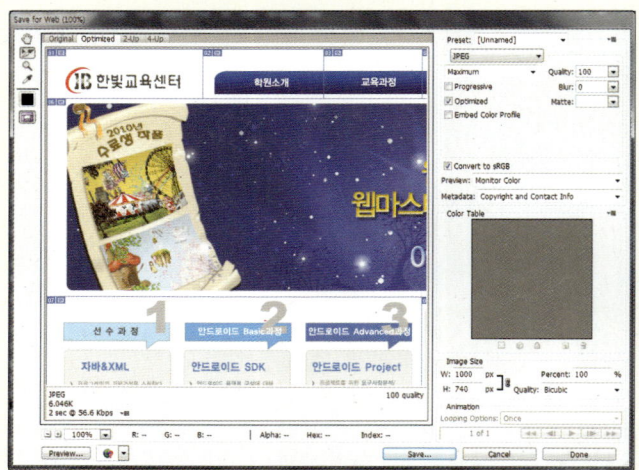

SECTION 02. 포토샵에서 동영상 다루기

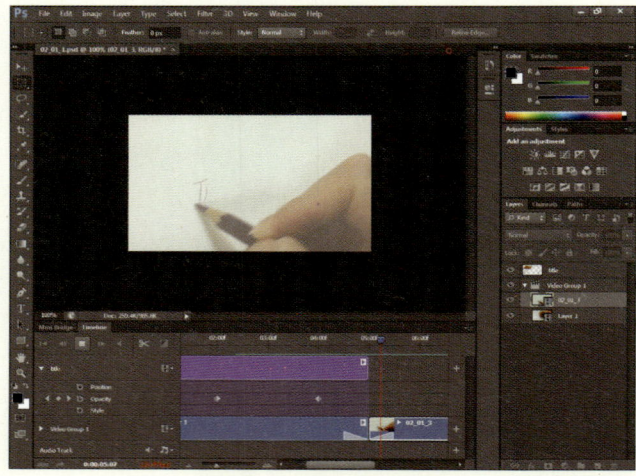

SECTION 03. 프레임 애니메이션 만들기

SECTION 04. 3D 개체의 삽입, 매핑, 변형, 합성 배우기

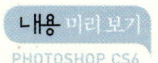

P R O J E C T

실무를 완벽하게 대비하는 종합 실습 문제

포토샵 CS6의 전반적인 기능을 활용하며 실전에 대비하는 종합 문제입니다.

프로젝트 1. 크리스마스 분위기의 이미지 만들기

프로젝트 2. 자기 PR용 이미지 만들기

프로젝트 3. 지역 축제 포스터 만들기

프로젝트 4. 북커버 디자인하기

프로젝트 5. 개인 홈페이지의 메인 화면 디자인하기

스마트 시리즈의 효율적인 학습을 위해 예제/완료/해설 파일을 부록 CD로 제공합니다.

1 CD/DVD-ROM에 부록 CD를 삽입한 후, [폴더를 열어 파일 보기]를 클릭합니다.

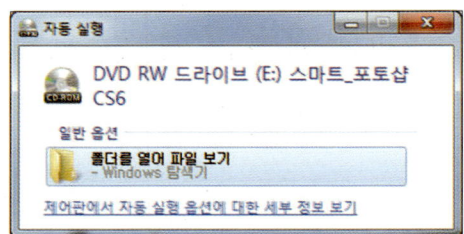

2 '스마트_포토샵_CS6.exe' 파일을 더블클릭한 후, 사용하기 편한 경로(바탕화면 등)를 지정하여 압축을 해제합니다. 생성된 '스마트_포토샵_CS6' 폴더 안에는본문 학습에 도움이 되는 예제/완성/해설 파일이 챕터별로 분류되어 있습니다.

3 각 장의 폴더를 클릭하면 해당 장에서 사용하는 시작/완료 파일을 확인할 수 있습니다.

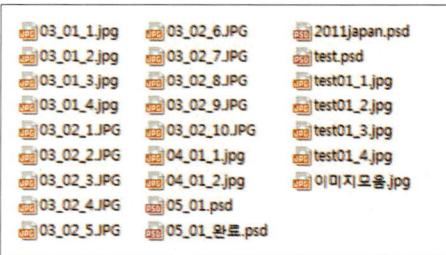

4 해설 파일 폴더를 클릭하면 〈응용실습〉 해설 파일(PDF 파일) 및 〈프로젝트〉 해설 파일(PDF/AVI 파일)을 볼 수 있습니다. 동영상 파일은 **음성 없이** 제공됩니다.

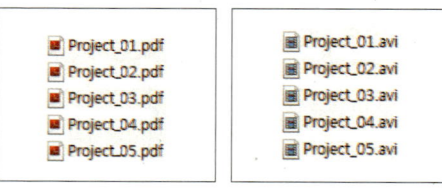

> **tip**
> PDF 파일은 네이버와 같은 포털 사이트에서 '어도비 리더(Adobe Reader)'라는 무료 프로그램을 다운로드 받아 설치한 후 볼 수 있습니다.

● 동영상 해설 파일을 보는 방법 1

부록 CD에 제공되는 〈해설파일〉 폴더 안의 동영상 해설 파일을 더블클릭하면 각자의 PC에 설치되어 있는 동영상 플레이어에서 자동으로 실행됩니다.

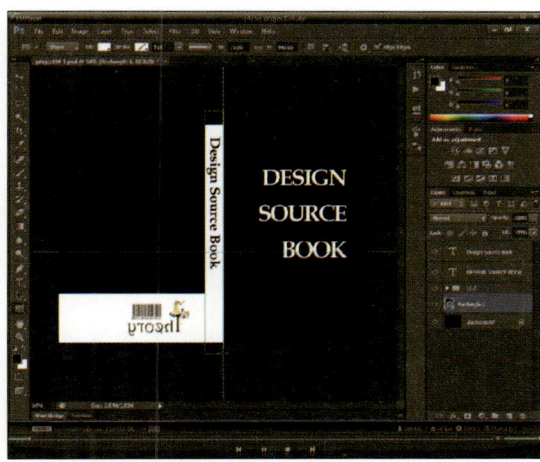

▲ 윈도우 미디어 플레이어에서 재생되는 모습　　　　▲ KM 플레이어에서 재생되는 모습

tip
본 동영상 해설 파일은 AVI 파일로 제공되며, 대부분의 동영상 플레이어(윈도우 미디어 플레이어, KM 플레이어, GOM 플레이어)에서 재생되는 기본 포맷입니다. 혹시 재생되지 않는 경우가 있다면 TSCC 코덱을 다운로드(http://www.techsmith.com/download.html) 받아야 합니다.

● 동영상 해설 파일을 보는 방법 2

동영상 해설 파일은 성안당 홈페이지(www.cyber.co.kr)의 자료실에 업로드되어 있습니다. PC에서 홈페이지에 접속하여 볼 수도 있으며, 스마트폰을 소지한 사람은 〈프로젝트〉 페이지에 있는 QR 코드를 스캔하여 스마트폰에서 바로 동영상 해설 파일을 볼 수도 있습니다

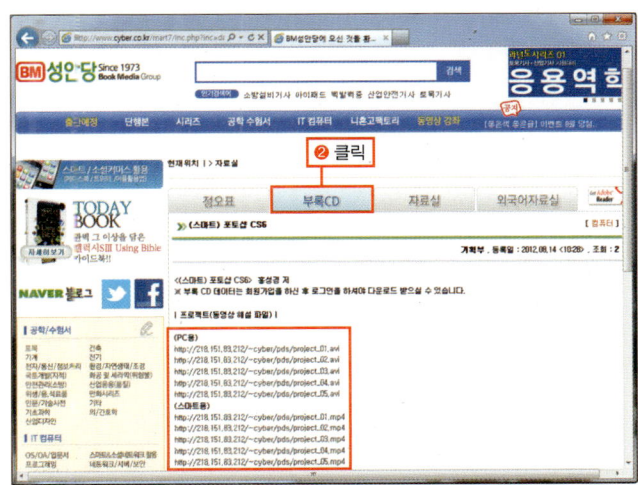

차 례

스마트 포토샵 CS6의 차례를 소개합니다.

PART

이미지 선택하고 편집하기   95

P A R T 04

페인팅하고, 지우는 작업 마스터하기   147

P A R T

05

더욱 강력해진 사진 이미지 리터치 기능 활용하기   189

PART 06   글자와 벡터 이미지 다루기   253

PART 07

포토샵 작업의 핵심, 레이어와 마스크의 모든 것   291

P A R T

고급 유저에 한걸음 가까워지는 채널과 필터 활용하기   341

PART

만능 그래픽 툴, 포토샵의 고급 기능 배우기   393

PROJECT

실무를 완벽하게 대비하는 종합 실습 문제   433

PART

01

포토샵 CS6와 인사하기

포토샵은 가장 많은 유저를 거느린 그래픽 프로그램입니다. 사진을 찍은 후 간단한 수정 작업을 하려는 일반인부터 전문적인 디자인 작업을 하는 사람들까지 모두 사용할 수 있는, 쉽고 다양한 툴과 명령을 지원합니다. 포토샵이 개발된 지 약 20년 동안 획기적인 변화를 거듭하여, 직관적인 아이콘으로 구성된 툴과 패널, 옵션만 선택하면 자동 적용되는 명령 등 한층 사용성 좋은 프로그램으로 자리 잡았습니다. 이번 장에서는 포토샵의 기능과 역할, 작업 환경과 툴, 패널을 다루는 기본 방식에 대해 자세히 살펴보도록 하겠습니다.

PHOTOSHOP CS6

SECTION 01 새로워진 포토샵 CS6 시작하기

포토샵의 기능과 다양한 역할에 대해 알아보겠습니다. 또한 포토샵 CS6의 시험버전을 다운로드하는 방법과 이를 설치하는 단계에 대해 설명하고, CS6 버전의 특징을 살펴보겠습니다.

다루는 내용

- 포토샵 기능 알아보기
- 포토샵 CS6 다운로드 및 설치하기
- 포토샵 CS6의 새로워진 기능 살펴보기

기능 정리

포토샵으로 할 수 있는 다양한 디자인 작업 살펴보기

포토샵은 기본적인 편집 작업부터 전문적인 합성 등과 같은 다양한 용도로 사용할 수 있습니다. 특히, 디지털 카메라의 보급에 영향을 받아 일반인들을 위한 포토샵의 기능이 점점 추가되고 있습니다. 또한 고화질 이미지나 3D, 동영상 작업도 가능합니다. 포토샵의 활용 범위에 대해 간단하게 살펴보겠습니다.

● 이미지 보정 기능

디지털 카메라 사용자를 위한 기능이 다양하게 제공됩니다. 도장 툴로 얼굴이나 배경의 잡티를 수정할 수 있으며, [Adjustments] 패널과 [Image]-[Adjustments] 메뉴를 이용하여 밝기, 선명도, 색상을 수정할 수 있습니다. 사진 보정 기능은 일반인부터 전문 포토그래퍼까지 두루 사용할 수 있습니다.

▲ [Image]-[Adjustments] 메뉴로 색상을 수정한 이미지

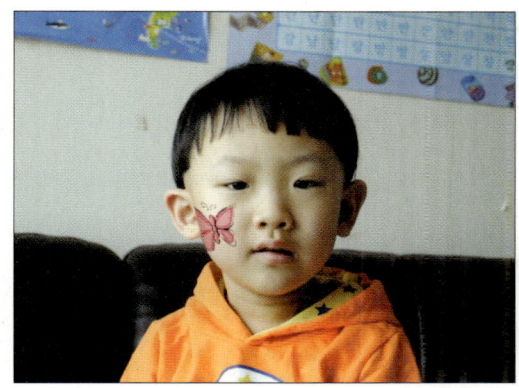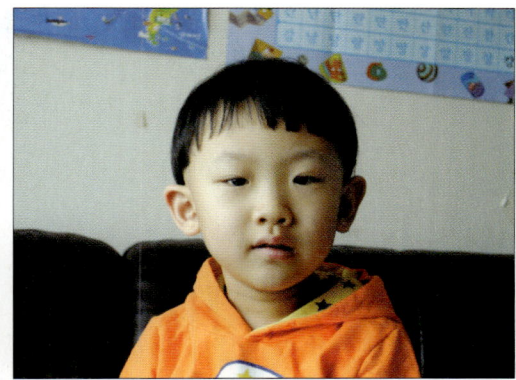

▲ [Healing Brush Tool]()과 [Clone Stamp Tool]()을 이용하여 수정한 이미지

▲ [Adjustments] 패널에서 밝기와 선명도를 수정한 이미지

● **드로잉 및 필터 리터칭**

여러 가지 필터로 자연스럽게 이미지를 리터칭하거나 직접 그린 이미지 또는 입력한 텍스트에 레이어 스타일을 적용할 수 있습니다. [Brush Tool](), [Pencil Tool](), [Pen Tool]()과 [Type Tool](T) 등이 자주 사용됩니다.

▲ [Brush Tool]()로 그린 이미지

▲ [Pencil Tool]()로 그린 이미지

● **이미지 편집 및 합성 작업**

콘셉트에 맞게 여러 이미지를 합성, 편집하여 시각적인 정보를 강화할 수 있습니다. 이런 작업을
할 때에는 [Layers] 패널, [Channels] 패널, [Masks] 패널 등의 기능을 사용하면 됩니다.

▲ 여러 이미지를 합성한 북커버 디자인 및 홈페이지 디자인

● **마스터 기능**

포토샵으로 2D 이미지를 3D로 변형 및 수정하거나 매핑할 수 있습니다. 또한 사진에 애니메이션
기능을 적용하여 동영상으로 저장할 수도 있습니다. 이러한 기능들은 포토샵 본연의 기능은 아
니지만 그래픽 작업의 활용도를 더욱 넓혀줍니다.

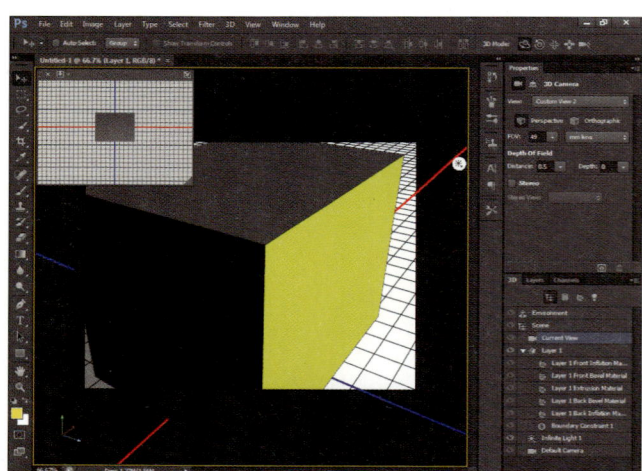 

▲ 포토샵에서 제작한 3D 이미지와 패널   ▲ 동영상을 불러와 편집, 합성하는 모습

간단퀴즈

1 다음 중 포토샵으로 할 수 없는 기능은 무엇일까요?

① 이미지 수정 ② 이미지 합성 ③ 3D ④ 도면 그리기

답 : ④

실습 과정 | 포토샵 CS6 시험버전 다운로드 받고 설치하기

설치하기 전에 자신의 컴퓨터가 포토샵을 설치할 수 있는 사양인지 체크한 후 어도비 사이트에서 시험버전을 다운로드 받아 설치합니다.

01 포토샵 설치 권장 사양 체크하기

포토샵 설치 전에 먼저 사용할 컴퓨터의 사양을 알아보고 포토샵 기본 사양에 맞는지 확인합니다.

- **운영체제** : Microsoft® Windows® XP(서비스 팩 3) 또는 Windows 7(서비스 팩 1)
- **CPU** : Intel® Pentium® 4 또는 AMD Athlon® 64 프로세서
- **메모리** : 32비트의 경우 2GB RAM(4GB 권장), 64비트의 경우 4GB RAM(8GB 권장)
- **하드디스크** : 설치를 위한 1GB의 하드디스크 여유 공간(설치 시 추가 여유 공간 필요)
- **그래픽 카드** : OpenGL 2.0 지원 시스템

02 어도비 사이트 접속하기

❶인터넷 주소창에 'http://www.adobe.com'을 입력하고 ❷ Enter 를 눌러 어도비 홈페이지에 접속합니다. ❸상단 메뉴에서 [Downloads]를 클릭합니다.

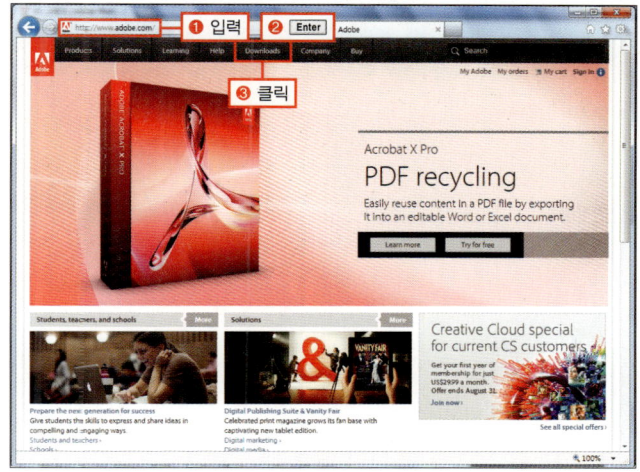

03 포토샵 시험버전 선택하기

❶프로그램을 다운로드 받는 아이콘 중에 [Photoshop CS6 Extended]의 'Try'를 클릭합니다.

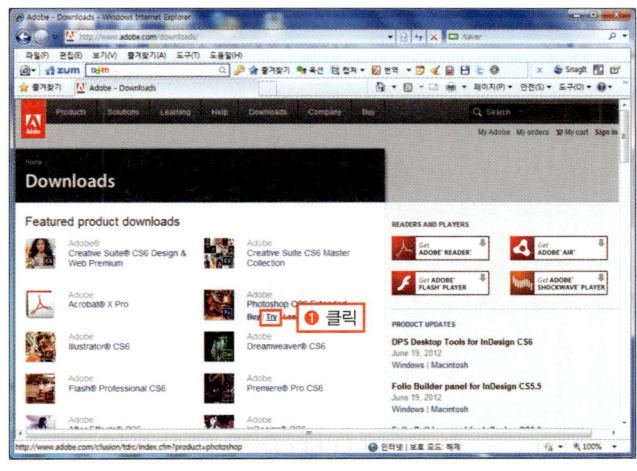

04 다운로드 받기

❶스크롤을 하단으로 이동하여 ❷[Download now]를 클릭합니다.

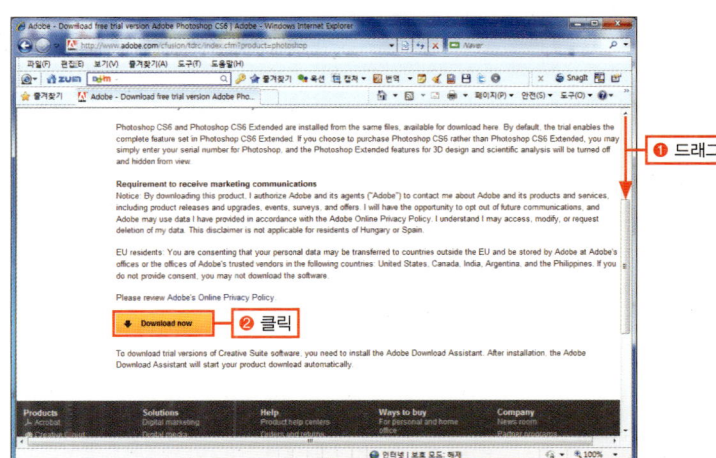

05 로그인하기

로그인을 요구하는 대화상자가 나타납니다. ❶'Adobe ID' 와 'Password'를 입력하고 ❷[Sign In]을 클릭합니다.

06 저장 위치 설정하기

[폴더 찾아보기] 대화상자가 나타나면 ❶저장할 위치를 선택하고 ❷[확인]을 클릭하면 다운로드됩니다.

참고 ·

처음 방문하여 계정이 없는 사람은 [Create an Adobe ID]를 클릭하여 가입한 후 진행합니다.

07 다운로드 받은 프로그램 실행하기

다운로드가 완료되어 시작화면이 나타나면 ❶'시험 사용'을 클릭합니다.

08 사용권 계약 동의하기

소프트웨어 사용 계약에 대한 화면이 나오면 ❶[동의]를 클릭합니다.

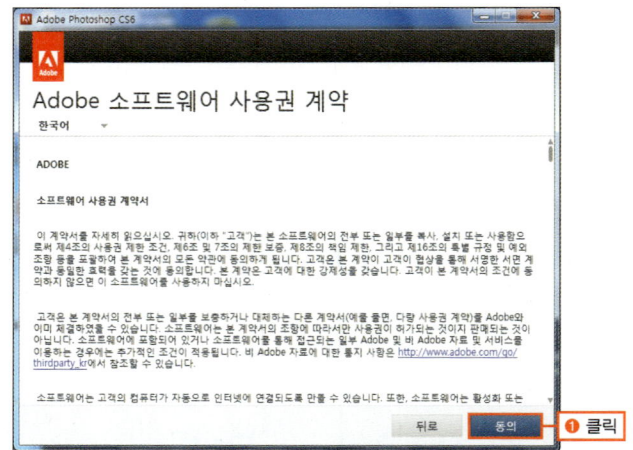

09 포토샵 CS6 설치하기

설치되는 [위치]를 확인하고 [언어]를 확인한 후 ❶[설치]를 클릭합니다.

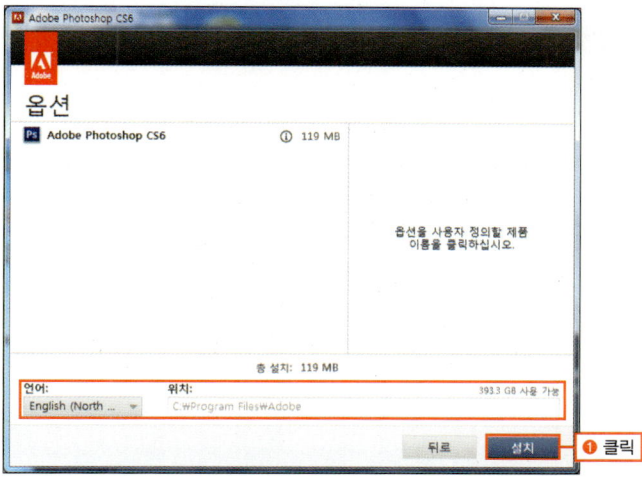

10 설치 완료한 후 프로그램 실행하기

설치가 진행됩니다. ❶설치가 완료되면 [닫기]를 클릭하여 화면을 닫습니다.

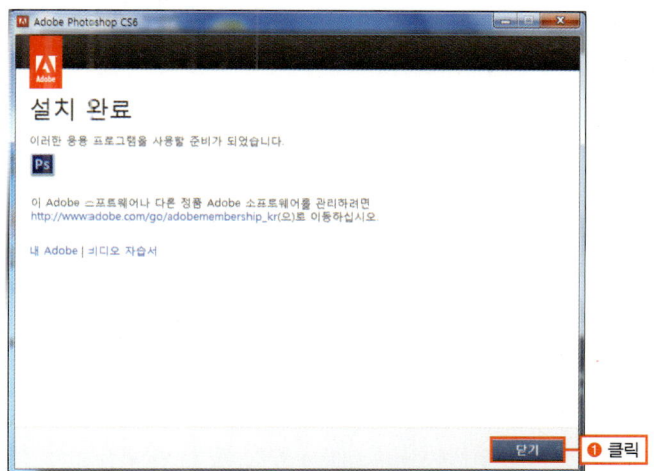

11 프로그램 실행하기

❶[시작]-❷[Adobe Photoshop CS6]를 선택합니다.

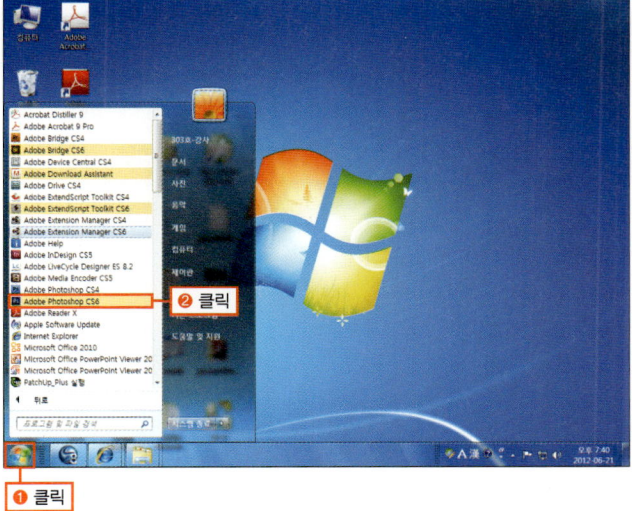

12 포토샵 CS6 시험버전 시작하기

시험판임을 알리는 대화상자가 나타나면 ❶[시험버전 시작]을 클릭합니다.

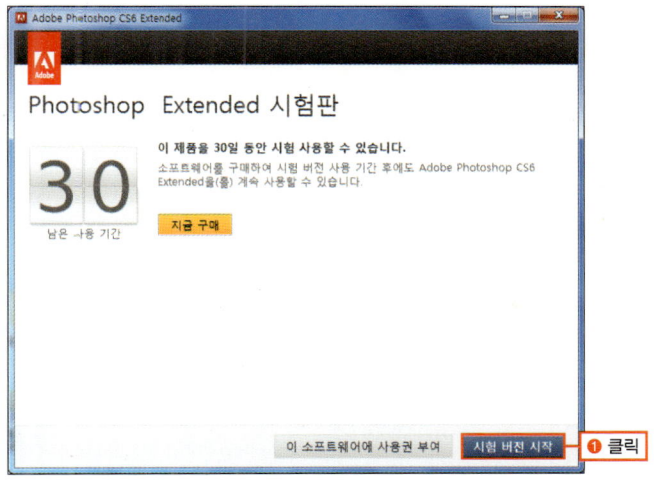

13 포토샵 초기 화면 보기

포토샵이 처음 실행된 모습입니다.

───────── 참고 ● **포토샵 정품으로 구입하기** ─────────

어도비 한국 홈페이지(www.adobe.com/kr)로 들어간 후 [스토어] 탭을 클릭하면 정품으로 구입할 수 있는 프로그램의 목록 및 가격을 볼 수 있습니다.

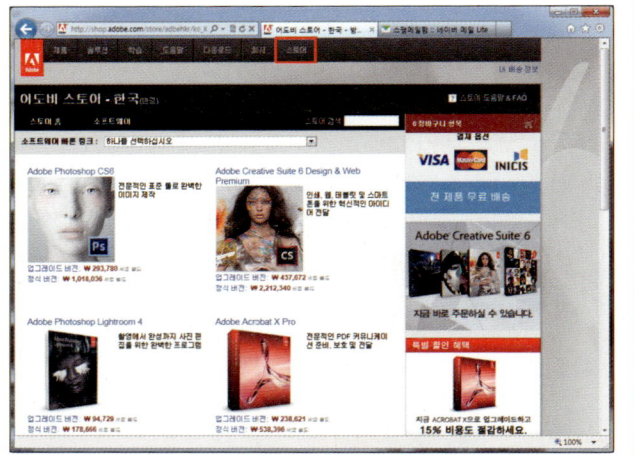

포토샵 CS6의 달라진 부분과 신기능 살펴보기

포토샵 CS6 Extended는 뛰어난 그래픽 엔진을 이용하여 기존 포토샵보다 이미지 합성과 이동이 자연스럽고 빠르게 진행됩니다. 또한 필터와 동영상, 3D 기능이 추가되어 일반 사용자에서 전문가까지 각자 원하는 디자인 작업을 수행하기 수월하게 변화되었습니다.

● 이미지를 돋보이게 해주는 사용자 환경(User Interface)

기존까지 고수하던 밝은 회색 바탕의 작업 환경이 이미지와 버튼을 돋보이게 하는 어두운 배경의 세련된 인터페이스로 변경되었습니다. 물론 [Edit]-[Preferences]-[Interface] 메뉴를 클릭하여 다른 배경 화면의 작업 환경으로 바꿀 수 있습니다.

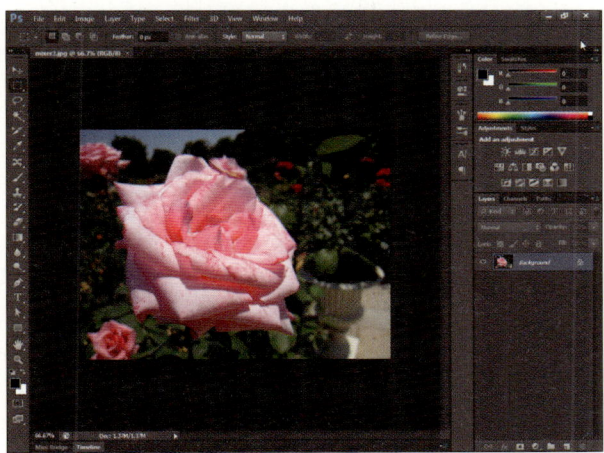
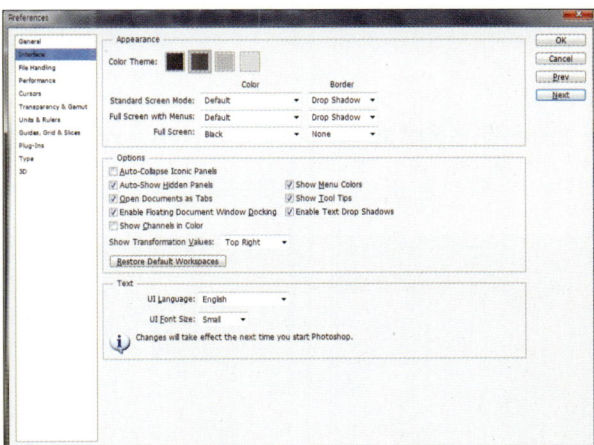

● 선택한 오브젝트의 속성을 조절하는 [Properties] 패널

포토샵 CS6에서 새로 생긴 [Properties] 패널은 선택한 레이어에 적용한 [Adjustments] 레이어나 3D 오브젝트의 옵션을 조절할 수 있습니다.

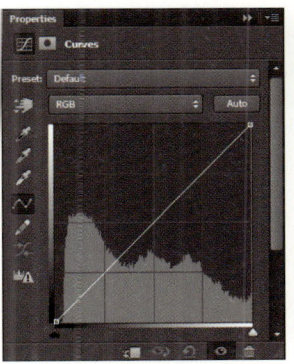

▲ [Adjustments] 패널에서 레이어를 선택했을 때

▲ 3D 오브젝트를 선택했을 때

● 새로워진 [Crop Tool] 적용 화면

[Crop Tool]( )을 클릭하면 이미지에 바로 자르는 영역이 설정되고 가로, 세로 표시선이 나타나 크기, 회전을 적용하기 편리해졌습니다.

● 콘텐츠를 인식해 패치해주는 [Content-Aware Move Tool]

선택 영역을 다른 위치로 이동하면 콘텐츠를 인식해 주변 배경과 자연스럽게 합성되도록 채워주는 기능입니다.

 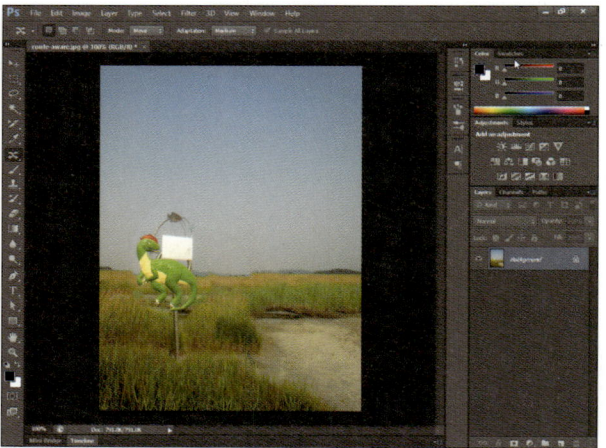

▲ [Contents-Aware Move Tool]( )로 선택 영역을 이동하여 합성한 이미지

● 테두리 모양을 바로 적용할 수 있는 옵션 추가

도형 툴이나 펜 툴을 사용하여 셰이프를 그릴 때 테두리의 색상, 두께, 테두리 모양을 선택하여 바로 적용할 수 있습니다. 또한 [More Options]를 클릭하여 테두리 모양을 다양하게 설정할 수 있습니다.

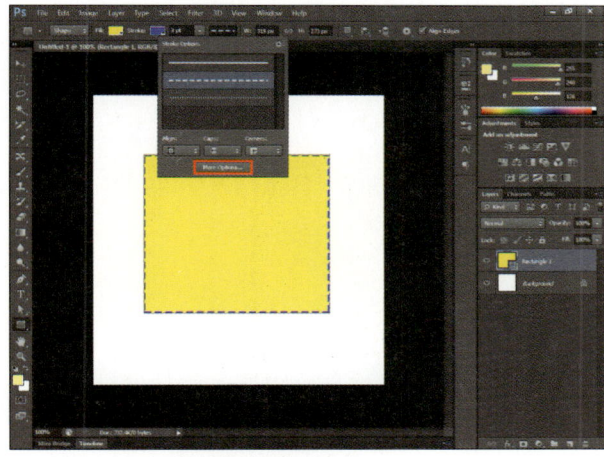

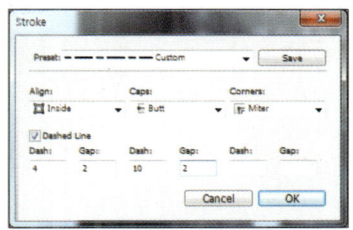

▲ [More Options]를 클릭하여 나타난 대화상자

▲ 도형을 그린 후 테두리를 적용한 이미지

● 다양해진 블러 효과

[Field Blur] 필터, [Iris Blur] 필터, [Tilt-Shift Blur]필터가 추가되어 기존의 블러 효과보다 다양하고 섬세하게 블러 효과를 적용할 수 있습니다. 추가된 [Blur] 필터를 적용하면 원하는 지점에 직접 블러 핀을 꽂아 블러 수치를 각각 지정할 수 있고, 방향도 설정할 수 있습니다.

▲ [Filed Blur] 필터를 적용한 이미지

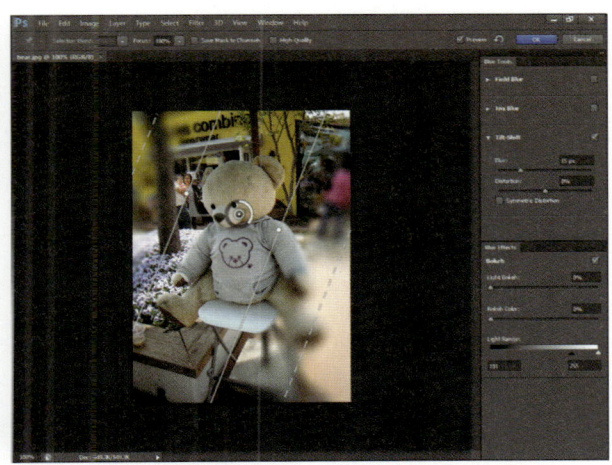

▲ [Tilt-Shift] 필터를 적용한 이미지

● 추가된 필터들

[Adaptive Wide Angle] 필터는 광각렌즈나 파노라마, 원근감으로 인해 왜곡된 사진을 수정할 때 사용하는 것으로 [Lens Correction] 필터보다 왜곡이 심한 이미지를 수정할 수 있습니다. [Oil Paint] 필터는 유화와 같은 효과를 낼 수 있는데 옵션을 조절하면 브러시 스타일뿐만 아니라 조명의 방향과 밝기를 조절할 수 있습니다.

▲ [Adaptive Wide Angle] 필터 대화상자

▲ [Oil Paint] 필터 대화상자

● 변화된 3D 화면과 [3D] 패널

포토샵 CS6에서는 선택한 레이어를 다양한 종류의 3D 오브젝트로 변경할 수 있는 [3D] 패널과 3D 오브젝트를 각 위치에서 볼 수 있는 [View] 화면을 지원합니다. 또한 조명 위치를 화면에서 확인할 수 있어 이를 클릭하면 빛의 위치와 방향을 조절할 수 있습니다.

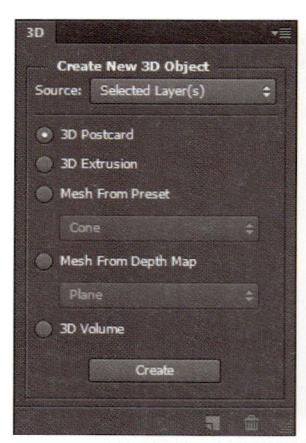

▲ [3D] 패널과 3D 오브젝트 화면

SECTION 02
포토샵 CS6의 작업 환경 살펴보기

포토샵의 작업 환경과 각 명칭에 대해 알아보고 작업 시 가장 자주 사용하는 [Tool] 패널의 명칭과 각 기능을 살펴봅니다. 또한 작업 환경을 정리하는 방법과 나만의 작업 환경을 저장하는 방법을 알아봅니다.

다루는 내용

- 포토샵 작업 환경의 각 명칭 알아보기
- 툴 명칭과 기능 살펴보기
- 기본 작업 환경 살펴보기
- 나만의 작업 환경 저장하기

기능 정리

[Tool] 패널의 명칭과 기능 및 패널의 종류 살펴보기

포토샵 작업에서 툴과 패널은 포토샵 작업 시 가장 기본이 되는 중요한 도구입니다. 각 툴의 명칭과 기능, 여러 패널의 역할을 알아보겠습니다.

● 포토샵 CS6의 작업 환경

이전 버전과 달리 작업 창의 기본 색상이 진회색으로 설정되어 이미지가 좀 더 돋보일 수 있도록 변경되었고 포토샵 CS5 버전까지 있었던 응용 바가 사라졌습니다. 작업 창 상단에 메뉴와 옵션 바가 놓여 있으며, 툴과 패널은 필요에 따라 접거나 위치를 변경할 수 있습니다.

❶ **메뉴** : 이미지 작업 시 필요한 메뉴가 종류별로 모여 있습니다.

❷ **옵션 바** : 선택한 툴을 조절할 수 있는 옵션이 나타납니다.

❸ **[Tool] 패널** : 이미지 작업에 필요한 도구를 모아 놓은 곳입니다.

❹ **이미지 창** : 불러온 이미지가 보이며, 상단의 탭을 클릭하여 다른 이미지를 볼 수 있습니다.

❺ **패널 버튼** : 불러온 패널을 접어 버튼 형태로 모아 놓은 곳입니다.

❻ **패널** : 용도에 따라 자주 사용하는 패널을 펼쳐 놓은 곳입니다. 비슷한 종류의 패널끼리 묶여 있어 패널 탭을 클릭하여 원하는 패널을 볼 수 있습니다.

❼ **이미지 보기 배율** : 현재 보고 있는 이미지 보기 배율을 확인할 수 있습니다.

❽ **용량** : 이미지 크기를 나타냅니다.

❾ **Mini Bridge/Timeline** : 이미지를 미리 확인하며 불러올 수 있는 [Mini Bridge] 탭과 동영상을 편집, 제작하는 [Timeline] 탭이 있습니다.

● **포토샵 CS6의 주요 도구 모음, [Tool] 패널**

[Tool] 패널은 포토샵에서 이미지 작업할 수 있는 도구들이 모여 있는 곳으로, 원하는 툴을 클릭하면 옵션 바에 세부적으로 설정할 수 있는 옵션이 나타납니다. 툴 중 오른쪽 아래에 삼각형 표시가 있는 것은 다른 툴이 숨겨져 있다는 뜻입니다. 1초 정도 클릭하면 비슷한 기능을 가진 툴들이 나타납니다. 아래 설명 중 괄호 안에 표시되는 것이 단축키이며 Shift 를 누른 채 단축키를 클릭하면 숨은 툴이 차례로 선택됩니다.

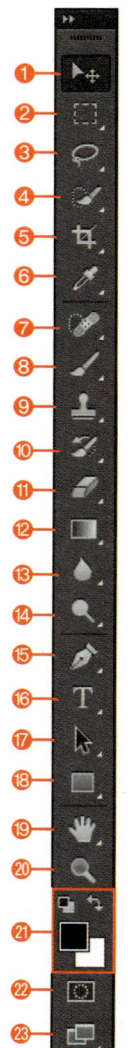

❶ **이동 툴(V)** : 레이어를 이동하거나 선택 영역을 옮기는 툴입니다.

❷ **선택 툴(M)** : 사각형이나 원형, 1픽셀의 가로, 세로로 선택 영역을 만들 수 있습니다.

	Rectangular Marquee Tool	M
	Elliptical Marquee Tool	M
	Single Row Marquee Tool	
	Single Column Marquee Tool	

❸ **자유 선택 툴(L)** : 자유롭게 드로잉하면서 선택하는 툴입니다.

	Lasso Tool	L
	Polygonal Lasso Tool	L
	Magnetic Lasso Tool	L

❹ **빠른 선택 툴(W)** : 브러시로 드래그하면서 빠르게 선택하거나 같은 색상을 모두 선택합니다.

	Quick Selection Tool	W
	Magic Wand Tool	W

❺ **자르기 툴(C)** : CS6에서 기능이 많이 강해진 [Crop Tool](🔲)과 새로 등장한 [Perspective Crop Tool](🔲)로 이미지의 불필요한 부분을 잘라내거나 웹에 사용하는 이미지를 조각낼 수 있습니다.

	Crop Tool	C
	Perspective Crop Tool	C
	Slice Tool	C
	Slice Select Tool	C

❻ **추출 및 측정 툴(I)** : 포토샵 작업을 도와주는 툴이 모여 있는 곳으로, 원하는 색상을 추출하거나 이미지 안의 거리를 잴 때, 또는 개수를 셀 때 사용합니다.

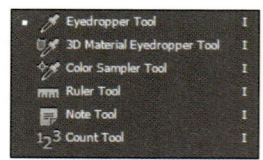

	Eyedropper Tool	I
	3D Material Eyedropper Tool	I
	Color Sampler Tool	I
	Ruler Tool	I
	Note Tool	I
	Count Tool	I

❼ 리터치 툴(J) : 사진의 잡티를 수정하거나 적목 현상을 수정하는 툴입니다. CS6에 새로 생긴 [Content-Aware Move Tool](✂)로 이미지를 쉽게 수정할 수 있습니다.

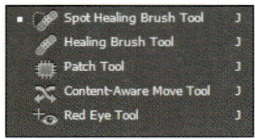

❽ 브러시 툴(B) : 브러시 모양이나 크기를 조절해 전경색으로 채색하는 툴입니다.

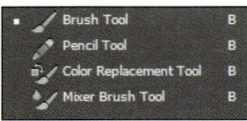

❾ 도장 툴(S) : 원하는 부분을 복제하거나 패턴으로 칠할 수 있습니다.

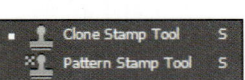

❿ 복원 툴(Y) : 수정한 이미지를 문지르면 원래 이미지로 복원합니다.

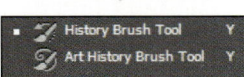

⓫ 지우개 툴(E) : 이미지 일부를 지웁니다.

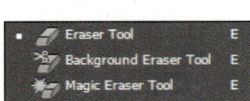

⓬ 채색 툴(G) : 넓은 공간을 채색할 때 사용하는 툴입니다. 두 가지 이상의 색상으로 채색하거나 한 가지 색상 또는 패턴으로 채색할 때, 3D 재질을 클릭하여 바로 바꿀 때 사용합니다.

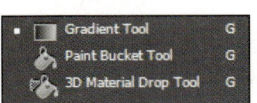

⓭ 수정 툴 : 이미지에서 드래그한 부분이 번져 보이게 하거나 더 선명하게 수정할 수 있고 색상의 경계를 어긋나게 할 수 있는 툴입니다.

⓮ 밝기와 채도 수정 툴(O) : 드래그한 부분의 밝기와 채도를 변경합니다.

⓯ 펜 툴(P) : 패스 및 벡터 도형을 만들고 수정합니다.

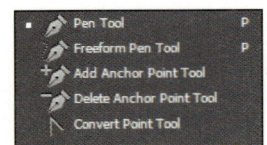

⓰ 문자 툴(T) : 글자를 입력합니다.

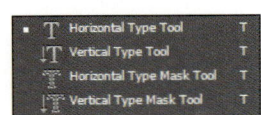

⓱ 패스 수정 툴(A) : 그려진 패스를 수정하거나 이동합니다.

⓲ 도형 툴(U) : 간단한 도형을 그리거나 셰이프를 만들 때 사용합니다.

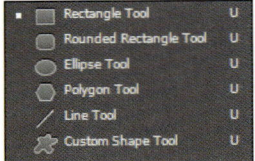

⑲ **손 툴(H/R)** : 보고 싶은 이미지 화면으로 이동할 때 사용하거나 캔버스를 회전할 때 사용합니다.

⑳ **확대/축소 툴** : 이미지 보기 배율을 확대하거나 축소할 수 있습니다.

㉑ **색상 선택** : [Foreground Color], [Background Color]를 선택하고 두 색상을 바꾸거나 기본색으로 변경할 수 있습니다.

㉒ **퀵마스크 모드** : 클릭하면 일반 모드(Standard Mode)와 퀵마스크 모드(Quick Mask Mode)로 번갈아가며 변경할 수 있습니다.

㉓ **Screen Mode(F)** : 이미지를 보여주는 창의 모드를 선택할 수 있습니다.

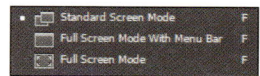

● **기타 패널의 종류**

패널(Panel)은 예전 팔레트(Palette)라고 불리던 것으로, 작업할 때 도움이 되는 다양한 기능을 제공합니다. 패널 버튼을 클릭하면 접혔다가 펼쳐지며 원하는 패널은 따로 분리할 수 있습니다.

▲ [Color] 패널 : 색상 슬라이더나 색상 바를 조절하여 [Foreground Color]와 [Background Color]를 선택합니다.

▲ [Swatches] 패널 : 자주 사용하는 색상을 모아 놓은 패널입니다.

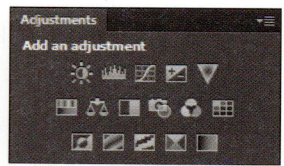

▲ [Adjustments] 패널 : 색상과 밝기를 보정합니다.

▲ [Styles] 패널 : 유용한 레이어 스타일을 모아 놓은 패널입니다.

▲ [Layers] 패널 : 레이어의 불투명도와 블렌딩 모드, 레이어 관련 여러 명령을 적용합니다.

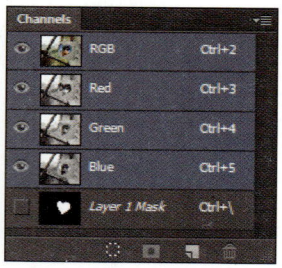

▲ [Channels] 패널 : 색상 채널과 알파 채널을 활용해 이미지를 제작, 수정합니다.

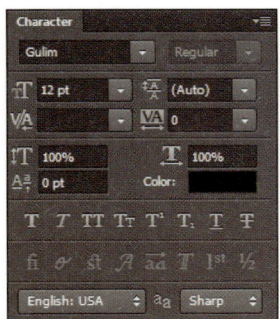

▲ [Character] 패널 : 글자에 관련된 여러 옵션을 모아 놓은 패널입니다.

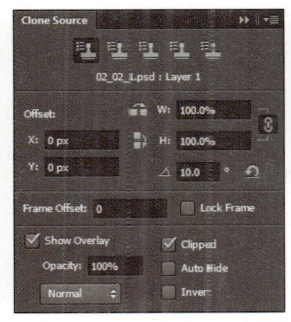

▲ [Clone Source] 패널 : 복제한 이미지의 크기와 회전, 위치를 조절해 붙여넣기합니다.

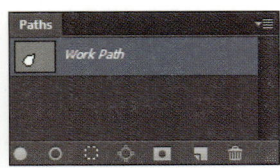

▲ [Paths] 패널 : 패스를 제작합니다.

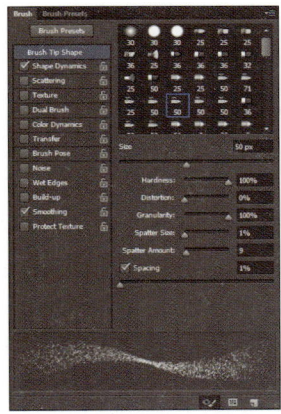

▲ [Brush] 패널 : 브러시와 관련된 여러 옵션을 모아 놓은 패널입니다.

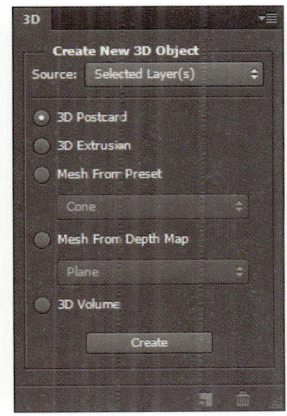

▲ [3D] 패널 : 만들거나 불러온 3D 파일의 색상과 빛, 재질을 변경합니다.

▲ [Actions] 패널 : 반복 작업을 저장하여 작업 속도를 높여주는 패널입니다.

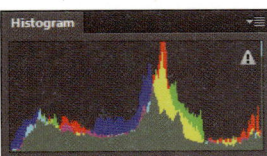

▲ [Histogram] 패널 : 이미지의 밝기와 색상 분포를 보여줍니다.

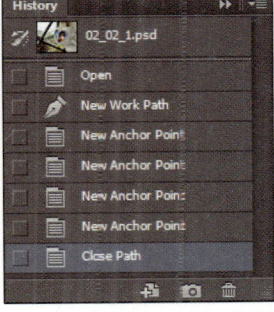

▲ [History] 패널 : 작업 단계를 기록하여 작업을 취소할 수 있습니다.

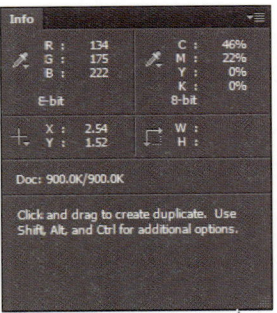

▲ [Info] 패널 : 커서의 위치와 색상, 정보를 알려줍니다.

▲ [Navigator] 패널 : 이미지 보기 배율을 조절합니다.

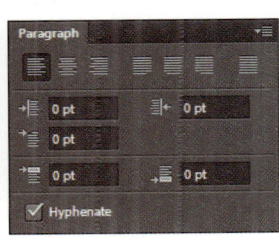

▲ [Paragraph] 패널 : 문단 모양을 조절합니다.

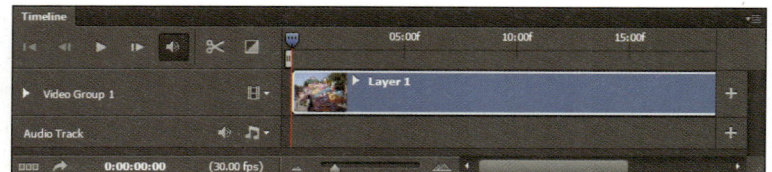

▲ [Timeline] 패널 : 프레임과 타임라인으로 애니메이션을 편집, 합성합니다.

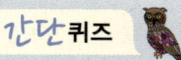

1 이미지에 여러 가지 작업을 할 수 있는 기본 도구들이 모여 있는 패널은 무엇인가요?

① [Tool] 패널   ② [Color] 패널   ③ [Brush] 패널   ④ [Layers] 패널

답 : ①

나만의 작업 환경 저장하기

포토샵은 사용 목적에 따라 [ESSENTIALS], [3D], [PAINTING]을 선택하여 작업의 특성에 맞는 패널을 자동 정렬할 수 있습니다. 또한 패널 버튼을 클릭하여 패널을 접거나 펼칠 수 있으며 드래그하여 원하는 위치로 이동할 수 있습니다.

01 [Tool] 패널을 펼치고 분리하기

❶ [Tool] 패널 위의 펼침 버튼(▶▶)을 클릭하여 2줄 툴로 변경한 후 ❷ 패널 바를 드래그하여 패널을 분리합니다.

02 패널 접어 버튼만 보이게 하기

❶ 오른쪽 패널의 접힘 버튼(◀◀)을 클릭하여 패널을 접습니다. ❷ 패널 버튼과 패널의 경계 부분에 마우스 포인터를 위치시킨 후 오른쪽으로 드래그하여 버튼만 보일 때까지 패널 공간을 줄입니다.

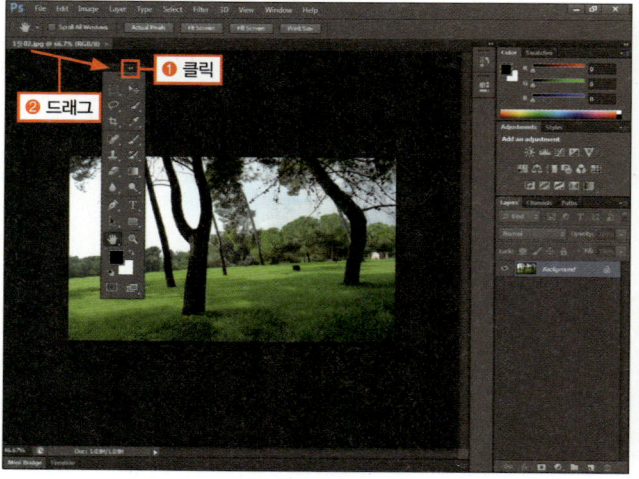

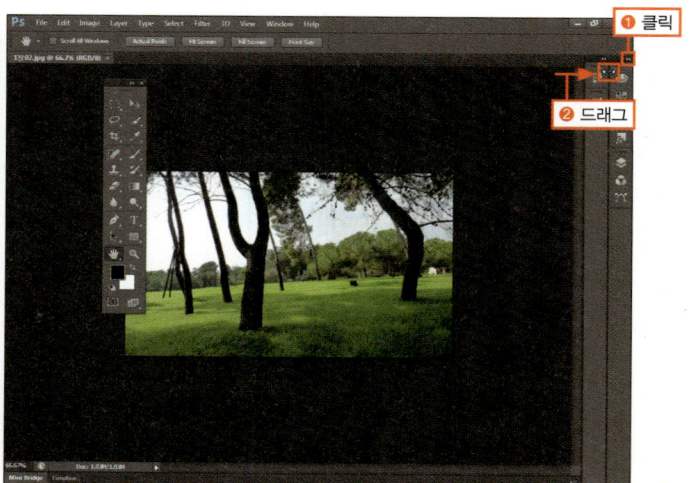

03 작업 환경 저장하기

❶[Windows]-[Workspace]-[New Workspace] 메뉴를 클릭합니다. 대화상자가 나타나면 ❷[Name]을 '내작업'으로 입력한 후 ❸[Save]를 클릭합니다.

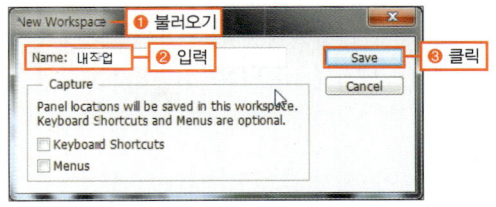

04 저장된 작업 환경 확인하기

❶[Windows]-[Workspace] 메뉴를 클릭하여 메뉴 제일 위에 저장된 작업 창이 표시된 것을 확인합니다.

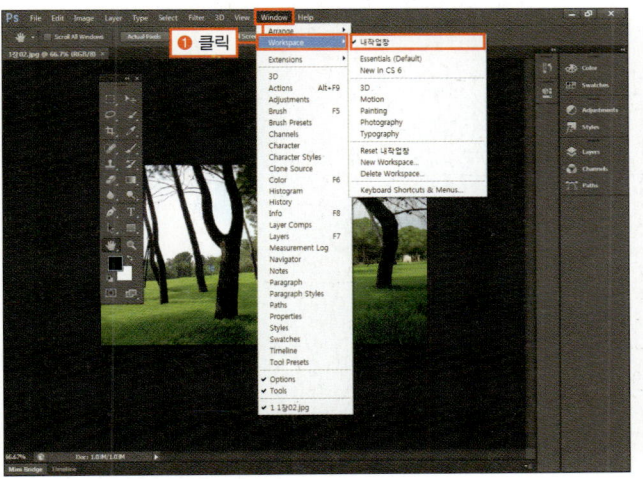

05 [Essentials] 작업 환경으로 되돌리기

❶[Window]-[Workspace]-[Essentials(Default)] 메뉴를 클릭하고 ❷[Window]-[Workspace]-[Reset Essentials] 메뉴를 클릭하여 초기화된 화면을 확인합니다.

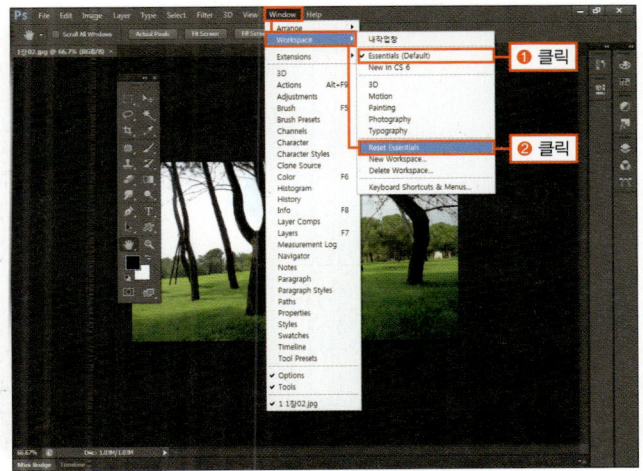

> **참고**
>
> Essential 작업 창에서 패널이나 툴을 이동했기 때문에 [Reset Essentials] 명령을 실행해야 초기 작업 창으로 되돌아옵니다. [Essentials]는 포토샵 기본 작업 창입니다.

참고 • 포토샵의 용도에 따른 작업 환경

이미지 작업 용도에 따라 툴과 패널의 위치를 다르게 배치합니다.

❶ 저장한 작업 환경의 이름이 나타납니다.

❷ 포토샵의 기본 작업 환경으로 이미지의 편집, 합성 작업이 편하도록 툴과 패널을 배치합니다.

❸ 모든 패널이 접히며 포토샵 CS6 버전에서 새로 추가된 메뉴를 표시합니다.

❹ 3D 작업이 편하도록 3D 패널이 전면에 배치됩니다.

❺ 애니메이션 작업이 편하도록 [Timeline] 패널이 하단에 배치됩니다.

❻ 드로잉 작업이 편하도록 브러시 패널과 색상이 배치됩니다.

❼ 사진 수정과 보정이 편하도록 배치한 작업 창입니다.

❽ 글자 입력이 편리하도록 글자 입력과 수정에 관련된 패널이 배치됩니다.

❾ 현재 선택된 작업 환경의 기본 배치로 되돌립니다.

❿ 현재 작업 환경의 툴과 패널의 배치를 저장합니다.

⓫ 저장된 작업 환경을 지웁니다.

⓬ 메뉴의 단축키를 변경할 수 있습니다.

이미지 불러오기

이미지를 불러올 수 있는 [Open] 메뉴와 이미지를 미리 보기할 수 있는 [Mini Bridge] 패널을 살펴보고, 두 명령을 이용하여 이미지를 불러와 보겠습니다.

다루는 내용

• [Open] 대화상자와 [Mini Bridge] 패널 살펴보기
• [Open] 명령으로 이미지 불러오기

• [Mini Bridge] 패널로 이미지 확인한 후 불러오기

기능 정리

이미지를 불러올 수 있는 [File] 메뉴와 [Mini Bridge] 패널 살펴보기

포토샵에서 이미지를 불러오는 데 사용하는 [Open] 명령과 [Mini Bridge] 패널에 대해 알아보겠습니다.

● [File] 메뉴의 이미지 불러오기 메뉴

[File] 메뉴를 클릭하면 원하는 이미지 파일을 포토샵으로 불러올 수 있는 여러 가지 명령이 상단에 배치되어 있습니다.

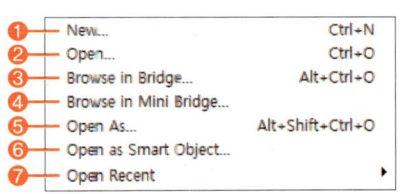

❶ **New** : 새 이미지 창을 불러옵니다.

❷ **Open** : 불러올 이미지를 선택하여 불러올 수 있는 가장 대표적인 방법입니다.

❸ **Browse in Bridge** : [Adobe Bridge] 대화상자를 이용하여 이미지를 미리 보기한 후 불러옵니다.

❹ **Browse in Mini Bridge** : [Mini Bridge] 패널을 열어 원하는 이미지를 불러옵니다.

❺ **Open As** : 원하는 파일 포맷을 선택하여 불러올 수 있습니다.

❻ **Open As Smart Object** : 선택한 이미지를 스마트 오브젝트로 불러옵니다.

❼ **Open Recent** : 최근 파일을 불러옵니다.

● **이미지를 불러올 수 있는 또 다른 방법, [Mini Bridge] 패널**

작업 창의 하단에 놓인 [Mini Bridge] 패널 탭을 클릭하거나 [Window]-[Mini Bridge] 메뉴를 클릭하면 [Mini Bridge] 패널이 나타납니다. 어도비 브릿지(Bridge)의 축소판이라고 할 수 있으며, 파일을 동기화된 상태로 유지하고 이미지를 보면서 다른 이미지 작업을 실행할 수 있습니다.

❶ **이미지 경로 선택** : 원하는 이미지가 있는 경로를 찾아 선택할 수 있습니다.

❷ **메뉴 버튼** : 선택한 이미지의 경로를 보이도록 선택하거나 필터링, 검색할 수 있는 바가 보이도록 할 수 있습니다.

❸ **View** : 선택한 경로의 이미지가 보이며 스크롤로 이동할 수 있습니다. 더블클릭하면 이미지가 열립니다.

간단퀴즈 🦉

1 이미지를 미리 보기하여 불러올 수 있는 패널로, 이미지 작업을 하면서 다른 이미지를 확인하여 연결할 수 있는 패널은 무엇인가요?

① [Tool] 패널 ② [Mini Bridge] 패널 ③ [Brush] 패널 ④ [Layers] 패널

답 : ②

실습 과정

[Open] 대화상자로 이미지 불러오고 정렬하기

이미지를 불러오는 가장 기본적인 명령인 [Open]을 선택하면 대화상자가 나타납니다. 찾는 위치를 설정하여 원하는 이미지를 불러올 수 있습니다.

◎ **시작 파일** : 1장\03_01_1.jpg~03_01_4.jpg

01 [Open] 대화상자 열기

❶ [File]-[Open] 메뉴를 클릭합니다.

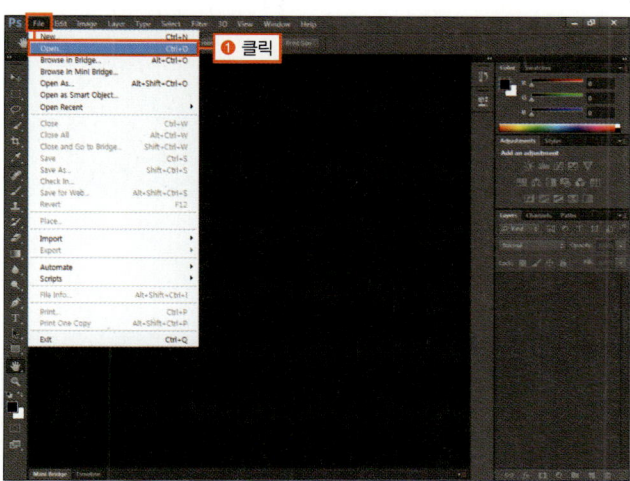

02 이미지 미리 보기

[Open] 대화상자가 열리면 ❶ [찾는 위치]를 설정합니다. ❷ [메뉴 보기](▦▾)를 클릭하고 ❸ [큰 아이콘]을 클릭합니다.

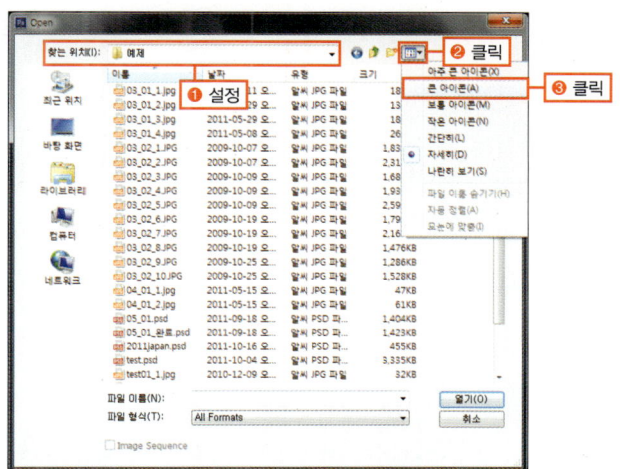

참고

[미리 보기](▦▾)는 썸네일의 크기를 조절하는 명령으로, 썸네일의 크기가 어느 정도 커지면 이미지가 보이지만 모든 타입의 파일이 보이는 것은 아닙니다.

03 파일을 선택하고 불러오기

썸네일의 크기가 커지면서 이미지를 확인할 수 있습니다. ❶ Shift를 누른 채 떨어져 있는 2개의 파일을 선택하면 사이에 있는 파일이 모두 선택됩니다. ❷ [열기]를 클릭합니다.

04 탭으로 열어 놓은 이미지 확인하기

선택한 이미지가 열린 것을 확인하기 위해 ❶이미지 탭을 클릭하여 이미지를 확인합니다.

05 열려 있는 파일 정렬하기

❶[Window]-[Arrange]-[4 Up](▦)을 클릭합니다.

06 열린 이미지 확인하기

열려 있는 모든 이미지가 4등분으로 나뉘어 배치된 것을 확인합니다.

실습 과정

[Mini Bridge] 패널로 이미지 관리하기

[Mini Bridge] 패널을 이용하면 원하는 이미지를 미리 보기한 후 한꺼번에 여러 이미지를 불러올 수 있습니다.

◉ **시작 파일** : 1장\03_02_1.jpg~03_02_10.jpg

01 [Mini Bridge] 패널 열기

포토샵 작업 화면의 하단에 있는 ❶ [Mini Bridge] 패널 탭을 더블클릭합니다.

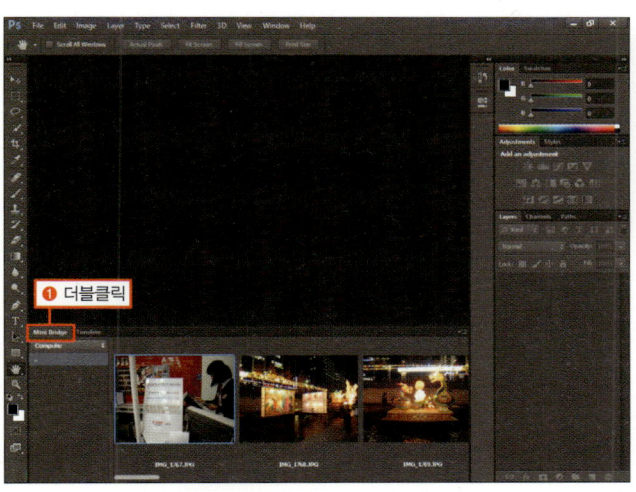

02 경로 선택하고 이미지 미리 보기

❶경로 선택 메뉴를 클릭하여 이미지가 있는 위치로 이동합니다. ❷이미지 미리 보기가 나타나면 원하는 이미지가 잘 보이도록 슬라이더로 이동합니다.

03 [Mini Bridge]의 툴 바 보이기

❶오른쪽 상단의 메뉴 버튼(▾≣)을 클릭하고 [Show Tool Bar]를 선택하여 선택한 이미지의 경로와 필터링 검색 바가 보이도록 합니다.

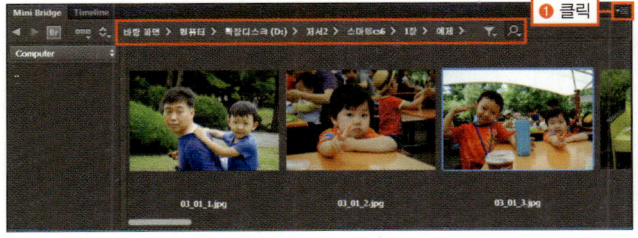

04 파일 다중 선택한 후 불러오기

❶ Shift 를 누른 채 떨어져 있는 파일 2개를 선택하면 그 사이에 있는 모든 파일이 선택됩니다. ❷ Enter 를 누르거나 더블클릭하여 선택한 파일을 모두 포토샵으로 불러옵니다. ❸ [Mini Bridge] 패널 탭을 더블클릭하여 패널을 접습니다.

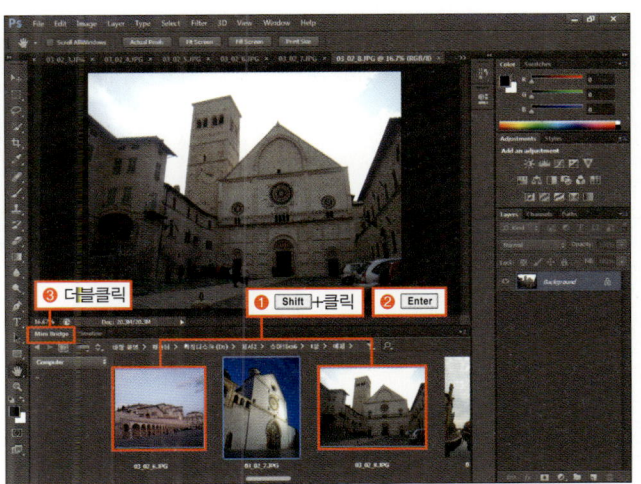

참고

Shift 를 누른 채 파일을 클릭하면 그 사이의 모든 파일이 선택되며,
Ctrl 을 누른 채 파일을 클릭하면 떨어져 있는 파일도 추가 선택됩니다.

참고

❶[Mini Bridge] 패널에서 이미지를 선택하고 마우스 오른쪽 버튼을 클릭한 후, ❷[Photoshop]–[Load Files into Photoshop Layers] 메뉴를 클릭
합니다. 그러면 다중 선택된 파일을 한 이미지의 레이어로 불러올 수 있습니다.

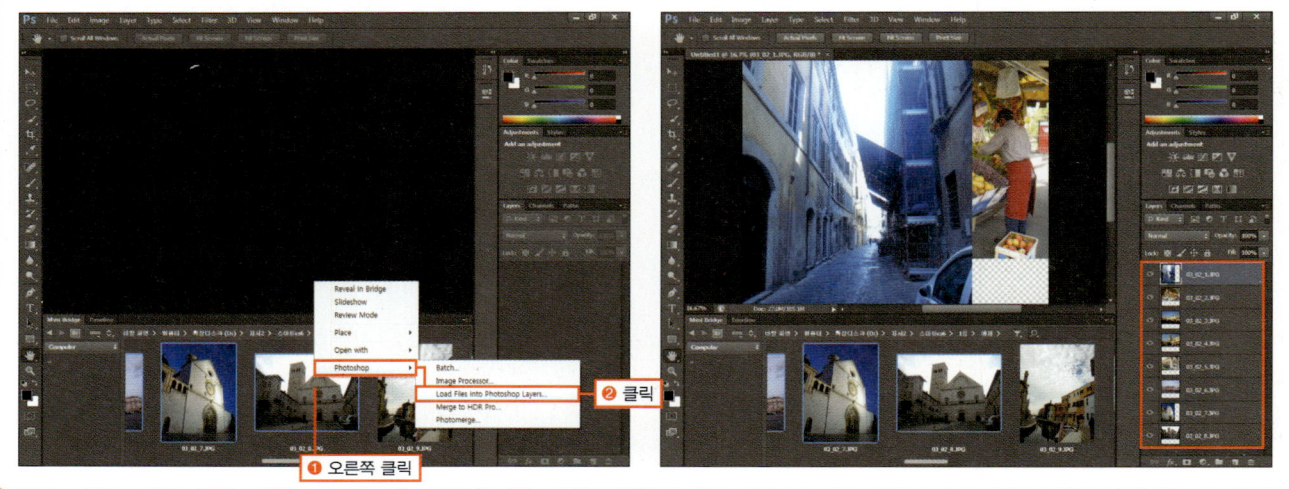

SECTION 04
새 캔버스 만들고 저장하기

포토샵에서 저장할 수 있는 이미지 포맷과 그 용도를 알아보겠습니다. 또한 용도에 맞는 크기와 해상도로 새로운 이미지 창을 만들고 이를 저장해 보겠습니다.

다루는 내용

- 이미지 포맷의 종류 알아보기
- 용도에 맞는 새 캔버스 만들기
- 이미지 저장하는 방법 알아보기

기능 정리

포토샵에서 저장할 수 있는 다양한 이미지 포맷 살펴보기

[File]-[Save] 메뉴를 이용하면 이미지를 저장할 때 용도에 맞게 이미지 포맷을 정할 수 있습니다.

● 이미지를 저장하는 [Save As] 대화상자

[Save As] 대화상자에서 [Format]을 선택하면 선택한 포맷으로 이미지가 저장됩니다.

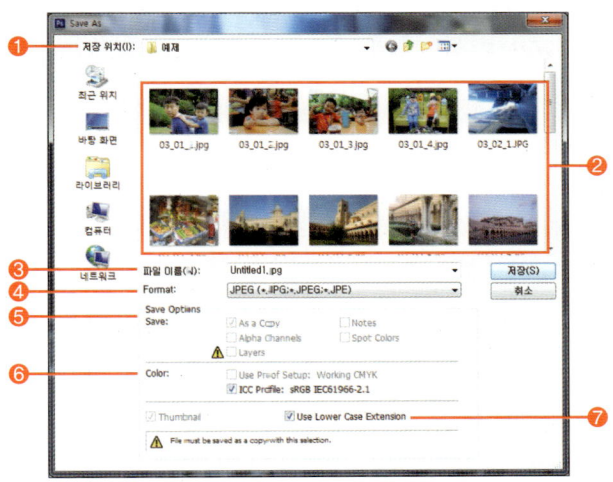

❶ **저장 위치** : 이미지를 저장할 위치를 설정합니다.

❷ 선택한 저장 위치의 이미지를 미리 확인할 수 있습니다.

❸ **파일 이름** : 저장할 파일 이름을 입력합니다.

❹ **Format** : 저장할 이미지의 용도에 따라 선택합니다.

❺ **Save Options** : 저장 옵션을 선택할 수 있습니다. 복사본으로 저장하거나 알파 채널, 스폿 채널, 레이어를 선택하여 저장할 수 있습니다.

❻ **Color** : 저해상도 인쇄 설정 시 사용하는 ICC 프로파일(Windows)로 저장하거나 색상 프로파일을 포함하여 이미지를 저장합니다.

❼ **Use Lower Case Extension** : 파일 확장자를 소문자로 설정합니다.

● **포토샵에서 저장할 수 있는 이미지 포맷명**

- **Photoshop(*.PSD, *.PDD)** : 포토샵의 기본 파일로, 포토샵에서 작업한 레이어, 마스크, 채널, 패스까지 함께 저장됩니다.

- **JPEG(*.JPG, *.JPEG, *.JPE)** : 디지털 카메라 이미지 저장용으로도 가장 많이 사용되고 있으며 호환성이 높은 이미지 포맷입니다. 이미지 압축율(Quality)에 따라 이미지 화질과 용량이 달라집니다.

- **CompuServe GIF(*.GIF)** : 웹 이미지로 제작된 포맷으로 최대 256 색상과 투명을 지원하며, 애니메이션을 만들 수 있습니다.

- **PNG(*.PNG)** : GIF와 JPEG의 장점을 합친 파일 포맷으로, 1600만 색상 모드로 저장할 수 있으며 투명 이미지를 만들 수 있습니다.

- **Photoshop Raw(*.RAW)** : 디지털 카메라에서 이미지 데이터를 다른 처리 없이 그대로 저장하여 압축하지 않은 포맷입니다. DSLR이나 하이엔드급의 디지털 카메라에서 이 포맷을 지원합니다.

- **Photoshop PDF(*.PDF)** : 어도비(Adobe)사에서 개발한 아크로뱃(Acrobat)이라는 프로그램을 위한 포맷입니다. 아크로뱃 리더(Acrobat Reader)가 있는 컴퓨터에서는 운영체제와 상관없이 문서를 읽을 수 있습니다.

간단퀴즈

1 포토샵에서 저장할 수 있는 이미지 포맷 중에 호환성이 가장 높은 이미지 포맷으로, 압축율에 따라 이미지 화질과 용량이 달라지는 것은 무엇인가요?

① PSD ② GIF ③ JPEG ④ PDF

답 : ③

새 캔버스 만들기

[New] 대화상자를 이용하여 원하는 크기와 해상도를 가진 새 캔버스를 만들어 보겠습니다.

ⓞ **시작 파일** : 1장\04_01_1.jpg, 04_01_2.jpg

01 [New] 대화상자 열기

❶[File]-[New] 메뉴를 클릭하거나 Ctrl+N 을 눌러 [New] 대화상자를 불러옵니다. ❷[Name]에 '이미지모음', [Width]를 '500pixels', [Height]를 '500pixels', [Resolution]을 '72pixels/inch'로 입력합니다. ❸[OK]를 클릭합니다.

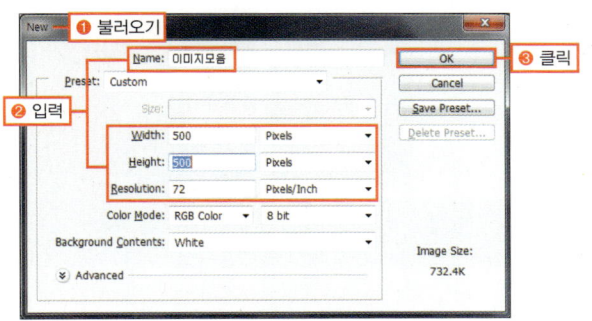

02 새 캔버스 만들기

새 캔버스가 만들어졌습니다.

03 이미지 불러오기

❶[Mini Bridge] 패널 탭을 더블클릭하여 ❷찾는 위치를 '1장'으로 설정합니다. ❸'04_01_1.jpg' 파일을 클릭하고 ❹ Shift 를 누른 채 '04_01_2.jpg' 파일을 선택한 후 ❺더블클릭합니다.

04 이미지 이동하기

선택한 2개의 파일이 열리면 ❶[Mini Bridge] 패널 탭을 더블클릭하여 패널을 닫습니다. ❷[04_01_1.jpg] 탭을 클릭하여 이미지가 보이도록 한 후 ❸[Move Tool]( )을 클릭합니다. ❹이미지를 [이미지모음] 탭 위로 드래그한 상태에서 잠시 대기합니다.

05 이미지 이동하기

'이미지모음' 화면으로 바뀌면 ❶캔버스의 왼쪽 상단에 위치하도록 드래그합니다. ❷같은 방법으로 '04_01_2.jpg' 파일을 '이미지 모음' 이미지의 오른쪽 하단에 배치합니다.

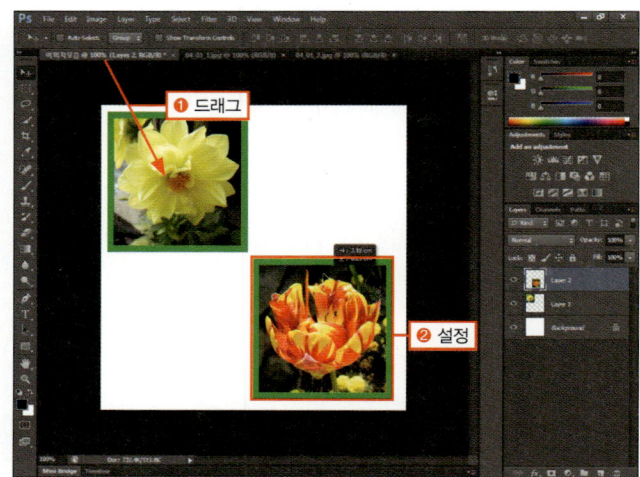

> **참고**
>
> 포토샵 CS6에서는 [Move Tool]( )로 이미지를 이동하면 정보 창이 나타나 이동된 만큼의 수치를 보여줍니다.

실습 과정 이미지 저장하기

[Save As] 대화상자를 이용하여 용도에 맞게 포맷을 설정하여 저장합니다.

◎ **시작 파일** : 앞의 과정에 이어 실습합니다.
◎ **완료 파일** : 1장\이미지 모음.jpg

01 [Save As] 대화상자에서 이미지 저장하기

❶[File]-[Save] 메뉴를 클릭하면 [Save As] 대화상자가 나타납니다. ❷[저장 위치]를 설정하고 [파일 이름]은 '이미지 모음', [Format]은 [JPEG]로 설정합니다. ❸[저장]을 클릭합니다.

> **참고**
> [File]-[Save] 메뉴의 단축키는 Ctrl+S 입니다.

> **참고**
> 새 이미지를 저장하거나 기존 열었던 다시 이미지를 저장할 때는 [Save] 명령을, 새 이름으로 이미지 파일로 저장할 때는 [Save As] 명령을 선택합니다.

02 [JPEG Options] 대화상자에서 이미지 저장하기

[JPEG Options] 대화상자가 나타나면 ❶[Quality]를 '10'으로 설정하고 ❷[OK]를 클릭합니다.

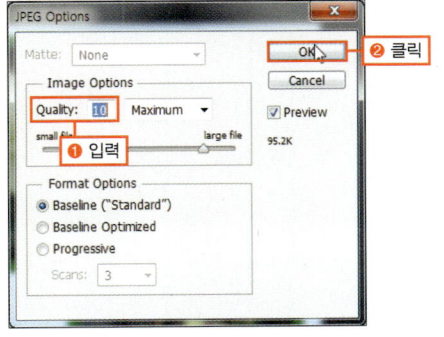

03 저장된 이미지 확인하기

❶윈도우의 탐색기를 실행한 후 저장된 위치로 이동하여 저장된 이미지를 확인합니다.

효율적인 작업을 위한
화면 핸들링 기능 살펴보기

이미지 작업 시 작업의 편의를 위해 이미지를 확대, 축소할 수 있는 [Zoom Tool]과 단축키를 알아보고, 이미지의 위치를 [Hand Tool]로 이동하는 방법을 살펴보겠습니다. 이미지를 정렬하거나 위치를 맞출 수 있는 [Guide]와 [Grid]에 대해서도 알아보겠습니다.

다루는 내용

- [Zoom Tool]과 [Hand Tool]의 사용법 살펴보기
- [Guide]와 [Grid]로 화면 다루기

기능 정리

이미지 보기 비율을 조절하고 화면을 이동할 수 있는 툴 사용하기

포토샵에서 이미지 작업을 할 때 원하는 부분을 크게, 또는 작게 보이도록 하는 일과 스크롤로 조절하여 이미지의 위치를 조절하는 일은 반복적으로 수행되는 작업입니다. 이때 사용되는 것이 [Zoom Tool](🔍)과 [Hand Tool](✋)입니다.

● 이미지 보기 비율을 조절하는 [Zoom Tool]

[Zoom Tool](🔍)로 이미지에서 원하는 부분을 클릭할 때마다 일정한 비율로 보기 배율이 커져 그 부분이 실제 크기보다 확대되며 Alt 를 누른 채 클릭하면 축소되어 보입니다. 하지만 다른 툴을 사용하는 중에 확대하거나 축소하려면 Ctrl + + , Ctrl + − 를 이용합니다. 또한 [Zoom Tool](🔍)을 더블클릭하면 이미지 보기 배율을 100%로 되돌립니다.

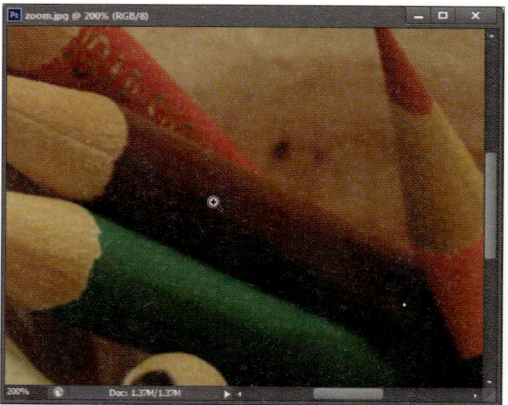

▲ [Zoom Tool](🔍)을 사용하여 이미지 보기 배율을 확대하거나 축소한 모습

참고 • 이미지 보기 배율 조절하는 기타 방법

[Zoom Tool] 외에도 이미지를 확대, 축소하는 방법에는 이미지 창 아래 줌 수치(Zoom Level)를 조절하거나 [Navigator] 패널에서 줌 슬라이더(Zoom Slider)를 좌우로 드래그하여 조절할 수 있습니다.

▲ [Navigator] 패널로 줌 조절하기 　　　 ▲ 이미지 창의 줌 수치 입력하기

● **이미지의 보이는 위치를 이동하는 [Hand Tool]**

[Hand Tool](🖐)은 이미지의 스크롤을 이동하는 것과 마찬가지로 이미지 창에 보이는 이미지의 위치를 원하는 대로 조절합니다. 다른 툴로 작업하는 중에 Shift 를 누르면 임시로 [Hand Tool](🔍)을 사용할 수 있습니다.

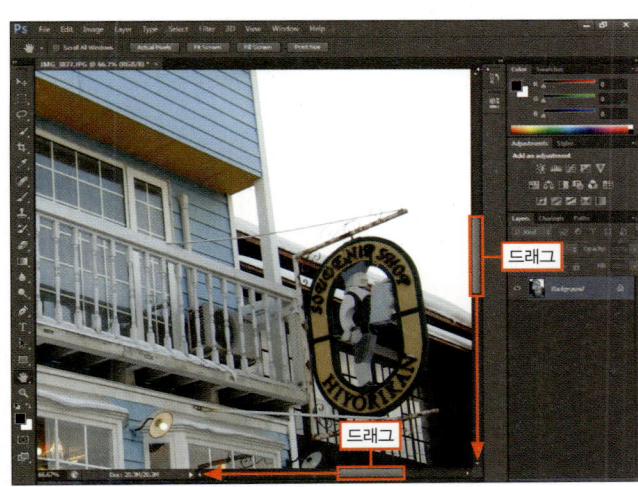

간단퀴즈 🦉

1 다음 중 이미지의 보기 배율을 확대하는 단축키는 무엇일까요?

① Ctrl + + 　② Ctrl + - 　③ Alt + Delete 　④ Ctrl + Delete

답 : ①

실습 과정

정확한 작업을 위한 [Guide]와 [Grid] 다루기

인쇄는 되지 않으면서 이미지 작업 시 도와주는 기능이 [Guide]와 [Grid]입니다. [Guide]는 이미지의 위치를 맞추거나 정렬할 때 사용하며 [Grid]는 일정한 간격의 눈금자를 보이도록 하여 이미지를 그리거나 위치를 맞출 때 사용합니다.

◎ **시작 파일** : 1장\05_01.psd
◎ **완료 파일** : 1장\05_01_완료.psd

01 [Gird] 보이기

❶ [View]-[Show]-[Grid] 메뉴를 클릭하여 눈금선이 보이도록 합니다.

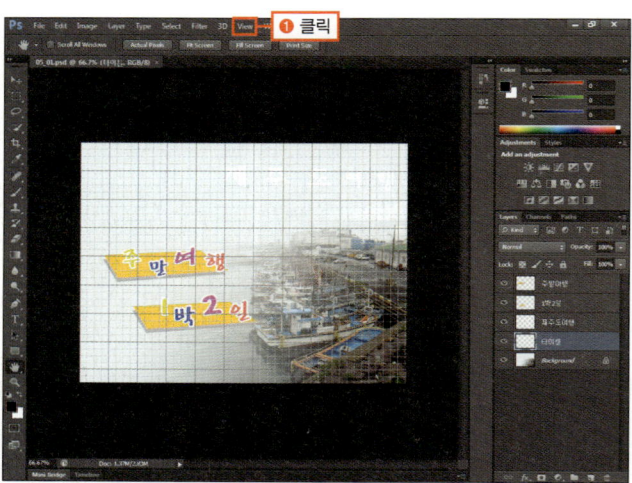

02 [Grid] 간격 조절하기

❶ [Edit]-[Preferences]-[Guides, Grid & Slices] 메뉴를 클릭하여 [Preferences] 대화상자를 불러옵니다. ❷ [Gridline Every]를 '100pixels', [Subdivisions]를 '5'로 입력하고 ❸ [OK]를 클릭하여 창을 닫습니다.

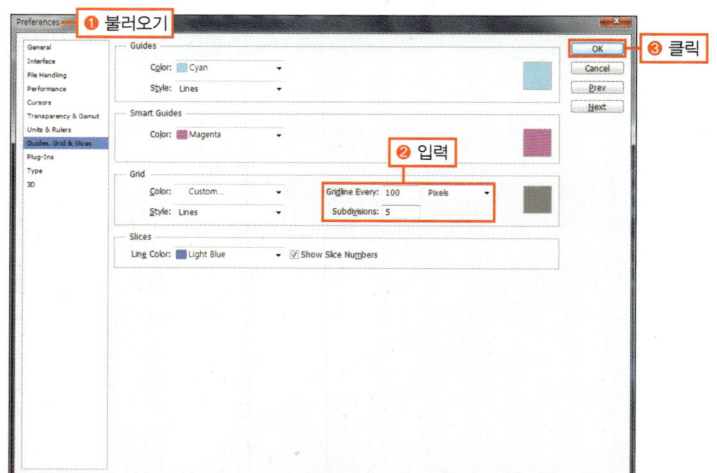

03 눈금 맞춰 칠하기

눈금선의 간격이 조절된 것을 확인합니다. ❶ [Tool] 패널의 [Rectangle Marquee Tool](⬚)을 클릭한 후 ❷ [View]-[Snap] 메뉴가 선택되어 있는 것을 확인합니다. ❸ [Colors] 패널에서 [R]을 '255'로 입력하여 전경색을 빨간색으로 설정합니다. ❹ 이미지에서 글자 '제' 부분을 드래그하여 선택 영역을 만든 후 ❺ Alt + Delete를 눌러 색상을 채웁니다.

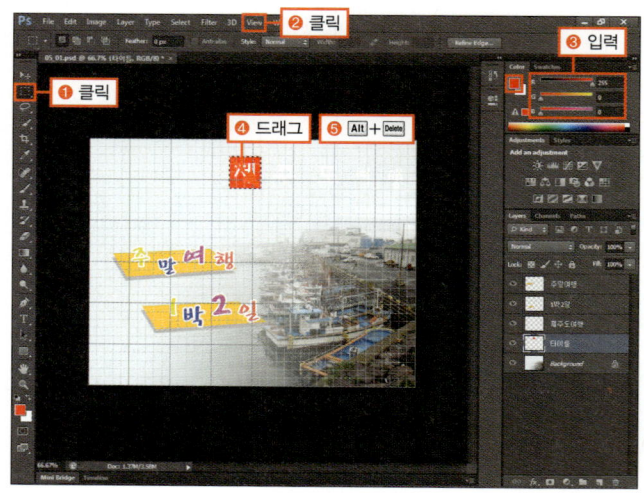

> **참고**
> 색상 설정 및 페인팅에 관한 내용은 4장에서 자세히 배울 예정입니다.

04 반복 설정하기

같은 방법으로 ❶'주', '도', '여', '행'에 맞춰 선택 영역을 만든 후 색상을 채웁니다.

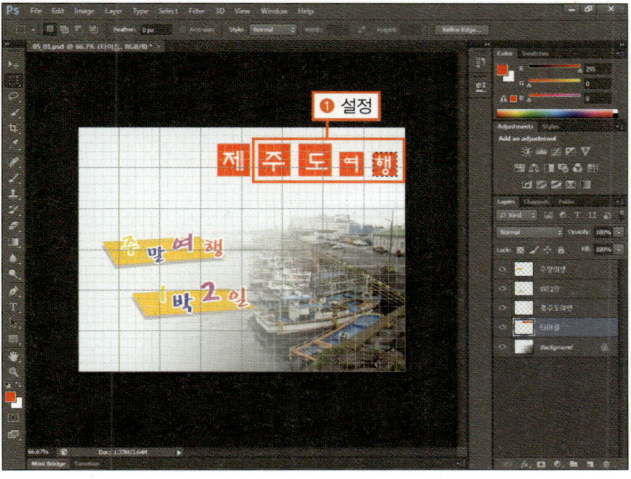

05 [Grd] 감추기

❶ Ctrl + D 를 눌러 선택 영역을 해제한 후 ❷[View]-[Show]-[Grid] 메뉴를 클릭하여 눈금선을 감춥니다.

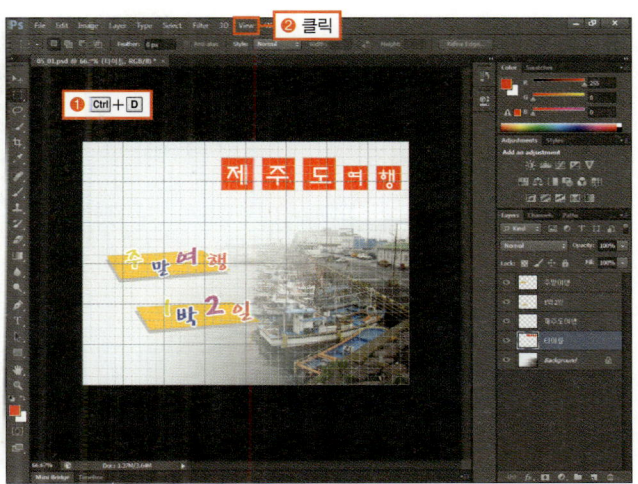

참고
Ctrl + `를 눌러도 눈금선을 감추거나 보일 수 있습니다.

06 안내선의 단위 설정하기

❶[View]-[Rulers] 메뉴를 클릭하거나 Ctrl + R 을 눌러 자가 보이도록 하고 ❷자에서 마우스 오른쪽 버튼을 클릭하여 ❸[Pixels]를 선택합니다.

07 안내선 만들기

❶왼쪽 자에서 드래그하여 세로 안내선을 '50'에 맞춥니다.

08 안내선에 이미지에 맞추기

❶[Move Tool](🔾)을 클릭하고 ❷[Layers] 패널에서 '주말여행' 레이어를 클릭하여 선택합니다. ❸이미지에서 드래그하여 안내선에 이미지 왼쪽을 맞춥니다. ❹'1박2일' 레이어를 선택하고 ❺이미지에서 안내선에 이미지 왼쪽을 맞춰 마무리합니다.

참고 .

레이어의 기본 개념에 관한 내용은 2장에서 자세히 배울 예정입니다.

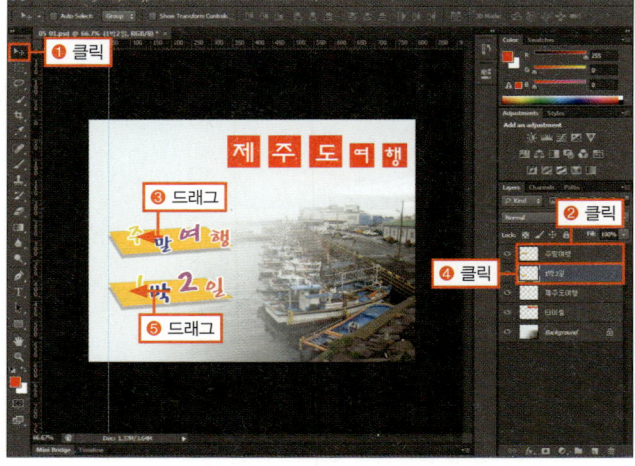

❶ 600*400pixels의 새 이미지 창을 만든 후 시작 파일들을 모두 불러와 [Grid]에 맞춰 새 이미지 창으로 이동해 보세요.

- ◎ **시작 파일** : 1장\01test1-1.jpg～01test1-4.jpg
- ◎ **완료 파일** : 1장\2011japan.psd
- ◎ **해설 파일** : 해설파일\01test1.pdf

Before

After

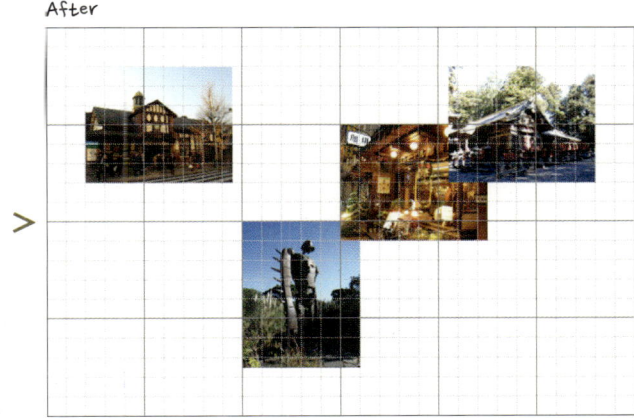

> ❶[New] 명령으로 600*400pixels의 새 이미지 창 만들기 ❷[Grid] 보이게 하기 ❸[Open] 명령으로 '01test1-1.jpg'～'01test1-41.jpg' 파일 불러오기 ❹[Move Tool]( )로 이미지를 드래그하여 배치하기

❷ 이미지 창의 정중앙과 좌, 우, 위, 아래 끝에서 30pixels씩 안내선을 맞춰 놓은 후에 각 이미지를 다음과 같이 배치해 보세요.

- ◎ **시작 파일** : 1장\01test2.psd
- ◎ **완료 파일** : 1장\01test2_완료.psd
- ◎ **해설 파일** : 해설파일\01test2.pdf

Before

After

> ❶[Ruler] 보이게 하기 ❷이미지 창의 가운데 가로, 세로에 안내선 만들기 ❸왼쪽에서 '30px', '770px'에 세로 안내선 만들기 ❹위에서 '30px', '510px'에 가로 안내선 만들기 ❺'꽃1'～'꽃4' 레이어 안내선에 맞춰 이동하기 ❻'꽃5' 레이어 가운데로 이동하기

PART

02 포토샵 작업을 위한
기초 걸음마 떼기

포토샵으로 이미지를 다루기 전에 알아야 할 용어와 기본 기능에 대해 살펴봅니다. 먼저 이미지의

개념을 이해하고, 용도에 따라 이미지 크기를 조절하고, 회전하고, 자르는 방법을 배웁니다. 그리고

포토샵에서 가장 중요한 개념 중 하나라고 할 수 있는 레이어에 대해 간단히 살펴봅니다. 이미지 편

집과 합성 작업의 핵심이라그 할 수 있는 레이어의 기초를 잘 다져두도록 합니다.

PHOTOSHOP CS6

SECTION 01

이미지와 캔버스의 크기 조절 및 회전하기

비트맵 이미지의 기본 단위인 픽셀의 개념에 대해 먼저 알아보겠습니다. 그리고 용도에 맞게 이미지 크기와 해상도를 조절할 수 있는 [Image Size]와 [Canvas Size] 명령을 사용해 봅니다. 또한 작업을 단계별로 취소할 수 있는 [History] 패널의 사용법을 익혀보겠습니다.

다루는 내용

- [Image Size] 명령으로 용도에 맞는 이미지 크기 조절하기
- [Canvas Size]로 작업 창 크기 조절하기

기능 정리

비트맵 이미지와 이를 구성하는 최소 단위, 픽셀 살펴보기

포토샵에서는 JPG와 GIF, PNG와 같은 비트맵 이미지를 다룹니다. 이 비트맵 이미지를 이루는 가장 기본적인 단위가 픽셀(Pixel)입니다.

● 픽셀

픽셀은 텔레비전이나 모니터와 같은 디지털 장비에서 보이는 이미지의 단위입니다. 포토샵에서 보기 비율을 확대했을 때 픽셀 그리드(Pixel Grid)로 확인할 수 있습니다.

▲ Pixel Grid

● 해상도

1inch당 몇 픽셀(PPI: Pixel Per Inch)로 구성되었느냐에 따라 선명도를 나타내는 이미지 해상도(Resolution)가 정해집니다. 일반적으로 웹용 이미지는 72~100pixels/inch, 인쇄용 이미지는 150~300pixels/inch의 해상도를 가집니다.

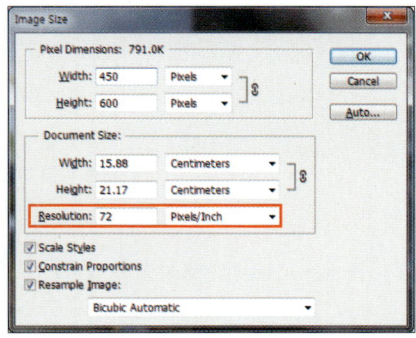

▲ 웹용 이미지와 해상도

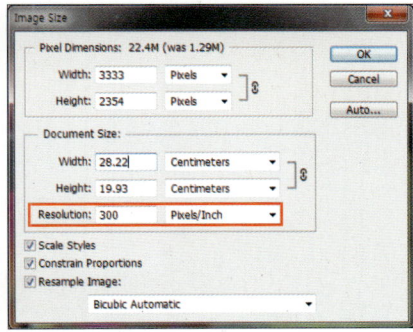

▲ 인쇄용 이미지와 해상도

[Image Size]로 이미지의 해상도 및 크기 조절하기

[Image Size]로 해상도를 정하고 원하는 이미지 사이즈로 조절해 보겠습니다.

◎ **시작 파일** : 2장\01_01.jpg
◎ **완료 파일** : 2장\01_01_완료.jpg

01 [Image Size]로 해상도 조절하기

❶[File]-[Open] 메뉴를 클릭하여 시작 파일을 불러옵니다. ❷[Image]-[Image Size] 메뉴를 클릭합니다. 이미지의 해상도를 조절하기 위해 ❸[Image Size] 대화상자의 [Resolution]은 '72'로 입력합니다.

> **참고** ●
>
> [Resolution]의 수치를 수정하면 이미지의 너비(Width)와 높이 (Height)도 이미지 비율에 맞게 수정됩니다.

02 원하는 크기로 조절하기

이미지 높이를 조절하기 위해 ❶[Pixel Dimensions]의 [Height]는 '600'으로 입력합니다. [Width]는 '450'으로 자동 조절됩니다. ❷[OK]를 클릭하여 대화상자를 닫습니다.

> **참고** ●
>
> [Image Size] 대화상자에서 [Constrain Proportions]가 체크되어 있으면 [Width]와 [Height]의 비율이 고정되어 한 곳을 수정하면 다른 쪽도 같이 수정됩니다.

03 이미지의 크기 확인하기

❶[Tool] 패널에서 [Zoom Tool](🔍)을 더블클릭합니다. 크기와 해상도가 줄어든 이미지를 확인합니다.

참고 ● [Image Size] 대화상자의 메뉴 구성 보기

[Image Size] 대화상자는 이미지의 크기와 해상도를 조절할 수 있습니다.

❶ **Pixel Dimensions** : [Width]와 [Height]로 이미지의 너비와 높이를 수정합니다. 단위는 Pixel과 Percent를 지원합니다.

❷ **Document Size** : 이미지 크기를 cm, mm, inch 등의 다른 단위로 설정할 수 있으며 [Resolution]으로 이미지의 해상도를 변경할 수 있습니다.

❸ **Scale Styles** : 체크하면 사이즈를 변경할 때 레이어에 적용할 스타일의 크기도 같이 조정합니다.

❹ **Constrain Proportions** : 체크하면 가로, 세로의 비율을 일정하게 유지합니다.

❺ **Resample Image** : 현재 보이는 이미지에는 변화 없이, 출력될 이미지의 해상도와 크기를 설정할 수 있습니다.

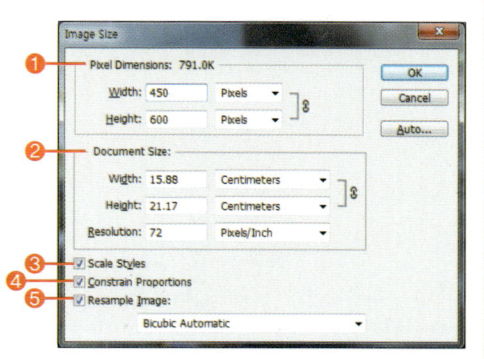

실습 과정 [Canvas Size]로 캔버스 크기 조절하기

캔버스(Canvas)란 이미지가 담겨 있는 바탕 종이로, [Canvas Size] 대화상자를 이용하여 크기를 수정할 수 있습니다.

◉ **시작 파일** : 2장\01_02.jpg
◉ **완료 파일** : 2장\01_02_완료.jpg

01 [Canvas Size] 대화상자 불러오기

❶[File]-[Open] 메뉴를 클릭하여 시작 파일을 불러옵니다. ❷[Image]-[Canvas Size] 메뉴를 클릭하여 [Canvas Size] 대화상자를 엽니다.

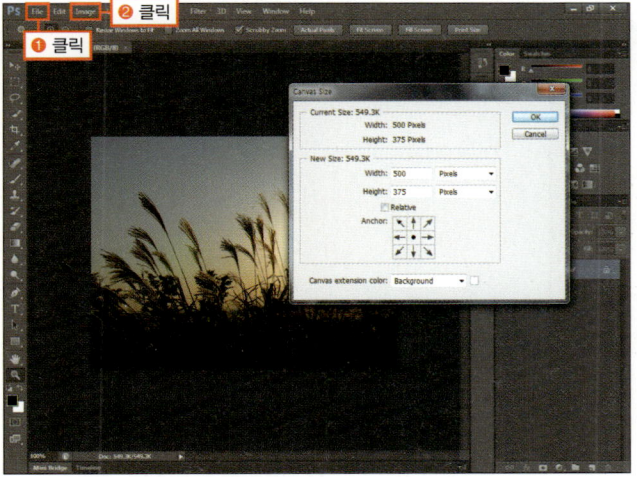

02 캔버스의 크기 및 방향 조절하기

넓히고 싶은 수치만 입력하기 위해 ❶[Relative]에 체크한 후 ❷[Width]는 '2Centimeters', [Height]는 '2Centimeters' 로 설정합니다. ❸[OK]를 클릭하여 대화상자를 닫습니다.

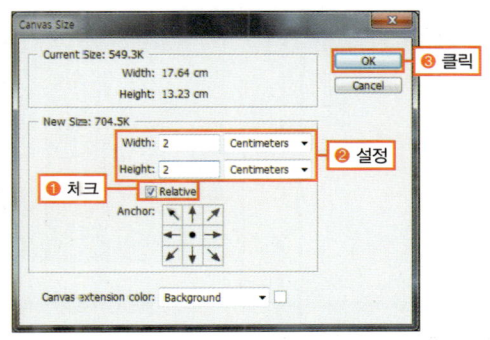

03 캔버스 크기 확인하기

입력한 수치만큼 캔버스가 커진 것을 확인합니다.

참고 ● [Canvas Size] 대화상자의 메뉴 구성 보기

[Canvas Size] 대화상자에서 캔버스 크기와 백그라운드 색상을 설정할 수 있습니다.

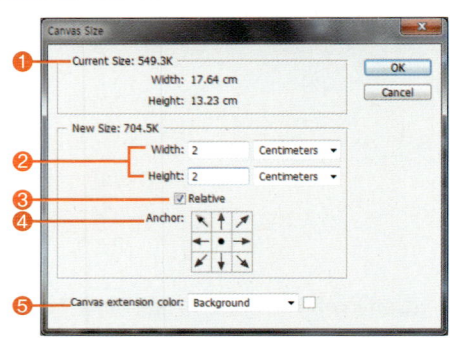

❶ **Current Size** : 현재 캔버스의 크기와 용량을 보여줍니다.

❷ **Width/Height** : 캔버스의 너비, 높이를 입력합니다.

❸ **Relative** : 체크하면 [Current Size]에 있는 수치를 기준으로, 입력한 수치만큼 변경됩니다.

❹ **Anchor** : 캔버스가 늘어나거나 줄어들 때 방향을 조절할 수 있습니다.

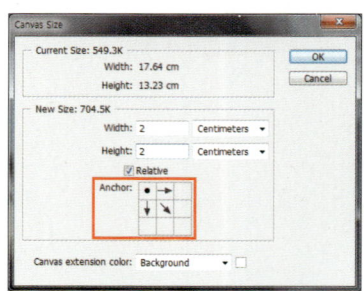 

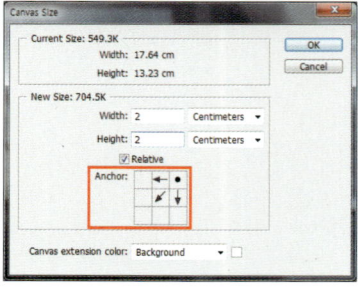 

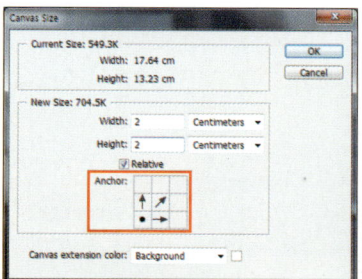

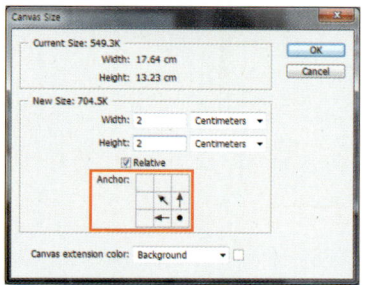

▲ Anchor 방향에 따라 늘어나는 캔버스 모양

❺ **Canvas extension Color** : 늘어난 캔버스의 색상을 선택할 수 있습니다.

다음 이미지를 가로 400px, 해상도를 72pixels/inch로 크기와 해상도를 조절한 후, 흰색 테두리가 각각 20px씩 보이도록 [Canvas Size]를 넓혀보세요.

◎ **시작 파일** : 2장\01_실습.jpg
◎ **완료 파일** : 2장\01_완료.jpg

참고 • [Image]-[Rotate] 메뉴를 이용해 이미지 회전하기

[Image]-[Image Rotation] 메뉴를 클릭하면 이미지를 회전할 수 있는 메뉴들이 나타납니다. 다양한 방향으로 쉽게 회전할 수 있습니다.

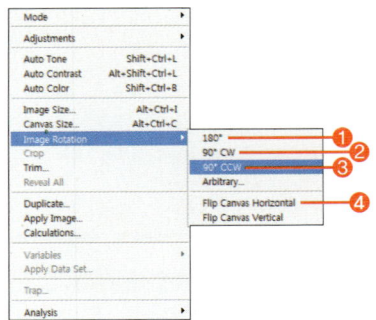

▲ 원본 이미지

❶ 180˚

▲ 상하 회전

❷ 90˚ CW

▲ 시계 방향으로 회전

❸ 90˚ CCW

▲ 반시계 방향으로 회전

❹ Flip Canvas Horizontal

▲ 수평으로 좌우 회전

02
이미지 자르기

이미지에서 불필요한 부분을 자르거나 기울어진 이미지를 수정할 수 있는 [Crop Tool]과 여백을 정리하는 명령에 대해 알아보겠습니다.

다루는 내용

- [Crop Tool]로 이미지 자르기
- [Perspective Crop Tool]로 이미지 자르기

- [Trim]과 [Reveal All] 명령으로 이미지에 딱 맞는 작업 창 만들기

기능 정리

불필요한 이미지 자르는 툴 보기

포토샵 CS6에서 기능이 많이 강화된 [Crop Tool]( )과 새로 생긴 [Perspective Crop Tool]
( )에 대해 배워보겠습니다. 이미지의 불필요한 부분만큼 드래그하여 자르면서 원근감 등을 적용하여 왜곡된 이미지를 수정할 때 사용하면 편리합니다.

● **[Crop Tool]의 옵션 바 살펴보기**

[Crop Tool]( )은 원하는 부분만 남기고 나머지를 자를 때 사용하는 것으로, 기존 버전과 달리 툴을 선택하면 바로 크롭 가이드 선이 나타나 조절점과 회전을 적용해 자를 수 있습니다.

▲ [Crop Tool]( )을 클릭했을 때 옵션 바의 모습

❶ **Unconstrained** : 이미지를 자르는 영역의 너비, 높이 비율을 설정합니다.

❷ **Width, Height** : 잘릴 이미지의 너비, 높이의 수치를 입력합니다.

❸ **Rotate the crop box** : 클릭하면 현재의 너비, 높이의 비율을 90도로 회전하여 자르는 영역이 잡힙니다.

❹ **Straighten** : 클릭하고 이미지에서 드래그하여 만들어진 선의 기울기로 이미지를 회전하여 자르기 영역이 잡힙니다.

❺ View : 자르는 영역에 가이드 선을 선택할 수 있습니다.

▲ Rule of Thirds

▲ Grid

▲ Diagonal

▲ Golden Ratio

❻ Additional Crop Options : 자르는 옵션을 추가로 선택할 수 있습니다. 이전 버전의 자르기 모드로 볼 수 있는 [Use Classic Mode]와 잘리는 영역의 투명도 등을 조절합니다.

❼ Delete Cropped Pixels : 체크하면 잘릴 영역의 이미지가 바로 지워집니다.

❽ Reset : 자르는 영역을 초기 상태로 되돌립니다.

❾ Cancel : 자르는 명령을 취소합니다.

❿ Commit : 자를 명령을 실행합니다.

● **[Perspective Crop Tool]의 옵션 바 살펴보기**

CS6 버전에 새로 생긴 [Perspective Crop Tool](📐)은 조절점의 위치를 조절하여 기울어진 이미지나 원근감으로 왜곡된 이미지를 수정할 때 사용합니다.

▲ [Perspective Crop Tool](📐)을 클릭했을 때 옵션 바의 모습

❶ Width, Height : 잘릴 이미지의 너비, 높이의 수치를 입력합니다.

❷ Swaps height and width : 입력한 높이와 너비의 수치가 바뀝니다.

❸ Front Image : 현재 이미지의 크기가 [W]와 [H]에 입력됩니다.

❹ Clear : 입력된 [W], [H] 수치를 지웁니다.

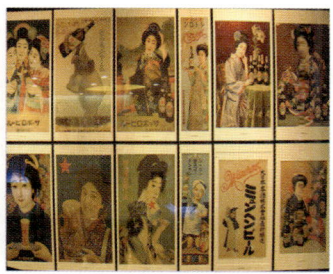

▲ [Perspective Crop Tool]()로 원근감을 제거한 모습

❺ **Show Grid** : 체크되어 있으면 드래그한 영역에 크롭 가이드선이 나타나 조절의 정도를 볼 수 있습니다.

간단퀴즈

1 이미지의 불필요한 영역을 잘라낼 때 사용하는 툴은 무엇일까요?

답 : [Crop Tool](   )

실습 과정

[Crop Tool]로 자르고 회전하기

[Crop Tool](   )을 클릭하면 각 모서리에 조절점과 크롭 가이드 선이 나타나 원하는 크기로 조절, 회전하여 이미지를 자를 수 있습니다.

◉ **시작 파일** : 2장\02_01.jpg
◉ **완료 파일** : 2장\02_01_완료.jpg

01 기울어진 이미지 수정하기

❶[File]-[Open] 메뉴를 클릭하여 시작 파일을 불러옵니다. ❷[Tool] 패널에서 [Crop Tool](   )을 클릭하고 ❸자르는 표시 위로 마우스 포인터를 위치시켜 모양이 변경(   )되면 시계 방향으로 4° 정도 회전합니다.

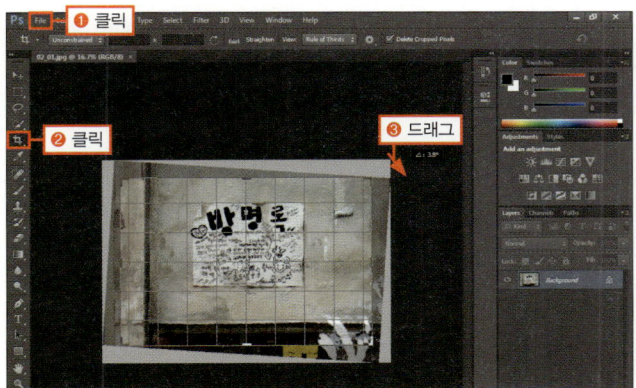

참고 •
크롭 가이드선이 가운데 이미지 부분과 잘 맞는지 확인하면서 회전합니다.

02 자르는 영역 설정하기

❶자르는 영역에서 오른쪽 위 표시를 드래그하여 벽보의 오른쪽 위에 맞춘 후 ❷왼쪽 아래 표시를 드래그하여 그림과 같이 벽보의 왼쪽 아래에 맞춥니다. ❸옵션 바의 [Commit](   )를 클릭하여 자르는 영역을 적용합니다.

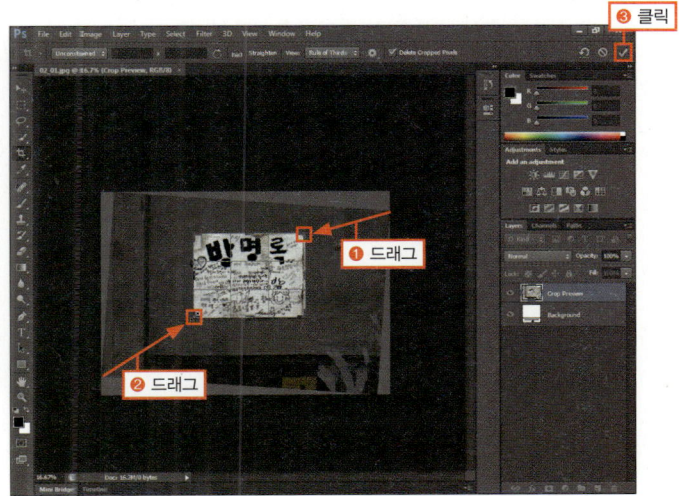

03 잘린 이미지 확인하기

❶[Hand Tool](✋)을 더블클릭하여 이미지를 확인합니다.

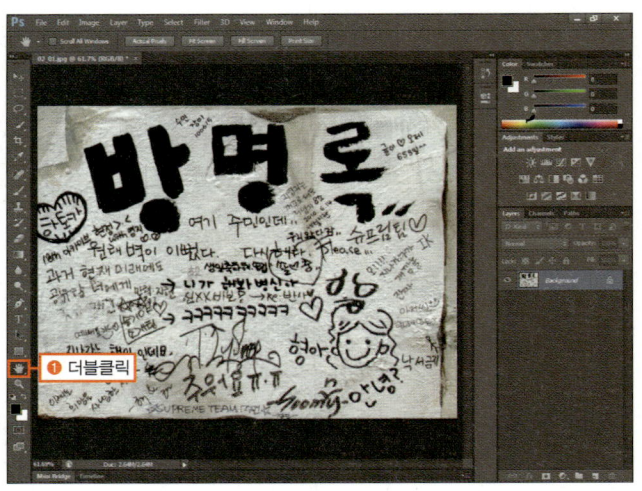

실습 과정

[Perspective Crop Tool]로 이미지에 원근감 제거하기

[Perspective Crop Tool](▦)은 이미지가 기울어지거나 왜곡되어 있을 때 이를 제거하여 평평하게 펴주면서 자르는 툴입니다.

◎ **시작 파일** : 2장\02_02.jpg
◎ **완료 파일** : 2장\02_02_완료.jpg

01 [Perspective Crop Tool] 선택하기

❶[File]-[Open] 메뉴를 클릭하여 시작 파일을 불러옵니다. ❷[Tool] 패널에서 [Crop Tool](▤)을 1초 정도 클릭하여 숨은 툴이 나타나면 ❸[Perspective Crop Tool](▦)을 클릭합니다.

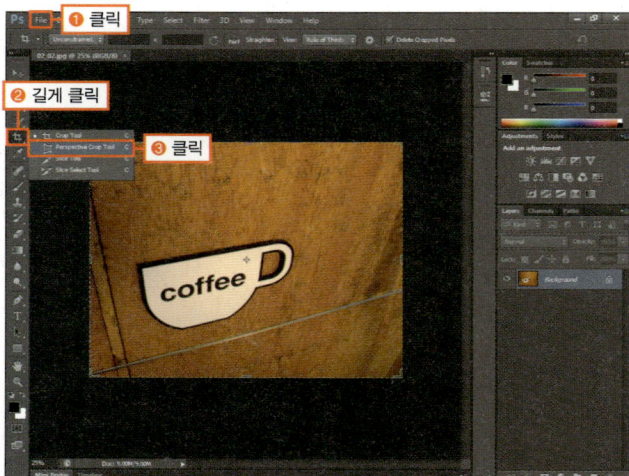

02 자를 영역을 설정하고 기울어진 이미지에 맞추기

❶이미지에서 컵 모양 부분을 드래그하여 자를 영역을 설정합니다.

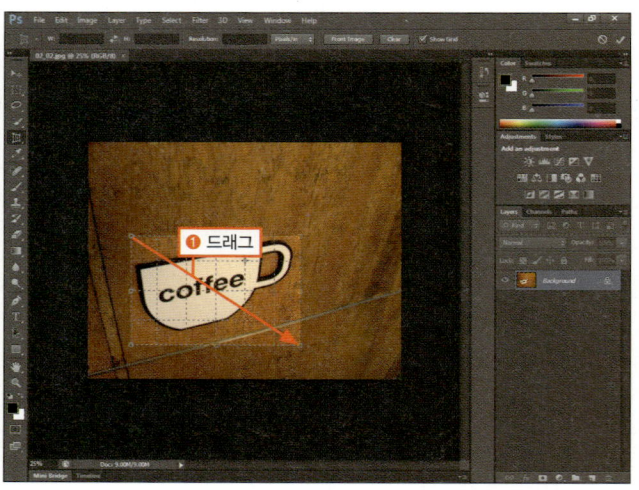

03 모양에 맞게 자르는 영역 조절하기

❶각 모서리의 조절점을 드래그하여 그림의 'coffee'라는 문구와 컵이 그리드 선과 잘 맞도록 합니다. ❷옵션 바의 [Commit]( )를 클릭하여 자르는 영역을 적용합니다.

04 잘린 이미지 확인하기

기울어졌던 이미지가 바른 모양으로 된 것을 확인합니다.

확인실습

[Perspective Crop Tool]( )을 이용하여 액자 부분만 다음 그림과 같이 완성해 보세요.

◎ **시작 파일** : 2장\02_실습.jpg
◎ **완료 파일** : 2장\02_완료.jpg

>

[Trim]과 [Reveal All]로 이미지 정리하기

[Trim] 명령은 이미지의 여백이나 이미지 모서리의 색을 자동으로 인식해 여백을 제거하거나 모서리에 같은 색이 있는 부분을 제거해 원하는 이미지만 남게 만드는 명령입니다. [Reveal All]은 작업 창 바깥에 숨어 있는 이미지를 인식해 그 이미지에 맞춰 캔버스 사이즈를 자동으로 넓혀주는 명령입니다.

◉ **시작 파일** : 2장\02_03_1.png, 02_03_2.png
◉ **완료 파일** : 2장\02_03_완료.psd

❶ 이미지 파일 불러오기

❶[File]–[Open] 메뉴를 클릭하여 2개의 시작 파일을 불러옵니다. ❷[02_03_1.png] 탭을 클릭하여 하얀색 자동차 이미지가 보이도록 합니다.

❷ [Trim] 명령을 실행하여 여백 제거하기

❶[Image]–[Trim] 메뉴를 클릭합니다. ❷[Trim] 대화상자에서 [Transparent Pixels]를 체크한 후 ❸[OK]를 클릭합니다.

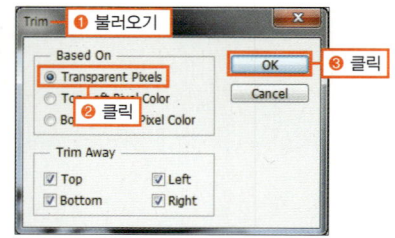

❸ [Trim]이 적용된 이미지 확인하기

빈 여백이 사라진 이미지를 확인합니다.

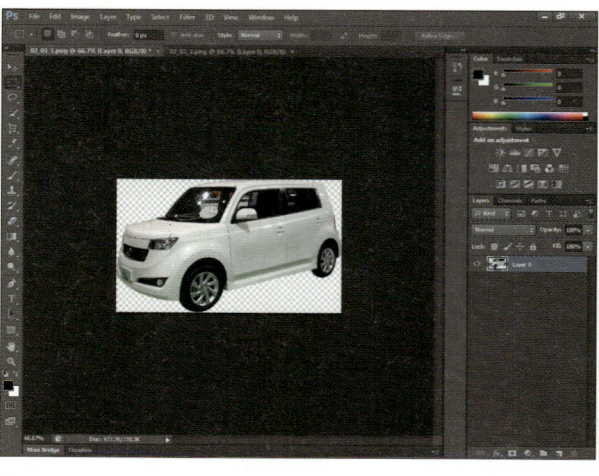

❹ 이미지 이동하기

❶[02_03_2.png] 탭을 클릭하여 주황색 자동차가 보이도록 합니다. ❷[Tool] 패널에서 [Move Tool](▶+)을 클릭하고 ❸주황색 자동차를 [02_03_1.png] 탭으로 드래그합니다.

참고 • [Trim]으로 모서리의 같은 색상 제거하기

[Trim]은 주로 여백을 제거할 때 많이 사용하지만 테두리나 핵심 이미지를 두르고 있는 색상을 제거할 때도 사용합니다. 이럴 때는 [Trim] 대화상자에서 [Top Left Pixel Color]나 [Bottom Right Pixel Color]를 체크하여 상단의 왼쪽 모서리 색상과 같은 색상을 제거하거나 하단의 오른쪽 색상과 같은 색상을 제거할 수 있습니다.

5 이미지 배치하기

'02_03_1.png' 이미지가 보이면 ❶이미지 창 안으로 드래그하여 놓습니다.

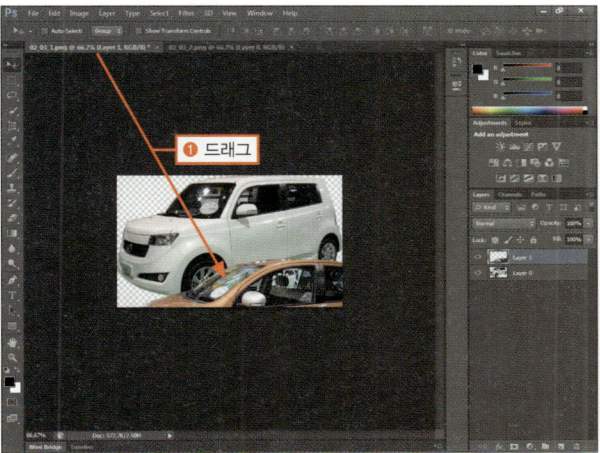

6 [Reveal All]로 캔버스 사이즈 늘리기

❶[Image]–[Reveal All] 메뉴를 클릭합니다. 숨겨졌던 이미지가 보이도록 캔버스 사이즈가 커진 것을 확인합니다.

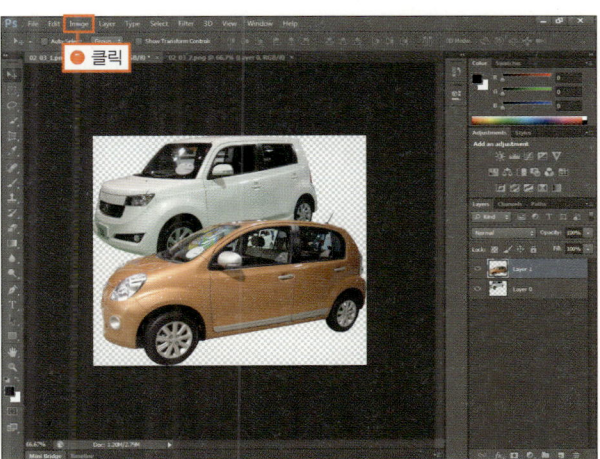

SECTION

03

포토샵 작업의 기본 개념, 레이어 알기

포토샵에서 레이어가 갖는 의미와 활용법에 대해 알아보며 새로운 레이어 만들고 제거하는 방법에 대해 알아보겠습니다.

다루는 내용

- [Layers] 패널로 새 레이어 만들기
- 레이어 복사하고 제거하기

기능 정리

레이어란?

레이어(Layer)는 포토샵을 다룰 때 가장 기본이 되는 것으로, 쉽게 말하면 투명 종이입니다. 이 투명 종이를 겹겹이 쌓아 여러 개의 이미지를 통합된 하나의 이미지로 만들 수 있습니다. 이 레이어를 다루는 곳이 [Layers] 패널입니다.

포토샵은 이미지 작업 시 이동, 편집을 편리하게 하기 위해 다양한 레이어 작업 방식을 지원하는데, [Layers] 패널에서 제일 아래에 위치한 배경 종이(Background)와 그 위에 여러 개의 레이어를 겹쳐놓아 하나의 이미지로 완성할 수 있습니다.

▲ 'Background' 레이어와 여러 레이어로 이뤄진 이미지

각 레이어는 특별히 선택 영역을 만들지 않아도 선택한 레이어의 이미지만 이동하거나 [Edit]-[Transform] 메뉴로 변형하거나 색상 및 밝기를 수정할 수 있습니다.

▲ [Move Tool](🔲)로 '노트북' 레이어만 선택하여 이동한 이미지

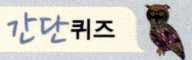

■ 포토샵을 다룰 때 가장 기본이 되는 것으로 투명 종이로 이뤄진 것은 무엇일까요?

답 : 레이어

새 레이어 만들고, 제거하기

[Layers] 패널로 새 레이어를 만들고 이름을 변경해 보겠습니다. 또한 레이어를 지우는 방법에 대해 알아보겠습니다.

◎ **시작 파일** : 2장\03_01.psd
◎ **완료 파일** : 2장\03_01_완료.psd

01 [Layers] 패널 넓게 보기

❶[File]-[Open] 메뉴를 클릭하여 시작 파일을 불러옵니다. ❷[Adjustments] 패널의 탭 부분을 더블클릭하여 [Layers] 패널이 잘 보이게 합니다.

02 새 레이어 추가하고 이름 변경하기

❶[Layers] 패널 하단의 [Create a new layer](🔳)를 클릭하여 서 레이어를 만듭니다. ❷새 레이어의 글자 부분을 더블클릭하여 ❸'사각형'이라 입력합니다. 레이어의 이름이 변경됩니다.

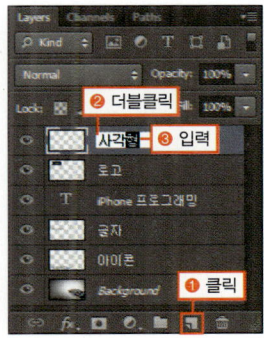

> **참고**
> [Create a new layer](🔳)를 클릭하면 선택된 레이어 위에 새 레이어가 만들어집니다.

03 새 레이어에 도형 그리기

❶[Tool] 패널에서 [Rectangle Tool](▢)을 클릭합니다.
❷D를 눌러 전경색과 배경색을 기본색으로 변경한 후 ❸
X를 눌러 전경색을 흰색으로 바꿉니다. ❹글자 'iPhone
프로그래밍' 부분의 왼쪽에서 오른쪽으로 드래그하여 사
각형을 그립니다.

> **참고**
>
> 레이어 썸네일이 너무 작게 보
> 여 이미지가 잘 확인되지 않을
> 때는 [Layers] 패널의 오른쪽
> 메뉴 버튼(▤)을 클릭합니다.
> [Panel Options] 메뉴를 클릭
> 하여 대화상자가 나타나면
> [Thumbnail Size]를 고를 수
> 있습니다.

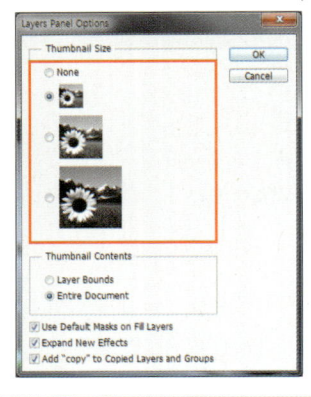

04 레이어 순서 바꾸기

❶'사각형' 레이어를 'iPhone 프로그래밍' 레이어 아래로
드래그하여 레이어의 순서를 바꿉니다. 이미지를 확인합
니다.

05 레이어 제거하기

❶[Layers] 패널에서 '사각형' 레이어를 클릭하고 ❷[Delete
layer](🗑)를 클릭합니다. '사각형' 레이어를 제거하겠냐는
경고창이 나타나면 ❸[Yes] 버튼을 클릭합니다.

06 레이어 제거 확인하기

❶'글자' 레이어를 [Delete layer](🗑) 위로 바로 드래그하면 경고창 없이 바로 제거할 수 있습니다.

실습 과정

레이어 복사하고 레이어 그룹으로 관리하기

레이어가 너무 많아지면 원하는 레이어를 빨리 찾기 어려울 수 있습니다. 이럴 때는 연관성 있는 레이어끼리 그룹으로 묶어 관리하면 편리합니다.

○ **시작 파일** : 2장\03_02.psd
○ **완료 파일** : 2장\03_02_완료.psd

01 레이어 복사하기

❶[File]-[Open] 메뉴를 클릭하여 시작 파일을 불러온 후 '아이콘' 레이어가 선택된 것을 확인합니다. ❷[Layers] 패널에서 메뉴 버튼(▼☰)을 클릭하고 [Duplicate Layer] 메뉴를 클릭합니다. 대화상자가 나타나면 ❸[OK]를 클릭하여 대화상자를 닫습니다.

02 복사된 레이어를 이동하기

'아이콘 Copy' 레이어가 만들어진 것을 확인합니다. ❶
[Tool] 패널에서 [Move Tool](▶⊹)을 클릭하고 ❷이미지
창에서 아이콘 이미지를 드래그하여 위로 이동합니다.

참고

복사할 레이어를 클릭하고 [Create a
new layer](▣) 위로 드래그해도 레이어
를 복사할 수 있습니다.

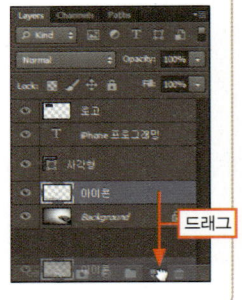

03 여러 개의 레이어 선택하기

❶[Layers] 패널에서 '로고' 레이어를 클릭하고 ❷ Shift 를
누른 채 '사각형' 레이어를 클릭하여 사이에 놓인 레이어
가 모두 선택되도록 합니다.

04 레이어 그룹으로 묶기

❶ Shift 를 누른 채 [Create a new group](▭)을 클릭하
여 선택된 모든 레이어를 그룹으로 묶어줍니다.

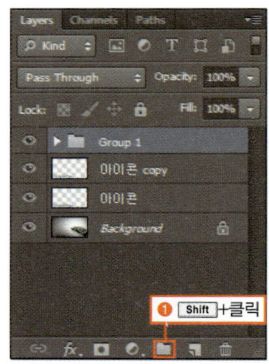

참고 • Shift 와 Ctrl 을 이용한 여러 개의 레이어 선택하기

Shift 를 누른 채 레이어를 클릭하면
선택한 레이어 사이의 모든 레이어가
선택되며, Ctrl 을 누른 채 레이어를 클
릭하면 클릭한 레이어만 여러 개 선택
할 수 있습니다.

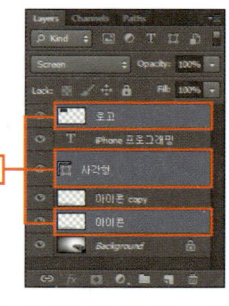

05 레이어 그룹 이름을 변경한 후 이동하기

❶ 'Group1' 그룹을 더블클릭하여 '제목'으로 그룹의 이름을 변경합니다. [Move Tool]( )이 선택된 상태에서 ❷글자 부분을 아래로 드래그합니다. 그룹으로 묶인 레이어들은 함께 움직이는 것을 확인합니다.

확인실습

레이어를 삭제하거나 순서를 바꿔 다음 그림과 같은 이미지를 만들어 보세요.

◎ **시작 파일** : 2장\03_실습.psd
◎ **완료 파일** : 2장\03_완료.psd

 >

[Undo] 명령과 [History] 패널로 작업 취소하기

포토샵에서는 이미지를 제작하는 도중 실수를 했을 경우에는 이를 취소할 수 있는 다양한 방법이 있습니다. 작업을 한 단계 취소하는 [Undo] 명령과 기록된 작업 단계를 선택하여 취소할 수 있는 [History] 패널의 활용 방법에 대해 살펴보겠습니다.

◉ **시작 파일** : 2장\03_03.jpg

1 [History] 패널 열기

❶[File]−[Open] 메뉴를 클릭하여 시작 파일을 불러온 후 ❷ [History] 패널의 아이콘(🔳)을 클릭하여 [History] 패널이 잘 보이도록 합니다.

2 붓 터치 필터 효과 주기

❶[Filter]−[Filter Gallery] 메뉴를 클릭하여 대화상자를 불러온 후 ❷[Brush Strokes] 폴더의 ❸[Crosshatch]를 클릭합니다. [미리보기] 창에서 필터가 적용된 이미지를 확인한 후 ❹[OK]를 클릭합니다.

3 필터 적용 확인하기

이미지에 가는 붓 터치 효과가 적용되고 [History] 패널에 [Filter Gallery] 항목이 생긴 것을 확인합니다.

4 색상 필터 적용하기

❶[Image]−[Adjustments]−[Photo Filter] 메뉴를 클릭하여 [Photo Filter] 대화상자가 나타나면 ❷[Density]는 '60'으로 조절한 후 ❸[OK]를 클릭합니다.

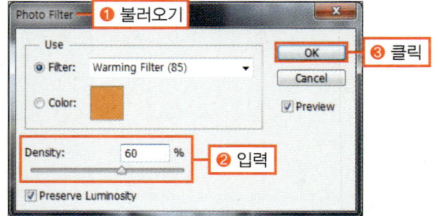

5 필터 적용 확인하기

이미지의 색상이 변경되면서 [History] 패널에 [Photo Filter] 항목이 추가된 것을 확인합니다.

6 [Undo]로 작업 취소하기

❶ Ctrl + Z 를 누르면 전 단계 작업으로 되돌아가는 [Undo]가 실행됩니다. 이미지의 색상이 원래대로 다시 수정되고 [History] 패널의 [Photo Filter] 항목이 없어진 것을 확인합니다. ❷ Ctrl + A 를 눌러 이미지 전체를 선택 영역으로 설정합니다.

> **참고**
>
> [Edit]-[Undo] 메뉴는 작업 단계를 한 단계 전으로 돌리는 명령으로, 단축키는 Ctrl + Z 입니다. [Undo]를 한 번 더 실행하면 다시 앞 단계로 돌아갑니다.

7 테두리 만들기

❶[Edit]-[Stroke] 메뉴를 클릭하여 [Stroke] 대화상자를 불러옵니다. ❷[Width]는 '15px'로 입력하고 ❸[Location]은 [Inside]로 선택한 후 ❹[OK]를 클릭하여 테두리를 만듭니다.

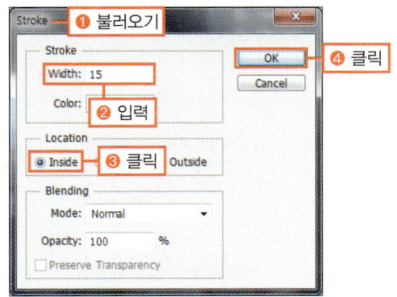

> **참고**
>
> [Stroke] 대화상자의 [Color]의 기본 값은 [Foreground Color]로 선택되어 있습니다. 이번 예제에서는 다른 색상이어도 상관없습니다.

8 [History] 패널에서 작업 취소하기

❶ Ctrl + D 를 눌러 선택 영역을 해제합니다. ❷[History] 패널에서 [Filter Gallery] 항목을 적용한 단계로 되돌립니다.

9 **선택한 단계로 돌아간 이미지 확인하기**

[Filter Gallery] 이후의 작업이 취소된 것을 확인합니다.

참고

[History] 패널은 현재 작업 단계를 기록하는 것으로 보통 20단계가 기록되며 [Edit]–[Preferences]–[Performance] 메뉴를 클릭하여 나타나는 대화상자에서 [History States]에서 이를 변경할 수 있습니다. 하지만 이 작업 단계는 이미지를 닫으면 다시 초기화됩니다.

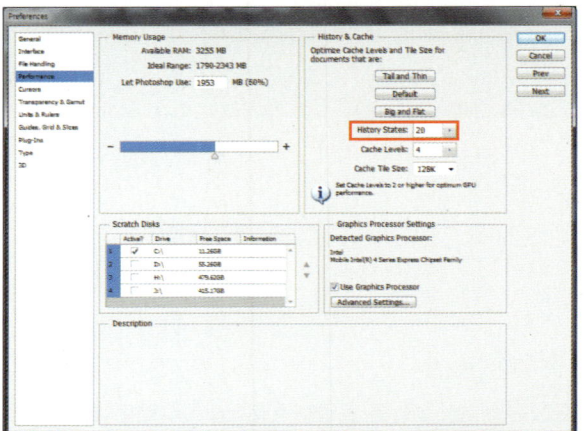

1 [Perspective Crop Tool](📐)로 이미지의 원근감을 제거하고 이미지 크기를 가로 '600pixels', 해상도 '72pixels/inch'로 수정한 후 [Canvas Size] 명령으로 가로, 세로 각각 30pixels씩 늘려 완성해 보세요.

- 🔵 **시작 파일** : 2장\02test1.jpg
- 🔵 **완료 파일** : 2장\02test1_완료.jpg
- 🔵 **해설 파일** : 해설파일\02test1.pdf

Before

After

❶[Perspective Crop Tool](📐)로 이미지의 원근감 제거하기 ❷[Image Size]의 [Width]를 '600px', [Resolution]을 '72'로 수정하기 ❸ [Canvas Size] 명령에서 [Relactive]를 체크 '30px'로 입력하기

2 이미지 크기를 가로 800px로 수정한 후, 레이어 순서를 변경하고 그룹 폴더를 만들어 위치를 수정합니다.

- 🔵 **시작 파일** : 2장\02test2.psd
- 🔵 **완료 파일** : 2장\02test2_완료.psd
- 🔵 **해설 파일** : 해설파일\02test2.pdf

Before

After

❶[Image Size]로 이미지 크기 조절 ❷[Layers] 패널로 레이어 순서 바꾸기 ❸그룹 폴더를 원하는 위치로 이동하기

PART

이미지 선택하고 편집하기

이번 장에서는 이미지 보정 및 편집 작업을 하기 위해서 기본적으로 알아야 하는 내용인, 이미지를

선택하고, 이동하는 방법에 대해 배워봅니다. 이미지에 선택 영역을 설정하는 이유는 특정 영역에만

색상 및 밝기를 보정하거나 편집, 합성 작업을 편리하게 하기 위해서입니다. 선택에 관련된 명령은

[Tool] 패널과 [Select] 메뉴에서 다양하게 지원하므로 자신에게 편리한 방법을 선택하여 사용하면

됩니다.

SECTION 01

이미지를 선택 및 이동하고, 크기 조절하기

선택 영역이나 레이어 이미지를 이동할 때 사용하는 [Move Tool]에 대해 자세히 알아봅니다. 또한 여러 레이어를 정렬하고 변형하는 방법에 대해 알아보겠습니다.

다루는 내용

- [Move Tool]로 이미지 이동하기
- 여러 레이어 정렬하기
- [Auto-Select] 옵션과 [Show Free Transform] 옵션 이해하기

기능 정리

[Move Tool]의 다양한 용도와 옵션 살펴보기

[Move Tool]( )의 사용 방법에 대해 알아봅니다. 다양한 옵션으로 레이어를 정렬하는 방법에 대해 알아봅시다.

● **[Move Tool]의 사용법과 단축키**

[Move Tool]( )은 이미지의 위치를 이동할 때 사용하는 툴입니다. 레이어로 분리된 이미지의 경우 선택된 레이어의 이미지만 움직입니다.

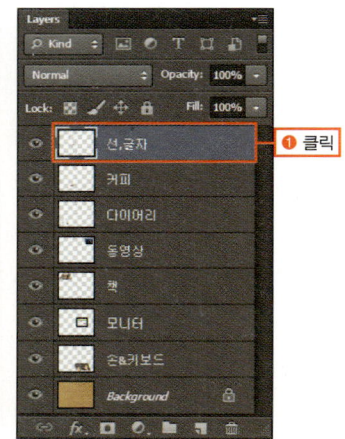

Ctrl을 누른 채 이미지를 클릭하면 자동으로 해당 레이어를 선택할 수 있습니다. 또한 Alt를 누른 채 드래그하면 선택된 레이어가 복사되면서 이동됩니다.

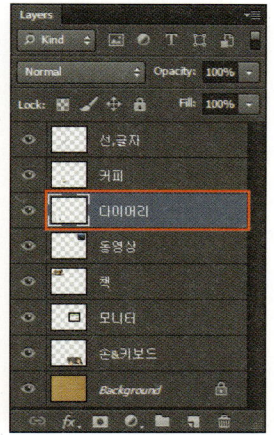

▲ Ctrl을 누른 채 이미지 창에서 다이어리 그림을 선택했을 때 선택되는 레이어

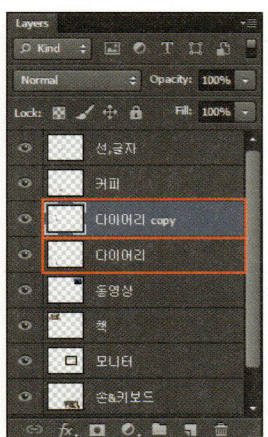

▲ Alt를 누른 채 다이어리 그림을 드래그했을 때 복사되는 레이어

● **[Move Tool]의 옵션 바 활용법**

[Move Tool]( )을 클릭하면 옵션 바에 툴과 관련된 옵션이 표시됩니다.

❶ **Auto-Select** : 이미지를 클릭하면 해당 레이어가 자동으로 선택되는 기능입니다.

❷ **Show Transform Controls** : 선택한 레이어를 변형할 수 있는 조절점이 표시되어 바로 크기나 회전과 같은 변형을 적용할 수 있습니다.

❸ **레이어 정렬** : 2개 이상의 레이어를 선택했을 때 표시되는 것으로 정렬과 간격 배치를 조절합니다.

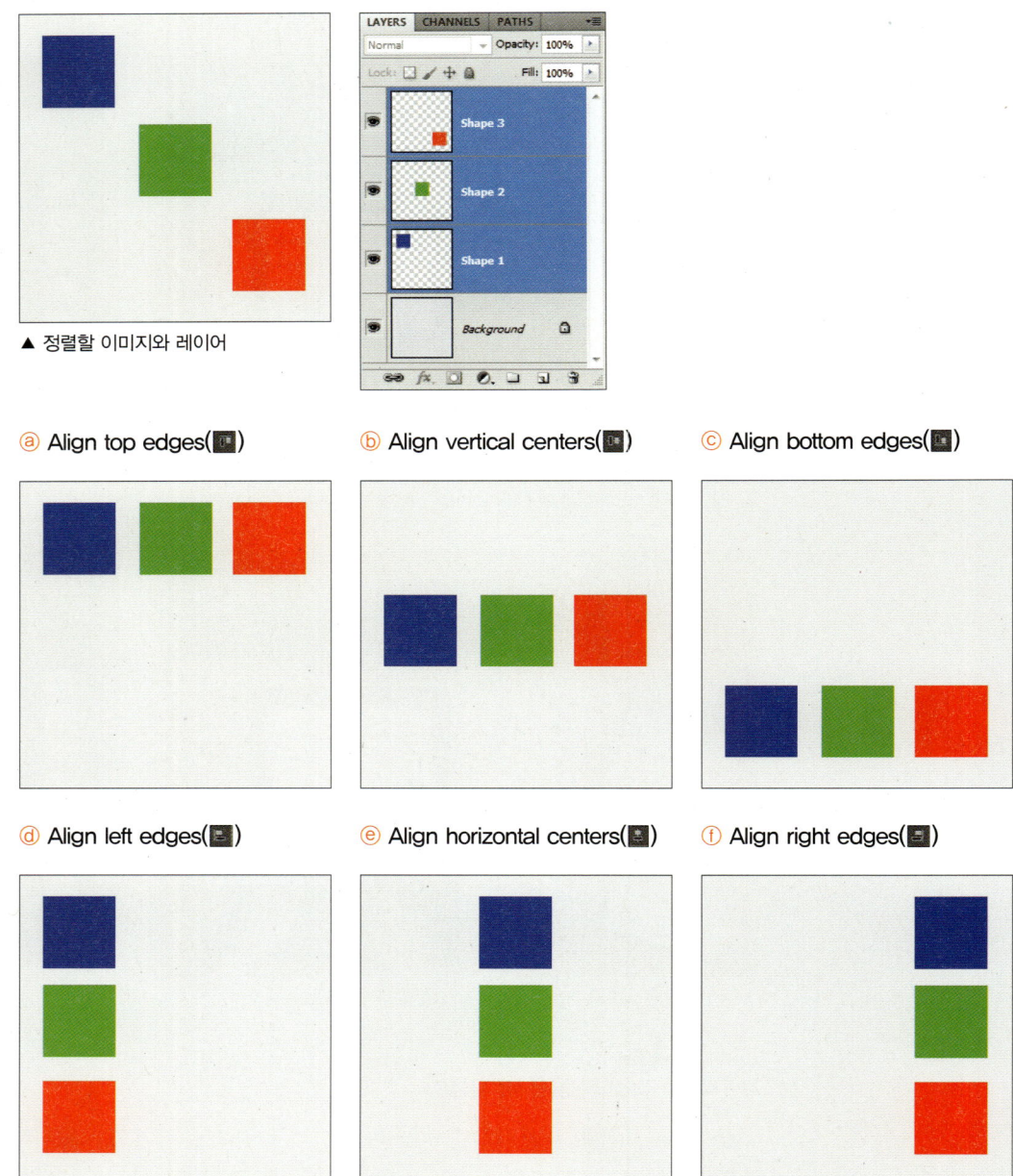

▲ 정렬할 이미지와 레이어

ⓐ Align top edges(▣)　　　ⓑ Align vertical centers(▣)　　　ⓒ Align bottom edges(▣)

ⓓ Align left edges(▣)　　　ⓔ Align horizontal centers(▣)　　　ⓕ Align right edges(▣)

❹ **Auto-Align Layers** : 선택된 레이어의 이미지를 자동으로 정렬하는 기능입니다.

❺ 3D Mode : 3D 오브젝트를 이동하거나 회전, 카메라의 위치를 조절하는 툴이 모여 있습니다.

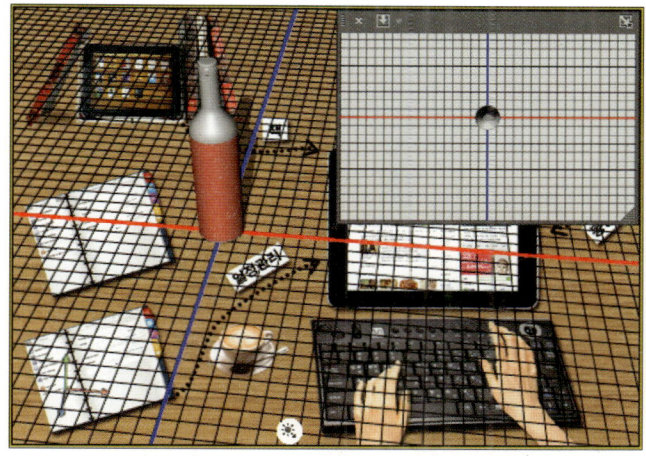

▲ 3D 오브젝트를 만든 후 [Move Tool](⊕)과 회전 툴로 조절했을 때의 이미지와 레이어

 간단퀴즈

1 여러 레이어를 사용하여 만든 이미지에서 원하는 레이어를 이미지 창에서 바로 선택하려면 어떤 단축키를 사용할까요?

① Alt   ② Ctrl   ③ Shift   ④ Enter

답 : ②

실습 과정

[Move Tool]로 이미지 이동하고 정렬하기

이미지를 원하는 위치로 이동한 후 이를 정렬해 보겠습니다.

◎ **시작 파일** : 3장\01_01.psd
◎ **완료 파일** : 3장\01_01_완료.psd

01 안내선 보이게 하기

❶ [File]-[Open] 메뉴를 클릭하여 시작 파일을 불러옵니다. ❷ Ctrl + : 를 눌러 안내선이 보이도록 합니다.

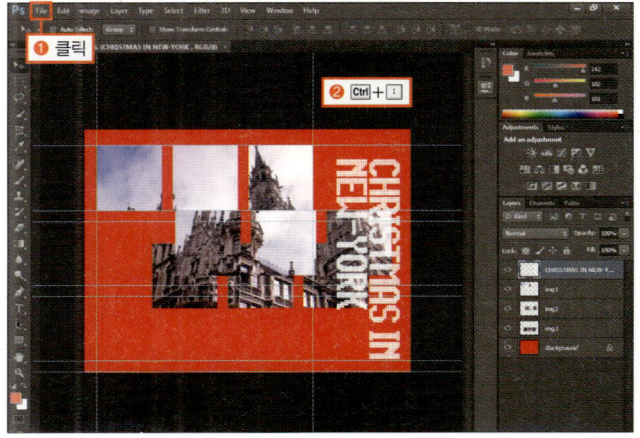

02 이미지 이동하기

❶[Move Tool](▶)을 클릭합니다. ❷[Layers] 패널에서 'img2' 레이어를 선택한 후 ❸이미지 창에서 드래그하여 안내선에 맞춰 이동합니다. ❹같은 방법으로 'Img3' 레이어를 선택한 후 ❺이미지 창에서 아래 안내선에 맞춰 이동합니다.

03 레이어 맞춰 정렬하기

❶ Shift 를 누른 채 'CHRISTMAS~' 레이어와 'img1' 레이어를 클릭하여 2개의 레이어를 선택합니다. ❷옵션 바에서 [Align top edges](▣)를 클릭하여 글자를 'img1' 레이어에 맞춰 정렬합니다.

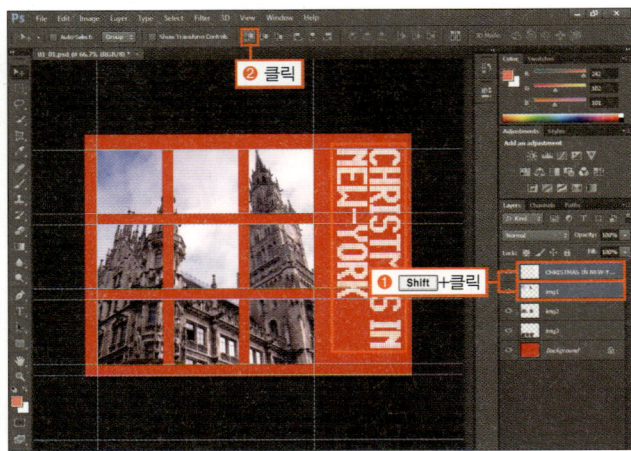

실습 과정

[Move Tool]로 선택한 이미지의 크기 조절하기

옵션 바에서 [Show Transform Controls]에 체크하면 선택한 레이어 이미지에 변형 조절점이 나타나 바로 변형을 적용할 수 있어 편리합니다.

◉ **시작 파일** : 3장\01_02.psd
◉ **완료 파일** : 3장\01_02_완료.psd

01 안내선 나타내기

❶[File]-[Open] 메뉴를 클릭하여 시작 파일을 불러온 후 ❷ Ctrl + : 를 눌러 안내선이 보이도록 합니다.

02 레이어 자동 선택과 변형 조절점 표시하기

클릭한 이미지의 레이어를 자동으로 선택하기 위해 ❶옵션 바의 [Auto-Select]에 체크합니다. 선택된 이미지에 바로 변형을 적용하기 위해 ❷옵션 바의 [Show Transform Controls]에 체크합니다.

03 선택된 레이어 회전하기

❶왼쪽 위 '탑' 이미지 변형 조절점에서 마우스 포인터를 위치시킨 후 ↰로 바뀌면 시계 방향으로 드래그하여 이미지 윗선이 안내선에 맞도록 회전합니다.

04 이미지의 크기 조정하기

❶'탑' 이미지를 클릭하여 왼쪽 부분이 안내선에 맞도록 왼쪽으로 이동합니다. 크기를 조절하기 위해 ❷각 조절점을 드래그하여 안내선에 맞게 크기를 조절합니다. ❸ Enter 를 눌러 변형을 완료합니다.

> **참고**
> 안내선에 잘 맞춰지지 않을 때에는 방향키를 이용하여 조금씩 이동할 수 있습니다.

05 레이어 선택하고 변형하기

❶이미지 창에서 오른쪽에 있는 하얀 집을 클릭하면 [Layers] 패널에서 'img2' 레이어가 선택되면서 이미지 창에 변형 조절점이 나타납니다. ❷왼쪽 아래 조절점을 드래그하여 크기를 안내선에 맞춥니다. ❸ Enter 를 눌러 변형을 적용합니다.

> **참고**
> [View]-[Snap] 메뉴를 클릭하면 이미지를 회전하거나 크기 및 위치를 변경할 때 안내선에 맞게 잘 붙습니다.

06 자동 선택과 변형 조절점 해제하기

❶ 옵션 바에서 [Auto-Select]와 [Show Transform Controls]의 체크를 해제하고 완성된 이미지를 확인합니다.

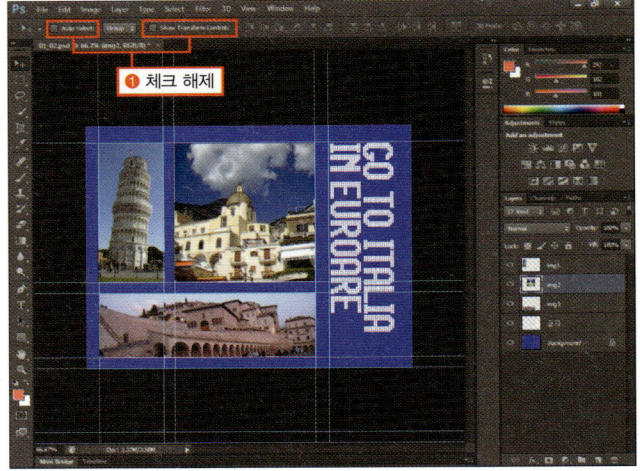

❶ 체크 해제

확인실습

[Move Tool]( )을 이용해 레이어 이미지를 이동하고 크기를 조절한 후 정렬하세요.

◉ **시작 파일** : 3장\01_실습.psd
◉ **완료 파일** : 3장\01_완료.psd

[Auto-Align Layers]와 [Auto-Blend Layers]로 파노라마 사진 만들기

[Auto-Align Layers]는 선택한 레이어의 위치를 맞추는 명령으로, 조각조각으로 찍힌 사진을 파노라마식으로 연결할 때 사용합니다. [Auto-Blend Layers]는 [Auto-Aign Layers]로 연결한 이미지의 연결 부분을 매끄럽게 합성하거나 초점이나 노출이 서로 다르게 찍힌 사진을 선명하게 합성할 때 사용합니다.

◉ **시작 파일** : 3장\01_03_1.jpg~01_03_4.jpg
◉ **완료 파일** : 3장\01_03_완료.psd

1 [Mini Bridge] 파일에서 여러 개의 파일 선택하기

❶[Mini Bridge] 탭을 더블클릭하여 [Mini Bridge] 패널을 연 후 ❷4개의 시작 파일을 선택합니다.

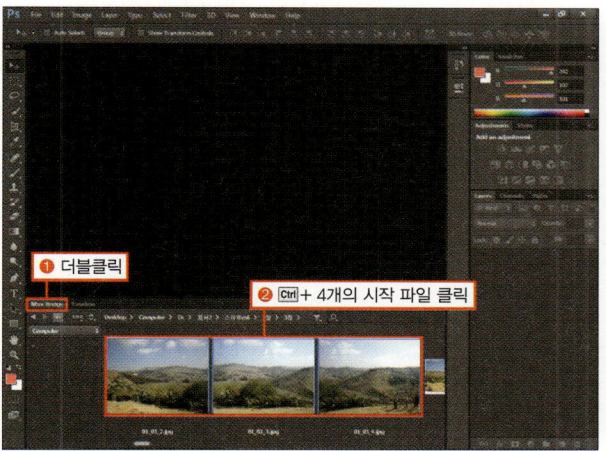

2 복수의 이미지를 레이어로 불러오기

❶선택한 이미지에서 마우스 오른쪽을 클릭하여 ❷[Photoshop]–[Load Files into Photoshop Layers] 메뉴를 클릭합니다.

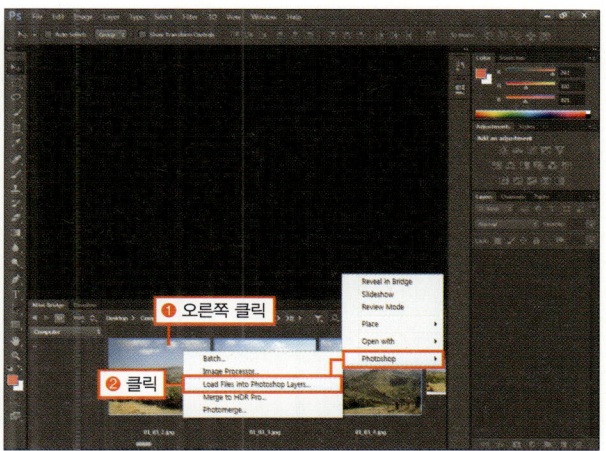

3 [Mini Bridge] 패널 닫기

선택한 이미지가 한 이미지 창의 레이어로 불러온 것을 확인합니다. ❶[Mini Bridge] 탭을 더블클릭하여 패널을 닫습니다.

4 [Auto-Align Layers]로 레이어 자동 정렬하기

❶ Shift 를 누른 채 4개의 레이어를 모두 선택합니다. ❷옵션바에서 [Auto-Align Layers](⬚)를 클릭합니다.

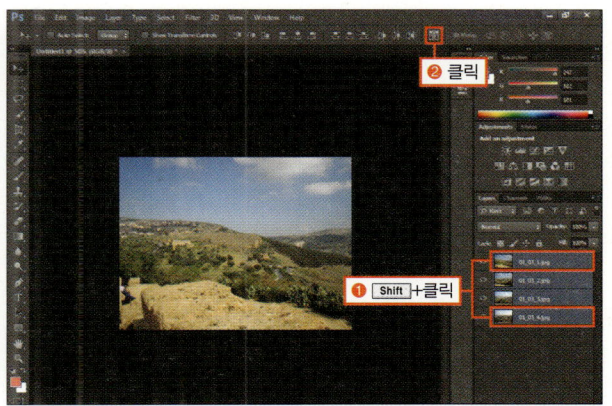

5 **[Auto-Align Layers] 대화상자 설정하기**

[Auto-Align Layers] 대화상자가 나타나면 ❶[Projection]에서
[Cylindrical]을 클릭한 후 ❷[OK]를 클릭합니다.

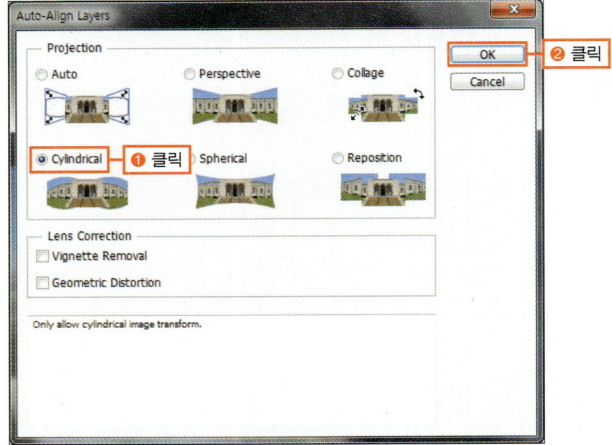

6 **자동으로 연결된 이미지 확인하기**

❶[Hand Tool](✋)을 더블클릭하여 이미지 전체가 보이게 하여
연결된 이미지를 확인합니다.

7 **연결 부분 자연스럽게 합성하기**

❶[Edit]-[Auto Blend Layers] 메뉴를 클릭합니다. 대화상자의
[Panorama]가 선택된 것을 확인한 후 ❷[OK]를 클릭합니다.

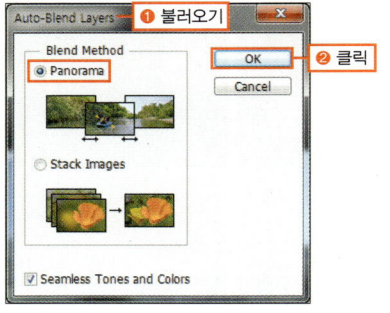

8 **완성된 이미지 확인하기**

연결 부분이 자연스럽게 합성된 이미지를 확인합니다.

참고 • [Auto-Blend Layers] 대화상자의 구성 보기

선택한 레이어들의 픽셀을 읽어 연결 부분을 매끄럽게 하거나 여러 이미지 중에 선명하고 밝기가 적절한 부분만 합성해 하나의 이미지로 만들 때 사용합니다.

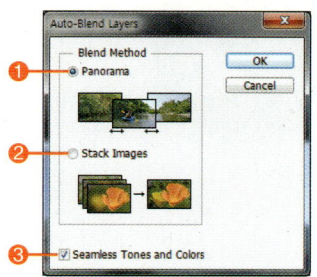

❶ **Panorama** : [Auto-Align Layers] 명령으로 이미지를 정렬한 후 이미지 경계 부분을 자연스럽게 합성합니다.

❷ **Stack Images** : 선택한 레이어의 픽셀과 색상을 자동으로 인식하여 하나의 이미지로 합성합니다. 쇼핑몰 이미지처럼 밝기나 초점이 서로 다르게 촬영한 이미지를 하나의 선명한 이미지로 만들 때 편리합니다.

❸ **Seamless Tones and Colors** : 선택한 레이어의 톤과 색상을 평균값으로 이미지를 합성합니다.

참고 • [Auto-Align Layers] 대화상자의 구성 보기

주로 파노라마 사진이나 조각조각으로 찍은 사진을 붙일 때 사용하는 명령으로 이미지 픽셀을 읽어 자동으로 이미지를 연결해줍니다.

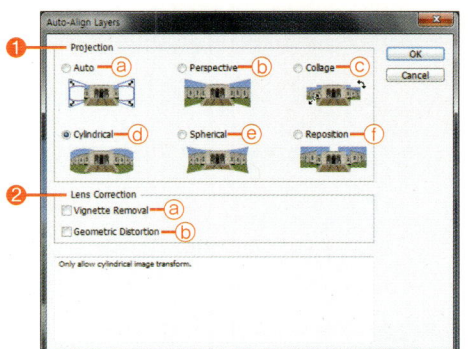

❶ **Projection** : 선택한 레이어 이미지를 연결하는 모양을 선택합니다.

ⓐ **Auto** : 선택한 레이어 이미지를 [Perspective]와 [Cylindrical] 중의 하나로 이미지를 연결합니다.

ⓑ **Perspective** : 선택한 레이어에서 하나를 기준으로 나머지 이미지를 찌그러트려 연결합니다.

ⓒ **Collage** : 레이어를 연결할 때 크기와 회전만 적용되어 레이어를 견결합니다.

ⓓ **Cylindrical** : 양쪽 끝을 원통형으로 연결하여 합성하는 것으로 [Perspective]를 선택할 때 연결된 이미지 양끝이 확장되는 것을 피합니다.

ⓔ **Spherical** : 연결되는 이미지의 모서리를 일치시켜 곡선으로 연결합니다.

ⓕ **Reposition** : 레이어를 변형하지 않고 연결 부분만 맞춰 정렬합니다.

❷ **Lens Correction** : 카메라 렌즈에 의한 문제점을 수정합니다.

ⓐ **Vignette Removal** : 체크하면 촬영 시 렌즈에 의해 테두리가 어둡게 보이는 결함을 보정합니다.

ⓑ **Geometric Distortion** : 체크하면 기하학적 왜곡을 제거합니다.

SECTION 02

이미지 복사 및 잘라내기, 붙여넣기

[Copy] 명령은 선택 영역의 이미지를 복사합니다. [Paste], [Paste Special]은 복사한 이미지를 용도에 따라 다양하게 붙여넣을 수 있는 명령입니다.

다루는 내용

- [Copy]와 [Paste]로 이미지 복사하고 붙여넣기
- [Paste Special] 명령으로 다양하게 복사한 이미지 붙여넣기

기능 정리

복사하고, 잘라내고, 붙여넣는 기능이 모여 있는 [Edit] 메뉴 살펴보기

[Edit] 메뉴 중 [Copy]는 선택 영역이 만들어져 있을 때 활성화되며 [Paste]와 [Paste Special] 명령은 [Copy]를 실행한 후 활성화되어 복사한 이미지를 용도에 따라 붙여 넣을 때 사용합니다.

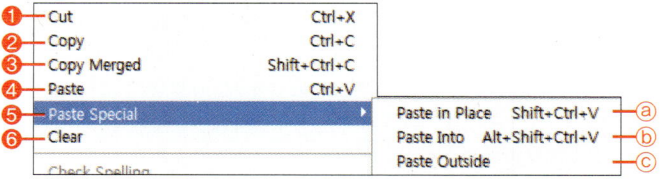

❶ **Cut** : 선택 영역의 이미지를 잘라내는 명령입니다.

❷ **Copy** : 선택 영역을 복사합니다. 선택 영역이 만들어진 경우 활성화됩니다. 단축키는 Ctrl + C 입니다.

❸ **Copy Merged** : [Copy]가 선택한 레이어의 이미지만 복사하는 것에 비해 레이어와 상관없이 선택 영역의 모든 이미지를 복사합니다.

❹ **Paste** : [Cut], [Copy]와 [Copy Merge]를 이용해 복사한 이미지를 붙여넣기 합니다. 단축키는 Ctrl + V 입니다.

❺ **Paste Special** : 복사한 이미지를 선택 영역 안에 붙여넣기 합니다.

　ⓐ **Paste In Place** : [Paste] 명령이 이미지 창의 가운데에 붙여넣기 되는데 비해 복사한 위치와 같은 곳에 붙여넣기 됩니다.

　ⓑ **Paste Into** : 복사한 이미지를 선택 영역 안에 붙여넣기 합니다.

　ⓒ **Paste Outside** : 복사한 이미지를 선택 영역 밖에 붙여넣기 합니다.

❻ **Clear** : 선택 영역을 지웁니다.

▲ [Copy]로 선택 영역 복사하기

▲ 붙여넣기 할 이미지

▲ Paste

▲ Paste In Place

▲ Paste Into

▲ Paste Outside

간단퀴즈

1 복사할 때 사용하는 단축키는 무엇입니까?

① Ctrl + A   ② Ctrl + V   ③ Ctrl + B   ④ Ctrl + C

2 선택 영역 안에 복사한 이미지를 붙여넣는 명령은 무엇입니까?

① Paste   ② Paste In Place   ③ Paste Into   ④ Paste Outside

답 : **1** ④, **2** ③

실습 과정

[Copy]로 복사하고 [Paste]로 붙여넣기

[Copy] 명령은 선택 영역을 복사하는 명령으로 [Paste]를 이용해 새 레이어로 붙여넣을 수 있습니다. 이미지를 편집할 때 사용하는 기본 명령입니다.

◎ **시작 파일** : 3장\02_01_1.jpg, 02_01_2.psd
◎ **완료 파일** : 3장\02_01_완료.psd

01 시작 파일 불러와 선택 영역 불러오기

❶[File]-[Open] 메뉴를 클릭하여 2개의 시작 파일을 불러옵니다. ❷[02_01_2.psd] 탭을 클릭하여 새 이미지가 보이도록 합니다.

02 선택 영역 불러오기

선택 영역을 불러오기 위해 ❶[Select]-[Load Selection] 메뉴를 클릭합니다. [Load Selection] 대화상자가 나타나면 [Channel]이 '새'로 선택된 것을 확인한 후 ❷[OK]를 클릭합니다.

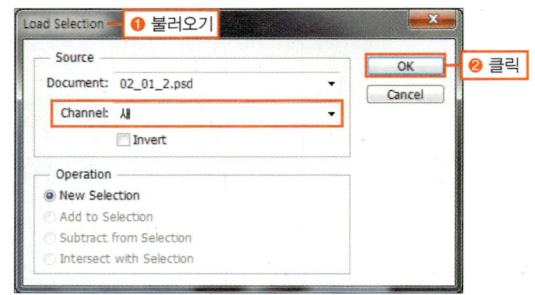

참고
작업을 위해 미리 저장해둔 선택 영역을 불러옵니다.

03 [Copy]로 선택 영역 복사하기

이미지에 선택 영역이 활성화됩니다. ❶[Edit]-[Copy] 메뉴를 클릭하여 복사합니다.

참고
Ctrl+C를 눌러도 선택 영역을 복사할 수 있습니다.

04 [Paste]로 복사한 이미지 붙여넣기

❶[02_01_1.jpg] 탭을 클릭하여 이미지가 보이도록 합니다. ❷ Ctrl + V 를 눌러 복사한 이미지를 붙여넣기 합니다.

05 완성된 이미지 확인하기

❶[Move Tool](◈)을 클릭합니다. ❷새 이미지를 오른쪽 하늘로 드래그하여 위치를 이동합니다. 완성된 이미지를 확인합니다.

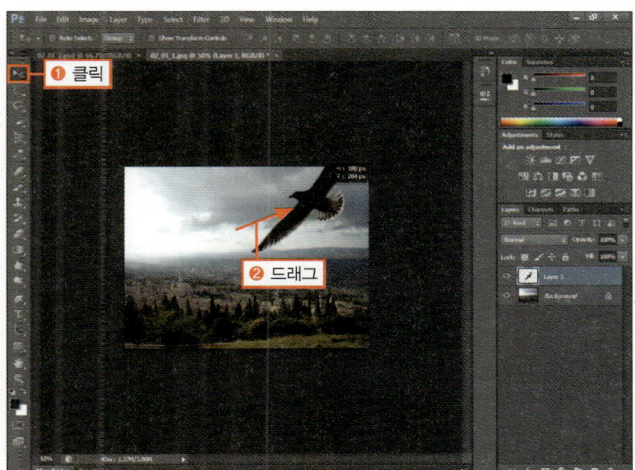

> **참고**
> [Edit]-[Paste] 메뉴를 클릭해도 붙여넣기 할 수 있습니다.

실습 과정

[Paste Into]로 복사한 이미지 붙여넣기

[Paste Into] 명령은 복사한 이미지를 붙여넣을 때 선택 영역 안에 붙여넣는 것으로, 특정 영역에 이미지를 맞춰 넣을 때 편리합니다.

◉ **시작 파일** : 3장\02_02_1.psd, 02_02_2.jpg
◉ **완료 파일** : 3장\02_02_완료.psd

01 이미지 전체 선택하기

❶[File]-[Open] 메뉴를 클릭하여 2개의 시작 파일을 불러 옵니다. ❷[02_02_2.jpg] 탭을 클릭하여 설원 이미지가 보이도록 합니다. ❸ Ctrl + A 를 눌러 이미지 전체를 선택합니다.

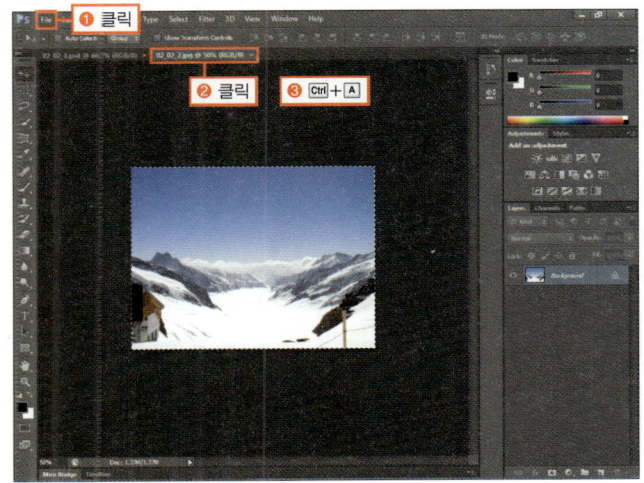

02 [Copy]로 복사하기

❶ [Edit]-[Copy] 메뉴를 클릭하거나 Ctrl + C 를 눌러 전체 이미지를 복사합니다.

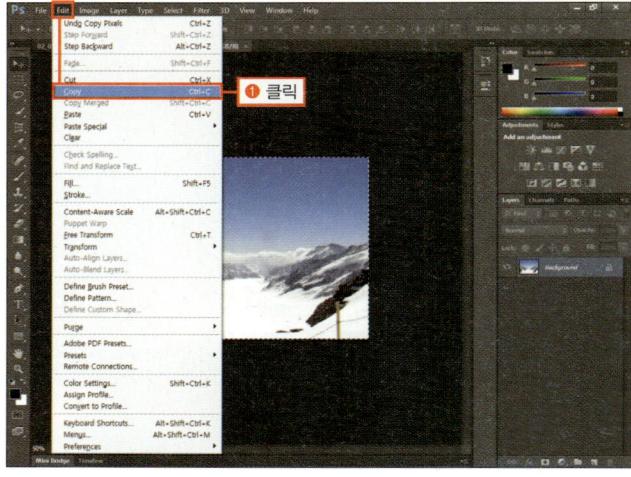

03 선택 영역 불러오기

❶ [02_02_1.psd] 탭을 클릭하고 ❷ Ctrl + Alt + 6 을 눌러 미리 저장한 선택 영역을 불러옵니다. 사람이 선택된 것을 확인합니다.

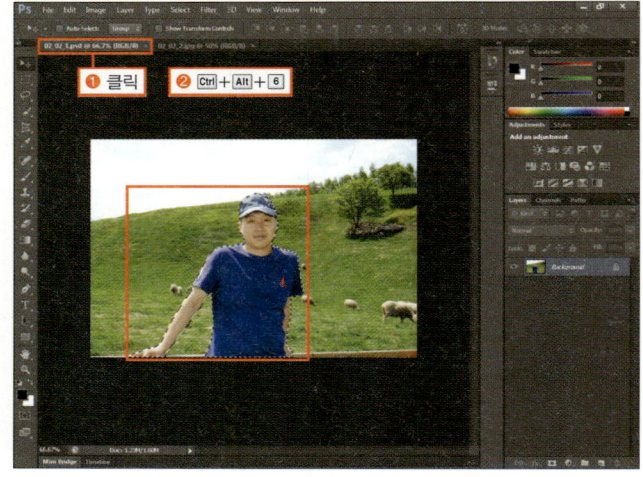

> **참고**
>
> [Select]-[Load Selection] 메뉴를 클릭해도 미리 저장한 선택 영역을 불러올 수 있습니다.

04 [Paste Special]로 붙여넣기

❶ [Edit]-[Paste Special]-[Paste Outside] 메뉴를 클릭하여 영역 바깥쪽으로 복사한 이미지를 붙여넣기 합니다.

[Load Selection] 명령으로 선택 영역을 불러온 후 [Paste Into]를 이용해 붙여넣기 해보세요.

◎ **시작 파일** : 3장\02_실습_1.psd, 02_실습_2.jpg
◎ **완료 파일** : 3장\02_완료.psd

>

SECTION
03

다양한 모양으로 변형하기

이미지에 맞게 선택 영역이나 레이어 이미지의 크기를 조절 및 회전하는 명령에 대해 알아보겠습니다. 모양을 왜곡하고 특정 부분만 변형하는 방법에 대해서도 공부해 보겠습니다.

다루는 내용

- [Transform] 명령 살펴보기
- [Content-Aware Scale]과 [Puppet Warp]으로 특정 부분만 변형하기
- [Free Transform]으로 이미지 변형하기
- [Distort]와 [Warp] 살펴보기

기능 정리

[Transform]의 다양한 종류 이해하기

포토샵에서 편집할 때 이미지의 크기를 조절하거나 회전, 기울기, 찌그러트리기와 같은 변형을 적용해야 할 경우에 사용하는 명령이 [Transform]입니다. 일반적으로 단축키와 같이 사용합니다.

● **이미지 변형 기능이 모여 있는 [Edit]-[Transform] 메뉴**

[Edit]-[Transform] 메뉴를 클릭하면 선택 영역의 이미지나 레이어 이미지를 변형할 수 있습니다. 변형이 완료되면 변형 조절 영역 안을 더블클릭하거나 [Enter], 또는 옵션 바의 [Commit Transform] (✔)을 클릭하면 마무리됩니다.

❶ Again	Shift+Ctrl+T
❷ Scale	
❸ Rotate	
❹ Skew	
❺ Distort	
❻ Perspective	
❼ Warp	
❽ Rotate 180°	
❾ Rotate 90° CW	
❾ Rotate 90° CCW	
❿ Flip Horizontal	
⓫ Flip Vertical	

❶ **Again** : 마지막에 실행한 변형 명령을 반복합니다.

❷ **Scale** : 변형 조절점을 드래그하여 크기를 조절합니다.

❸ **Rotate** : 이미지를 회전합니다.

❹ **Skew** : 이미지를 기울어트릴 수 있습니다.

❺ **Distort** : 모서리의 조절점을 드래그하여 모양을 찌그러트립니다.

❻ **Perspective** : 각 모서리의 조절점을 드래그하면 반대쪽 모서리 조절점도 같이 조절되어 사다리꼴 모양으로 변형됩니다.

❼ **Warp** : 가장 자유롭게 변형되는 명령으로 조절점과 조절선, 메시 선을 드래그하여 변형합니다.

❽ **Rotate 180°** : 선택한 이미지를 180도로 회전합니다.

❾ **Rotate 90° CW/CCW** : 선택한 이미지를 시계/반시계 방향 90도로 회전합니다.

❿ **Flip Horizontal** : 이미지를 수평으로 뒤집어줍니다.

⓫ **Flip Vertical** : 이미지를 수직으로 뒤집어줍니다.

● 단축키를 이용하여 쉽게 변형할 수 있는 [Free Transform] 메뉴

[Free Transform] 명령의 단축키는 Ctrl+T입니다. 자주 사용되므로 단축키를 외워두는 것이 좋습니다. [Free Transform] 실행 중에 조절점 위에 마우스 포인터를 위치시킨 후 ↗로 바뀌면 [Scale], ↱로 바뀌면 [Rotate], Ctrl을 누른 채 각 중간 조절점을 드래그하면 [Skew], 각 모서리 조절점을 드래그하면 이미지를 찌그러트리는 [Distort]를 적용할 수 있습니다.

▲ [Free Transform] 실행 중 [Scale]

▲ [Free Transform] 실행 중 [Rotate]

▲ [Free Transform] 실행 중 [Skew]

▲ [Free Transform] 실행 중 [Distort]

● 세부적으로 조절할 수 있는 [Warp] 메뉴

변형 조절점과 조절선, 메시 선으로 조절합니다.

❶ **조절점** : 드래그하여 이미지를 변형할 수 있습니다.
❷ **조절선** : 조절점에 달린 것으로 길이와 위치에 따라 메시 선이 휘는 정도를 조절합니다.
❸ **메시 선** : 이미지를 가로, 세로로 3등분하여 드래그하면 이미지가 메시 선에 따라 휘어집니다.

간단 퀴즈

1 [Transform] 명령 중 좌우를 뒤집는 명령은 무엇일까요?

① Flip Horizontal ② Flip Vertical ③ Scale ④ Rotate

2 [Free Transform]을 실행하는 단축키는 무엇일까요?

① Ctrl+R ② Ctrl+T ③ Shift+Alt+A ④ Ctrl+Z

답 : **1** ①, **2** ②

실습 과정

[Free Transform] 명령으로 이미지 변형하기

[Edit]–[Free Transform] 명령을 사용하여 선택 영역이나 레이어 이미지에 [Scale]과 [Rotate]를 한 번에 적용해 보겠습니다.

◉ **시작 파일** : 3장\03_01.psd
◉ **완료 파일** : 3장\03_01_완료.psd

01 [Free Transform] 적용하기

❶[File]–[Open] 메뉴를 클릭하여 시작 파일을 불러옵니다. [Layers] 패널에서 '캐릭터' 레이어가 선택된 것을 확인한 후 ❷ Ctrl + T 를 눌러 [Free Transform] 명령을 적용합니다. 변형을 조절하는 조절점이 생겼습니다.

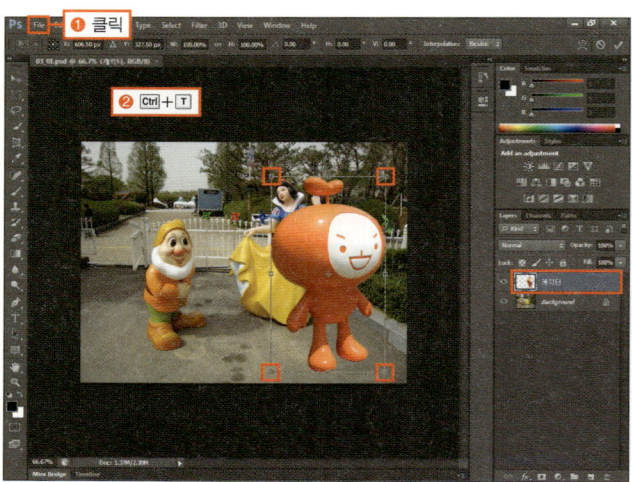

02 변형 조절점으로 이미지 크기 조절하기

❶왼쪽 위의 변형 조절점에 드래그하여 이미지의 크기를 줄입니다. ❷마찬가지로 오른쪽 아래 변형 조절점도 드래그하여 이미지 크기를 줄입니다.

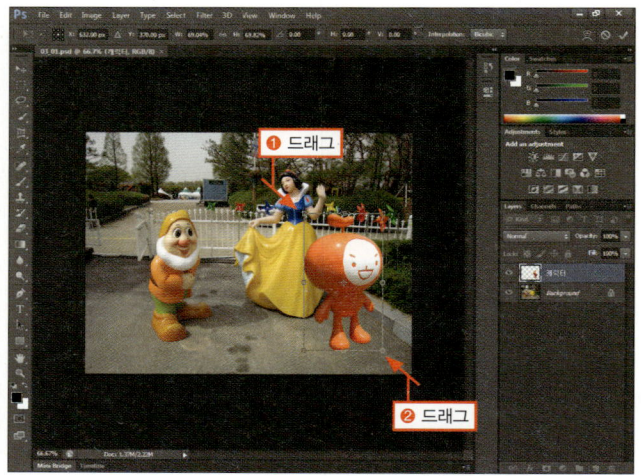

> **참고**
>
> Shift 를 누른 채 변형 조절점을 드래그하면 가로세로비가 일정하게 조절되며, Alt 를 누른 채 드래그하면 변형 중심점부터 대칭으로 크기가 조절됩니다.

03 [Flip Horizontal]로 이미지 좌우 바꾸기

이미지의 좌우를 바꾸기 위해 ❶변형 조절 안에서 마우스 오른쪽을 클릭하여 ❷[Flip Horizontal]을 클릭합니다.

04 [Free Transform] 완료하기

❶그림과 같이 위치를 알맞게 이동합니다. ❷옵션 바의 [Commit transform](✓)을 클릭하여 변형을 끝냅니다. 완성된 이미지를 확인합니다.

참고 • [Free Transform] 실행 중의 옵션 바 메뉴 보기

[Free Transform]을 적용하면 옵션 바에 변형 중심과 위치, 크기, 회전, 기울기 수치를 입력할 수 있는 옵션이 나타납니다.

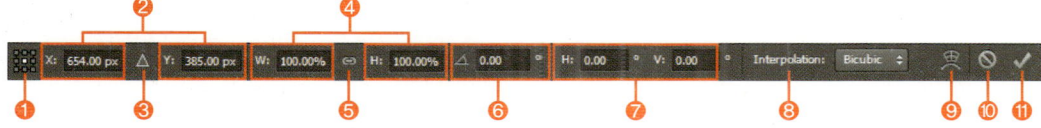

❶ **Reference point location** : 중심 위치. 변형의 기준점을 변경합니다.

❷ **X, Y 좌표** : 입력한 수치로 위치 이동합니다.

❸ **Use relative positioning for reference point** : 클릭하면 현재의 위치를 '0'으로 잡고 이동한 거리만큼을 표시합니다.

❹ **Width, Height** : 입력한 수치만큼 크기를 조절합니다.

❺ **Maintain aspect ratio** : 비례 잠금 메뉴입니다. 클릭하면 넓이와 높이가 같은 수치만큼 커지거나 작아지게 할 수 있습니다.

❻ **Rotate** : 회전 값을 입력할 수 있습니다.

❼ **H, V** : 가로, 세로의 기울기 값을 입력합니다.

❽ **Interpolation** : 이미지를 크게 변형할 때 픽셀을 증가시키는 방법으로 하나의 픽셀을 주변 픽셀에 맞춰 증가하는 Nearest Neighbor와 좀 더 픽셀이 퍼지면서 증가하는 Bilinear 등을 선택할 수 있습니다.

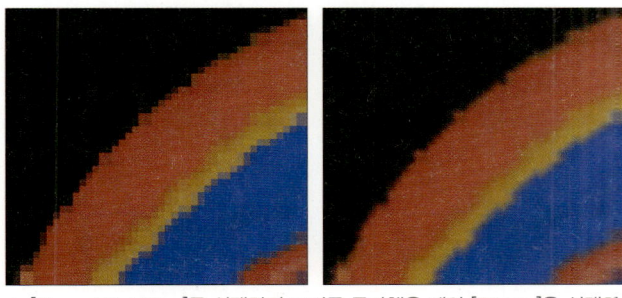

▲ [Nearest Neighbor]를 선택하여 크기를 증가했을 때와 [Bilinear]을 선택하여 크기를 증가시켰을 때 픽셀 모양

❾ **Switch between free transform and warp modes** : [Warp]와 [Transform]의 토글키입니다.

❿ **Cancel transform** : 주어진 변형을 취소하여 변형 전의 모양으로 되돌립니다. Esc 를 누를 때와 같습니다.

⓫ **Commit transform** : 변형을 적용합니다.

[Distort]와 [Warp]로 이미지 찌그러트리기

[Distort], [Warp]는 선택한 이미지를 찌그러트리는 명령입니다. [Distort]는 조절점의 위치를 각각 옮겨 찌그러트리는데 반해, [Warp]는 조절점과 조절선, 메시 선으로 좀 더 세밀하게 변형을 적용할 수 있다는 차이점이 있습니다.

◎ 시작 파일 : 3장\03_02.psd
◎ 완료 파일 : 3장\03_02_완료.psd

01 [Distort]로 이미지 찌그러트리기

❶[File]-[Open] 메뉴를 클릭하여 시작 파일을 불러옵니다. [Layers] 패널에서 '광고판' 레이어가 선택된 것을 확인한 후 ❷[Edit]-[Transform]-[Distort] 메뉴를 클릭합니다. 변형 조절점이 나타나면 ❸각 모서리 조절점을 드래그하여 이미지가 정면을 보도록 조절합니다. ❹ Enter 를 눌러 변형을 적용합니다.

> **참고**
> [Distort]는 [Free Transform]을 적용한 후 Ctrl 을 누른 채 각 모서리 조절점을 드래그하여도 적용할 수 있습니다.

02 감춘 레이어 보이게 하기

❶[Layers] 패널에서 '아이를 찾습니다' 레이어의 눈 아이콘(◉)을 클릭하여 이미지가 보이도록 합니다.

03 [Warp]로 찌그러트리기

❶[Edit]-[Transform]-[Warp] 메뉴를 클릭합니다. ❷변형 메시 선이 보이면 각 모서리의 조절점을 커피 광고판에 맞도록 드래그하여 변형합니다. 조절점에 달린 조절선의 방향과 길이를 조절할 수도 있습니다.

> **참고**
> [Warp] 명령은 [Free Transform] 실행 중 옵션 바에서 [Warp] 아이콘(☖)을 클릭해도 실행됩니다.

04 [Warp]의 메시 선으로 이미지 왜곡하기

❶가로 메시 선을 아래로 드래그하여 이미지도 외곽선에 맞게 휘어지게 합니다. ❷세로 메시 선을 양쪽 옆으로 드래그하여 이미지가 휘어지게 조절합니다.

05 변형 완료하기

❶ [Enter]를 눌러 변형을 적용합니다. 변형된 이미지가 잘 맞는지 확인합니다.

실습 과정

특정 부분을 보호하면서 변형할 수 있는 [Content-Aware Scale] 기능 활용하기

[Content-Aware Scale]은 이미지에서 자동으로 사람이나 특정 사물을 인지하여 보호하면서 크기를 조절하는 명령으로, 선택 툴과 같이 사용하면 특정 사물 이외의 크기를 선택적으로 조절할 수 있습니다.

◉ **시작 파일** : 3장\03_03.psd
◉ **완료 파일** : 3장\03_03_완료.psd

01 시작 파일 불러오기

❶[File]-[Open] 메뉴를 클릭하여 시작 파일을 불러옵니다. 가운데 사람의 크기를 변경하지 않은 채 주변 배경의 크기만 변형하겠습니다.

02 인물 선택하기

❶ Ctrl + + 를 2~3번 눌러 사람이 크게 보이도록 확대한 후 ❷ [Quick Selection Tool](🖌)을 클릭합니다. ❸ 옵션 바에서 브러시 모양을 클릭하여 [Size]는 '10'으로 조절한 후 ❹ 사람의 머리 부분에서 드래그하여 인물을 선택합니다.

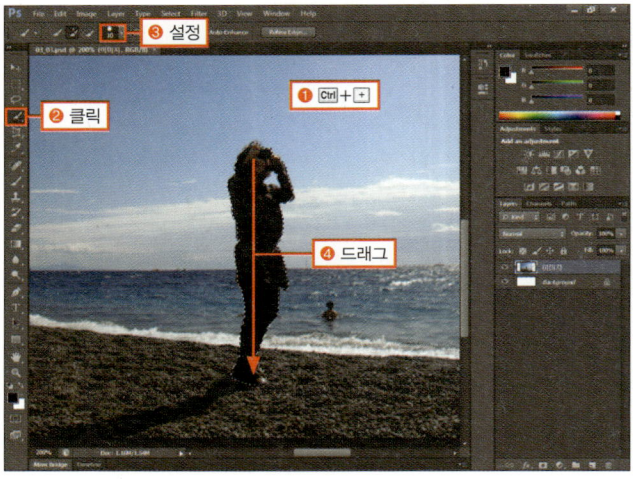

03 선택 영역 저장하기

❶ Ctrl + - 를 2~3번 클릭하여 이미지 전체가 보이도록 한 후 ❷ [Select]-[Save Selection] 메뉴를 클릭합니다. ❸ [Save Selection] 대화상자가 나타나면 [Name]에 '인물'을 입력한 후 ❹ [OK]를 클릭합니다. ❺ Ctrl + D 를 눌러 선택 영역을 해제합니다.

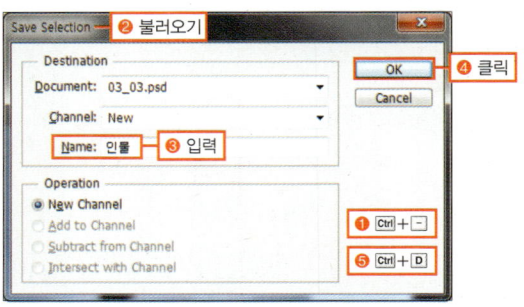

04 [Content-Aware Scale]을 선택하고 저장 영역 보호하기

❶ [Edit]-[Content-Aware Scale] 메뉴를 클릭합니다. ❷ 옵션 바의 [Protect]는 '인물'로 선택합니다.

05 [Content-Aware Scale]로 이미지 크기 조절하기

❶ 왼쪽 가운데 조절점을 왼쪽 끝까지 드래그합니다. ❷ 오른쪽 가운데 조절점을 오른쪽 끝까지 드래그하여 크기를 넓힙니다.

배경이 복잡하거나 사물이나 인물이 뚜렷하지 않은 상태에서 [Protect]
를 선택하지 않으면 이미지 일부의 크기만 넓어져 변형이 잘못 적용됩
니다.

▲ [Protect]를 사용하지 않고 [Content-Aware Scale]을 적용한 경우

06 변형 완료한 후 이미지 확인하기

❶ Enter 를 눌러 변형을 마무리합니다. 인물은 그대로인
채 배경만 늘어난 것을 확인합니다.

[Scale] 명령은 크기를 조절할 때 이미지 픽셀을 골고루 늘리거나 줄여 크기를 조절하는 반면, [Content-Aware Scale]은 사람이나 사물은 그대로
둔 채, 나머지의 크기를 조절합니다. 사람이나 사물을 자동으로 인지하지 못할 때에는 선택 툴을 이용해 보호할 부분을 저장하여 사용합니다.

▲ [Scale]로 가로를 늘린 이미지   ▲ [Content-Aware Scale]로 가로를 늘린 이미지

▲ 원본 이미지

[Puppet Warp]로 원하는 부분만 변형하기

[Puppet Warp] 명령은 포토샵 CS5부터 새로 나온 기능입니다. 다른 영역은 그대로 유지하면서 특정 부분만 변형하여 마치 꼭두각시처럼 팔이나 다리 등만 휘어지게 변형할 때 사용합니다.

◎ 시작 파일 : 3장\03_04.psd
◎ 완료 파일 : 3장\03_04_완료.psd

01 [Puppet Warp]로 원하는 부분만 휘게 하기

❶[File]-[Open] 메뉴를 클릭하여 시작 파일을 불러옵니다. [Layers] 패널에서 'Layer 1'이 선택된 것을 확인한 후 ❷[Edit]-[Puppet Warp] 메뉴를 클릭합니다. 꽃 이미지에 변형 메시 선이 나타납니다.

02 고정되는 부분에 조정핀 꽂기

❶꽃줄기 아래를 클릭하여 조정핀을 꽂습니다. ❷줄기 중간 부분을 클릭하여 조정핀을 꽂습니다.

03 조정핀으로 휘어지게 만들기

❶꽃에 조정핀을 꽂은 후 왼쪽으로 드래그하여 휘어지게 변형합니다. ❷꽃에 조정핀을 하나 더 클릭하여 위로 드래그하여 줄기가 잘 휘어지도록 조절합니다.

04 변형 완료하고 이미지 확인하기

❶ Enter 를 클릭하거나 옵션 바의 [Commit Puppet Warp] (✔)를 클릭하여 변형을 끝냅니다. 완성된 이미지를 확인합니다.

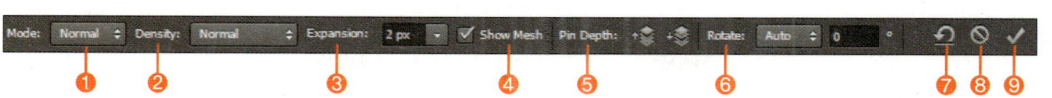

❶ **Mode** : Puppet을 실행할 때 탄성을 결정합니다. [Rigid]는 휘어짐이 적으며 [Normal]은 중간, [Distort]는 많이 휘어지면서 왜곡됩니다.

❷ **Density** : 메시 점의 간격을 결정합니다.

❸ **Expansion** : 외곽 메시를 확장하거나 축소합니다.

❹ **Show Mesh** : 메시 선을 보이도록 합니다.

❺ **Pin Depth** : 조정핀의 찍은 순서를 바꿉니다.

❻ **Rotate** : 선택한 조정핀 주변을 회전합니다.

❼ **Remove All Pins** : 적용한 핀을 모두 제거합니다. 메시 선 초기 상태로 돌아갑니다.

❽ **Cancel Puppet Warp** : 변형을 취소합니다.

❾ **Commit Puppet Warp** : 변형을 적용합니다.

확인실습

[Transform] 명령들과 [Puppet Warp]를 이용해 다음과 같이 동상의 크기를 조절하고 변형한 후 휘어지게 해보세요.

◎ **시작 파일** : 3장\03_실습.psd
◎ **완료 파일** : 3장\03_완료.psd

SECTION **04**

이미지를 일정한 모양대로 선택하기에 편리한 툴 배우기

이미지의 특정 부분을 변형하거나 필터 효과를 더할 때에 여러 가지 선택 메뉴로 영역을 설정할 수 있습니다.

다루는 내용

- [Rectangular Marquee Tool]과 [Elliptical Marquee Tool]로 간단히 선택하기
- [Lasso Tool]로 자유롭게 드래그하여 선택하기
- [Magnetic Lasso Tool]로 색상의 경계 부분을 따라 선택하기
- [Refine Edge]로 선택 영역의 경계 다듬기

기능 정리

[Select] 메뉴와 다양한 선택 툴 알아보기

이미지를 편집, 합성할 때 가장 우선적으로 실행되어야 하는 명령이 바로 선택 영역을 설정하는 일입니다. 포토샵에서는 다양한 선택 툴과 명령을 지원하고 있으며 어떤 툴을 선택하느냐에 따라 작업 시간과 결과가 많이 달라집니다.

● **선택 영역 기능이 모여 있는 [Select] 메뉴**

선택에 관련된 명령이 모여 있는 [Select] 메뉴를 살펴보겠습니다.

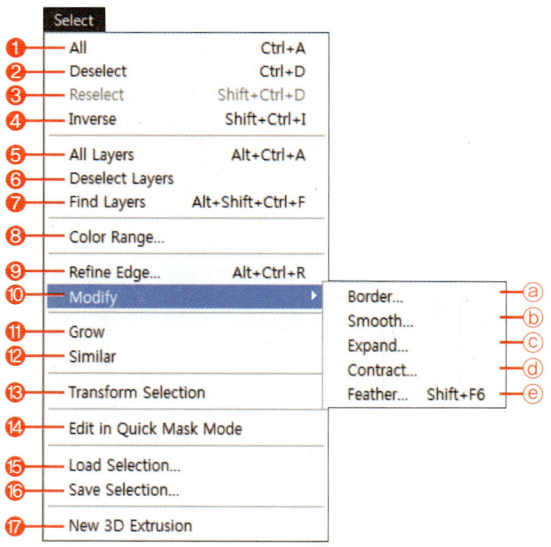

❶ **All** : 이미지 전체를 선택합니다.

❷ **Deselect** : 선택 영역을 해제합니다.

❸ **Reselect** : 해제한 선택 영역을 다시 선택합니다.

❹ **Inverse** : 선택 영역을 반전합니다.

❺ **All Layers** : 현재 선택 영역의 모든 레이어를 선택합니다.

❻ **Deselect Layers** : 레이어의 선택을 해제합니다.

❼ **Find Layers** : [Layers] 패널에서 레이어 이름을 입력하여 원하는 레이어를 찾을 수 있습니다.

❽ **Color Range** : 스포이트로 클릭한 색상을 선택합니다.

❾ **Refine Edge** : 대화상자가 나타나 선택 영역을 경계 부분을 다듬을 수 있습니다.

❿ **Modify** : 선택 영역이 만들어져 있을 때 활성화되어 이를 수정할 수 있는 명령입니다.

ⓐ **Border** : 선택 영역에 테두리 선택 영역을 만듭니다.

ⓑ **Smooth** : 선택 영역 모서리를 둥글게 만듭니다.

ⓒ **Expand** : 선택 영역을 입력한 수치만큼 확장합니다.

ⓓ **Contract** : 선택 영역을 입력한 수치만큼 축소합니다.

ⓔ **Feather** : 선택 영역의 경계 부분을 부드럽게 처리합니다.

▲ 선택 영역이 만들어진 이미지　　　▲ Border : 10　　　▲ Smooth : 30

▲ Expand : 10　　　▲ Contract : 10　　　▲ Feather : 10

⓫ **Grow** : 선택 영역을 넓힙니다.

⓬ **Similar** : 현재 선택 영역과 비슷한 색상을 선택합니다.

⓭ **Transform Selection** : 선택 영역을 변형할 수 있습니다.

⓮ **Edit in Quick Mask Mode** : 현재 이미지 모드를 [Quick Mask Mode]로 바꿉니다. [Quick Mask Mode]에서는 [Standard Mode]로 변경됩니다.

⓯ **Load Selection** : [Save Selection]으로 저장한 선택 영역을 불러옵니다.

⓰ **Save Selection** : 선택 영역을 저장합니다.

⓱ **New 3D Extrusion** : 선택 영역을 3D로 보여주며 빛 방향, 위치 등을 조절합니다.

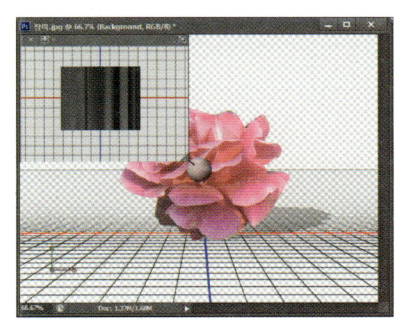

● 단순한 도형으로 선택하는 선택 툴

미리 선택 모양의 모양이 제공되는 선택 툴에는 네 가지 종류가 있습니다. 사각형 모양으로 선택 영역을 만드는 [Rectangular Marquee Tool](▨), 원형 모양으로 선택 영역을 만드는 [Elliptical Marquee Tool](◯), 가로 및 세로로 1픽셀을 선택하는 [Single Row Marquee Tool](▭), [Single Column Marquee Tool](▮)이 있습니다.

▲ [Rectangular Marquee Tool](▨)로 선택할 때

▲ [Elliptical Marquee Tool](◯)로 선택할 때

▲ [Single Row Marquee Tool](▭)로 선택할 때

▲ [Single Column Marquee Tool](▮)로 선택할 때

● 자유롭게 드로잉하면서 선택하는 선택 툴

비교적 불규칙한 모양을 드로잉하면서 선택하는 툴에는 세 가지가 있습니다. 자유롭게 드로잉하면서 드래그하여 선택하는 [Lasso Tool](◯), 각진 이미지를 선택할 때 사용하는 [Polygonal Lasso Tool](▨), 드로잉한 지점의 색상의 차이와 대비를 읽어 선택하는 [Magnetic Lasso Tool](▨)이 있습니다.

▲ [Lasso Tool](◯)로 선택할 때

▲ [Polygonal Lasso Tool](▨)로 선택할 때

▲ [Magnetic Lasso Tool](▨)로 선택할 때

실습과정 | 여러 종류의 마퀴(Marquee) 툴과 [Lasso Tool] 알아보기

몇 가지 종류로 구성된 마퀴(Marquee) 툴은 간단한 도형 모양으로 선택 영역하거나 1픽셀의 가로, 세로 선으로 선택할 때 사용하면 편리합니다. [Lasso Tool]( )은 드래그한 대로 선택 영역을 만들 수 있는 가장 기본적인 선택 툴입니다.

◎ **시작 파일** : 3장\04_01.psd
◎ **완료 파일** : 3장\04_01_완료.psd

01 [Rectangular Marquee Tool]로 사각형 선택 영역 만들기

❶[File]-[Open] 메뉴를 클릭하여 시작 파일을 불러옵니다. ❷[Rectangular Marquee Tool]( )을 클릭합니다. 선택 영역의 경계를 부드럽게 하기 위해 ❸옵션 바의 [Feather]는 '20px'로 입력합니다. ❹이미지에서 왼쪽 위에서 오른쪽 아래로 드래그하여 선택 영역을 만듭니다.

02 선택 영역 뒤집어 지우기

❶Ctrl + Shift + I 를 눌러 선택 영역을 반전합니다. ❷Delete 를 2번 눌러 선택을 지웁니다. 선택 영역이 지워져 아래 놓인 검은색 이미지가 보입니다. ❸Ctrl + D 를 눌러 선택 영역을 해제합니다.

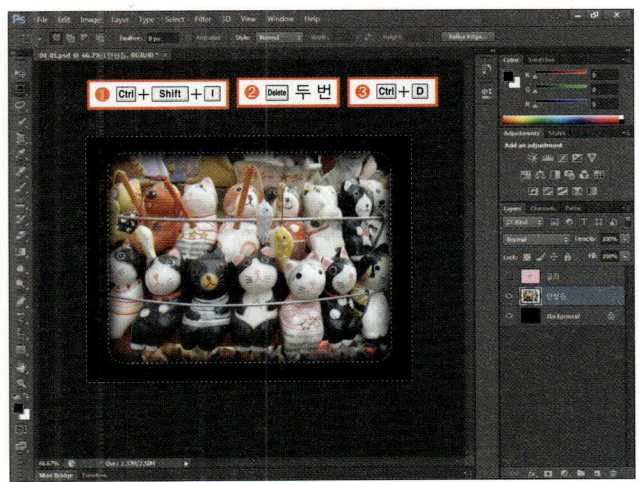

참고
[Select]-[Inverse] 메뉴를 클릭해도 선택 영역이 반전되며 선택 영역에 [Feather]를 적용했을 경우, Delete 를 누를 때마다 경계 부분이 깨끗이 지워집니다.

03 [Single Column Marquee Tool]로 가로 선택 영역 만들기

❶[Rectangular Marquee Tool]([])을 클릭하여 숨은 툴이 나타나면 [Single Column Marquee Tool]([])을 선택합니다. ❷옵션 바에서 [Add to Selection]([])을 클릭한 후 ❸ 이미지에서 여러 번 클릭하여 1픽셀의 세로 선택 영역을 여러 개 만듭니다.

04 선택 영역에 색상 채우기

❶[D]를 눌러 전경색을 검은색으로 변경합니다. ❷[Alt] +[Delete]를 눌러 선택 영역을 전경색으로 채웁니다. ❸[Ctrl]+[D] 를 눌러 선택 영역을 해제합니다.

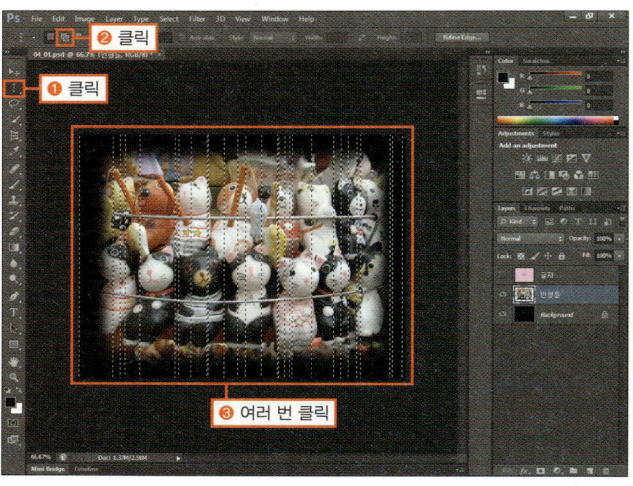

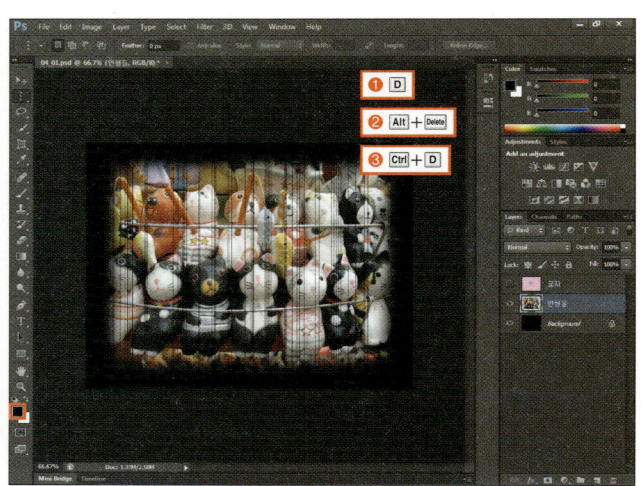

05 숨긴 레이어 보이게 하기

❶[Layers] 패널에서 '글자' 레이어를 선택하고 ❷눈 아이 콘([])을 클릭하여 레이어가 보이도록 합니다.

06 [Lasso Tool]로 원하는 영역만 선택하기

❶[Lasso Tool]([])을 클릭합니다. ❷옵션 바에서 [Feather] 는 '1px'로 입력한 후 ❸이미지에서 글자 주위를 드래그하여 선택 영역을 만듭니다.

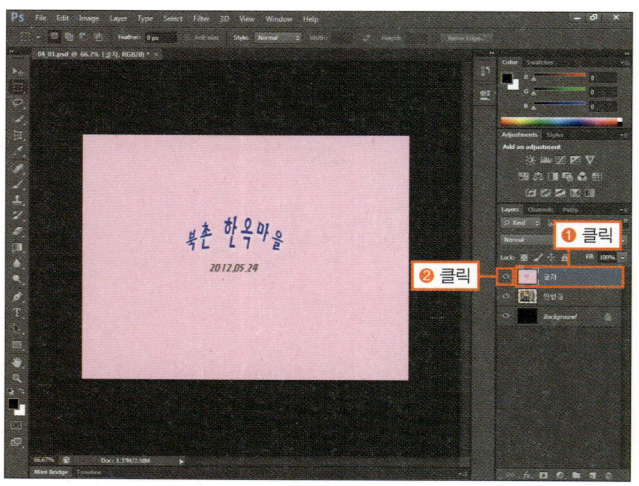

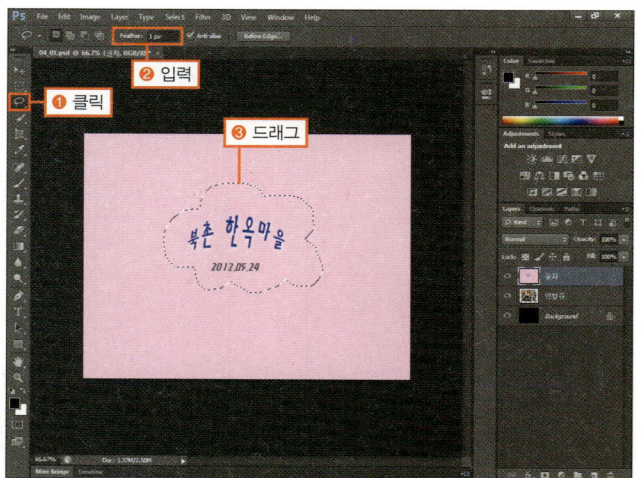

참고 • 선택 툴의 옵션 바 메뉴 보기

선택 툴의 옵션 바에는 선택을 추가하거나 삭제할 수 있는 선택 모드 아이콘과 [Feather] 스타일을 선택할 수 있습니다.

❶ **New selection** : 처음 선택 영역을 만들 때 사용합니다. 기존 선택 영역이 있으면 해제하고 새롭게 선택합니다.

❷ **Add to selection** : 기존 선택 영역에 추가하여 선택합니다. 단축키는 Shift 입니다.

❸ **Subtract from selection** : 기존 선택 영역에서 일부분을 빼고 싶을 때 사용합니다. 단축키는 Alt 입니다.

❹ **Intersect with selection** : 기존 선택 영역과 겹쳐지는 부분만 선택됩니다. 단축키는 Alt + Ctrl 입니다.

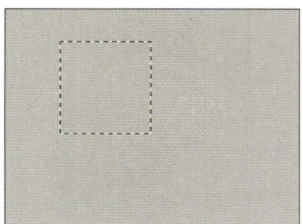
▲ New selection

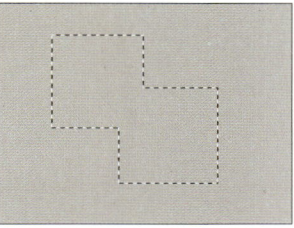
▲ Add to selection

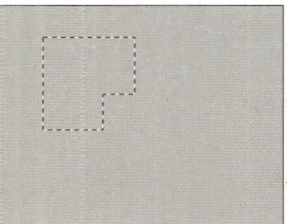
▲ Subtract from selection

▲ Intersect with selection

❺ **Feather** : 선택 영역의 경계선을 부드럽게 만드는 명령으로 수치가 클수록 경계선이 부드러워집니다.

▲ Feather : 0px

▲ Feather : 5px

▲ Feather : 20px

❻ **Anti-alias** : 이미지를 표현하는 픽셀이 사각형으로 이뤄져 있어 이미지를 확대하면 경계선이 계단 모양으로 나타납니다. 이것을 'alias'라고 합니다. 이것을 완화해주는 기능이 'Anti-alias'입니다.

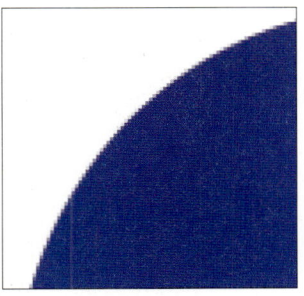
▲ Anti-alias : 체크   ▲ Anti-alias : 체크 해제

❼ **Style** : [Rectangular Marquee Tool](▣)과 [Elliptical Marquee Tool](◉)을 사용할 때 나타납니다. [Normal]은 자유롭게 선택할 수 있으며 [Fixed Ratio]를 선택하면 [Width], [Height]에서 정한 수치의 비례로 선택됩니다. [Fixed Size]는 너비와 높이에 입력한 수치의 크기가 고정됩니다.

❽ **Refine Edge** : 선택 영역의 경계를 다듬어 줍니다.

07 선택 영역을 뒤집어 지우기

❶ Ctrl + Shift + I 를 눌러 선택 영역을 반전합니다. ❷ Delete 를 눌러 선택 영역을 지웁니다. ❸ Ctrl + D 를 눌러 선택 영역을 해제합니다.

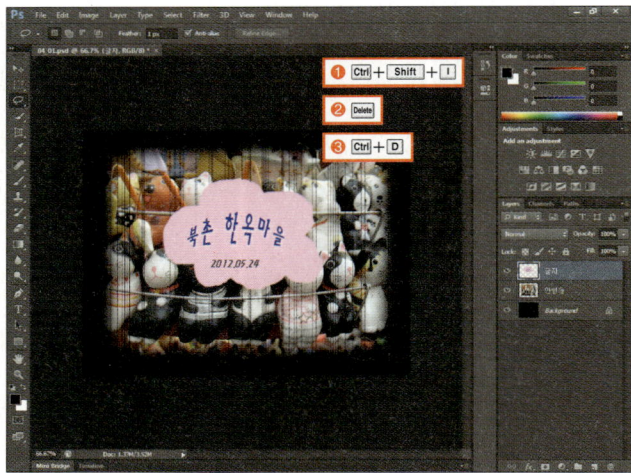

08 원하는 위치로 이동하고 완성된 이미지 확인하기

❶ [Move Tool](➤+)을 클릭합니다. ❷ 이미지에서 글자 부분을 오른쪽 아래로 드래그하여 이미지와 어울리도록 배치합니다. 완성된 이미지를 확인합니다.

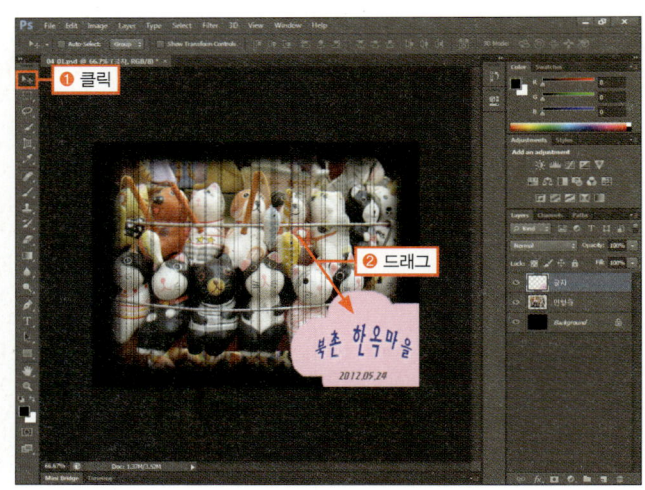

실습 과정

[Rectangular Marquee Tool], [Elliptical Marquee Tool]로 이미지 선택하기

사각형이나 원형과 같이 간단한 도형 모양으로 선택 영역을 만들어 보겠습니다.

◉ **시작 파일** : 3장\04_02.psd
◉ **완료 파일** : 3장\04_02_완료.psd

01 [Rectangular Marquee Tool]로 사각형으로 선택하기

❶ [File]-[Open] 메뉴를 클릭하여 시작 파일을 불러옵니다. [Layers] 패널에서 'Background' 레이어가 선택된 것을 확인한 후 ❷ [Rectangle Marquee Tool](▢)을 클릭합니다. ❸ 액자 안의 이미지를 드래그하여 선택 영역을 설정합니다.

> **참고** •
> 선택 영역이 잘 맞지 않을 때에는 선택 영역 안에 마우스 포인터를 위치시킨 후 드래그하여 원하는 위치로 이동합니다.

02 [Elliptical Marquee Tool]로 원형으로 추가 선택하기

❶[Rectangular Marquee Tool](▢)을 눌러 숨겨진 툴이 나타나면 [Elliptical Marquee Tool](◯)을 선택합니다. ❷ 선택 영역을 추가하기 위해 Shift 를 누른 채 액자 왼쪽 위 모서리에서 오른쪽 아래로 드래그합니다.

03 선택 영역 반전하기

❶[Select]-[Inverse] 메뉴를 클릭하여 선택 영역을 반전시킵니다.

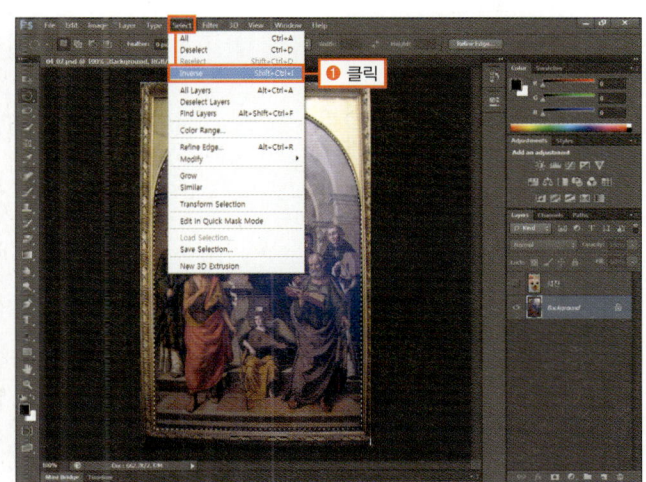

04 선택 영역으로 이미지 편집하기

❶[Layers] 패널에서 '사진' 레이어를 선택하고 ❷'눈' 아이콘(👁)을 클릭하여 이미지가 나타나도록 합니다. ❸ Delete 를 눌러 선택 영역의 이미지를 지웁니다.

05 선택 영역 해제한 후 이미지 확인하기

❶ Ctrl + D 를 눌러 선택 영역을 해제합니다. 완성된 이미지를 확인합니다.

[Polygonal Lasso Tool]로 각진 이미지 선택하기

[Polygonal Lasso Tool](∑)은 각진 이미지를 선택할 때 사용하며, 사용하는 중에 [Back Space]를 누르면 클릭한 포인트를 지울 수 있습니다.

◉ **시작 파일** : 3장\04_03.jpg
◉ **완료 파일** : 3장\04_03_완료.jpg

01 [Polygonal Lasso Tool] 선택하기

❶[File]-[Open] 메뉴를 클릭하여 시작 파일을 불러옵니다. ❷[Lasso Tool](♀)을 클릭하여 숨은 툴이 나타나면 ❸[Polygonal Lasso Tool](∑)을 선택합니다.

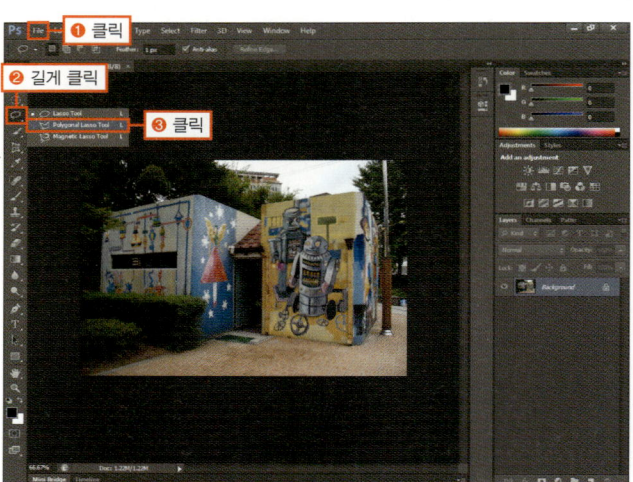

02 [Polygonal Lasso Tool]로 각진 이미지 선택하기

각진 건물을 선택하기 위해 ❶건물 왼쪽 모서리를 클릭한 후 ❷건물 외곽선을 따라가면서 클릭합니다. ❸처음 클릭한 지점으로 돌아온 후 마우스 포인터가 ∑로 바뀌면 클릭합니다. 패스 선대로 선택 영역이 만들어진 것을 확인합니다.

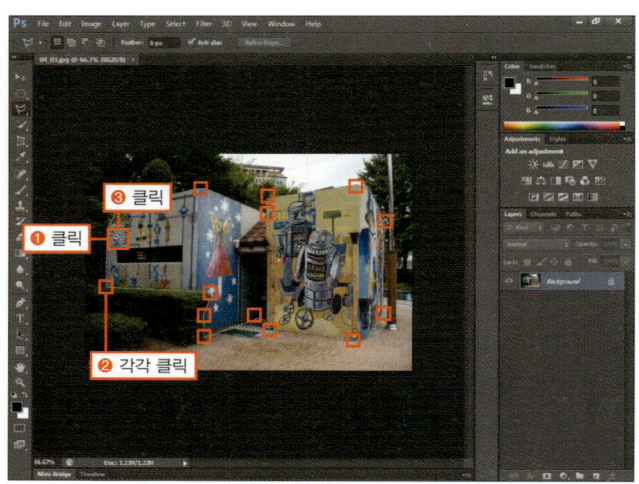

> **참고**
> • [Polygonal Lasso Tool](∑)을 이용할 때 [Back Space]를 누르면 잘못 클릭하여 만들어진 포인트를 지워 수정할 수 있습니다.
> • 처음 클릭한 지점으로 되돌아오면 마우스 포인터가 ∑로 변경되고 이때 클릭하면 패스 선 모양대로 선택 영역이 만들어집니다. 마우스 포인터가 바뀌지 않아도 더블클릭하면 선택 영역이 만들어집니다.

03 [Lasso Tool]로 선택 영역 수정하기

각지지 않은 건물 앞 나무 부분을 선택 영역에서 제거하기 위해 먼저 ❶[Lasso Tool](♀)을 클릭합니다. ❷[Alt]를 누른 채 왼쪽 위 모서리의 나무 부분을 드래그하여 선택합니다. 제거할 부분은 [Alt]를 누른 채, 더할 부분을 [Shift]를 누른 채 드래그하여 건물만 선택되게 합니다.

> **참고**
> [Lasso Tool](♀)은 드래그하는 대로 패스 선이 생기면서 선택 영역이 만들어지는 툴입니다. 다른 선택 툴로 선택 영역을 만든 후 이를 수정할 때 주로 사용됩니다.

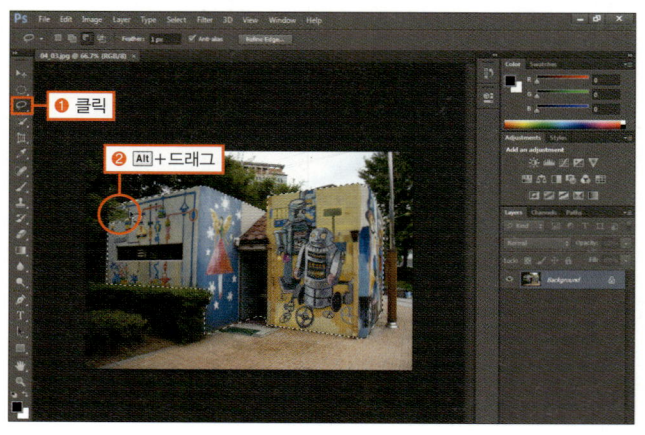

04 [Feather]로 선택 영역의 경계 부분을 부드럽게 만들기

❶ [Select]-[Modify]-[Feather] 메뉴를 클릭하여 [Feather Selection] 대화상자를 불러옵니다. ❷ '2'를 입력한 후 ❸ [OK]를 클릭합니다.

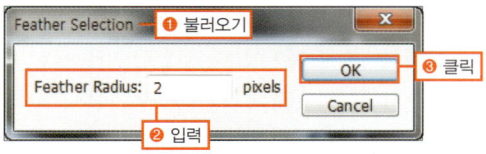

> **참고**
>
> 선택 영역의 이미지를 편집할 때 [Feather]를 적용하면 경계 부분이 부드럽게 조절되어 자연스럽게 합성됩니다. 주로 '1~2pixels'의 값을 적용합니다.

05 선택 영역에 밝기와 대비 조절하기

❶ [Image]-[Adjustments]-[Brightness & Contrast] 메뉴를 클릭합니다. ❷ [Brightness & Contrast] 대화상자가 나타나면 [Brightness]는 '35', [Contrast]는 '40'을 입력합니다. 선택 영역의 밝기와 대비가 조절된 것을 확인하고 ❸ [OK]를 클릭합니다.

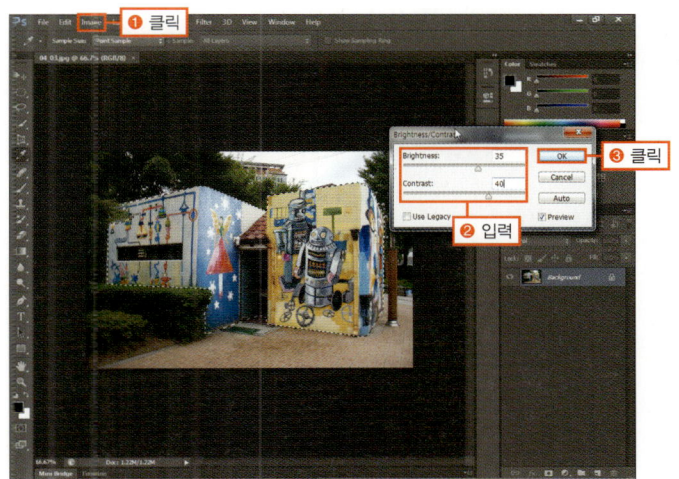

06 완성된 이미지 확인하기

❶ Ctrl + D 를 눌러 선택 영역을 해제합니다. 수정된 이미지를 확인합니다.

[Magnetic Lasso Tool]로 이미지의 경계를 따라 선택하기

드래그하는 지점의 색상과 명암 차이를 인식하여 선택하는 [Magnetic Lasso Tool](🧲)은 반자동 선택 툴로, 색상 차이가 선명한 경우에 잘 선택됩니다.

◉ **시작 파일** : 3장\04_04.jpg
◉ **완료 파일** : 3장\04_04_완료.jpg

01 보기 비율 확대하기

❶[File]-[Open] 메뉴를 클릭하여 시작 파일을 불러옵니다. ❷Ctrl+ + 를 2~3번 눌러 이미지 보기 비율을 확대합니다. ❸ Spacebar 를 누른 채 이미지를 드래그하여 구두의 경계 부분이 잘 보이는 위치로 이동합니다.

02 [Magnetic Lasso Tool]로 이미지 선택하기

❶[Lasso Tool](🔗)을 길게 클릭하여 숨은 툴이 나오면 [Magnetic Lasso Tool](🧲)을 선택합니다. ❷노란 구두의 경계 부분을 클릭한 후 ❸색상의 경계 부분을 따라가면서 마우스를 이동합니다.

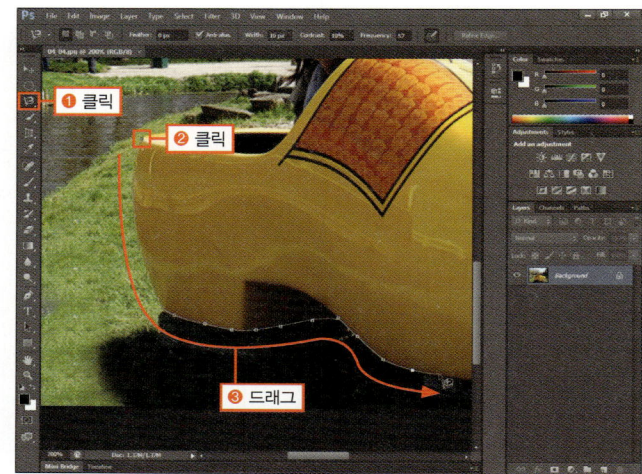

03 선택 영역 설정하기

❶ Spacebar 를 누른 채 왼쪽으로 드래그하여 구두의 오른쪽이 보이도록 합니다. ❷ Spacebar 에서 손을 뗀 후 계속 노란색 구두의 경계 부분을 드래그하여 포인트와 패스가 구두 외곽선에 잘 맞도록 드래그합니다.

04 선택 영역 설정 마무리하기

계속 같은 방법으로 선택하다가 ❶처음 클릭한 지점으로 되돌아와 마우스 포인터가 ▨로 변경되면 클릭하여 패스 모양대로 선택 영역을 만듭니다. ❷Ctrl+─를 2~3번 눌러 선택 영역 전체가 다 보이도록 하여 선택 영역을 확인합니다.

┌─ 참고 ●─────────────────────────┐
│ [Magnetic Lasso Tool](▨) 역시 [Polygonal Lasso Tool](▨)과 마 │
│ 찬가지로 Back Space 를 눌러 수정 작업을 합니다. 또한 선택하려는 │
│ 이미지 색상의 경계 부분이 명확하지 않아 잘 선택되지 않을 때는 │
│ [Lasso Tool](◯)을 클릭한 후 Shift 와 Alt 를 필요에 따라 선택하 │
│ 여 누른 채 선택 영역을 수정합니다. │
└──────────────────────────────┘

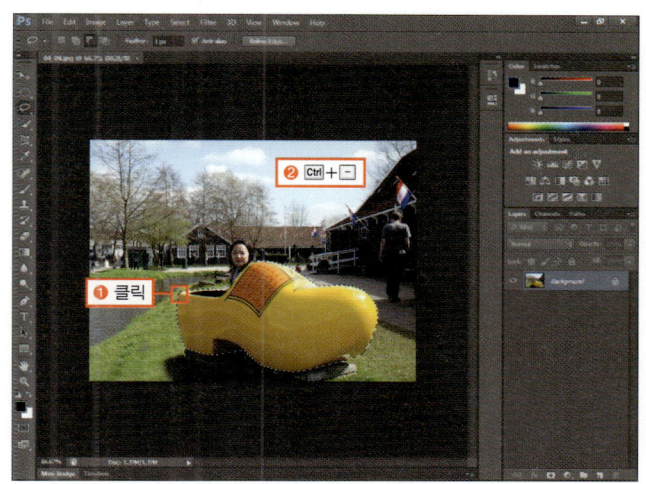

05 선택 영역의 색상 보정하기

❶Ctrl+Alt+U를 눌러 [Hue/Saturation] 대화상자를 불러옵니다. ❷[Hue]는 '-35', [Saturation]은 '0'을 입력하여 노란색 구두를 주황색으로 바꾼 후 ❸[OK]를 클릭합니다.

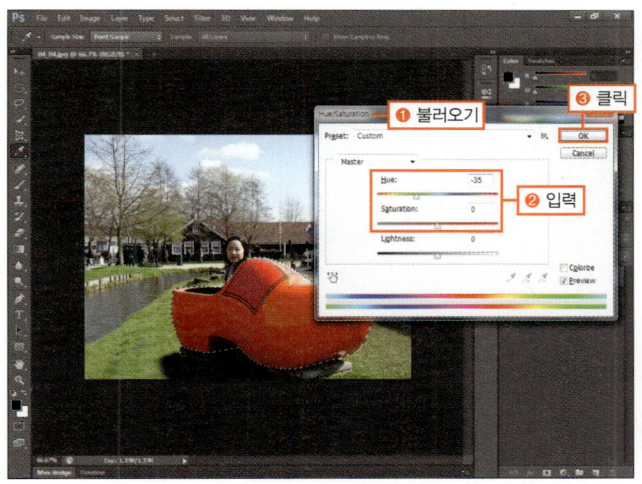

06 수정된 이미지 확인하기

❶Ctrl+D를 눌러 선택 영역을 해제한 후, 수정된 이미지를 확인합니다.

실습 과정

[Refine Edge] 명령으로 선택 영역의 경계선 다듬기

[Refine Edge] 명령은 동물의 털이나 머리카락같이 섬세하게 선택해야 할 경우 유용한 기능입니다. 먼저 선택 툴로 선택 영역을 설정한 후, 수치를 설정하여 다듬는 순서로 진행됩니다.

◎ 시작 파일 : 3장\04_05.psd
◎ 완료 파일 : 3장\04_05_완료.psd

01 선택 영역 불러오기

❶[File]-[Open] 메뉴를 클릭하여 시작 파일을 불러옵니다. ❷[Select]-[Load Selection] 메뉴를 클릭하여 저장되어 있는 영역을 불러옵니다.

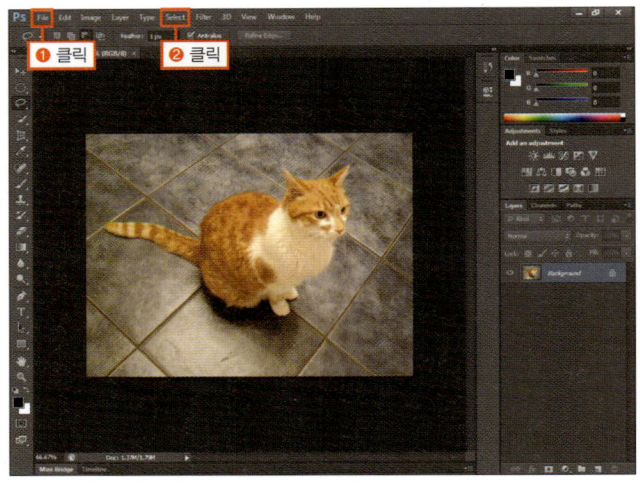

02 [Load Selection]으로 선택 영역 불러오기

❶[Load Selection] 대화상자가 나타나면 [Channel]이 '고양이'로 선택된 것을 확인하고 ❷[OK]를 클릭합니다.

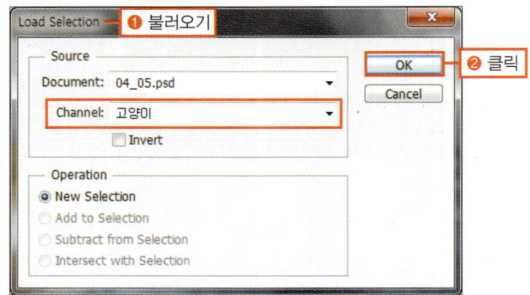

> **참고**
> '고양이' 선택 영역은 [Magnetic Lasso Tool](☑)을 이용해 고양이 외곽선을 클릭한 후, 선택 영역을 [Select]-[Save Selection] 메뉴로 저장해둔 것입니다.

03 [Refine Edge] 대화상자 열기

❶[Select]-[Refine Edge] 메뉴를 클릭합니다. [Refine Edge] 대화상자가 나타나면 ❷[View]는 ❸'Black & White'로 선택하여 선택된 부분은 흰색, 선택이 되지 않은 부분은 검은색으로 보이도록 합니다.

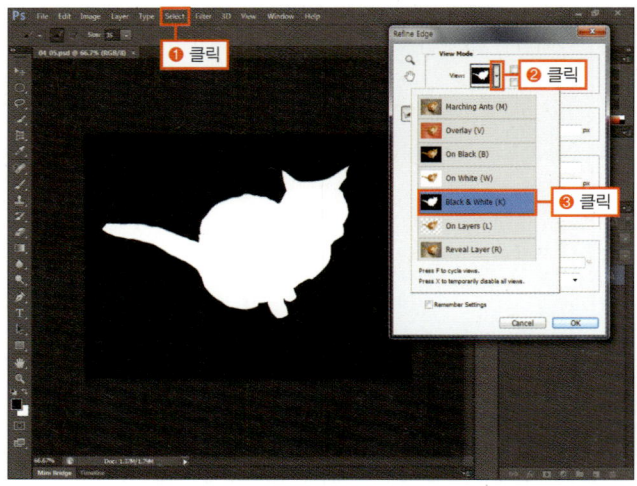

04 [Refine Edge] 브러시로 선택 영역 다듬기

❶[를 2~3번 눌러 브러시를 작게 조절한 후 ❷고양이 등과 꼬리, 가슴 부분을 드래그합니다. ❸[Refine Radius Tool](🖌️)을 클릭하여 숨은 툴이 나오면 [Erase Refinements Tool](🖌️)을 선택합니다. ❹너무 많이 지워진 꼬리 부분이나 등, 귀 부분을 드래그하여 선택 영역을 수정합니다.

05 [Refine Edge] 옵션으로 선택 영역 다듬기

❶대화상자에서 [Smart Radius]에 체크하고 ❷[Radius]는 '3px', [Contrast]는 '10%'로 조절하여 선택 영역이 좀 더 선명해지도록 수정합니다. ❸[Output to]는 'New Layer'로 선택하그 ❹[OK]를 클릭합니다.

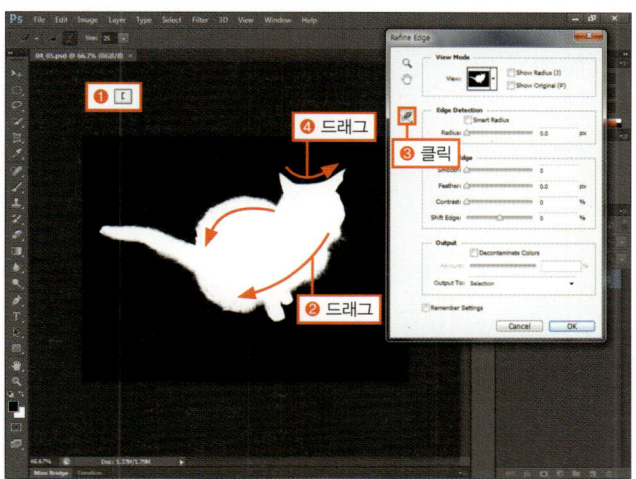

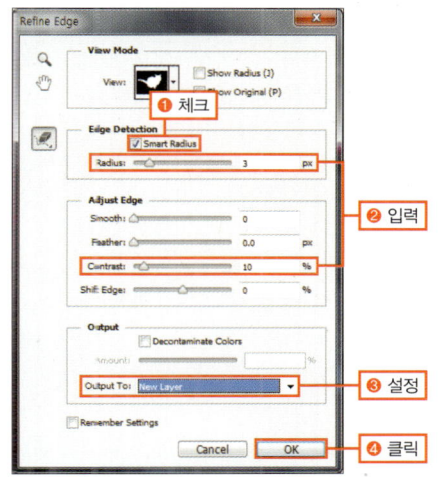

06 레이어로 분리된 이미지 확인하기

선택 영역대로 고양이가 선택되어 레이어로 분리된 것을 확인합니다.

참고 ● [Refine Edge] 대화상자의 구성 보기

선택 영역을 [Refine Radius Tool](🖌)과 [Erase Refinements Tool](🖌)로 수정하고 [Feather]와 [Smooth], [Contrast]로 좀 더 섬세하게 다듬을 수 있습니다.

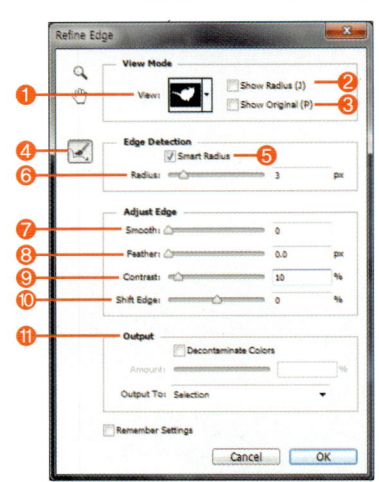

❶ **View** : 선택 영역 표시 방법을 선택할 수 있습니다.

❷ **Show Radius** : 체크하면 다듬기가 발생한 선택 테두리를 표시합니다.

❸ **Show Original** : 체크하면 원래 선택 영역이 보여 수정하고 있는 선택 영역과 비교할 수 있습니다.

❹ **Refine Radius Tool(🖌)** : 브러시를 이용해 드래그한 부분의 선택 영역이 부드럽게 됩니다. 길게 클릭하면 [Erase Refinements Tool](🖌)을 선택할 수 있으며, 이 툴은 브러시를 이용해 드래그한 부분이 원래 선택 영역으로 되돌아가도록 수정합니다.

❺ **Smart Radius** : 체크하면 선택 영역의 경계 부분이 자연스럽게 빠지도록 조절합니다.

❻ **Radius** : 선택 영역의 경계 부분의 부드러운 정도의 크기를 조절합니다.

❼ **Smooth** : 선택 영역이 매끄럽게 되도록 조절합니다.

❽ **Feather** : 선택 영역의 경계 부분이 자연스럽게 지워지도록 조절합니다.

❾ **Contrast** : 수치가 높아질수록 경계 부분이 선명해지며 수치가 낮을수록 부드러운 외곽선을 얻을 수 있습니다.

❿ **Shift Edge** : 선택 영역의 경계 부분을 안쪽, 또는 바깥쪽으로 이동합니다. 숫자가 '−'가 되면 안쪽으로 '+'가 되면 바깥쪽으로 이동합니다.

⓫ **Output** : 다듬은 선택 영역의 결과물을 선택할 수 있습니다. [Selection]은 선택 영역으로 활성화되며, [Layer]는 선택 영역의 이미지를 다른 레이어로 분리하며 [New Layer with Layer Mask]는 새 레이어의 레이어 마스크로 선택 영역을 보여줍니다.

확인실습

다양한 선택 툴, [Selection] 명령, [Refine Edge]를 이용해 다음과 같이 이미지를 합성해 보세요.

◉ **시작 파일** : 3장\04_실습.psd
◉ **완료 파일** : 3장\04_완료.psd

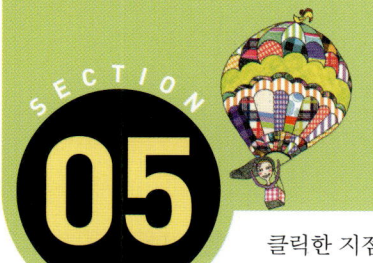

SECTION 05

SECTION 05

이미지의 불규칙한 부분을 빠르게 선택할 수 있는 툴 배우기

클릭한 지점의 색상을 선택하는 [Quick Selection Tool]과 [Magic Wand Tool]에 대해 알아보겠습니다. 브러시 크기를 조절해 빠르게 선택하거나 클릭한 지점과 같은 색상을 선택하여 이를 편집, 합성 작업에 활용해 보겠습니다.

다루는 내용

- [Quick Selection Tool]로 이미지 빠르게 선택하기
- [Magic Wand Tool]로 클릭한 지점 선택하기

기능 정리

색상을 기준으로 선택 영역을 설정하는 툴과 명령 살펴보기

이미지의 색상 차이가 확실한 경우, 브러시의 크기와 선택 색상 범위를 조절해 이미지를 선택하는 방법에 대해 알아보겠습니다.

● 드래그하며 선택하는 [Quick Selection Tool]과 클릭하며 선택하는 [Magic Wand Tool]

불규칙한 이미지를 선택하는 툴로는 브러시를 이용해 드래그하면서 영역을 선택하는 [Quick Selection Tool](🖌)과 [Tolerance]를 조절해 클릭한 지점의 색상과 비슷한 범위의 색상을 선택하는 [Magic Wand Tool](🪄)이 있습니다.

▲ [Quick Selection Tool](🖌)로 드래그하여 선택한 모습

▲ [Magic Wand Tool](🪄)로 클릭하여 선택한 모습

● 스포이트로 클릭한 색상을 선택 영역으로 만드는 [Color Range] 대화상자

[Select]-[Color Range] 메뉴를 클릭하면 대화상자가 나타나는데, 스포이트로 색상을 클릭하여 지정한 후, [Fuzziness]로 색상 범위를 조절할 수 있습니다.

▲ [Color Range] 대화상자의 스포이트로 꽃잎의 파란 부분을 클릭

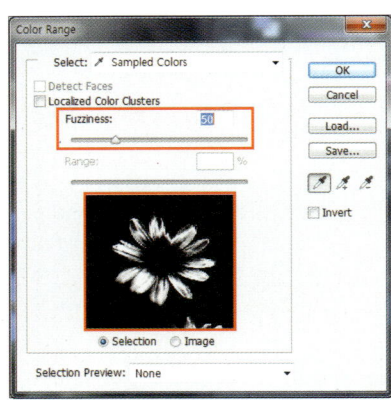

▲ Fuzziness : 50

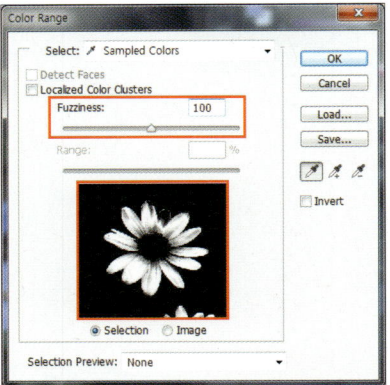

▲ Fuzziness : 100

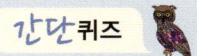

1 다음 선택 툴 중에 이미지 색상의 경계나 밝기의 차이를 이용하여 선택하는 툴이 아닌 것은 무엇일까요?

① [Magnetic Lasso Tool]( ) ② [Quick Selection Tool]( ) ③ [Magic Wand Tool]( ) ④ [Rectangle Marquee Tool]( )

답 : ④

[Magic Wand Tool]로 한 번에 선택하기

[Magic Wand Tool]( )은 선택하고자 하는 색상이 이미지에 넓게 분포되어 있을 때 특정 지점을 클릭하면 비슷한 색상을 자동으로 선택해 주는 툴입니다.

◉ 시작 파일 : 3장\05_01.psd
◉ 완료 파일 : 3장\05_01_완료.psd

01 [Magic Wand Tool] 선택하기

❶ [File]-[Open] 메뉴를 클릭하여 시작 파일을 불러옵니다. ❷ [Quick Selection Tool]( )을 클릭하여 숨은 툴이 나타나면 ❸ [Magic Wand Tool]( )을 선택합니다.

02 [Magic Wand Tool]로 하늘 선택하기

❶ 하늘 부분을 클릭 영역을 만듭니다. ❷ Shift 를 누른 채 선택되지 않은 부분을 추가합니다.

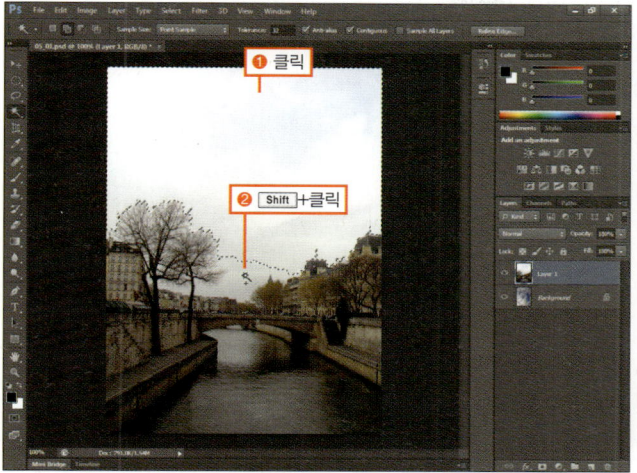

03 [Similar] 명령으로 비슷한 색상 모두 선택하기

❶ [Select]-[Similar] 메뉴를 클릭하여 영역에서 빠진 나무 사이사이의 하늘을 선택합니다.

참고

[Similar] 명령은 현재 선택 영역과 비슷한 색상을 모두 선택하는 명령이며, [Grow] 명령은 현재 선택 영역을 조금 확장시켜 선택합니다.

▲ [Magic Wand Tool](🔨)로 클릭한 선택 영역　　▲ [Grow] 메뉴로 확장시킨 선택 영역　　▲ [Similar] 메뉴로 확장시킨 선택 영역

---

04 선택 영역을 제거하여 합성하기

❶ Delete 를 눌러 선택 영역을 제거합니다. ❷ Ctrl + D 를 눌러 선택 영역을 해제하고, 'Background' 레이어에 합성된 이미지를 확인합니다.

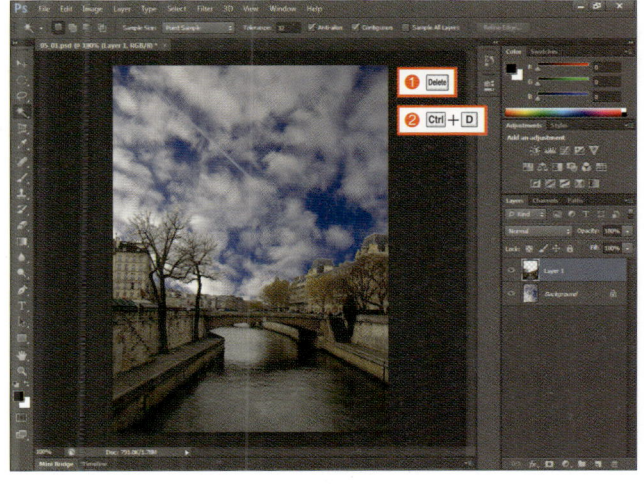

색상 범위를 지정하는 [Tolerance]와 클릭한 지점과 같은 색상을 이미지 전체에서 선택할 수 있는 [Contiguous] 옵션이 있습니다. 나머지 옵션은 앞의 선택 툴 옵션과 동일합니다.

❶ **Sample Size** : 클릭한 지점의 픽셀의 색상의 평균치로 선택 영역의 색상을 지정합니다.

❷ **Tolerance** : 색의 범위를 지정하는 수치로, 0~255까지 입력할 수 있습니다.

▲ Tolerance : 32   ▲ Tolerance : 80

❸ **Contiguous** : 체크하면 색의 경계 밖에 있는 부분은 선택되지 않지만 체크를 해제하면 색의 경계를 넘어 비슷한 색은 모두 선택됩니다.

▲ Contiguous : 체크   ▲ Contiguous : 체크 해제

[Quick Selection Tool]로 빠르게 선택하기

[Quick Selection Tool](🖌️)은 색상이 선명한 이미지를 선택할 때 가장 편리한 툴로, 브러시 크기를 조절하면서 드래그하면 선택 영역을 쉽게 설정할 수 있습니다. 작은 영역을 선택할 때는 10px 이하의 작은 브러시로, 넓은 영역을 선택하려면 큰 브러시를 선택합니다.

◎ **시작 파일** : 3장\05_02_1.jpg, 05_02_2.jpg
◎ **완료 파일** : 3장\05_02_완료.psd

01 이미지 보기 배율 확대하기

❶[File]-[Open] 메뉴를 클릭하여 2개의 시작 파일을 불러옵니다. ❷[05_02_2.jpg] 탭을 클릭하여 오리 이미지가 보이도록 한 후 ❸ Ctrl + + 를 클릭하여 이미지를 확대합니다.

02 [Quick Selection Tool] 선택하고 옵션 조절하기

❶ [Quick Selection Tool](🖌)을 클릭합니다. ❷ 옵션 바에서 브러시 옵션 부분을 클릭하여 ❸ [Size]는 '10px', [Hardness]는 '98%'로 조절합니다.

> **참고** ●
> • 브러시의 크기는 키보드의 [C], [I]를 누르며 조절할 수 있습니다.
> • 선택 영역의 경계 부분을 부드럽게 선택하기 위해 [Hardness] 옵션은 '98%'로 선택합니다.

03 [Quick Selection Tool]로 선택 영역 조절하기

❶ 오리의 몸통 부분을 드래그하여 선택 영역을 만듭니다. ❷ [C]를 눌러 브러시를 작게 만든 후 ❸ [Alt]를 누른 채 오리의 목 부분 공간은 선택 영역을 빼줍니다.

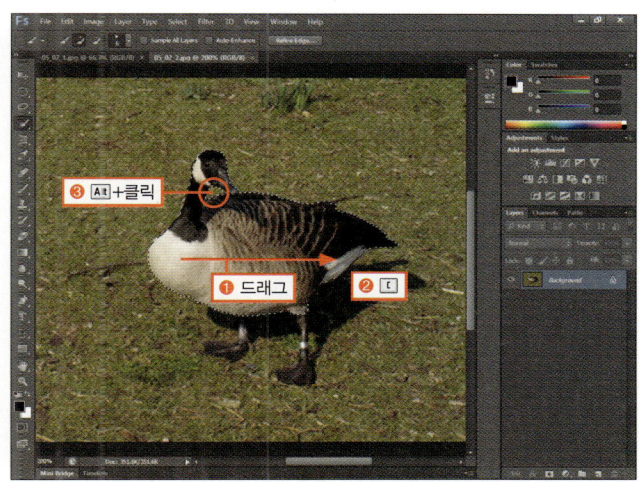

04 복사한 후 다른 이미지에 붙여넣기

❶ [Ctrl]+[C]를 눌러 선택 영역을 복사합니다. ❷ [05_02_1.jpg] 탭을 클릭하여 이미지가 보이도록 한 후 ❸ [Ctrl]+[V]를 눌러 붙여넣기 합니다. ❹ [Move Tool](🖖)로 ❺ 오리를 아래로 이동합니다.

05 호수에 비친 오리 만들기

❶ [Alt]를 누른 채 오리를 위로 드래그하여 오리를 하나 더 복사합니다. ❷ [Layers] 패널의 'Layer 1'을 선택합니다.

06 [Flip Vertical] 적용하기

❶[Edit]-[Transform]-[Flip Vertical] 메뉴를 클릭합니다. 레이어 이미지가 상하로 뒤집어진 것을 확인한 후 ❷드래그하여 위치를 조절합니다.

07 불투명도를 조절하여 완성하기

❶[Layers] 패널의 [Opacity]는 '50%'로 조절하여 자연스럽게 합성되도록 합니다.

참고 • [Quick Selection Tool]의 옵션 바 메뉴 보기

브러시의 크기에 따라 드래그하면서 선택 영역을 확장해가는 툴로 브러시 조절 옵션과 선택 경계의 선명도를 조절하는 옵션이 있습니다.

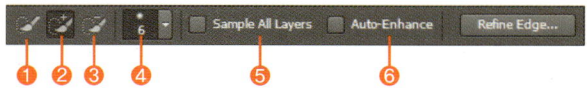

❶ **New selection** : 처음 선택할 때 사용합니다.

❷ **Add to selection** : 기존 선택 영역에 추가하여 선택합니다. 기존 선택 영역이 있으면 자동으로 변경됩니다.

❸ **Subtract from selection** : 기존 선택 영역에서 일부분을 빼고 싶을 때 사용합니다. Alt 를 누른 채 드래그하는 것과 같습니다.

❹ **Brush** : 선택 영역을 만드는 브러시의 크기와 경계선의 부드러움 정도, 모양을 지정합니다.

❺ **Sample All Layers** : 체크하면 다른 레이어의 이미지도 선택할 수 있습니다.

❻ **Auto-Enhance** : 선택 영역의 경계가 선명하고 자연스러운 선으로 다듬어집니다.

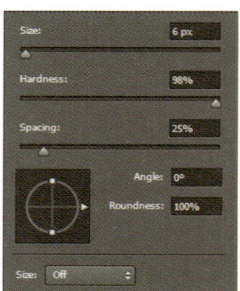

▲ Auto-Enhance : 체크 해제

▲ Auto-Enhance : 체크

실습
과정

[Color Range]로 원하는 색상만 선택하기

[Select]–[Color Range] 메뉴를 클릭하면 [Coor Range] 대화상자가 나타납니다. 스포이트로 특정 색상을 선택하여 다른 색상으로 변경하는 등의 작업을 할 수 있습니다.

● **시작 파일** : 3장\05_03.psd
● **완료 파일** : 3장\05_03_완료.psd

01 [Color Range]로 원하는 색상 선택하기

❶[File]-[Open] 메뉴를 클릭하여 시작 파일을 불러옵니다. ❷[Select]-[Color Range] 메뉴를 클릭하여 [Color Range] 대화상자가 나타나면 ❸핑크색 벽 부분을 클릭합니다.

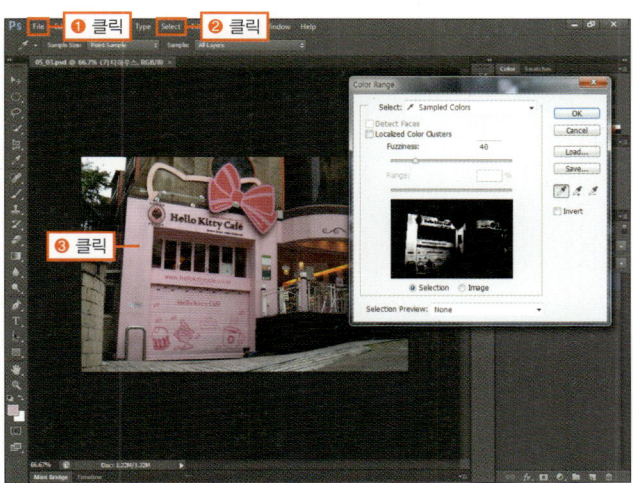

02 [Color Range] 대화상자에서 색상 범위 조절하기

❶[Color Range] 대화상자에서 [Add to Sample] 아이콘(✎)을 클릭하고 ❷옆 핑크색 건물을 클릭합니다. 옆 건물도 흰색으로 표시되므로 ❸[Fuzziness]는 '50'으로 조절하여 핑크색 집만 흰색으로 표시되도록 조절합니다. ❹[OK]를 클릭합니다.

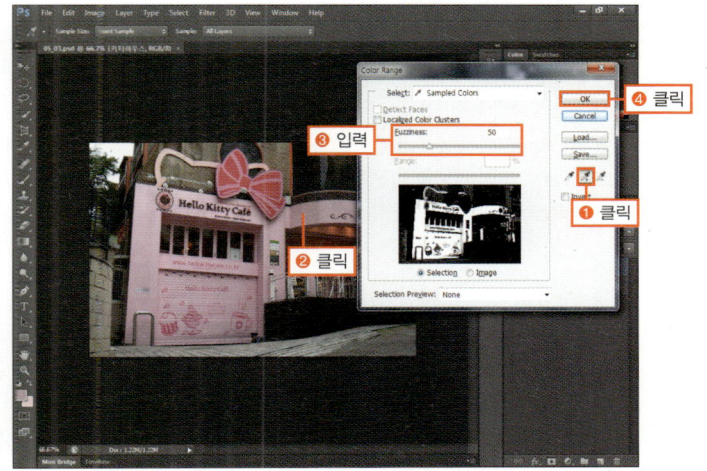

03 선택 영역을 제거하여 합성하기

핑크색 집 부분에 선택 영역이 만들어진 것을 확인하고 ❶ Delete 를 눌러 선택 영역을 제거합니다.

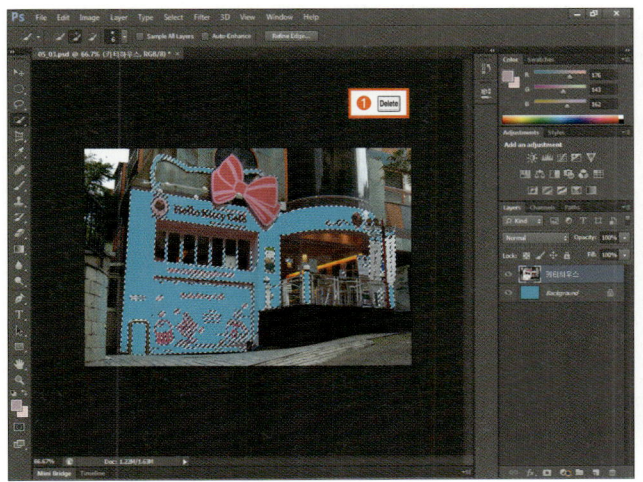

04 선택 영역 해제하기

❶ Ctrl + D 를 눌러 선택을 해제한 후 완성된 이미지를 확인합니다.

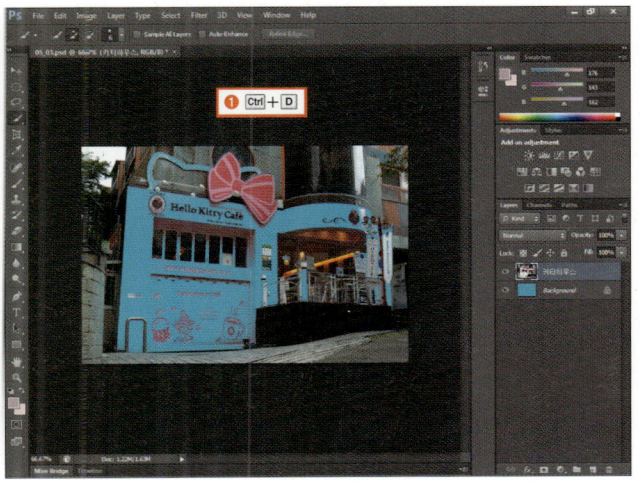

스포이트를 이용해 원하는 색상을 클릭해 선택 영역으로 만드는 대화상자입니다.

❶ **Select** : 'Sampled Colors'가 선택되면 [Eyedropper Tool]( )로 클릭한 색상을 선택 영역으로 만듭니다.

❷ **Localized Color Clusters** : 체크하면 [Detect Faces]와 [Range]가 활성화되어 얼굴을 인식하거나 스포이트로 클릭한 지점의 범위를 지정할 수 있습니다.

❸ **Fuzziness** : 선택한 색상의 범위를 조절합니다.

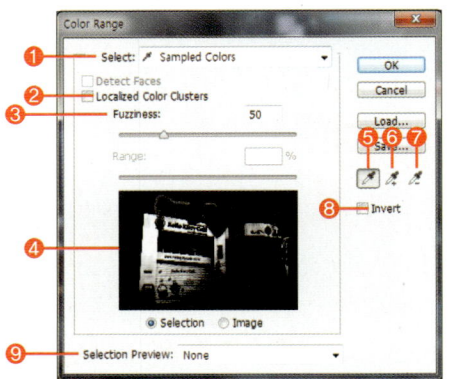

▲ Fuzziness : 50

▲ Fuzziness : 100

❹ **Preview** : 선택한 색상의 범위를 보여줌으로써 선택 영역을 미리 확인할 수 있습니다.

❺ **Eyedropper Tool( )** : 클릭한 부분의 색상을 선택 영역으로 설정합니다.

❻ **Add to Sample( )** : 기존의 선택 영역에 클릭한 부분의 색상을 추가합니다.

❼ **Subtract from Sample( )** : 기존의 선택 영역에 클릭한 부분의 색상을 제거합니다.

❽ **Invert** : 선택 영역을 반전시킵니다.

❾ **Selection Preview** : 선택 영역이 이미지 창에서 보이는 방식을 정할 수 있습니다.

확인실습

[Quick Selection Tool]( )로 이미지를 선택하여 복사한 후 다음 그림과 같이 크기 변경 및 회전을 적용해 보세요.

◎ **시작 파일** : 3장\05_실습.psd
◎ **완료 파일** : 3장\05_완료.psd

>

1 다양한 선택 툴을 이용하여 레이어 이미지의 원하는 부분을 선택하고, 변형 명령을 이용하여 이미지에 맞게 편집해 보세요.

- **시작 파일** : 3장\03test1.psd
- **완료 파일** : 3장\03test1_완료.psd
- **해설 파일** : 해설파일\03test1.pdf

Before

After

❶[Magic Wand Tool](🪄)로 꽃 뒤의 도로 부분 선택하기 ❷[Select]-[Grow]로 선택 영역 확장하여 제거하기 ❸[Move Tool](🔀)을 이용하여 아래로 이동하기 ❹[Quick Selection Tool](🖌)로 '이미지2'에서 표지만 선택하기 ❺Ctrl+T로 크기 조절하고 좌우 뒤집기

2 '장미' 이미지만 선택하여 여러 개를 복사하고 글자 윗부분만 선택하여 위치를 변경해 보세요.

- **시작 파일** : 3장\03test2.psd
- **완료 파일** : 3장\03test2_완료.psd
- **해설 파일** : 해설파일\03test2.pdf

Before

After

❶[Quick Selection Tool](🖌)로 장미만 선택하고 나머지는 제거하기 ❷Alt로 장미를 복사 Ctrl+T를 눌러 변형하기 ❸[Rectangle Marquee Tool](▬)로 'Summer~' 글자를 선택하기 ❹[Move Tool](🔀)로 이동하기

PART

04

페인팅하고,
지우는 작업 마스터하기

포토샵은 이미지를 보정, 편집, 합성하는 기능 위주로 발전하고 있습니다만, 그림을 그리고 채색하는

것은 그래픽 프로그램의 가장 기본적인 재미를 주는 요소입니다. [Brush Tool]과 [Pencil Tool]을 이

용하면 자유롭게 드로잉하는 것은 물론, 원하는 모양의 테두리로 설정하거나 도장처럼 활용할 수도

있습니다. 채색을 위한 가장 대표적인 메뉴는 [Gradient Tool], [Paint Bucket Tool], [Fill] 명령입니다.

이번 장에서는 드로잉하고 채색한 후 지우는 작업 과정을 배워보도록 하겠습니다.

SECTION 01

원하는 색상을 선택하는 다양한 방법 알아보기

포토샵의 색상 선택 방법과 [Brush Tool]을 사용해 드로잉하는 방법에 대해 익혀보겠습니다. 또한 채색 관련 툴로 페인팅하는 방법에 대해 알아보겠습니다.

다루는 내용

- 전경색과 배경색에 대해 알아보기
- [Color Picker] 대화상자의 구성 보기
- [Brush Tool] 다루기
- [Gradient Tool]과 [Paint Bucket Tool] 사용하기

기능 정리

전경색과 배경색 선택하기

전경색은 [Brush Tool]( )과 [Pencil Tool]( )을 사용할 때 칠해지는 색입니다. 배경색은 [Eraser Tool]( )이나 Delete 를 이용해 'Background' 레이어를 지울 때 칠해지는 색입니다. 전경색과 배경색을 설정하는 방법에 대해 알아보겠습니다.

● 페인팅의 기본이 되는 전경색과 배경색

전경색과 배경색은 [Tool] 패널의 하단에서 설정할 수 있습니다. [Default Color]를 클릭하여 기본 색으로 세팅하거나 [Swatch Foreground and Background Color]를 클릭하여 전경색과 배경색을 서로 변환할 수 있습니다.

❶ **Default Color** : 단축키는 D 입니다. 전경색과 배경색의 기본 색인 검은색, 흰색으로 설정합니다.

❷ **Switch Foreground and Background Color** : 단축키는 X 입니다. 현재 설정되어 있는 전경색과 배경색을 색상을 서로 바꿉니다.

❸ **Foreground Color** : 클릭하면 [Color Picker] 대화상자를 이용해 전경색을 선택할 수 있습니다.

❹ **Background Color** : 클릭하면 [Color Picker] 대화상자를 이용해 배경색을 설정할 수 있습니다.

● 기본적으로 색상을 선택할 수 있는 [Color Picker] 대화상자

[Foreground Color]나 [Background Color]를 클릭하면 [Color Picker] 대화상자가 나타납니다. 이 대화상자는 포토샵에서 색상을 선택하는 가장 기본적인 방법을 제공합니다. 색의 3요소인 색상, 명암, 채도에 의해 색을 선택할 수 있으며 직접 수치를 입력해서 색상을 선택할 수도 있습니다.

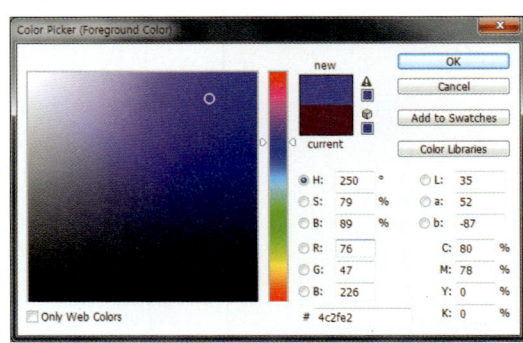

● 편리한 페인팅 작업을 위한 [Color] 패널과 [Swatches] 패널

[Color] 패널은 색상 바와 색상의 양을 조절하는 슬라이더로 원하는 전경색과 배경색을 선택할
수 있습니다. [Swatches] 패널은 자주 사용하는 색상을 뽑아놓은 견본이라 할 수 있습니다.

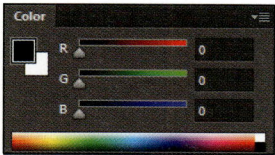 

 **[Color Picker] 대화상자, [Color] 패널로 원하는 색상 선택하기**

[Color Picker] 대화상자와 [Color] 패널로 색상을 선택하는 방법을 알아보겠습니다.

◎ **시작 파일** : 4장\01_01.jpg
◎ **완료 파일** : 4장\01_01_완료.jpg

01 [Color Picker] 대화상자 나타내기

❶ [Foreground Color]를 클릭하면 [Color Picker] 대화상
자가 나타납니다.

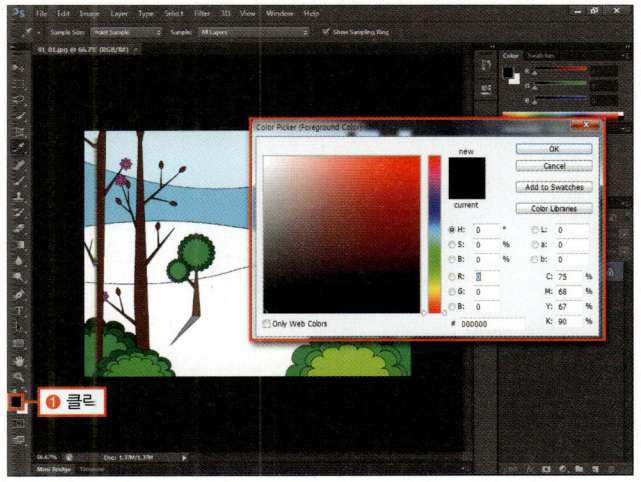

02 [Color Picker] 대화상자로 색상 선택하기

❶가운데 색상 바에서 파란색을 선택하면 왼쪽 색상 영역
에 파란색의 채도와 명암이 표시됩니다. ❷색상 영역에서
중간 위를 클릭합니다. [new] 부분의 미리 보기 색상이 원
하는 색상인지 확인합니다. ❸[OK]를 클릭하여 창을 닫습
니다.

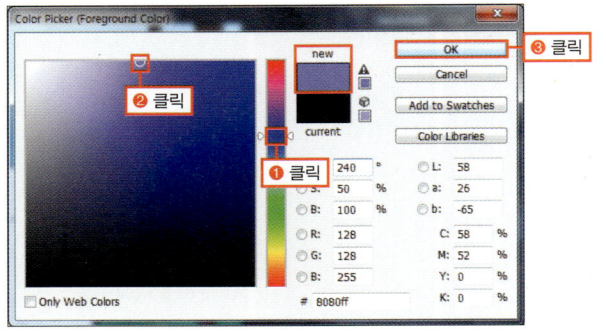

> **참고**
> 오른쪽에서 수치를 입력하는 칸에 'H=240, S=50, B=100'으로 입력
> 해도 원하는 밝은 파란색을 선택할 수 있습니다.

03 [Paint Bucket Tool]로 전경색 채색하기

전경색이 변경된 것을 확인합니다. ❶[Gradient Tool]( )
을 1초 정도 눌러 숨은 툴이 보이면 [Paint Bucket Tool]
( )을 클릭합니다. ❷이미지의 가운데 흰색 부분을 클릭
하여 색을 칠합니다. ❸나무 사이사이도 모두 칠해지도록
클릭합니다.

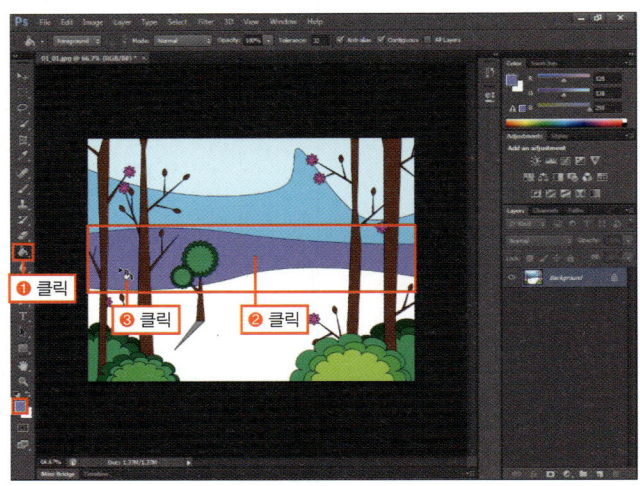

04 [Color] 패널로 색상 선택하기

❶오른쪽 [Color] 패널에서 'R=80, G=210, B=55'로 입력
하여 녹색을 만듭니다. 전경색이 바뀐 것을 확인합니다.

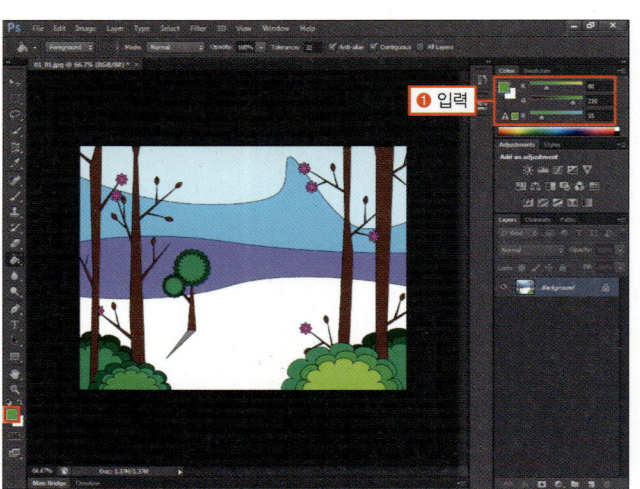

05 채색한 후 마무리하기

❶[Paint Bucket Tool]( )로 아래쪽 흰색 부분을 클릭하
여 칠합니다. 나무와 풀숲 사이사이의 흰색 부분도 클릭하
여 모두 채색합니다. 완성된 이미지를 확인합니다.

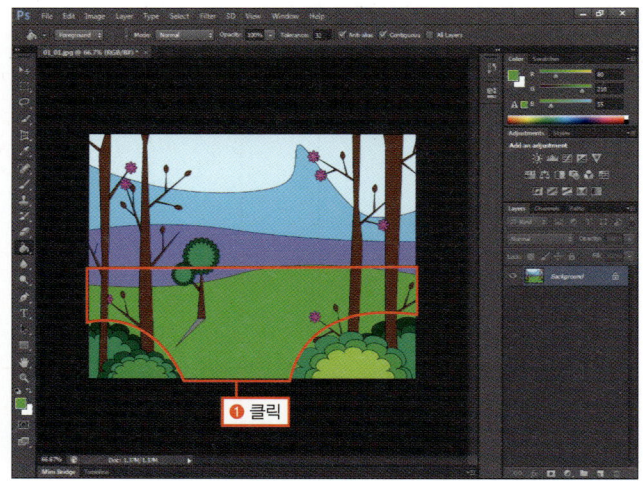

참고 • [Color Picker] 대화상자의 구성 보기

색상을 선택할 수 있는 색상 바(Color Slider)와 색상 영역(Color Field), 수치를 입력할 수 있는 칸이 있습니다.

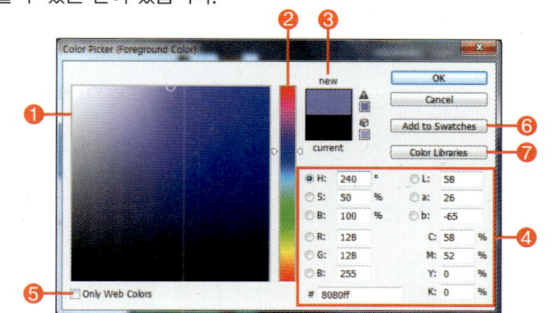

❶ **색상 영역(Color Field)** : 색상 바(Color Slider)에서 고른 색상의 채도와 명암을 나타내는 영역으로, 클릭하는 지점의 색이 선택됩니다.

❷ **색상 바(Color Slider)** : 색상을 선택합니다.

❸ **선택 색상 보기** : 지금 선택한 색상이 [new]로 표시되고, 전에 선택했던 색상이 [current]에 표시됩니다.

❹ **수치 입력칸** : 색상 영역에서 클릭한 색상의 수치를 보여주거나 원하는 색상의 수치를 직접 입력할 수 있습니다.

❺ **Only Web Colors** : 체크하면 어떤 웹 브라우저에서도 볼 수 있는 색상으로 색상 영역이 바뀝니다.

❻ **Add to Swatches** : [Swatches] 패널에 선택한 색상이 추가됩니다.

❼ **Color Libraries** : [Color Libraries] 대화상자가 나타나 [Book]에서 마음에 드는 색상 조합을 선택하여 원하는 색을 고를 수 있습니다.

실습 과정

[Eyedropper Tool]로 색상 추출하기

이미지에 있는 특정 색상을 사용하여 다른 부분을 채색하려고 할 때 또는 다른 이미지에 있는 색상을 현재 이미지에 사용하려고 할 때 [Eyedropper Tool]( )을 사용합니다.

◎ **시작 파일** : 4장\01_02.jpg
◎ **완료 파일** : 4장\01_02_완료.jpg

01 [Eyedropper Tool]로 원하는 색상 선택하기

❶ [Paint Bucket Tool]( )이 선택된 상태에서 Alt 를 누르면 마우스 포인터의 모양이 [Eyedropper Tool]( )로 바뀌는데, 이때 오른쪽 가장 안쪽의 나뭇잎 색을 클릭합니다. 전경색이 클릭한 지점의 나뭇잎 색상으로 변경됩니다.

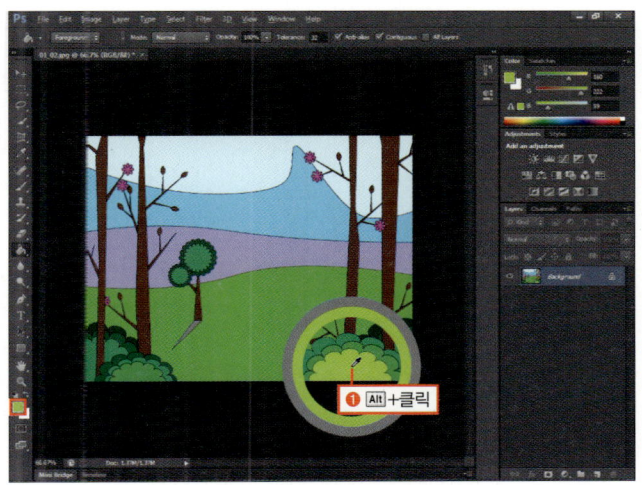

참고 •

[Brush Tool]( ), [Pencil Tool]( ), [Paint Bucket Tool]( ), [Gradient Tool]( )과 같은 채색 툴의 사용 시에는 Alt 를 누르면 마우스 포인터가 [Eyedropper Tool]( )로 임시 변경되어 원하는 색상을 선택할 수 있습니다.

02 채색한 후 마무리하기

❶나무 끝에 매달린 나뭇잎들을 클릭하여 색상을 바꿉니다. 이미지가 변경된 것을 확인합니다.

참고

[Eyedropper Tool]()이 선택된 상태에서 Alt 를 누른 채 클릭하면 클릭한 지점의 색상이 배경색으로 선택됩니다.

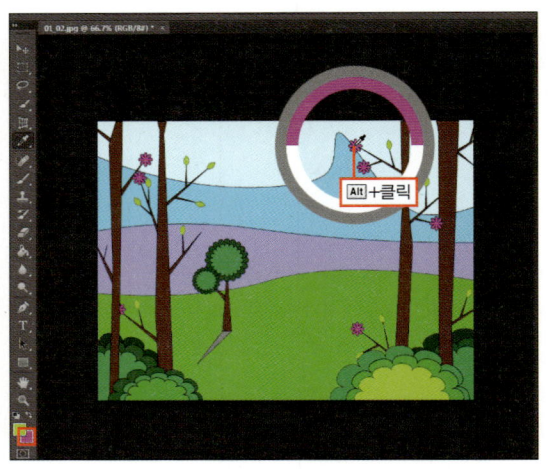

확인실습

[Eyedropper Tool](🖊️)과 [Paint Bucket Tool](🪣)을 이용하여 채색해 보세요.

◎ **시작 파일** : 4장\01_실습.jpg
◎ **완료 파일** : 4장\01_완료.jpg

 >

SECTION 02

브러시 관련 툴로 드로잉, 채색, 리터칭까지

포토샵에서는 [Brush Tool]과 [Pencil Tool]을 사용하여 마음대로 드로잉할 수 있습니다. [Brush] 패널을 이용해 자신만의 브러시를 만들어보고, [Mixer Brush Tool]을 이용하여 회화 느낌으로 리터칭해 보겠습니다.

다루는 내용

- [Brush Tool]로 드로잉하기
- [Pencil Tool]로 드로잉하기
- [Brush] 패널 사용하기
- [Mixer Brush Tool]로 회화 느낌의 브러시 사용하기

기능 정리

[Brush Tool]과 [Pencil Tool] 비교하기

포토샵으로 드로잉할 수 있는 툴에는 [Brush Tool](이미지)과 [Pencil Tool](이미지) 두 가지가 있습니다. 그 차이점에 대해 알아보겠습니다.

● [Brush Tool]과 [Pencil Tool]의 차이점

[Brush Tool](이미지)과 [Pencil Tool](이미지)은 모양이나 크기를 여러 가지로 바꾸면서 드로잉할 수 있습니다. 두 가지 툴의 차이점은 우리가 현실에서 사용하는 붓과 연필을 생각하면 쉽게 알 수 있습니다. [Brush Tool](이미지)은 그림을 그릴 때 경계선이 부드럽게 그려지는 반면, [Pencil Tool](이미지)은 경계선이 딱딱하게 그려집니다. 물론 [Brush Tool](이미지)의 옵션에서 [Hardness]를 조절하여 딱딱한 [Brush Tool](이미지)을 사용할 수 있지만 [Hardness]가 100%라도 경계 부분은 [Pencil Tool](이미지)보다 부드럽습니다.

▲ [Brush Tool](이미지)로 드로잉한 모습   ▲ [Pencil Tool](이미지)로 드로잉한 모습

● **[Brush Tool]의 옵션 바에서 설정할 수 있는 메뉴**

브러시 옵션으로는 브러시 크기와 딱딱한 정도, 브러시 모양을 선택할 수 있습니다.

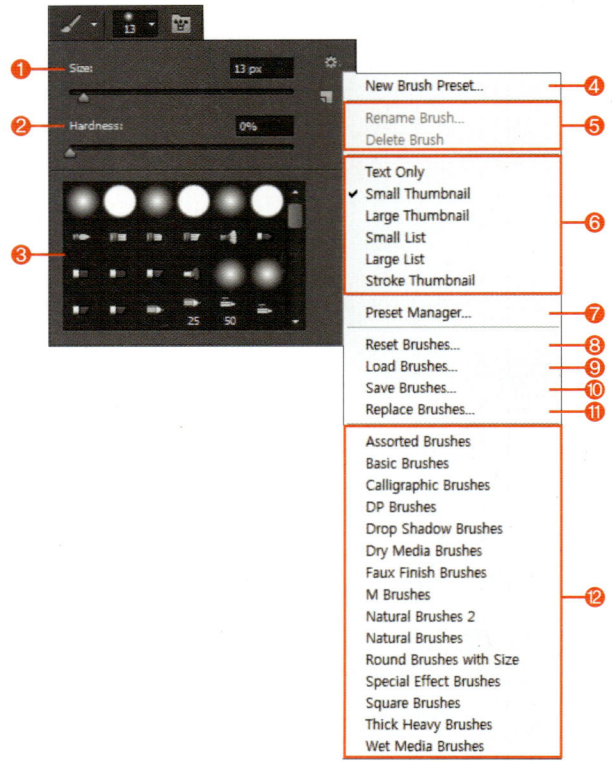

❶ **Size** : 선택한 브러시의 크기를 조절할 수 있습니다. 단축키 [[ ], [ ]]를 이용해 브러시 크기를 작게 또는 크게 조절할 수 있습니다.

❷ **Hardness** : 수치가 높아질수록 선택한 브러시의 경계 부분이 딱딱해집니다.

❸ **Brush Thumbnail** : 브러시 모양이 썸네일로 보입니다.

❹ **New Brush Preset** : 현재 사용자가 사용하고 있는 브러시를 새로운 [Preset]으로 추가되어 [Brush Thumbnail]에 추가됩니다.

❺ **Rename Brush/Delete Brush** : [Brush Thumbnail]에서 선택된 브러시의 이름을 새로 설정하거나 지울 수 있습니다.

❻ **브러시 보기 선택** : 브러시의 썸네일이 보이는 방식을 변경합니다.

❼ **Preset Manager** : [Brush], [Swatches], [Gradients], [Styles] 패널을 한 번에 보면서 쉽게 관리할 수 있습니다.

❽ **Reset Brushes** : 현재 열려 있는 브러시 모양들을 초기화합니다.

❾ **Load Brushes** : 외부 [Brush Preset] 파일을 불러옵니다.

❿ **Save Brushes** : 현재 [Brush Preset]을 저장합니다.

⓫ **Replace Brushes** : 다른 [Brush Preset]을 현재 선택되어 있는 [Brush Preset]으로 교체합니다.

⓬ **Brush Preset** : 포토샵에서 지원하는 [Brush Preset]입니다.

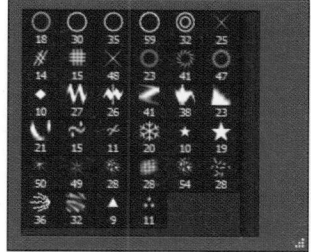

▲ Assorted Brushes

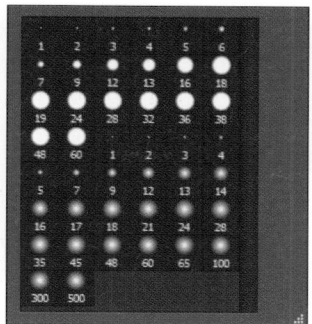

▲ Basic Brushes

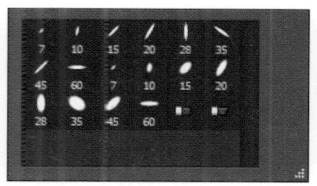

▲ Calligraphic Brushes

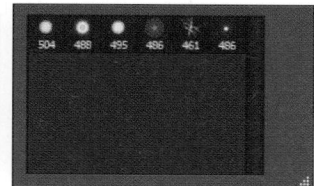

▲ DP Brushes

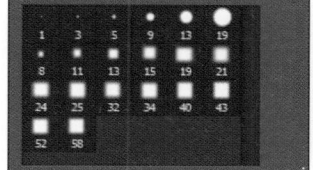

▲ Drop Shadow Brushes

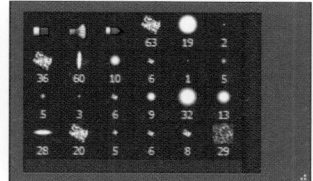

▲ Dry Media Brushes

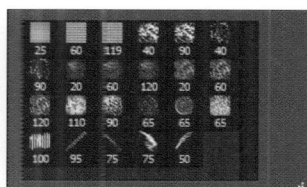

▲ Faux Finish Brushes

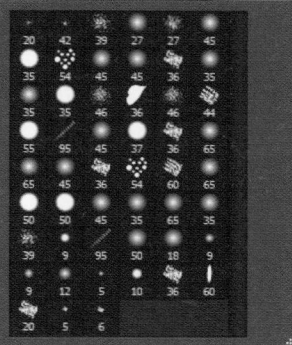

▲ M Brushes

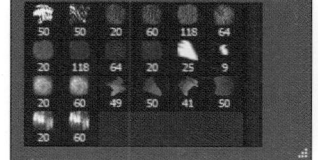

▲ Natural Brushes 2

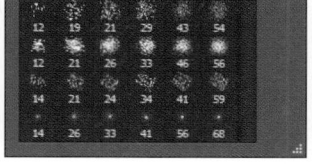

▲ Natural Brushes

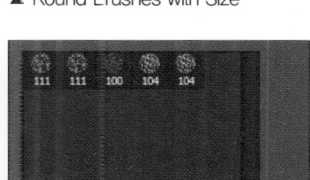

▲ Round Brushes with Size

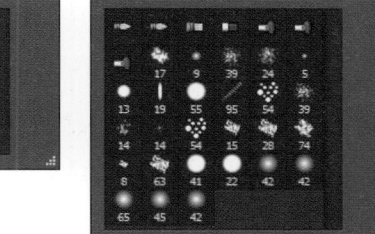

▲ Special Effect Brushes

▲ Square Brushes

▲ Thick Heavy Brushes

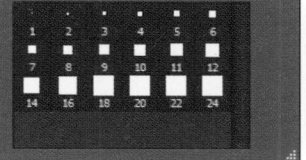

▲ Wet Media Brushes

간단퀴즈

1 전경색으로 드래그하는 대로 드로잉되며 경계 부분이 부드럽게 퍼지는 툴은 무엇일까요?

① [Pencil Tool]( ) ② [Brush Tool]( ) ③ [Paint Bucket Tool]( ) ④ [Smudge Tool]( )

2 브러시 크기를 크게 조절하는 단축키는 무엇일까요?

답 : **1** ①, **2** ①

실습과정

[Brush Tool]로 사진에 자유롭게 드로잉하여 꾸미기

[Brush Tool]( )은 포토샵에서 드로잉할 수 있는 툴로, 펜 마우스나 디지타이저 등을 이용하여 아티스트처럼 작업할 수 있습니다. 여기서는 간단히 사진을 리터칭해 보겠습니다.

◎ **시작 파일** : 4장\02_01.jpg
◎ **완료 파일** : 4장\02_01_완료.jpg

01 전경색 선택하기

❶[Foreground Color]를 클릭하여 [Color Picker] 대화상자를 불러옵니다. ❷색상 바에서 노란색을 클릭한 후 ❸색상 영역에서 가장 오른쪽 위의 선명한 노란색을 클릭합니다. ❹[OK]를 클릭하여 대화상자를 닫습니다.

02 [Brush Tool] 옵션 조절하기

❶[Brush Tool]( )을 클릭합니다. ❷옵션 바의 목록 단추를 클릭하여 ❸[Brush Thumbnail]의 [Hard Round]를 선택하고 ❹[Size]를 '8px'로 조절합니다.

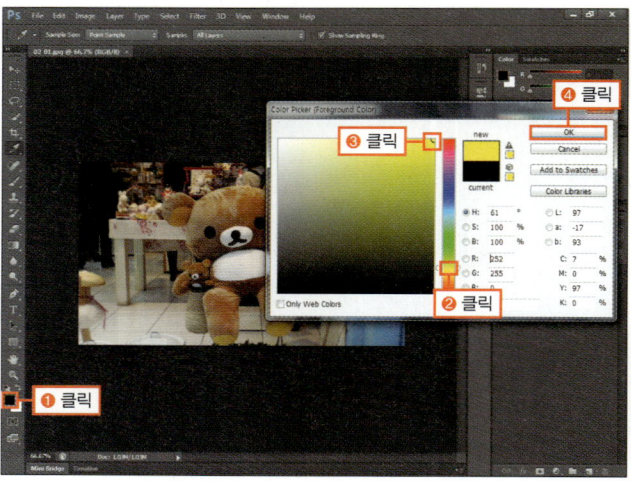

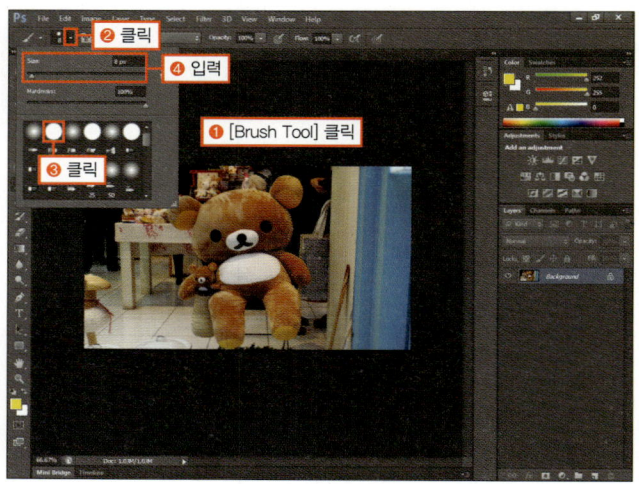

03 브러시로 리터칭하기

❶ Ctrl + + 를 2번 눌러 곰 인형 얼굴 부분을 확대한 후 ❷양쪽 눈 아랫부분에 드래그하여 드로잉합니다. ❸ Spacebar 를 눌러 마우스 포인터의 모양이 [Hand Tool]( )로 바뀌면 드래그하여 곰 인형의 머리 윗부분이 보이도록 이미지를 이동합니다. ❹옵션 바에서 목록 단추를 클릭하여 ❺ [Brush Thumbnail]의 'Spatter 14pixels'를 클릭합니다.

04 브러시 변경하고 리터칭하기

❶곰 인형 머리 위에 왕관을 그립니다.

05 다른 브러시 불러오기

❶ Ctrl + - 를 2번 눌러 이미지 전체가 보이도록 합니다. ❷옵션 바의 목록 단추를 클릭한 후 ❸오른쪽의 설정 버튼( )을 클릭하여 ❹[Special Effect Brushes] 메뉴를 클릭합니다.

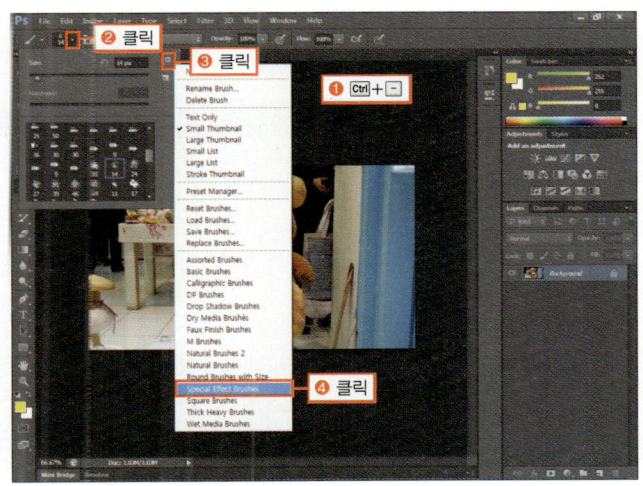

> **참고**
>
> 브러시가 교체될지 추가될지를 묻는 대화상자가 나타나면 [Append]를 클릭하여 추가합니다.
>
>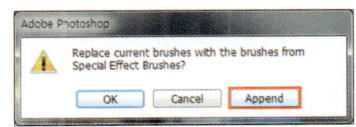

06 꽃 모양의 브러시 선택하고 리터칭하여 마무리하기

❶추가된 브러시 중에 [Azalea]를 클릭합니다. ❷[Color] 패널에서 배경색을 클릭하여 선택하고 ❸'R=255, G=0, B=255'로 조절하여 핑크색으로 선택합니다. ❹아랫부분을 클릭하거나 드래그하여 꽃 모양의 브러시로 리터칭합니다. 완성된 이미지를 확인합니다.

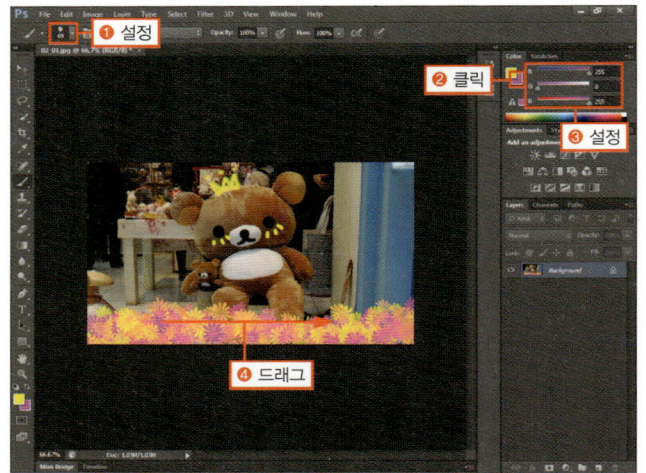

참고

선택한 브러시 모양에 따라 'Stroke' 형태로 그려지는 브러시와 'Scatter' 형태로 뿌려지는 브러시가 있습니다. 'Azalea' 브러시는 전경색과 배경색으로 뿌려지듯이 드로잉되는 브러시입니다. 이렇게 드로잉될 때의 선 모양을 확인하려면 브러시 설정 버튼(⚙)을 클릭하여 [Stroke Thu mbnail] 메뉴를 클릭합니다.

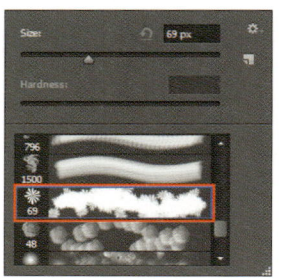

참고 • 브러시 옵션 바 메뉴 보기

브러시의 모양과 크기를 조절하고, 블렌딩 모드, 불투명도, 번지는 정도를 조절합니다.

❶ **Brush** : 클릭하면 브러시 모양과 크기, 딱딱한 정도를 설정합니다.

❷ **Toggle the Brush panel** : 클릭하면 [Brush] 패널을 열거나 닫을 수 있습니다.

❸ **Mode** : 브러시로 드로잉할 때 기존 이미지 색상과의 섞이는 정도를 정합니다.

❹ **Opacity** : 브러시의 불투명도를 조정할 수 있습니다.

❺ **Always use Pressure for Opacity** : 누르는 압력에 따라 불투명도를 조절합니다. 주로 펜마우스에 사용합니다.

❻ **Flow** : 브러시로 드로잉할 때 경계 부분의 부드러움을 정할 수 있는 데 수치가 낮을수록 부드럽게 번지듯이 그려집니다.

❼ **Enable airbrush–style build–up effects** : 에어브러시라 하며, 마우스를 클릭한 채 오래 누르고 있으면 점점 퍼지면서 크게 그려집니다.

❽ **Always use Pressure for Size** : 누르는 압력으로 브러시 크기가 조절됩니다. 주로 펜마우스에서 사용합니다.

▲ Flow : 100%   ▲ Flow : 50%

실습 과정

[Brush] 패널을 이용해 브러시 바꾸기

[Brush] 패널은 선택한 브러시의 크기, 회전, 간격, 색상, 뿌려지는 정도를 조절할 수 있는 패널입니다. 포토샵에서 제공되는 기본 브러시를 다양하게 변경할 수 있습니다.

◉ **시작 파일** : 4장\02_02.jpg
◉ **완료 파일** : 4장\02_02_완료.jpg

01 브러시 추가하기

❶[Brush Tool](✏)을 클릭하고 ❷옵션 바의 목록 단추를 클릭합니다. ❸설정 버튼(⚙)을 클릭하고 ❹[Assorted Brushes]를 선택합니다.

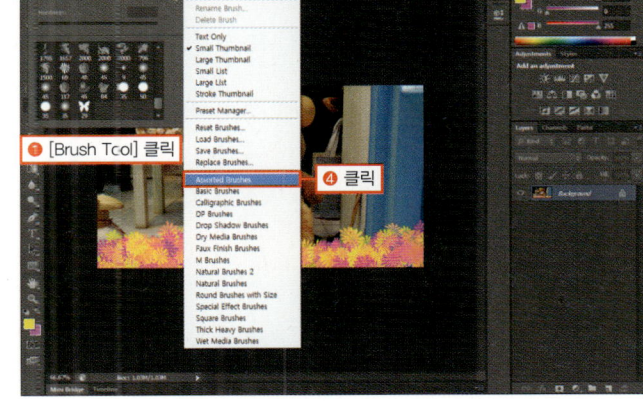

> **참고**
>
> 경고 대화상자가 나타나면 [Append]를 클릭하여 브러시 모양을 추가합니다.

02 별 모양 브러시 선택하고 [Brush] 패널 열기

❶'Star-Large'를 클릭합니다. ❷옵션 바의 [Toggle the Brush panel](🖌)을 클릭하여 [Brush] 패널을 엽니다.

03 [Brush] 패널로 브러시 변경하기

❶[Brush] 패널에서 [Size]를 '50px', [Spacing]을 '300%'로 입력합니다.

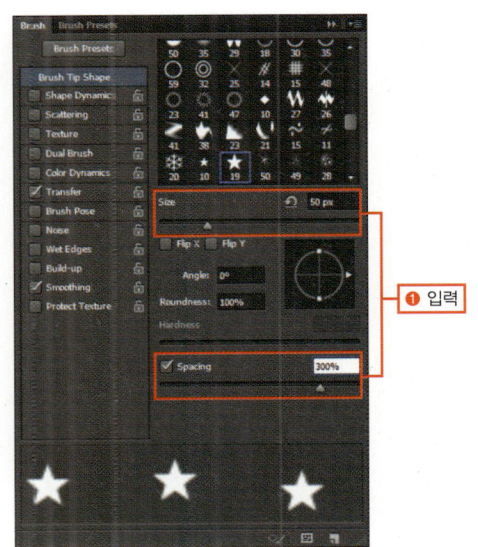

04 [Shape Dynamics] 설정하기

❶[Shape Dynamics]를 클릭하여 체크한 후 ❷[Size Jitter]를 '70%', [Minimum Diameter]를 '20%', [Angle Jitter]를 '100%', [Roundness Jitter]는 '0%'로 입력합니다.

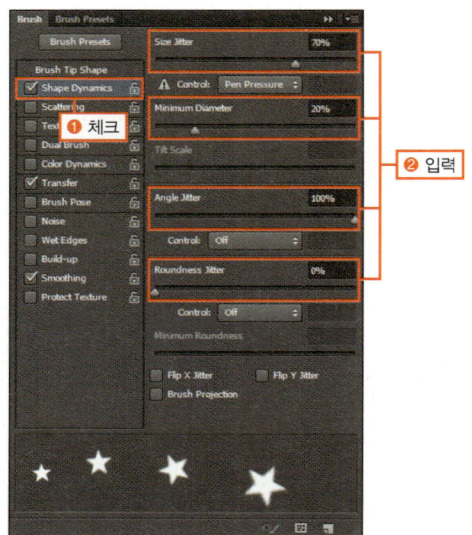

05 [Scattering] 설정하기

❶[Scattering]을 클릭하여 체크한 후 ❷[Scatter]를 '200%', [Count]를 '1'로 입력합니다.

06 [Color Dynamics] 설정하기

❶[Color Dynamics]를 클릭하여 체크한 후 ❷[Foreground/Background Jitter]를 '100%', [Hue Jitter]를 '25%'로 입력합니다. 브러시 미리 보기 창에서 브러시 모양을 확인한 후 ❸[Toggle the Brush panel](　)을 클릭하여 패널을 닫습니다.

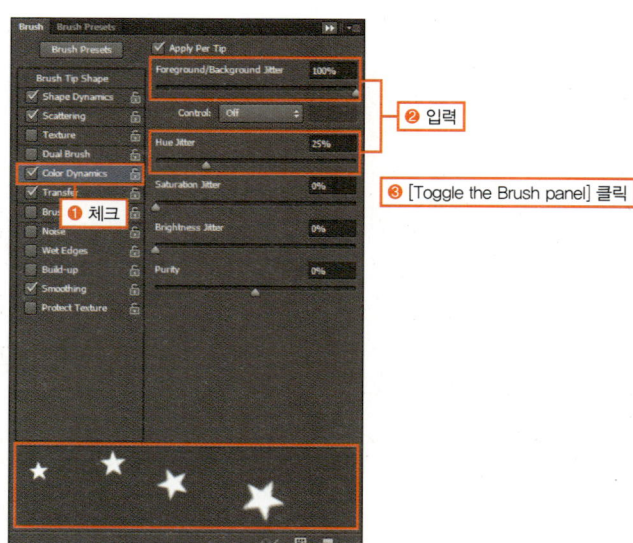

07 리터칭한 후 마무리하기

❶[Color] 패널에서 [Foreground Color]를 클릭한 후 ❷'R=252, G=0, B=0'으로 입력하여 빨간색을 선택합니다. ❸이미지에 드로잉하여 별을 뿌려줍니다. 완성된 이미지를 확인합니다.

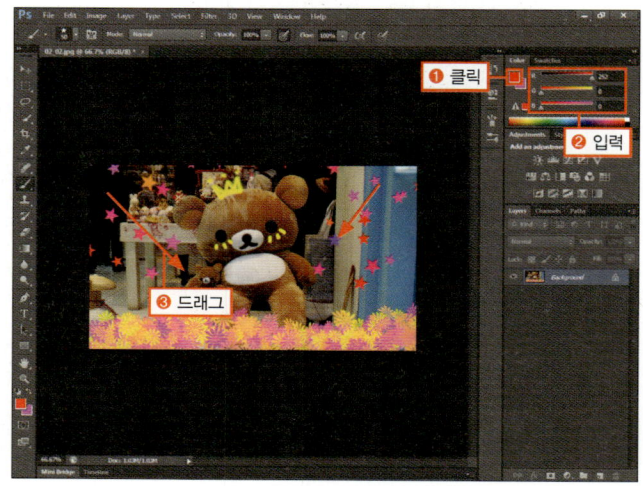

선택한 브러시를 여러 가지 옵션으로 조절해 다른 모양으로 변경합니다.

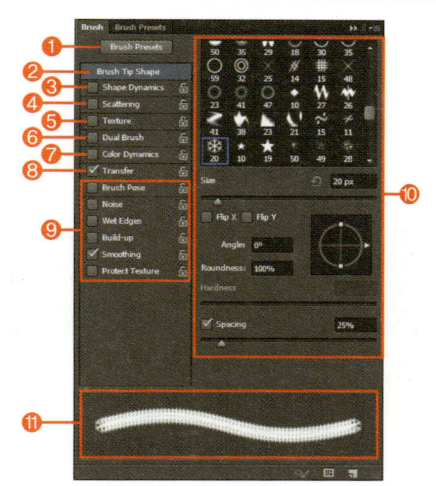

❶ **Brush Presets** : 브러시의 기본 모양과 크기를 나타냅니다.

❷ **Brush Tip Shape** : 브러시의 모양과 크기, 넓적한 정도, 브러시 경계의 딱딱함, 간격을 조절합니다.

❸ **Shape Dynamics** : 브러시 모양을 다양하게 바꿔줄 수 있습니다. 크기나 회전, 불규칙한 모양 등을 조절합니다.

❹ **Scattering** : 브러시가 뿌려지는 정도를 조절합니다.

❺ **Texture** : 브러시에 패턴을 첨가할 수 있습니다.

❻ **Dual Brush** : 브러시 모양을 중복해서 설정할 수 있습니다.

❼ **Color Dynamics** : 브러시의 색상이 섞이거나 색상, 채도를 조절합니다.

❽ **Transfer** : 브러시의 불투명도와 경계의 부드러움을 조절할 수 있습니다.

❾ **기타 브러시 모양 옵션** : 체크하면 각각의 특성을 브러시에 첨가합니다.

❿ **브러시 모양 상세 옵션** : 왼쪽의 카테고리를 클릭하여 선택하면 오른쪽에 관련된 상세 옵션이 나타납니다.

⓫ **브러시 미리 보기 창** : 선택한 옵션 값에 따라 브러시 모양을 미리 볼 수 있습니다.

실습 과정 [Mixer Brush Tool]로 회화 사진 만들기

[Mixer Brush Tool]( )은 다양한 붓의 질감을 이용해 일반 사진을 회화 느낌이 나게 수정할 수 있는 툴입니다.

◉ **시작 파일** : 4장\02_03.jpg
◉ **완료 파일** : 4장\02_03_완료.jpg

01 [Mixer Brush Tool] 선택하기

❶[Mixer Brush Tool]( )을 클릭한 후 ❷옵션 바의 목록 단추를 클릭하고 ❸'Wet, Heavy Mix'를 선택합니다.

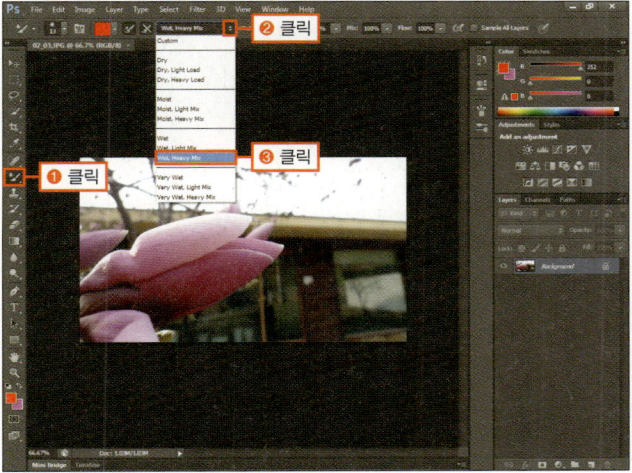

02 [Mixer Brush Tool] 설정하기

❶Alt 를 누른 채로 꽃 부분을 클릭합니다. 옵션 바의 [Current Brush Load]의 색상이 클릭한 색상으로 변경된 것을 확인한 후 ❷브러시 크기를 '30px'로 조절합니다.

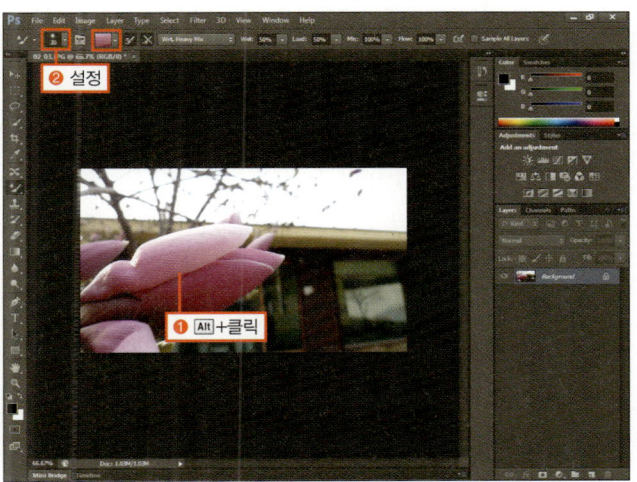

03 리터칭하기

❶ Ctrl + + 를 한 번 눌러 꽃잎 부분이 잘 보이도록 확대한 후 ❷꽃잎의 결을 따라 드래그합니다.

04 이미지 전체를 회화 이미지로 변경하기

❶ Alt 를 누른 채 꽃잎의 어두운 부분을 클릭하여 [Current Brush Load]의 색상을 변경합니다. ❷어두운 꽃잎 부분을 드래그합니다. 같은 방법으로 나머지 부분도 회화 느낌으로 드로잉합니다.

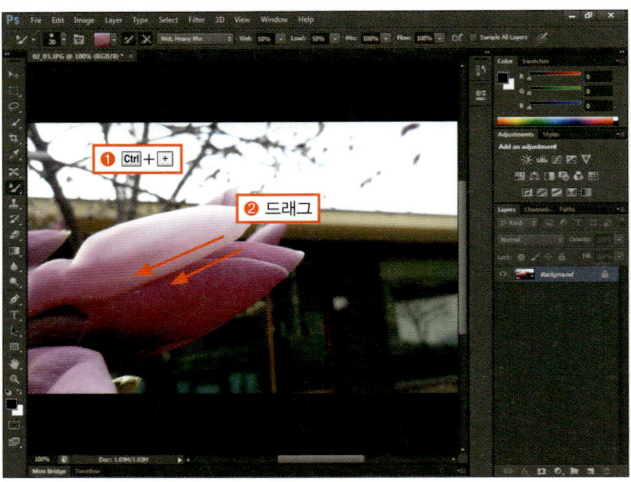

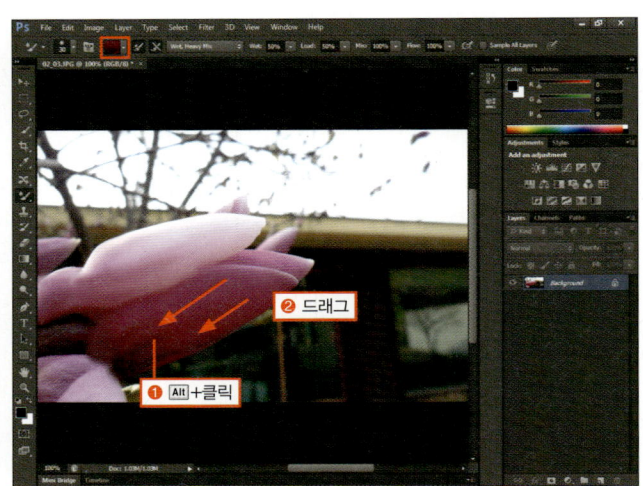

참고

Alt 를 눌러 클릭하면 그 지점의 색상과 모양을 샘플링되어 이미지에 드로잉할 때 반영됩니다.

05 브러시 모양을 바꾼 후 [Mixer Brush Tool] 사용하기

❶옵션 바에서 브러시를 'Round Point Stiff'로 설정하고 [Size]를 '45px'로 조절합니다. ❷잎을 결 방향으로 드래그하여 회화 느낌으로 바꿉니다. 완성된 이미지를 확인합니다.

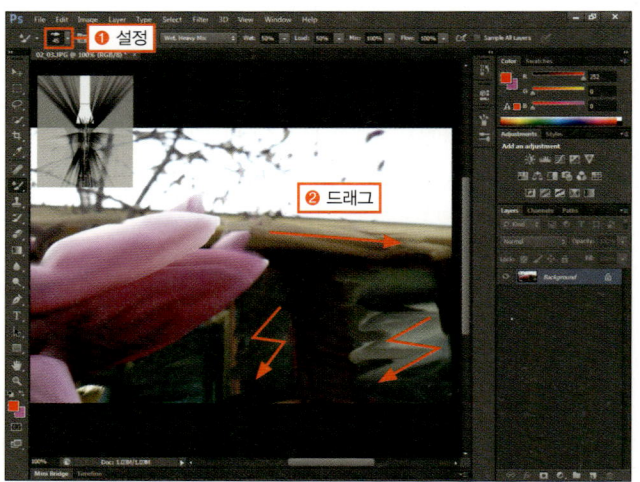

참고 • [Mixer Brush Tool] 옵션 바 메뉴 보기

이미지의 색상과 브러시 모양과 색상이 결합되어 회화 느낌의 이미지로 변경할 수 있습니다.

❶ **브러시 모양** : 선택한 브러시 모양으로 이미지와 혼합됩니다.

❷ **Current brush load** : Alt 를 누른 채 클릭한 지점의 색상과 모양으로 브러시가 혼합되면서 칠해집니다.

❸ **Load the brush after each stroke** : 체크를 해제하면 [Current Brush Load]에서 설정된 모양과 색상이 섞이지 않습니다.

❹ **Clean the brush after each stroke** : 체크가 되어 있으면 드로잉할 때의 색상, 모양이 지워집니다. 체크가 해제되면 드로잉할 때의 색상, 모양 이 계속 적용되어 점점 탁하게 칠해집니다.

❺ **Custom** : 브러시의 혼합 정도를 선택합니다.

❻ **Wet** : 축축한 정도를 설정할 수 있는데 수치가 높을수록 잘 혼합됩 니다.

❼ **Load** : 브러시의 페인트의 양을 설정합니다. 수치가 낮을수록 페인트 브러시가 빨리 건조됩니다.

❽ **Mix** : [Current Brush Load]에서 선택한 색상이 혼합되는 정도를 조 절합니다. '100%'면 이미지 색상과 혼합되어 페인팅되고, '0%'면 [Current Brush Load]에서 선택한 색상이 페인팅됩니다. 그러나 페 인팅되는 정도는 [Wet]의 설정값에 따라 결정됩니다.

▲ Wet : 0%

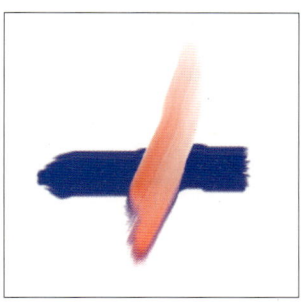

▲ Wet : 100%

확인실습

[Special Effect Brushes] 메뉴를 추가하여 'Butterfly' 브러시로 드로잉해 보세요.

◎ **시작 파일** : 4장\02_실습.jpg
◎ **완료 파일** : 4장\02_완료.jpg

>

나만의 브러시 만들고 저장 및 불러오기

이미지를 브러시로 저장한 후, 브러시 옵션을 조절하여 사용하는 방법을 알아보겠습니다.

◉ **시작 파일** : 4장\02_04.png
◉ **완료 파일** : 4장\02_04_완료.jpg

① 새 브러시로 등록하기

❶[Edit]-[Define Brush Preset] 메뉴를 클릭하여 [Brush Name] 대화상자를 불러옵니다. ❷[Name]에 '태극기'를 입력하고 ❸ [OK]를 클릭하여 대화상자를 닫습니다.

> **참고**
>
> [Define Brush Preset] 명령은 선택한 이미지를 새로운 브러시로 등록하는 명령입니다. 선택 영역이 있으면 그 선택 영역의 이미지가, 선택 영역이 없으면 이미지 전체가 브러시로 등록됩니다. 이때 선택 영역은 사각형이어야 합니다.

③ [Brush] 패널 설정하기

[Brush] 패널이 나타나면 ❶[Spacing]을 '200%'로 입력합니다.

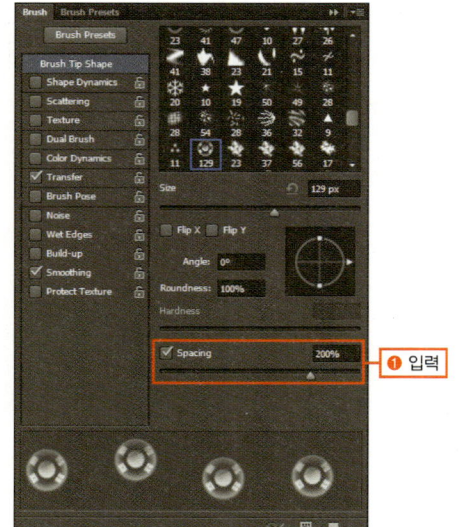

② [Brush] 패널로 브러시 모양 조절하기

❶[Brush Tool]( )을 클릭하고 ❷옵션 바에서 목록 단추를 클릭한 후, ❸추가된 [태극기] 브러시를 선택합니다. ❹[Toggle the Brush panel]( )을 클릭합니다.

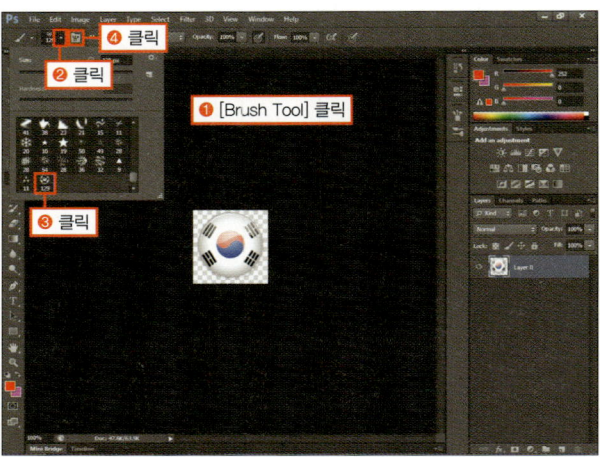

④ [Shape Dynamics] 설정하기

❶[Shape Dynamics]를 클릭하여 체크한 후 ❷[Size Jitter]를 '50%', [Angle Jitter]를 '100%'로 입력합니다.

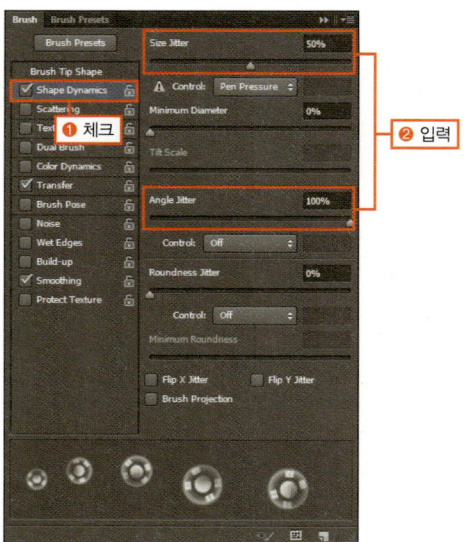

5 [Scattering] 설정하기

❶[Scattering]을 클릭하여 체크하고 ❷[Scatter]를 '350%'로 입력합니다. 브러시 미리 보기에서 바뀐 브러시 모양을 확인합니다.

6 새 캔버스 만들기

❶Ctrl+N을 눌러 [New] 대화상자를 불러옵니다. ❷[Width]에 '800px', [Height]에 '600px'을 입력한 후 ❸[OK]를 클릭하여 새 이미지 창을 만듭니다.

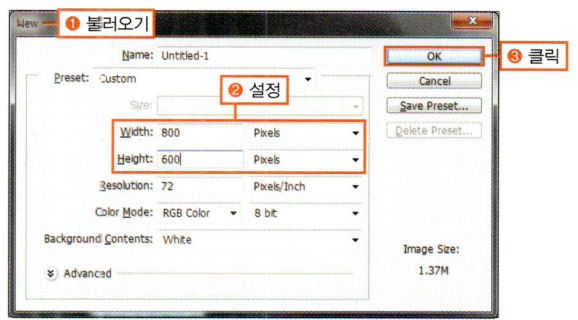

7 이미지 창에서 드로잉하기

❶[Color] 패널에서 전경색을 초록색으로 선택한 후 ❷새 이미지 창에 새로 등록한 브러시를 드로잉합니다. 완성된 이미지를 확인합니다.

참고 • 새로 설정된 브러시 저장하기

[Define Brush Preset] 명령은 현재 선택된 이미지나 선택 영역을 새로운 브러시로 등록합니다. [Brush] 패널의 옵션을 수정하여 새로 설정된 브러시는 [Brush] 패널의 오른쪽 메뉴 버튼(■)를 클릭하여 나오는 메뉴 중에 [New Brush Preset]으로 저장할 수 있습니다.

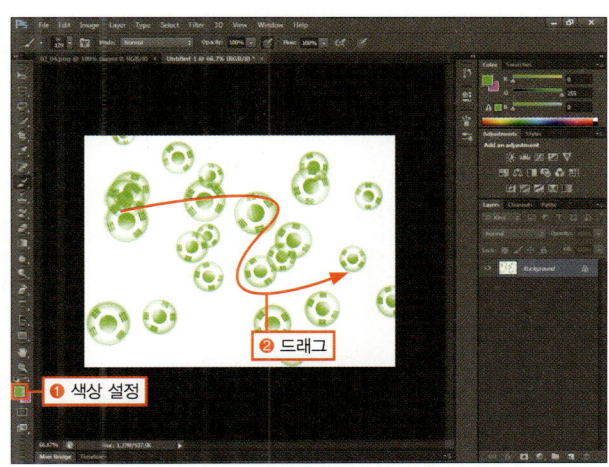

SECTION 03

채색 전용 툴 사용하기

[Brush Tool]에 비해 넓은 영역을 한 번에 채색할 수 있는 [Gradient Tool]과 [Paint Bucket Tool]에 대해 자세히 알아보겠습니다.

다루는 내용

- 그레이디언트의 종류와 모양 알아보기
- [Gradient Tool]과 [Paint Bucket Tool]로 이미지 채색하기
- 나만의 [Gradient Style] 만들어 보기

기능 정리

그레이디언트의 종류와 모양 살펴보기

[Gradient Tool](■)은 두 개 이상의 색이나 투명도의 차이로 자연스럽게 색의 변화를 주면서 채색을 하는 툴입니다. 이미지를 좀 더 화려하게 채색하거나 명암을 표현할 수 있어 입체감 있는 이미지를 만들어낼 수 있습니다. 2개의 색상으로 그레이디언트를 만들 때는 전경색과 배경색으로 만들어지며 그 이상의 색상과 투명도로 그레이디언트를 만들 때에는 [Edit Gradient] 대화상자를 이용합니다.

● 그레이디언트의 모양과 크기

[Gradient Tool](■)의 옵션 바에서 그레이디언트의 모양을 간단하게 선택할 수 있습니다. 또한 드래그하는 방향 및 드래그하는 정도에 따라 크기를 다르게 설정할 수 있습니다.

▲ 선 그레이디언트(■)

▲ 원 그레이디언트(■)

▲ 원뿔형 그레이디언트(■)

▲ 원통형 그레이디언트(■)

▲ 다이아몬드 그레이디언트(■)

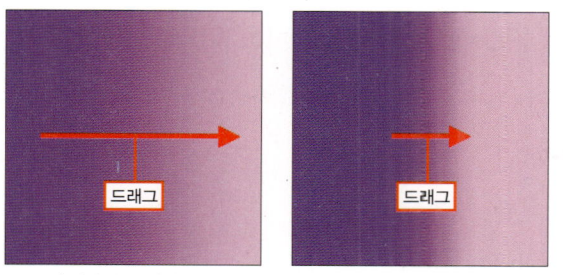

▲ 그레이디언트 시작점과 끝점을 길게 드래그했을 때와 짧게 드래그했을 때

참고 •
오른쪽에서 왼쪽으로 드래그하면 색상의 방향이 바뀝니다.

● **그레이디언트를 세부적으로 설정할 수 있는 [Gradient Editor] 대화상자**

2개 이상의 색상과 투명도로 그레이디언트를 만들고 저장할 수 있습니다.

❶ **Presets** : 저장된 그레이디언트 썸네일을 보여줍니다. 오른쪽 상단의 메뉴 버튼(⚙)을 클릭하면 미리 설정되어 있는 다른 그레이디언트를 불러오거나 [Presets]의 아이콘 모양을 바꿀 수 있습니다.

❷ **Name** : 그레이디언트 바의 이름을 설정하고 [New]를 클릭하여 [Presets]에 보관할 수 있습니다.

❸ **Gradient Type** : 그레이디언트 종류를 선택합니다. 사용자가 색상과 불투명도를 조절해서 만드는 [Solid]와 불규칙한 그레이디언트를 만드는 [Noise]가 있습니다. [Solid]는 사용자가 다음대로 색상과 투명도를 정하여 만들 수 있고, [Noise]는 [Randomize]를 이용해 색상 띠 모양의 그레이디언트가 만들 수 있습니다.

❹ **Smoothness** : 그레이디언트 경계의 부드러움 정도를 조절합니다.

❺ **그레이디언트 막대** : 막대의 아래쪽에는 색상을 설정하는 'Color Stop'을, 위쪽에는 투명도를 설정하는 'Opacity Stop'을 만들 수 있습니다.

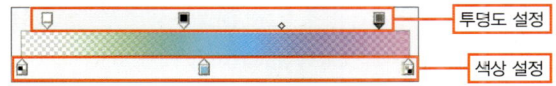

투명도 설정
색상 설정

 **퀴즈** 🦉

▮ 두 가지 이상의 색상이나 투명도가 자연스럽게 바뀌는 것을 무엇이라고 하나요?

🔖 : 그레이디언트

[Gradient Tool]과 [Paint Bucket Tool]로 이미지 채색하기

[Gradient Tool](■)과 [Paint Bucket Tool](■)을 이용하여 넓은 영역의 이미지를 채색하는 방법에 대해 자세히 알아보겠습니다.

◎ **시작 파일** : 4장\03_01.psd
◎ **완료 파일** : 4장\03_01_완료.psd

01 칠할 영역 선택하기

❶[Layers] 패널에서 '신발바닥' 레이어를 선택한 후 ❷[Magic Wand Tool](■)을 클릭합니다. ❸옵션 바의 [Tolerance]는 '32'로 입력하고, ❹[Sample All Layers]를 체크합니다. ❺ Shift 를 누른 채 이미지의 신발 바닥을 클릭하여 선택 영역을 설정합니다.

02 바닥면을 그레이디언트로 채색하기

❶[Color] 패널에서 전경색을 'R=0, G=80, B=170'(어두운 파란색)으로, 배경색은 'R=110, G=150, B=255'(밝은 파란색)로 설정합니다. ❷[Gradient Tool](■)을 클릭한 후 ❸옵션 바의 [Radial Gradient](■)를 클릭합니다. ❹신발 중심에서 바깥쪽으로 길게 드래그하여 그레이디언트를 적용합니다. ❺ Ctrl + D 를 눌러 선택 영역을 해제합니다.

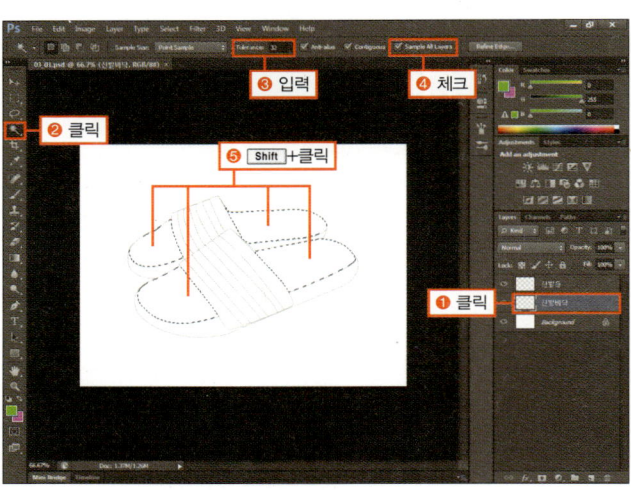

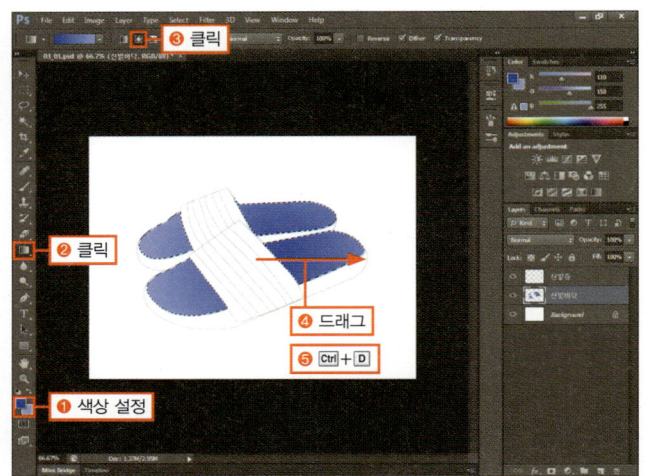

03 왼쪽 신발 옆면 채색하기

❶[Magic Wand Tool](■)을 클릭하고 ❷ Shift 를 누른 채 왼쪽 신발의 옆면을 선택합니다. ❸[Gradient Tool](■)을 클릭하고 ❹옵션 바의 [Linear Gradient](■)를 클릭합니다. ❺신발 옆면을 짧게 드래그하여 그레이디언트를 칠합니다.

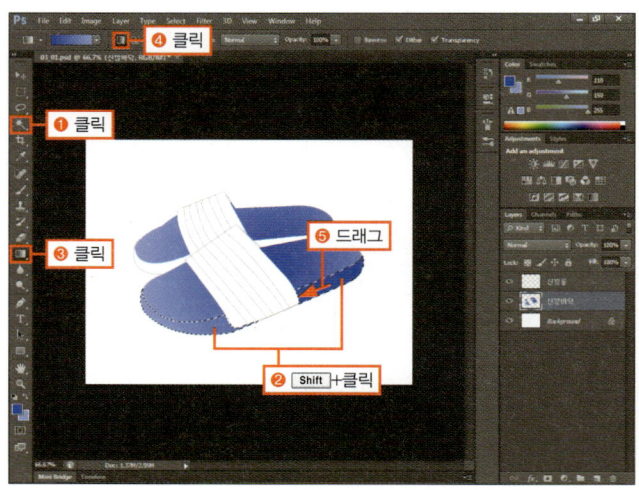

04 오른쪽 신발 옆면 채색하기

❶오른쪽 신발도 같은 방법으로 페인팅한 후, ❷Ctrl+D를 눌러 선택 영역을 해제합니다.

05 [Paint Bucket Tool]로 채색하기

❶[Layers] 패널에서 '신발등' 레이어를 선택합니다. ❷ [Paint Bucket Tool](🪣)을 클릭하고 ❸옵션 바의 [All Layers]를 체크합니다. ❹전경색을 'R=255, G=0, B=0'(빨간색)으로 선택하고 ❺신발등 부분의 줄무늬 한쪽을 클릭하여 채색합니다.

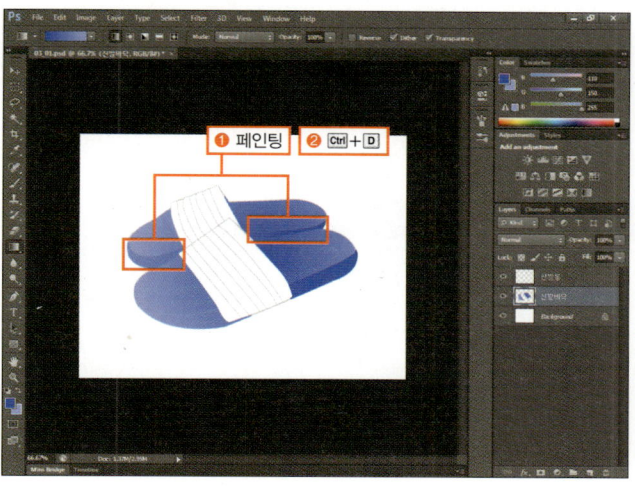

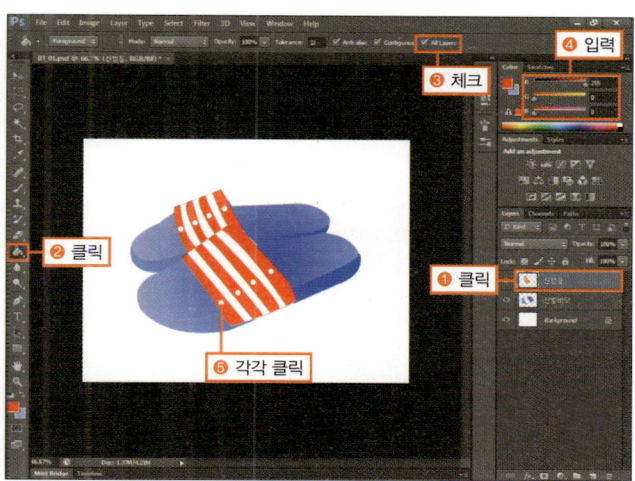

참고

모든 신발 옆면을 한 번에 선택하면 그레이디언트가 적용될 때 위 신발 옆면에서 아래 신발 옆면으로 연결되면서 채색되어 자연스럽지 않습니다.

06 나머지 부분 채색하기

❶전경색을 'R=255, G=200, B=0'(노란색)으로 선택하고 ❷비어 있는 나머지 줄무늬를 클릭하여 채색합니다.

07 완성된 이미지 확인하기

❶[Layers] 패널의 '신발등' 레이어와 '신발' 레이어의 블렌딩 모드를 [Multiply]로 변경합니다. 완성된 이미지를 확인합니다.

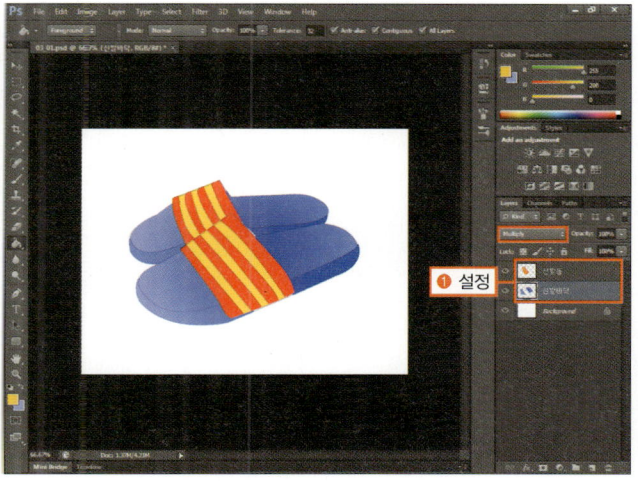

참고 •

[Paint Bucket Tool](🖌)을 이용해 채색할 경우 옵션의 [Anti-alias]가 체크되어 있으면 색상의 경계 부분까지 채색됩니다. 채색 후 밑그림 선이 희미해 보일 때 [Layers] 패널의 블렌딩 모드를 [Multiply]로 선택하면 아래 레이어의 어두운 색상이 혼합되어 선이 다시 보이게 됩니다. 주로 밑그림을 그린 후 채색할 때 이런 방법을 사용해 채색합니다.

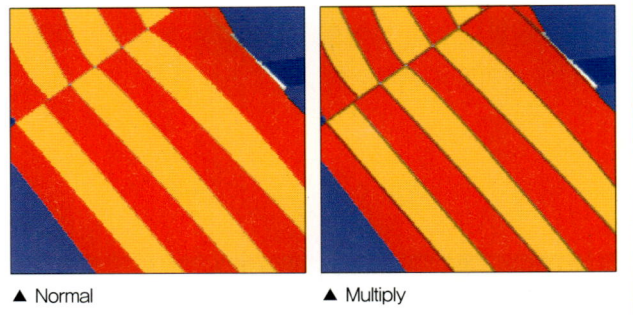

▲ Normal   ▲ Multiply

참고 • [Paint Bucket Tool] 옵션 바 메뉴 보기

채색되는 색이나 패턴을 선택할 수 있고 불투명도와 색상이 채워지는 범위를 조절할 수 있습니다.

❶ 전경색으로 채색할지 패턴으로 채울지를 선택할 수 있습니다.

❷ Pattern Thumbnail : 패턴을 선택하면 채워지는 패턴 모양을 고를 수 있습니다.

❸ Mode : 색이나 패턴이 채워질 때 적용되는 블렌딩 모드(혼합 모드)를 정할 수 있습니다.

❹ Opacity : 채워지는 색상과 패턴의 불투명도를 정할 수 있습니다.

❺ Tolerance : 여러 색상이 있는 이미지를 채울 때 색상이 채워지는 범위를 정할 수 있습니다. 수치가 넓을수록 넓은 범위에 채울 수 있습니다.

❻ Anti-alias : 체크하면 색상이나 패턴을 채울 때 이미지의 경계 부분이 부드럽게 채워집니다.

❼ Contiguous : 체크하면 색상의 경계까지만 색상이 채워지고, 해제하면 이미지 전체의 같은 색상 영역에 모두 채워집니다.

❽ All Layers : 체크하면 선택한 레이어뿐만 아니라 모든 레이어 이미지를 경계를 읽어 색상이나 패턴이 채워집니다.

확인실습

[Gradient Tool](▥)을 이용하여 그레이디언트로 채색해 보세요.

◎ **시작 파일** : 4장\03_실습.psd
◎ **완료 파일** : 4장\03_완료.jpg

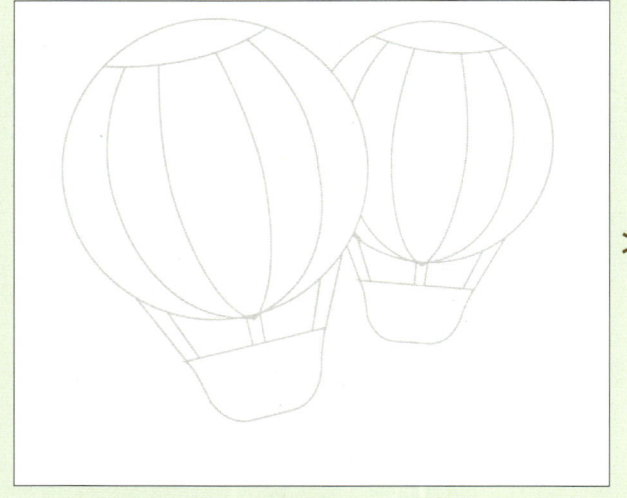

>

나만의 그레이디언트 만들기

[Gradient Editor] 대화상자를 이용하면 2개 이상의 색과 투명도를 조절해 원하는 그레이디언트를 만들 수 있습니다. [Gradient Editor] 대화상자에서 새로운 그레이디언트를 설정하여 활용하는 방법에 대해 배워봅니다.

⊙ **시작 파일** : 4장\03_02.psd
⊙ **완료 파일** : 4장\03_02_완료.psd

1 예제 불러와 선택 영역 설정하기

[Layers] 패널에서 'TV틀' 레이어가 선택된 것을 확인한 후에 ❶[Magic Wand Tool](✦)을 클릭합니다. ❷옵션 바의 [Sample All Layers]를 체크하고 ❸TV 테두리 부분을 클릭하여 선택 영역을 만듭니다.

2 [Gradient Editor] 대화상자로 새로운 그레이디언트 만들기

❶[Gradient Tool](▨)을 클릭하고 ❷옵션 바에서 그레이디언트 색상을 클릭하여 [Gradient Editor] 대화상자를 불러옵니다. ❸ 그레이디언트 막대의 왼쪽 아래에 있는 [Color Stop](▣)을 더블클릭하여 [Color Picker] 대화상자를 불러옵니다. ❹색상 영역에서 중간 회색을 선택하고 ❺[OK]를 클릭합니다.

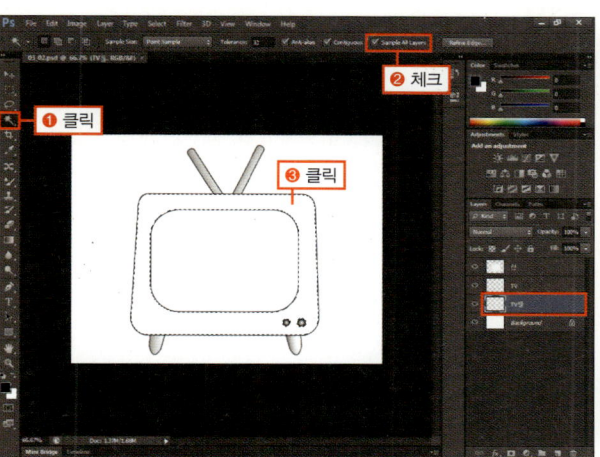

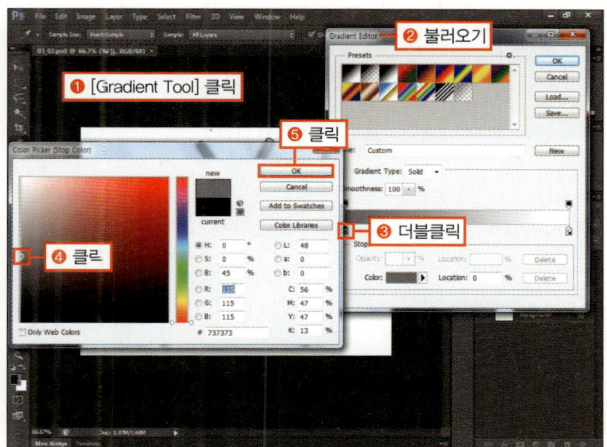

3 그레이디언트 추가하기

[Color Stop]에 선택한 색상이 적용된 것을 확인합니다. ❶그레이디언트 막대에서 중간을 클릭하여 새로운 [Color Stop](▣)을 만든 후 같은 방법으로 흰색을 설정합니다. ❷오른쪽 [Color Stop](▣)을 클릭하여 밝은 회색으로 설정한 후 ❸[OK]를 클릭하여 모든 대화상자를 닫습니다.

참고

자주 사용하는 그레이디언트는 [New]를 클릭하면 [Presets]에 그레이디언트 썸네일로 저장할 수 있습니다.

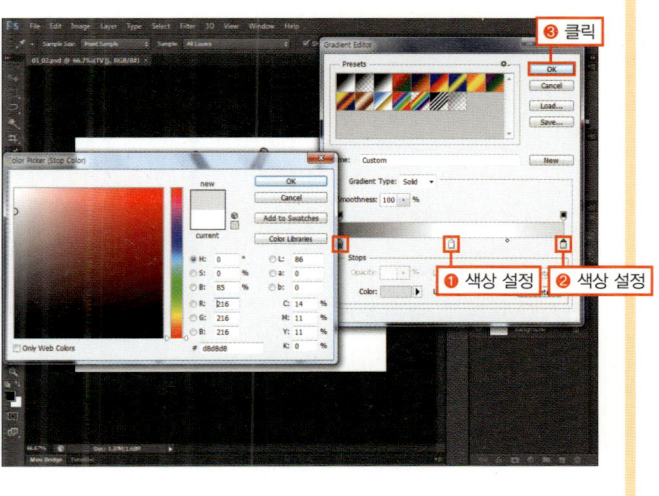

4 새로 만든 그레이디언트로 채색하기

❶가로로 드래그합니다. 만들어진 그레이디언트가 적용된 것을 확인한 후 ❷ Ctrl + D 를 눌러 선택 영역을 해제합니다.

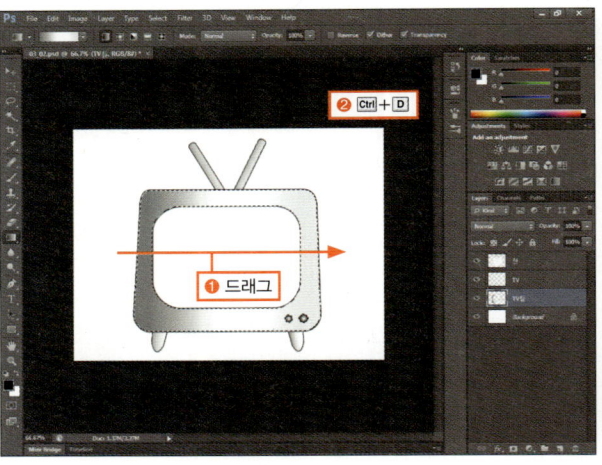

5 노이즈 그레이디언트 채색하기

❶[Layers] 패널에서 'TV' 레이어를 선택한 후 ❷[Magic Wand Tool](🪄)로 ❸TV 안을 클릭하여 선택 영역을 만듭니다. ❹ [Gradient Tool](▭)을 클릭하고 ❺옵션 바에서 그레이디언트 색상을 클릭하여 [Gradient Editor] 대화상자를 불러옵니다.

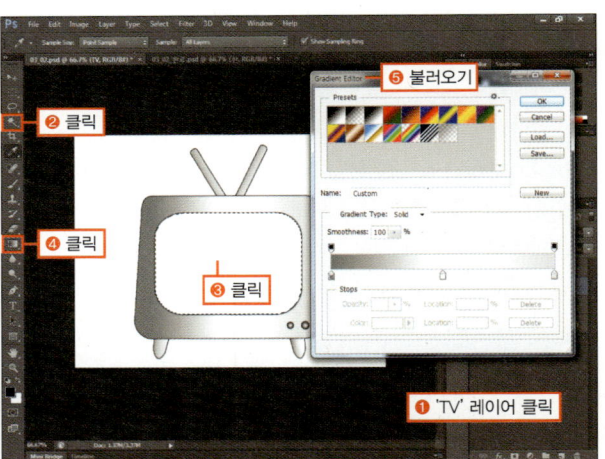

6 [Gradient Editor] 대화상자 설정하기

[Gradient Editor] 대화상자의 ❶[Gradient Type]을 [Noise]로 변경하고 ❷빨간색과 녹색 위주의 색상이 나오도록 [B] 색상 막대를 좁혀줍니다. ❸[Randomize]를 클릭하여 마음에 드는 색상이 나올 때까지 클릭합니다. 원하는 색상이 만들어지면 ❹[OK]를 클릭하여 대화상자를 닫습니다.

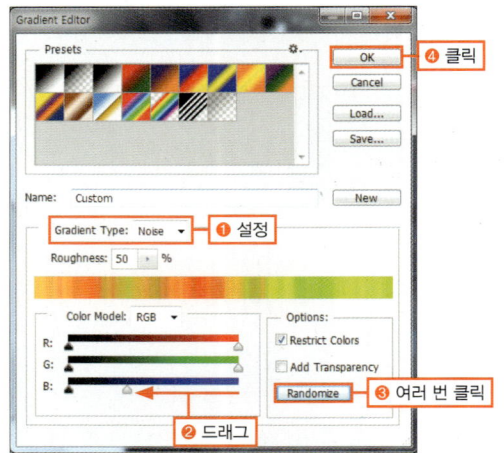

7 그레이디언트 채색하기

❶가로로 드래그하여 채색합니다.

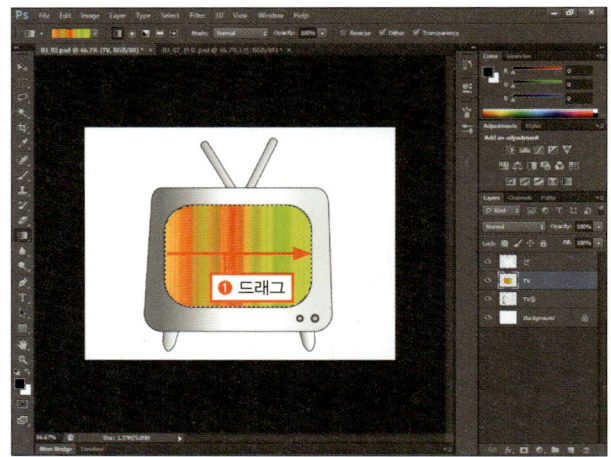

8 투명한 부분이 있는 그레이디언트 채색하기

❶전경색을 흰색으로 설정합니다. ❷[Gradient Tool](■)을 클릭하고 ❸옵션 바에서 목록 단추를 클릭하여 썸네일들이 보이도록 한 후 ❹'Foreground to Transparent' 썸네일을 클릭합니다.

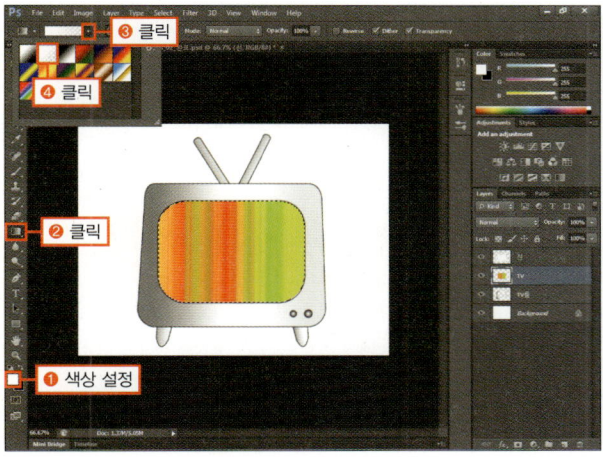

9 하이리이트 추가하기

❶옵션 바의 [Diamond Gradient](■)를 클릭하고 ❷TV의 왼쪽 위에서 짧게 드래그하여 칠합니다.

> **참고**
> 그레이디언트 썸네일에서 첫 번째 썸네일은 전경색과 배경색으로 칠해지며, 두 번째 썸네일은 전경색에서 투명색으로 그레이디언트 됩니다.

10 완성된 이미지 확인하기

❶Ctrl + D 를 눌러 선택 영역을 해제하고 완성된 이미지를 확인합니다.

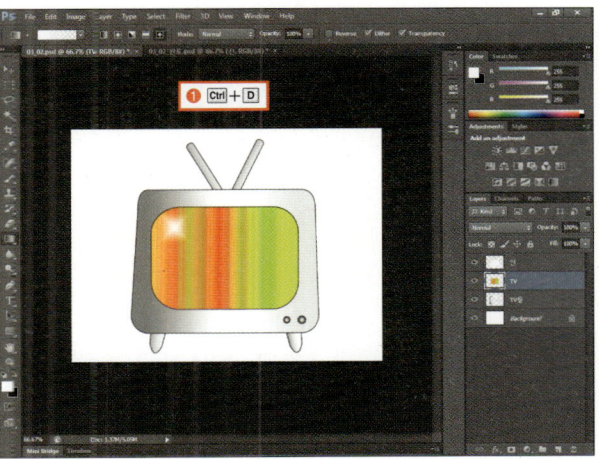

SECTION 04

선택 영역을 채우거나 테두리 만들기

선택 영역을 색이나 패턴으로 채울 수 있는 [Fill] 명령에 대해 알아보고 이를 이용해 이미지를 채색해 보겠습니다. 또한 [Stroke] 명령으로 선택 영역이나 레이어 이미지의 테두리를 그려보겠습니다.

다루는 내용

• [Fill] 대화상자로 선택 영역 채우기 | • [Stroke] 대화상자로 테두리 만들기

기능 정리

영역을 채우는 [Fill] 대화상자와 테두리를 설정하는 [Stroke] 대화상자 비교하기

[Fill]은 색상이나 패턴으로 선택 영역 또는 이미지 전체를 채우는 명령입니다. [Fill] 대화상자에서 세부 항목을 설정할 수 있습니다.

[Stroke]는 선택 영역이나 레이어 이미지에 색상과 두께, 위치를 선택하여 테두리를 그릴 수 있는 옵션입니다.

● **[Fill] 대화상자의 구성 보기**

❶ **Use** : 선택 영역을 어떤 형식으로 채울 것인지 선택할 수 있습니다.

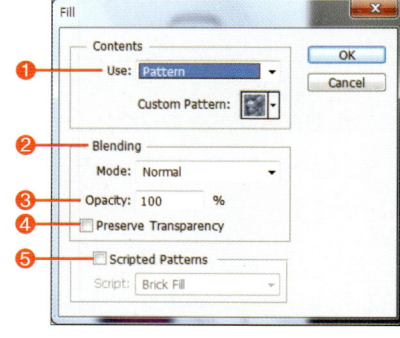

- **Foreground Color** : 전경색으로 채색됩니다. `Alt` + `Delete` 를 사용해도 됩니다.
- **Background Color** : 배경색으로 채색됩니다. `Ctrl` + `Delete` 를 사용해도 됩니다.
- **Color** : [Color Picker] 대화상자가 나타나 색상을 선택하여 채색합니다.
- **Content-Aware** : 선택 영역이 주변 이미지로 채웁니다.
- **Pattern** : 선택한 패턴으로 채웁니다. 오른쪽 메뉴(⚙)를 이용하면 다양한 패턴을 추가할 수 있습니다.
- **History** : 원래 이미지로 채워줍니다.
- **Black/50% Gray/White** : 각각 검은색, 50%의 회색, 흰색으로 채웁니다.

▲ [Content-Aware]로 채우기를 적용한 모습

❷ **Blending** : 채색할 때 원래 이미지와 섞이는 혼합 모드를 선택할 수 있습니다.

❸ **Opacity** : 투명도를 조절합니다.

④ Preserve Transparency : 체크하면 레이어의 투명 부분이 보호되어 이미 색이 칠해져 있는 곳만 채색됩니다.

⑤ Scripted Patterns : Pattern을 선택할 때 활성화되며, 체크하면 패턴의 배치 형태를 선택할 수 있습니다.

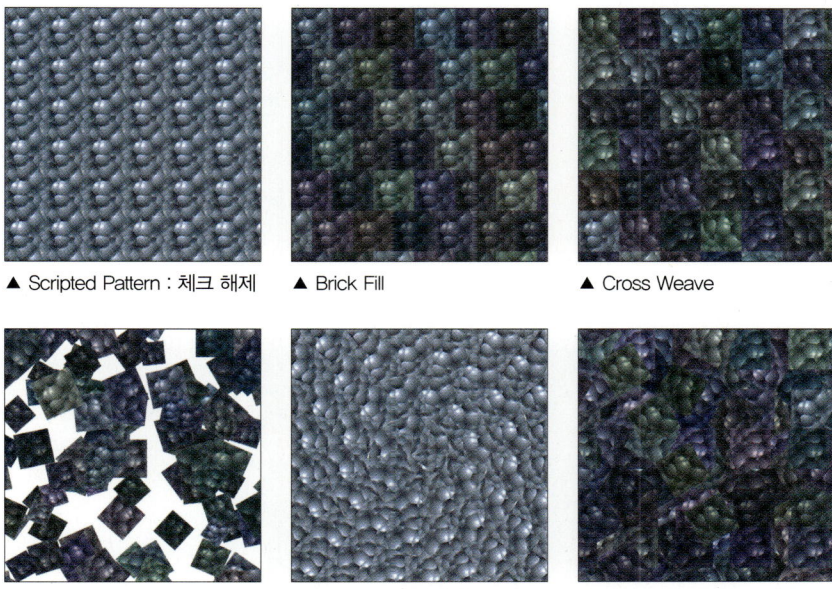

▲ Scripted Pattern : 체크 해제   ▲ Brick Fill   ▲ Cross Weave

▲ Random Fill   ▲ Spiral   ▲ Symmetry Fill

● **[Stroke] 대화상자의 구성 보기**

① Width :선의 두께를 설정합니다.

② Color : 선의 색을 선택합니다.

③ Location : 선의 위치를 설정합니다. [Inside]는 선택한 영역의 안쪽으로, [Center]는 선택한 영역이 가운데에 걸치도록, [Outside]는 선택한 영역 바깥으로 선이 그려집니다.

④ Blending : 원래 이미지와 혼합되는 정도를 선택합니다.

⑤ Opacity : 그려질 선의 투명도를 설정합니다.

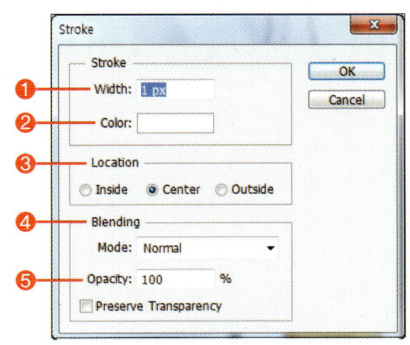

간단**퀴즈**

1 [Fill] 대화상자에서 선택 영역을 주변 이미지로 채우려면 [Use]를 무엇으로 선택해야 할까요?

① Content−Aware ② Foreground Color ③ Pattern ④ Color

2 패턴이나 색상을 선택한 레이어나 선택 영역에 채우는 명령은 무엇인가요?

답 : **1** ①, **2** [Fill] 명령

[Fill]로 색상 및 패턴 채우고, [Stroke]로 테두리 선 만들기

[Fill] 명령을 이용하여 선택 영역을 원하는 색상이나 패턴으로 채우고, [Stroke] 명령으로 이미지의 테두리를 만들어 보겠습니다.

⊙ **시작 파일** : 4장\04_01.psd
⊙ **완료 파일** : 4장\04_01_완료.psd

01 전경색과 배경색 설정하기

❶[Eyedropper Tool](📷)로 ❷와인잔의 밝은 보라색을 클릭하면 전경색으로 설정됩니다. ❸ Alt 를 누른 채 와인잔의 어두운 보라색을 클릭하여 배경색을 설정합니다.

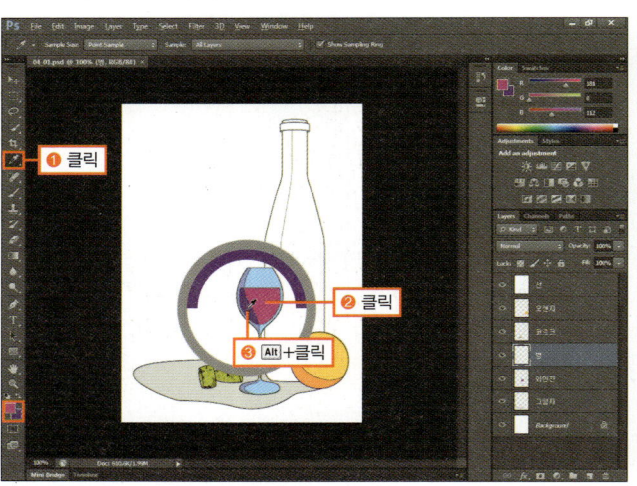

02 전경색과 배경색으로 채색하기

[Layers] 패널에서 '병' 레이어가 선택된 것을 확인하고 ❶ [Magic Wand Tool](🪄)을 클릭합니다. ❷옵션에서 [Sample All Layers]를 체크합니다. ❸병의 오른쪽을 클릭하여 선택 영역을 만든 후 ❹ Alt + Delete 를 눌러 전경색으로 채웁니다.

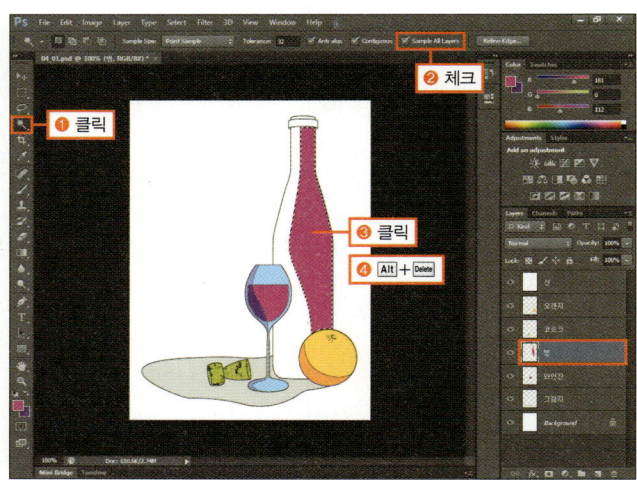

참고 ● 선택 영역을 채우는 다양한 명령 비교하기

- **[Paint Bucket Tool](🪣)** : 선택 영역을 전경색으로 채울 수 있습니다. 하지만 색상의 경계 부분을 읽어 채색되기 때문에 이미 여러 색상으로 칠해진 부분은 제대로 칠해지지 않습니다.
- **[Fill] 대화상자의 [Use]** : 선택 영역 전체를 채웁니다.
- Alt + Delete / Ctrl + Delete : [Fill] 명령과 마찬가지로 전경색/배경색으로 선택 영역 전체를 채웁니다.

▲ [Paint Bucket Tool](🪣)로 채색했을 때   ▲ [Fill] 명령을 이용해 채색했을 때

03 전경색 채우고 [Fill] 대화상자 불러오기

❶ [Magic Wand Tool](✦)로 병의 왼쪽을 클릭하여 선택 영역을 만든 후 ❷ Ctrl + Delete 를 눌러 배경색으로 채웁니다. ❸ Ctrl + D 를 눌러 선택 영역을 해제합니다. ❹ [Layers] 패널에서 '오렌지' 레이어를 선택하고 ❺ [Edit]-[Fill] 메뉴를 클릭합니다.

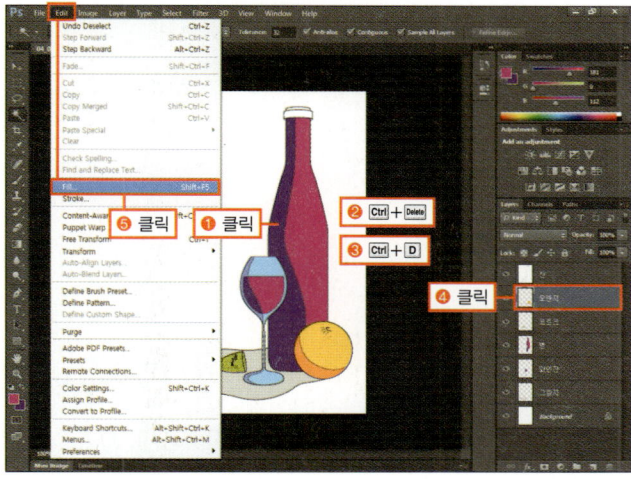

04 패턴 추가하기

[Fill] 대화상자가 나타나면 ❶ [Use]를 [Pattern]으로 선택하고 ❷ [Custom Pattern]의 목록 단추를 클릭합니다. ❸ 오른쪽 설정 버튼(✿)을 클릭하여 ❹ [Artist Surfaces] 메뉴를 클릭합니다.

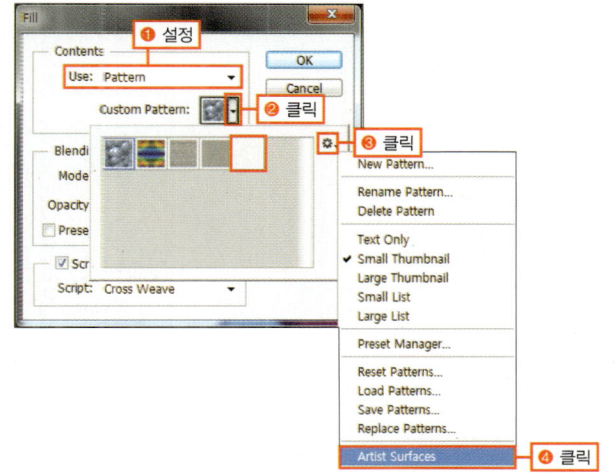

> **참고**
> 패턴을 대신할 것인지, 추가할 것인지 묻는 경고창이 뜨면 [Append]를 클릭하여 추가합니다.

05 선택한 패턴으로 채색하여 마무리하기

❶ 'Watercolor' 썸네일을 선택하고 ❷ [Mode]는 [Multiply]로 설정한 후, ❸ [Preserve Transparency]를 체크합니다. ❹ [OK]를 클릭하여 대화상자를 닫습니다.

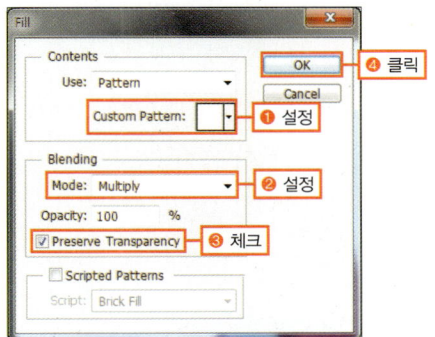

> **참고**
> 기존의 색상 위에 선택한 패턴이 혼합되어 채워져야 하기 때문에 [Mode]를 [Multiply]로 선택합니다.

06 패턴으로 배경 채우기

오렌지 위에 패턴이 입혀진 것을 확인합니다. ❶ [Layers] 패널에서 'Background' 레이어를 선택하고 ❷ [Edit]-[Fill] 메뉴를 클릭합니다.

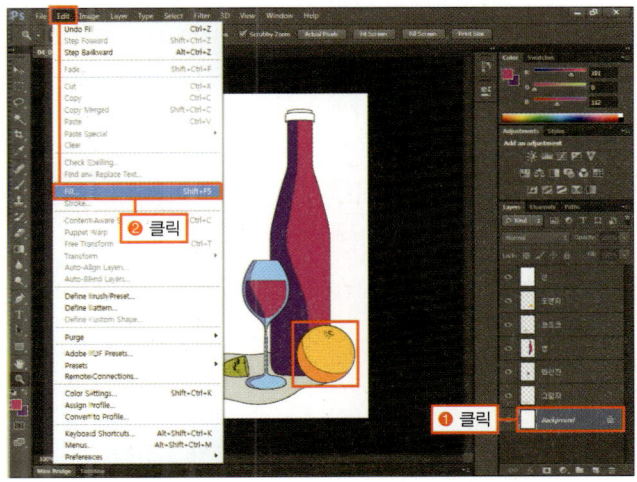

07 패턴 추가하기

❶ 대화상자에서 패턴 썸네일의 설정 버튼(⚙)을 클릭하여 [Color Paper] 메뉴를 추가한 후, 'Red Vellum' 썸네일을 클릭합니다. ❷ [Mode]를 [Normal]로 선택한 후 ❸ [OK]를 클릭하여 대화상자를 닫습니다.

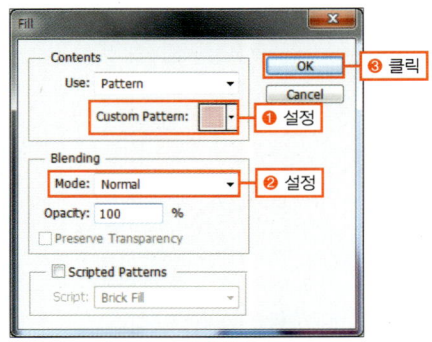

> **참고**
> 경고창이 나타나면 [Append]를 클릭하여 패턴을 추가합니다.

09 테두리 그리기

❶ Ctrl+A를 눌러 이미지 전체를 선택한 후 ❷ [Edit]-[Stroke] 메뉴를 클릭하여 [Stroke] 대화상자를 불러옵니다. ❸ [Width]를 '10px'로 입력하고, ❹ [Location]은 [Inside], ❺ [Color]는 보라색으로 설정한 후, ❻ [OK]를 클릭합니다.

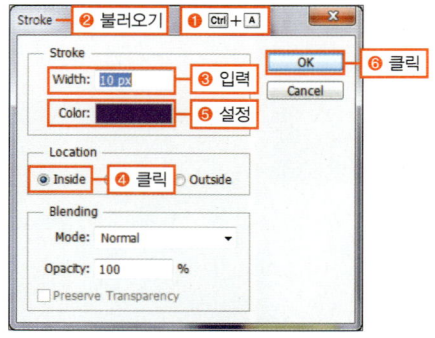

08 패턴 추가하기

패턴이 칠해진 것을 확인합니다.

10 패턴 추가하기

❶ Ctrl+D를 눌러 선택 영역을 해제한 후 완성된 이미지를 확인합니다.

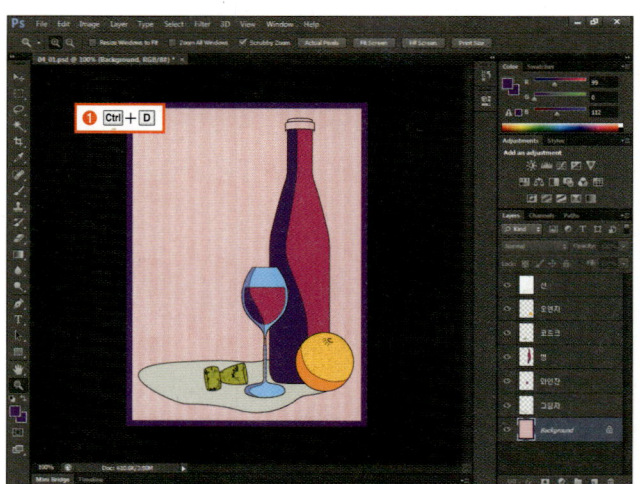

참고 ● 기본적으로 지원되는 패턴의 종류 살펴보기

포토샵에서는 좀 더 다양한 패턴을 종류별로 묶어 지원하고 있습니다. 이를 사용하기 위해서는 패턴 썸네일의 설정 버튼(⚙)을 클릭하여 추가합니다.

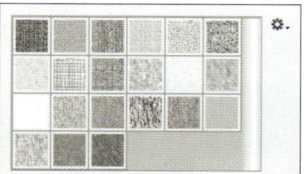
▲ Artist Surface

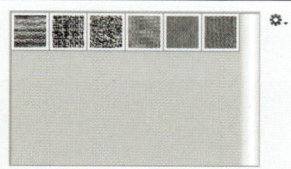
▲ Artists Brushes Canvas

▲ Color Paper

▲ Erodible Textures

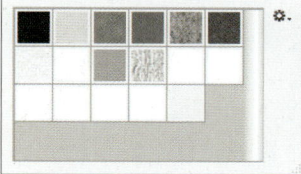
▲ Grayscale Paper

▲ Natural Patterns

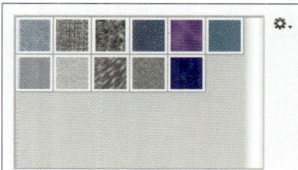
▲ Pattern 2

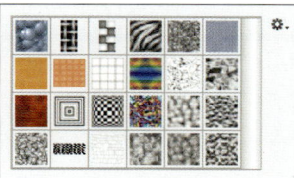
▲ Pattern

▲ Texture Fill

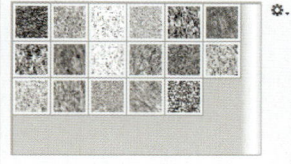
▲ Texture Fill 2

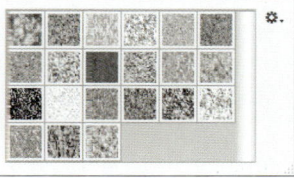
▲ Rock Patterns

실습 과정

[Content-Aware]로 선택 영역 채우기

[Fill] 대화상자에서 [Content-Aware]는 선택 영역의 주위 이미지와 색상으로 채우는 기능입니다. 간단하게 이미지를 수정할 때 편리합니다.

◎ **시작 파일** : 4장\04_02.jpg
◎ **완료 파일** : 4장\04_02_완료.jpg

01 선택 영역 설정하기

❶ [Lasso Tool](🔘)을 클릭하고 ❷ 꽃 주변을 드래그하여 선택 영역을 만듭니다.

참고 ●

채워야 할 선택 영역이 넓은 경우 주위 여러 이미지가 혼합되어 얼룩질 수 있기 때문에 가능한 한 없애려는 이미지에 딱 맞게 선택 영역을 만드는 것이 좋습니다.

02 [Content-Aware] 명령으로 선택 영역 채우기

❶[Edit]-[Fill] 메뉴를 클릭하여 대화상자를 불러옵니다. ❷ 대화상자에서 [Use]를 [Content-Aware]로 선택하고 ❸ [OK]를 클릭하여 창을 닫습니다.

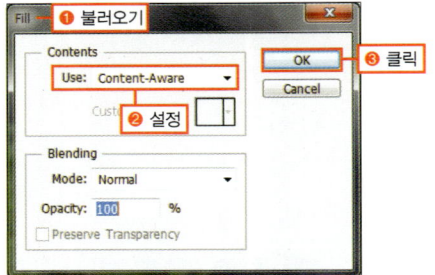

03 이미지 마무리하기

선택 영역에 주위 이미지가 채워진 것을 확인합니다. ❶ Ctrl+D를 눌러 선택 영역을 해제합니다. 완성된 이미지를 확인합니다.

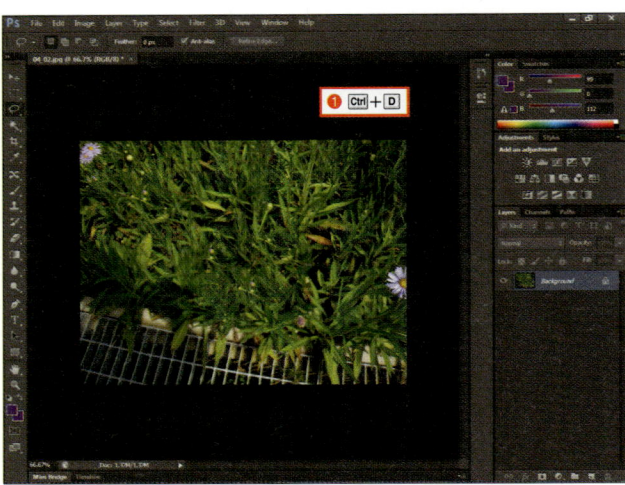

확인실습

새로운 패턴을 2개 이상 만들어서 와이셔츠와 넥타이를 채색해 보세요.

◎ **시작 파일** : 4장\04_실습.psd
◎ **완료 파일** : 4장\04_완료.psd

나만의 패턴 만들기

포토샵에서는 많은 패턴을 제공하고 있지만 디자인 작업 시 자신만의 패턴을 제작해서 사용해야 하는 일이 더 많습니다. 새로운 패턴을 만드는 방법에 대해 알아보겠습니다.

◎ **시작 파일** : 4장\04_03_1.jpg, 04_03_2.psd
◎ **완료 파일** : 4장\04_03_완료.psd

1 [Pattern Name] 대화상자 설정하기

❶[File]−[Open] 메뉴를 클릭하여 '04_03_1.jpg' 파일을 불러옵니다. ❷[Edit]−[Define Pattern] 메뉴를 클릭합니다. 패턴 등록 대화상자가 나타나면 ❸[Name]에 '땡땡이'를 입력하고 ❹[OK]를 클릭합니다.

2 선택 영역 불러오기

❶'04_03_2.psd' 파일을 불러옵니다. ❷Ctrl+Alt+6을 눌러 이미 저장된 선택 영역을 불러옵니다.

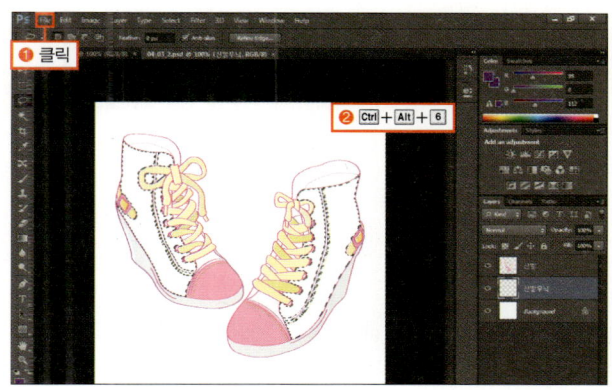

참고

Ctrl+Alt+6은 [Select]−[Load Selection] 메뉴를 클릭하여 '신발영역'을 선택하여 불러온 것과 같습니다.

3 선택 영역을 등록한 패턴으로 채우기

❶[Edit]−[Fill] 메뉴를 클릭하거나 Shift+F5를 눌러 [Fill] 대화상자를 불러옵니다. ❷[Use]를 [Pattern], [Custom Pattern]을 앞서 등록한 '땡땡이' 패턴으로 선택하고 ❸[OK]를 클릭합니다.

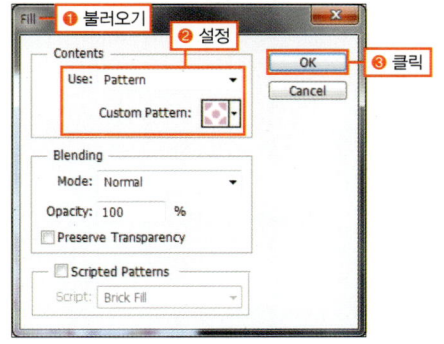

4 완성된 이미지 확인하기

선택 영역에 선택한 패턴이 채워집니다. ❶Ctrl+D를 눌러 선택 영역을 해제하고 완성된 이미지를 확인합니다.

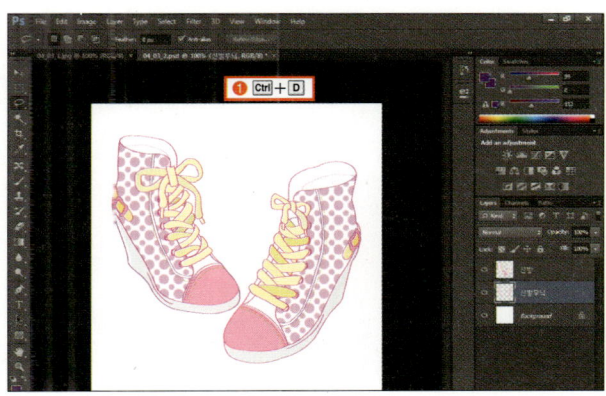

SECTION 05

색상을 없애고 지우는 도구들 살펴보기

색상을 없애고 지우는 세 가지 지우개 툴의 종류 및 차이점에 대해 살펴봅니다. 특정 색상이 넓게 분포되어 있을 때, 색이 여러 가지 섞여 있을 때 설정된 색상만 지울 수 있어 편리합니다.

다루는 내용

- 지우개 툴의 종류 및 차이점 살펴보기
- [Magic Eraser Tool]로 지우기
- [Background Eraser Tool]로 특정 색상 지우기

기능 정리

지우개 툴의 종류 살펴보고 차이점 비교하기

지우개 툴은 이미지를 지울 때 사용하는 툴로, 세 가지 종류 가운데 용도에 맞게 선택하면 작업이 더욱 편리해집니다.

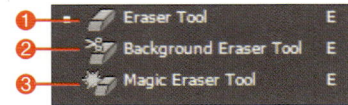

❶ **Eraser Tool** : 옵션은 거의 브러시와 동일하며 원하는 부분을 지울 수 있습니다. 단 'Background' 레이어에서 사용할 때에는 배경색으로 칠해지며 레이어에서는 투명하게 지워집니다.

▲ 'Background' 레이어에서 [Eraser Tool](🖌)로 지울 때

▲ 일반 레이어에서 [Eraser Tool](🖌)로 지울 때

❷ **Background Eraser Tool** : 'Background' 레이어에서 지울 때도 투명하게 지워지며, 옵션을 이용해 배경색으로 설정된 색만 지울 수 있습니다.

❸ **Magic Eraser Tool** : 클릭한 색상과 같은 색을 전부 지웁니다.

▲ [Background Eraser Tool](❷)에서 [Once](❷)를 선택하고 지울 때

▲ [Magic Eraser Tool](❸)로 지울 때

간단퀴즈

■ [Magic Wand Tool](❸)과 같이 클릭한 지점과 비슷한 색상을 한꺼번에 선택한 후, 한 번에 지울 수 있는 지우개 툴은 무엇인가요?

답 : [Magic Eraser Tool](❸)

실습과정 | [Magic Eraser Tool]로 한방에 지우기

[Magic Eraser Tool](❸)은 넓게 퍼져 있는 석상을 한 번에 지우고자 할 때 사용하면 편리합니다. [Magic Wand Tool](❸)과 유사한 사용성을 가지고 있습니다.

◉ **시작 파일** : 4장\05_01.psd
◉ **완료 파일** : 4장\05_01_완료.psd

01 [Magic Wand Tool] 선택하기

❶ [Erase Tool](❸)을 클릭하여 숨은 툴이 나타나면 [Magic Erase Tool](❸)을 클릭합니다. ❷옵션 바에서 [Tolerance]를 '50'으로 입력합니다.

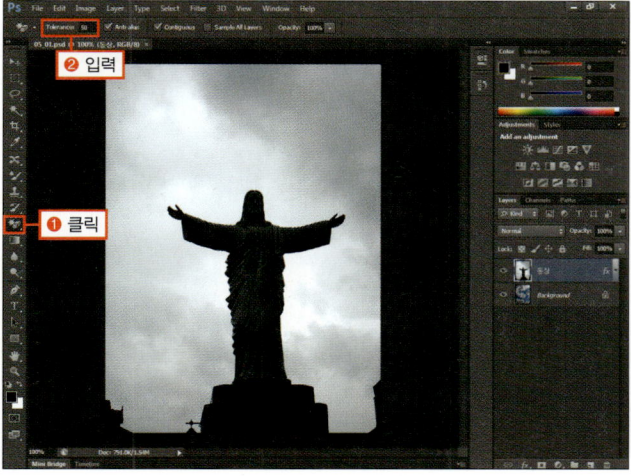

02 [Magic Eraser Tool]로 이미지 지우기

❶이미지에서 오른쪽 하늘 부분을 클릭하여 지웁니다. ❷아직 남아 있는 하늘 부분을 계속 클릭하여 깨끗이 지웁니다.

03 완성된 이미지 확인하기

하늘 부분이 모두 지워져 아래 놓인 'Background' 레이어 이미지가 보이는 것을 확인합니다.

실습 과정

[Background Eraser Tool]로 원하는 부분만 지우기

[Background Eraser Tool]( )은 특별히 지우고자 하는 색상을 설정하여 지울 수 있는 툴입니다. 배경색만 지우거나 처음 클릭한 색상을 지우는 옵션을 제일 많이 사용합니다.

◉ **시작 파일** : 4장\05_02.psd
◉ **완료 파일** : 4장\05_02_완료.psd

01 전경색 설정하기

❶ [Eyedropper Tool]( )을 클릭하고 ❷하늘의 흰색 구름을 클릭하여 전경색으로 설정합니다.

02 배경색 설정하기

❶ Alt 를 누른 채 하늘의 파란색을 클릭하여 배경색으로 설정합니다.

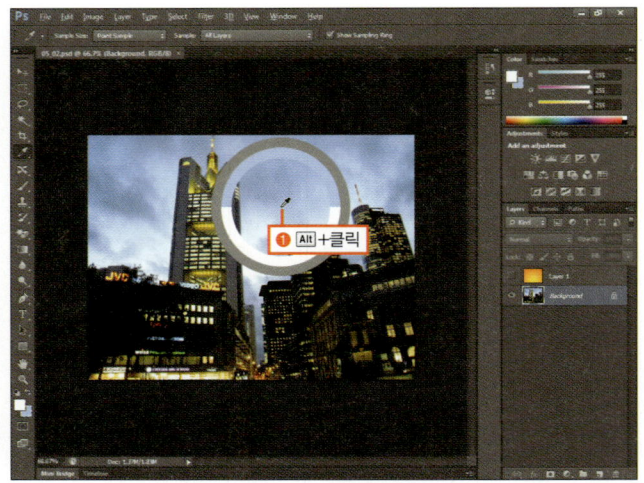

03 [Background Eraser Tool]로 벽 지우기

❶[Background Eraser Tool](🖌️)을 클릭하고 ❷옵션 바의 [Sampling : Background Swatch](🖌️)를 클릭하고 ❸ [Protect Foreground Color]를 체크합니다. ❹브러시 목록 단추를 클릭하여 ❺[Size]는 '100px', [Hardness]는 '0%'로 조절한 후 ❻이미지의 하늘 부분을 드래그하여 지웁니다.

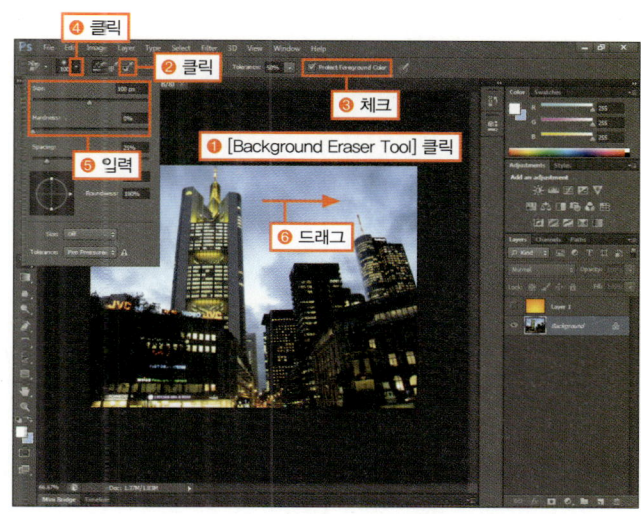

04 'Background' 레이어 확인하기

[Layers] 패널에서 'Background' 레이어가 'Layer 0'으로 바뀐 것을 확인합니다.

참고

[Sampling : Background Swatch](🖌️)는 배경색으로 설정된 색을 지우는 옵션이며 [Protect Foreground Color]를 체크하면 전경색은 지워지지 않습니다.

05 레이어 순서를 변경한 후 마무리하기

❶'Layer 0'을 'Layer 1' 위로 이동한 후 ❷'Layer 1'의 눈 아이콘(👁️)을 클릭하여 보이도록 합니다. 완성된 이미지를 확인합니다.

[Magic Eraser Tool](🧲)을 이용하여 하늘 부분에 'Background' 레이어가 보이도록 해보세요.

- **시작 파일** : 4장\05_실습.psd
- **완료 파일** : 4장\05_완료.psd

 >

응용실습

1 [Brush Tool](✎)과 [Brush] 패널을 이용하여 이미지에 원을 뿌리고, [Fill] 명령을 이용하여 패턴으로 이뤄진 테두리를 만들어 보세요.

◎ **시작 파일** : 4장\04test1.psd
◎ **완료 파일** : 4장\04test1_완료.psd
◎ **해설 파일** : 해설파일\04test1.pdf

Before

After

❶[Brush Tool](✎)을 선택하고 [Size]와 [Hardness]를 조절하기 ❷[Brushes] 패널에서 [Shape Dynamics], [Scattering], [Color Dynamics]로 브러시 조절하기 ❸전경색 '흰색', 배경색 '주황색'으로 선택하기 ❹[Rectangular Marquee Tool](▦)로 사각형 영역 선택하기 ❺Ctrl+Shift+I 를 눌러 선택 영역 반전하기 ❻[Edit]-[Fill] 명령으로 선택 영역에 패턴 채우기

2 선에 맞춰 색상을 선택하여 채색하고 배경은 그레이디언트로 칠해보세요.

◎ **시작 파일** : 4장\04test2.psd
◎ **완료 파일** : 4장\04test2_완료.psd
◎ **해설 파일** : 해설파일\04test2.pdf

Before

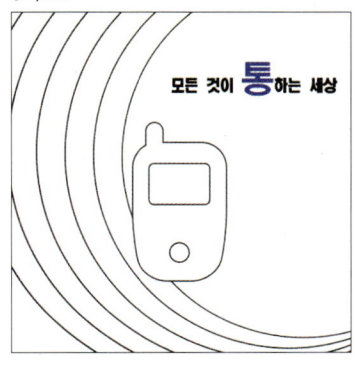

After

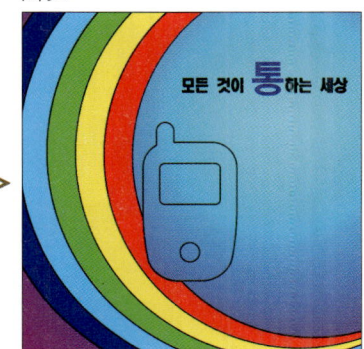

❶[Magic Wand Tool](✦)로 선택 영역 설정하기 ❷전경색으로 원하는 색상을 선택하고 Alt+Delete를 눌러 채우기 ❸'Background' 레이어를 선택하기 ❹전경색을 '밝은 파랑', 배경색을 '어두운 파랑'으로 설정하기 ❺[Gradient Tool](▭)로 채색하기

PART

05

더욱 강력해진 사진 이미지
리터치 기능 활용하기

'뽀샵질'이란 단어는 어느새 도토샵 작업을 일컫는 일반적인 용어가 되었습니다. '뽀샵질'을 하는 이

유는 평범한 사진을 다듬고, 지우고, 색상과 밝기를 수정하여 멋진 사진으로 보이기 위해서입니다.

이번 장에서는 보정과 리터치 작업에 유용한 기능에 대해 배워보겠습니다. 일반적인 리터치 방법부

터 조금 복잡하고 세부적인 기능까지 활용할 수 있도록 자세히 살펴봅니다.

P H O T O S H O P   C S 6

SECTION 01

이미지를 복사하고 복구하는 수정 도구 살펴보기

원하는 부분을 복사해서 다른 부분에 붙여넣는 [Healing Brush Tool]과 [Clone Stamp Tool]에 대해 자세히 살펴보겠습니다. 좀 더 넓은 영역을 이용하여 합성하는 [Patch Tool]과 복사 지점을 여러 개 기록할 수 있는 [Clone Source] 패널의 활용 방법도 배워봅니다.

다루는 내용

- 리터치 툴 이해하기
- [Healing Brush Tool]의 옵션 익히기
- [Clone Stamp Tool]로 이미지 수정하기
- [Patch Tool]로 넓은 영역의 이미지 수정하기
- [Clone Source] 패널의 구성 보기

기능 정리

수정 및 리터치 작업에 편리한 툴들 살펴보기

[Healing Brush Tool]( ), [Spot Healing Brush Tool]( ), [Clone Stamp Tool]( )은 인물 사진의 잡티와 주름을 없애거나 사진의 일부분을 주변 이미지와 자연스럽게 합성할 수 있는 대표적인 리터치 툴입니다.

● [Spot Healing Brush Tool]의 특징

[Spot Healing Brush Tool]( )은 주로 카메라의 먼지나 오작동에 의해 생긴 잡티를 없앨 때 사용합니다. 또한 얼굴이나 벽처럼 일정한 색상이 주를 이루는 지점의 잡티나 흔적을 지울 때 유용합니다. 클릭한 지점의 주변색과 명암의 평균치로 수정됩니다.

▲ 원본 이미지

▲ [Spot Healing Brush Tool]( )로 클릭하여 잡티를 지운 모습

● [Healing Brush Tool]의 특징

[Healing Brush Tool]()은 이미지의 일부분을 클릭하여 색상 및 명암 정보를 복사하고, 다른 지점을 클릭하여 붙여넣을 때 원본 이미지에 어울리도록 자연스럽게 혼합되어 칠해지는 툴입니다. Alt를 누른 채 클릭하여 복사하고, 붙여넣을 지점에서 드래그합니다.

▲ 원본 이미지

▲ [Healing Brush Tool](　)로 지운 모습

● [Clone Stamp Tool]의 특징

[Healing Brush Tool](　)과 사용법이 같지만, 붙여넣는 경계 부분이 섞이지 않고 복사한 부분의 이미지가 그대로 붙여넣어지기 때문에 특정 부분을 깨끗이 제거하거나 반대로 여러 개를 복사할 때 유용합니다.

▲ 원본 이미지

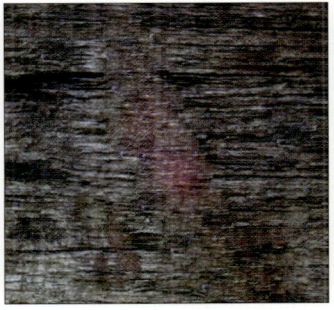

▲ [Healing Brush Tool](　)로 꽃을 제거한 모습

▲ [Clone Stamp Tool](　)로 꽃을 제거한 모습

간단퀴즈

1 [Healing Brush Tool](　)과 [Clone Stamp Tool](　)을 사용할 때 복사할 지점을 등록할 때 사용하는 단축키는 무엇일까요?

2 넓은 하늘과 같이 일정한 색상 사이에 있는 잡티를 제거할 때 사용하는 툴은 무엇인가요?

① [Healing Brush Tool](　) ② [Clone Stamp Tool](　) ③ [Patch Tool](　) ④ [Brush Tool](　)

답 : 1 Alt, 2 ①

[Healing Brush Tool]로 얼굴의 잡티 제거하기

얼굴의 잡티나 주름, 흔적 등을 제거할 때 사용되는 [Healing Brush Tool](　)은 먼저 Alt를 누른 채 깨끗한 지점을 클릭하여 복사한 후 제거할 지점에서 드래그하여 붙여넣기 합니다. 이때 붙여넣는 이미지의 경계 부분의 색상 및 명암이 원본 이미지와 섞이면서 자연스럽게 수정됩니다.

◎ **시작 파일** : 5장\01_01.jpg
◎ **완료 파일** : 5장\01_01_완료.jpg

01 [Spot Healing Brush Tool] 선택하기

❶ Ctrl + + 을 2~3번 눌러 얼굴 부분이 잘 보이도록 확대합니다. ❷ [Spot Healing Brush Tool](　)을 클릭한 후 ❸ 옵션 바에서 목록 단추 옵션을 클릭하여 ❹ [Size]는 '7px', [Hardness]는 '90%'로 입력합니다.

02 [Spot Healing Brush Tool]로 빠르게 수정하기

❶ 사진의 오른쪽 뺨의 잡티를 클릭합니다. 잡티가 제거되는 것을 확인한 후 ❷ 여러 번 클릭하여 오른쪽 뺨의 잡티를 모두 제거합니다.

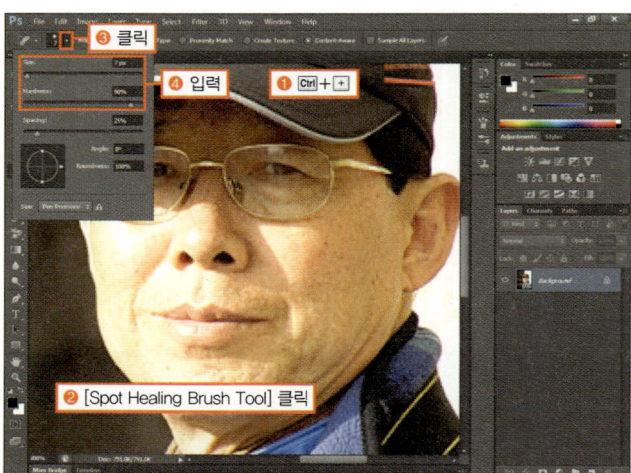

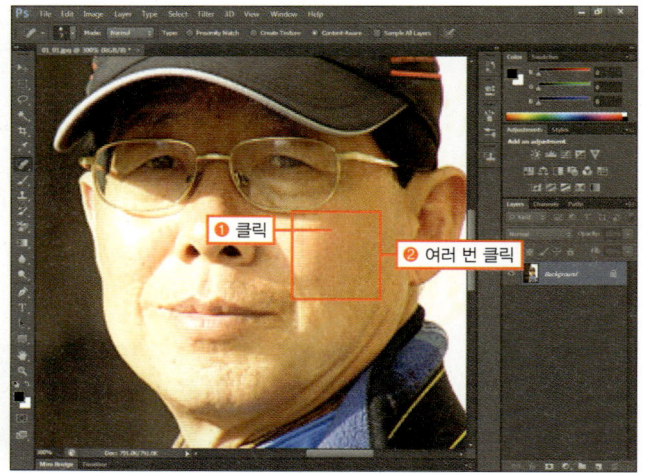

> **참고**
> [Spot Healing Brush Tool](　)은 클릭한 지점의 평균 색상으로 이미지를 덮는 툴로, 사진의 잡티, 점 등을 제거할 때 편리합니다. 하지만 명암이나 색상이 복잡한 지점은 오히려 더 튀는 색상으로 덮이기 때문에 주의합니다.

03 [Healing Brush Tool] 선택하기

❶ [Spot Healing Brush Tool](　)을 길게 클릭하여 숨은 툴이 나타나면 [Healing Brush Tool](　)을 클릭합니다. ❷ 옵션 바에서 목록 단추를 클릭하여 ❸ [Size]는 '10px', [Hardness]는 '90%'로 입력합니다.

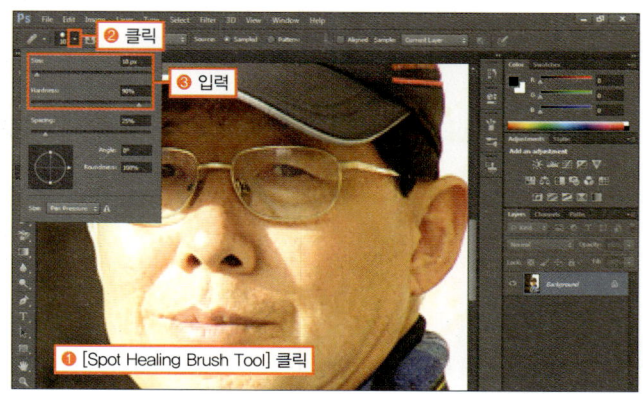

04 [Healing Brush Tool]로 꼼꼼히 수정하기

❶ Alt 를 누른 채 주름이 없는 깨끗한 턱 부분을 클릭합니다. ❷ 오른쪽 주름 부분을 드래그하여 주름을 없앱니다.

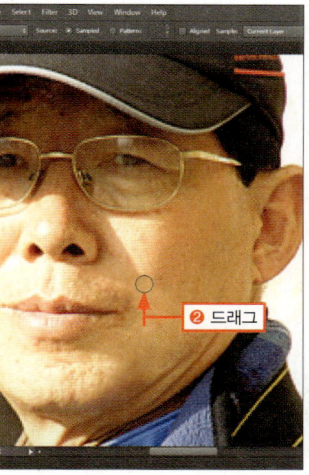

> **참고** .
>
> [Healing Brush Tool](🖌)은 Alt 를 누른 채 클릭한 지점을 복사하여 다른 지점에 붙여넣기하면서 자연스럽게 섞어주는 툴입니다. [Spot Healing Brush Tool](🖌)보다 꼼꼼하게 수정할 수 있습니다.

05 왼쪽 뺨의 주름 제거하기

4번 과정과 같은 방법으로 ❶ Alt 를 누른 채 주름이 없는 부분을 클릭한 후 ❷주름진 부분을 드래그하여 제거합니다.

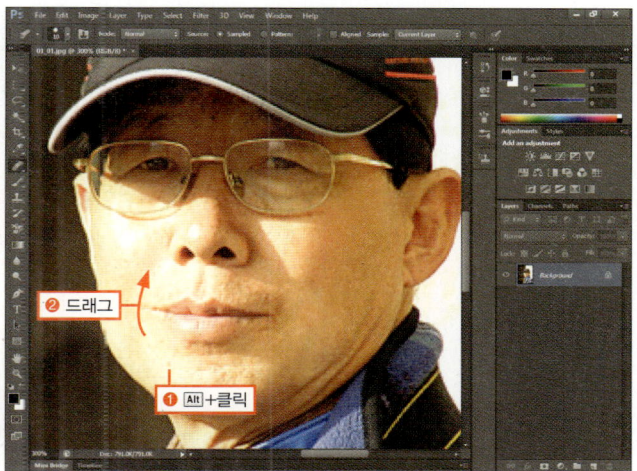

06 수정된 이미지 확인하기

❶ Ctrl + – 를 2~3번 눌러 이미지를 축소한 후 수정된 이미지를 확인합니다.

[Healing Brush Tool](✏️)은 이미지를 복사하거나 패턴을 선택해 클릭한 지점에 섞으면서 붙여넣는 툴로 설명이 빠진 것은 [Spot Healing Brush Tool](✏️)을 참고합니다.

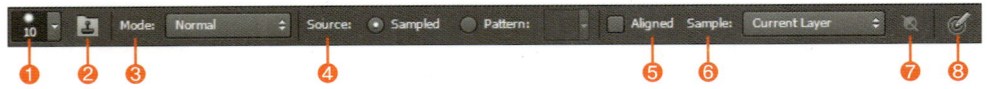

❶ **Brush** : 브러시의 모양과 크기 부드러운 정도를 선택합니다.

❷ **Toggle the Clone Source panel** : 클릭하면 [Clone Source] 패널을 열거나 닫습니다.

❸ **Mode** : 붙여넣기 할 때 혼합 모드를 선택할 수 있습니다.

❹ **Source** : 이미지와 패턴 중 어느 것을 붙일 것인지 정할 수 있습니다.

❺ **Aligned** : 체크하면 처음 드래그한 지점에 복사한 위치를 설정하여 마우스를 옮겨도 계속 연결된 이미지만 붙여넣기가 되며, 체크하지 않으면 복사한 위치를 기억하지 않아 드래그할 때마다 계속 붙여넣기 됩니다.

❻ **Sample** : 복사할 이미지가 있는 레이어를 선택할 수 있습니다. [Current Layer]는 현재 작업 중인 레이어에서만 복사할 수 있으며 [Current & Below]는 현재 작업 중인 레이어와 아래 레이어에서만 복사할 수 있습니다. [All Layers]는 모든 레이어에서 복사할 수 있습니다.

❼ **Turn on to ignore adjustments layers when cloning** : 보정 레이어가 있을 경우, 클릭하면 보정 레이어를 뺀 원본 이미지만 복사합니다.

❽ **Tablet pressure control size** : 클릭하면 태블릿을 사용해 브러시를 조절할 수 있습니다.

▲ Aligned : 체크 해제   ▲ Aligned : 체크

[Patch Tool]로 넓은 영역을 손쉽게 수정하기

[Patch Tool](🔲)은 [Healing Brush Tool](✏️)보다 좀 더 넓은 영역에 사용하는 수정 툴로, 브러시 경계 부분이 원본 이미지와 자연스럽게 혼합됩니다.

◎ **시작 파일** : 5장\01_02.jpg
◎ **완료 파일** : 5장\01_02_완료.jpg

01 [Patch Tool] 선택하기

❶[Healing Brush Tool](✏️)을 길게 클릭하여 숨은 툴이 나타나면 ❷[Patch Tool](🔲)을 클릭합니다.

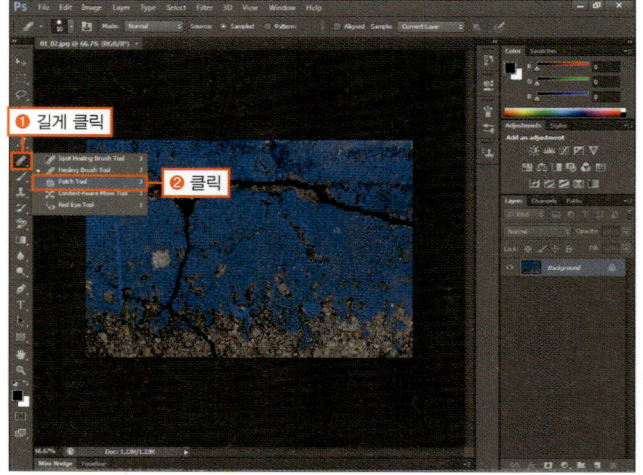

02 [Patch Tool]로 벽의 흠 없애기

❶옵션 바에서 [Source]를 클릭한 후 ❷오른쪽 벽의 흠을 드래그하여 선택합니다. ❸흠이 없는 쪽으로 드래그하여 선택 영역 안의 이미지가 바뀐 것을 확인하고 마우스에서 손을 뗍니다. 흠이 없어집니다.

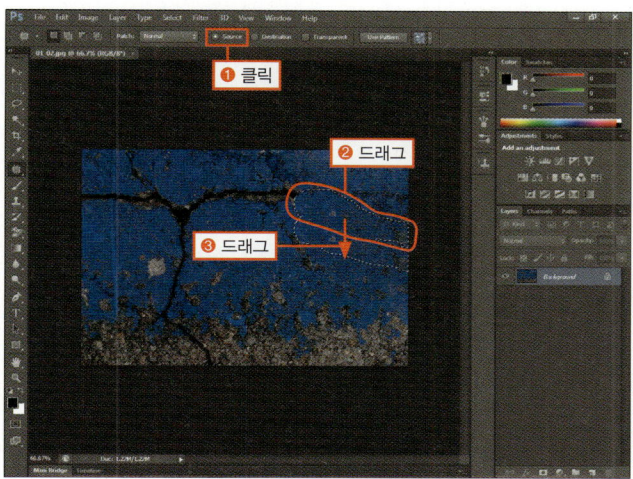

03 벽의 흠 없애기

같은 방법으로 ❶벽의 흠 있는 부분을 선택하여 ❷깨끗한 벽으로 이동하여 벽의 모든 흠을 없앱니다.

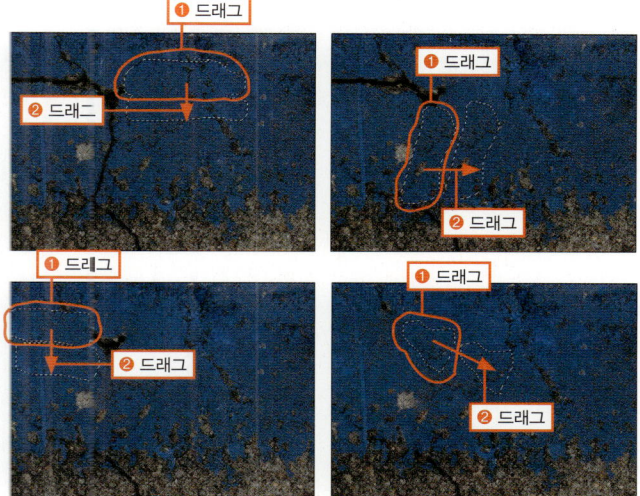

04 수정된 이미지 확인하기

❶Ctrl+D를 눌러 선택 영역을 해제한 후 수정된 이미지를 확인합니다.

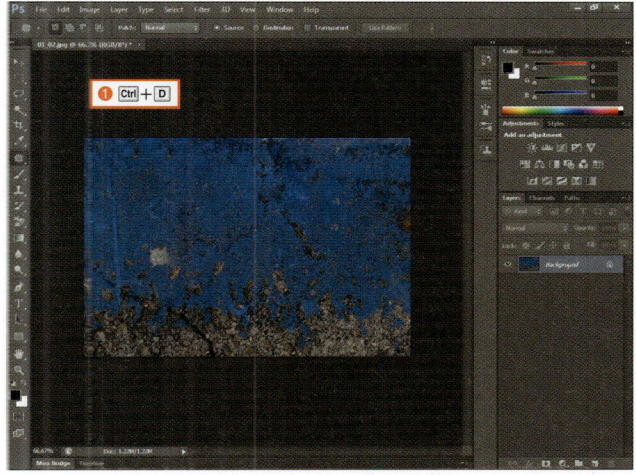

참고 • [Patch Tool]의 옵션 바 메뉴 보기

❶ **선택 옵션** : 선택 영역을 새로 만들거나 기존 선택 영역에 추가/제거/교차한 부분을 선택 영역으로 만듭니다.

❷ **Patch** : 선택 영역의 패치를 어떻게 사용할 것인지 정할 수 있는 것으로, [Source]를 선택하면 선택 영역을 드래그하여 위치를 옮긴 부분의 이미지가 선택 영역으로 들어가 덮이면서 합성됩니다. [Destination]을 선택하면 선택 영역의 이미지를 드래그한 위치에 복사하면서 합성됩니다.

❸ **Transparent** : 이미지에 투명 영역이 있을 때 체크하면 그 투명 영역에도 패치가 적용됩니다.

❹ **Use Pattern** : 선택 영역에 선택한 패턴을 적용할 수 있습니다.

▲ Source : 체크

▲ Destination : 체크

실습 과정

[Clone Stamp Tool]로 이미지 수정하기

[Clone Stamp Tool](🔛)로 이미지의 일부분을 복사해 다른 부분을 제거해 보겠습니다.

◎ **시작 파일** : 5장\01_03.jpg
◎ **완료 파일** : 5장\01_03_완료.psd

01 새 레이어 만들기

수정을 위한 새 레이어를 만들기 위해 ❶[Layers] 패널의 [Create a new layer](🔲)를 클릭합니다.

02 [Clone Stamp Tool]과 옵션 선택하기

❶[Clone Stamp Tool](🔛)을 클릭합니다. ❷옵션 바에서 [Aligned]의 체크를 해제하고 ❸[Sample]은 'All Layers'로 선택합니다. ❹목록 단추를 클릭하고 ❺[Size]를 '70px', [Hardness]를 '90%'로 입력합니다.

❶ 클릭

참고 •
[Clone Stamp Tool](🔛)을 이용해서 이미지의 일부분을 없애려면 [Aligned]의 체크를 해제하는 것이 편리합니다. 반대로 다른 지점의 이미지를 붙여넣기 할 때에는 [Aligned]를 체크하는 것이 좋습니다.

03 [Clone Stamp Tool]로 담쟁이 넝쿨로 상체 없애기

❶ Alt 를 눌러 사람 바로 위 담쟁이 잎을 클릭하여 복사한 후 ❷사람의 머리 부분에서 허리까지 여러 번 클릭하여 붙여넣기 합니다.

04 [Clone Stamp Tool]로 담쟁이 넝쿨로 하체 없애기

❶왼쪽 넝쿨을 Alt 를 눌러 복사한 후 ❷사람의 다리까지 클릭하여 붙여넣기 합니다.

05 다리 부분 없애면서 자연스럽게 연결하기

❶오른쪽 보도블록을 Alt 를 누른 채 클릭하여 복사합니다. ❷보도블록이 자연스럽게 연결되도록 맞추면서 다리 부분을 클릭하여 없앱니다. ❸[Layers] 패널에서 눈 아이콘(👁)을 클릭합니다.

06 완성된 이미지 확인하기

원본 이미지와 수정된 이미지를 확인합니다.

실습 과정

[Clone Source] 패널로 복사한 이미지 수정하여 붙여넣기

[Clone Source] 패널은 [Healing Brush Tool](✏️)과 [Clone Stamp Tool](📐) 사용 시 연계하여 활용하는 패널로, 복사할 이미지를 5개 등록할 수 있습니다.

◎ **시작 파일** : 5장\01_04_1.jpg ~ 01_04_3.jpg, 01_04_4.png
◎ **완료 파일** : 5장\01_04_완료.psd

01 [Clone Source] 패널 열기

❶[File]-[Open] 메뉴를 클릭하여 4개의 시작 파일을 불러 옵니다. ❷[Window]-[Clone Source] 메뉴를 클릭하여 [Clone Source] 패널을 불러옵니다.

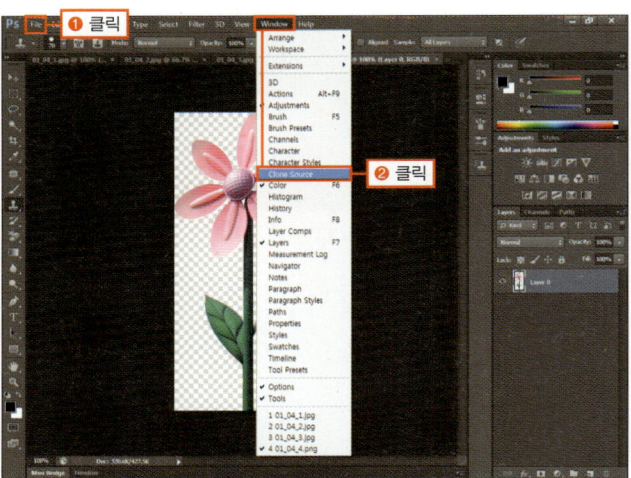

02 [Clone Source] 패널에 첫 번째 이미지 복사하기

❶ Alt 를 누른 채 '01_04_4.png' 이미지의 꽃을 클릭합니 다. [Clone Source] 패널에 첫 번째 이미지가 복사된 것을 확인합니다.

03 [Clone Source] 패널에 두 번째 이미지 복사하기

❶[01_04_3.jpg] 탭을 클릭하여 이미지가 보이도록 한 후 ❷[Clone Source] 패널의 두 번째 [Clone Source](📐)를 클릭합니다. ❸ Alt 를 누른 채 이미지의 하트 부분을 클릭 합니다. [Clone Source] 패널에 두 번째 이미지가 복사된 것을 확인합니다.

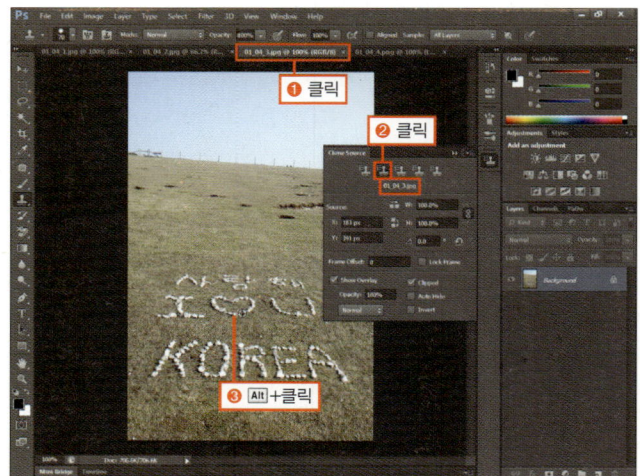

04 [Clone Source] 패널에 세 번째 이미지 복사하기

❶[01_04_2.jpg] 탭을 클릭하여 이미지가 보이도록 한 후 ❷[Clone Source] 패널의 세 번째 [Clone Source](🖼)를 클릭합니다. ❸Alt 를 누른 채 이미지의 글자 부분을 클릭합니다. [Clone Source] 패널에 세 번째 이미지가 복사된 것을 확인합니다.

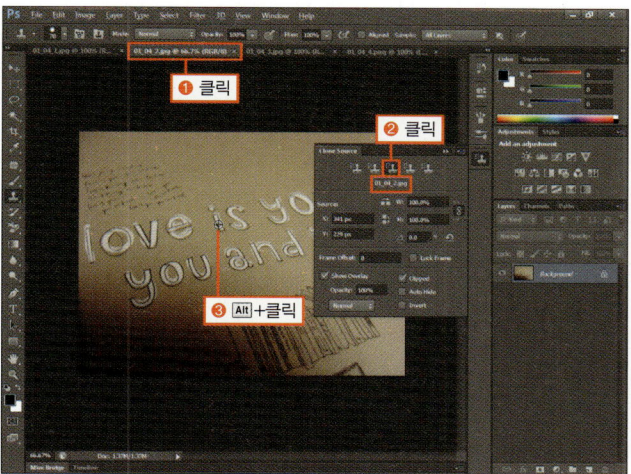

05 [Clone Stamp Tool]의 옵션 조절하기

❶[04_01_1.jpg] 탭을 클릭하여 이미지가 보이도록 한 후, ❷[Layers] 패널에서 [Create a new layer](🗊)를 클릭하여 새 레이어를 만듭니다. ❸목록 단추를 클릭하여 [Size]를 '100px', [Hardness]를 '0%'로 조절합니다.

06 세 번째 이미지 붙여넣기

❶[Clone Source] 패널에서 [W]를 '70%', [Rotate]를 '-10'으로 입력한 후 ❷드래그하여 복사한 이미지를 붙여넣기 합니다. ❸[Layers] 패널에서 'Layer 1'의 블렌딩 모드를 [Overlay]로 설정합니다.

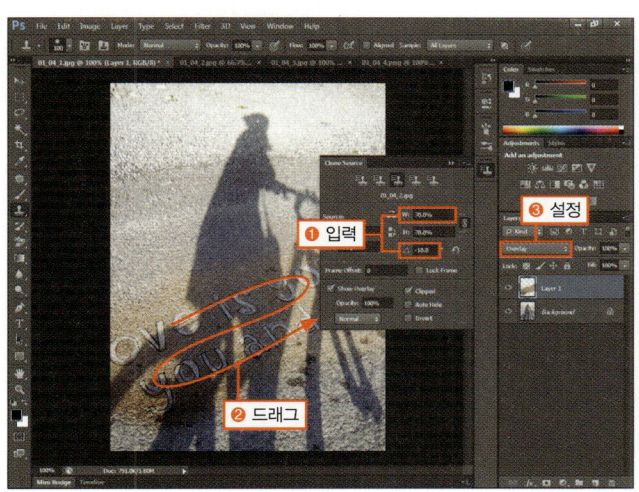

07 두 번째 이미지 붙여넣기

❶[Clone Source] 패널에서 두 번째 [Clone Source](🖼)를 클릭하고 ❷[W]를 '120%', [Rotate]를 '-25'로 입력합니다. ❸[Layers] 패널에서 [Create a new layer](🗊)를 클릭하여 새 레이어를 만든 후 ❹적당한 곳에서 드래그하여 붙여넣기 합니다. ❺블렌딩 모드를 [Overlay]로 설정합니다.

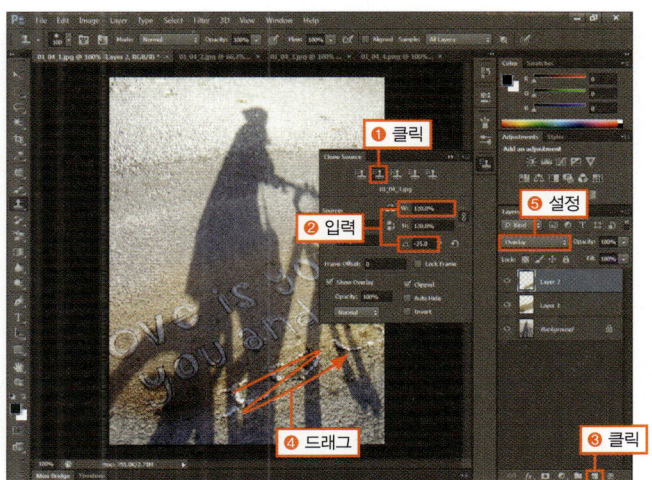

> **참고**
> 위치가 잘 맞지 않으면 [Offset]의 [X], [Y]의 수치를 조절하거나 옵션바의 [Aligned]의 체크를 해제한 후 드래그하여 붙여넣기 합니다.

08 첫 번째 이미지 붙여넣기

❶ [Clone Source] 패널에서 첫 번째 [Clone Source](🔳) 를 클릭합니다. ❷ 🔳을 클릭하고 ❸ [W]를 '110%'로 입력 합니다. ❹ 옵션 바에서 [Aligned]의 체크를 해제한 후 ❺ [Layers] 패널에서 [Create a new layer](🔳)를 클릭하여 새 레이어를 만듭니다. ❻ 적당한 곳에서 드래그하여 붙여 넣기 합니다. ❼ [Toggle the Clone Source panel](🔳)을 클 릭하여 패널을 접습니다.

09 완성된 이미지 확인하기

완성된 이미지를 확인합니다.

참고 ● [Clone Source] 패널의 구성 보기

[Clone Source] 패널을 이용하면 5개의 이미지를 복사한 후 위치, 크기, 회전을 변경하여 붙여넣을 수 있습니다.

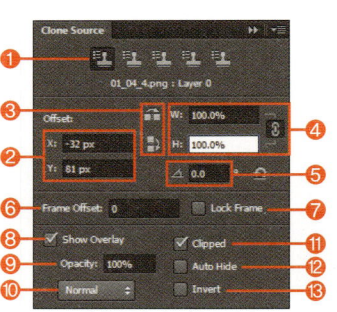

❶ **Clone Source** : [Healing Brush Tool](✏️)과 [Clone Stamp Tool](🔳)을 사용할 때 각각의 [Clone Source](🔳)를 클릭하여 이미지를 복사할 수 있습니다.

❷ **X/Y** : 선택한 [Clone Source]의 좌표를 표시합니다.

❸ **Flip Horizontal/Flip Vertical** : 클릭하면 복사한 이미지의 좌우/위아래를 뒤집을 수 있습니다.

❹ **W/H** : 선택한 [Clone Source]의 크기를 조절합니다.

❺ **Rotate** : 선택한 [Clone Source]의 회전 각도를 입력합니다.

❻ **Frame Offset** : 선택한 [Clone Source]로 애니메이션을 만들 때 입력한 프레임만큼 위치를 옮깁니다.

❼ **Lock Frame** : 체크하면 복사한 이미지가 들어간 프레임을 잠급니다.

❽ **Show Overlay** : 체크하면 선택한 [Clone Source]를 미리 볼 수 있습니다.

❾ **Opacity** : 입력한 수치만큼 선택한 [Clone Source]가 투명하게 보입니다.

❿ **Mode** : 선택한 모드로 미리 볼 수 있습니다.

⓫ **Clipped** : 체크하면 선택한 [Clone Source]가 브러시 크기만큼만 프리뷰되며 해제하면 이미지 전체를 미리 볼 수 있습니다.

⓬ **Auto Hide** : 체크하면 복사한 이미지를 붙이기 위해 다른 이미지에 드래그할 때 자동으로 감춥니다.

⓭ **Invert** : 체크하면 선택한 [Clone Source]가 반전되어 보입니다.

실습 과정

[Content-Aware Move Tool]로 이미지 옮기기

[Content-Aware Move Tool]( )은 CS6의 신기능입ᆫ다. 말 그대로 선택 영역의 이미지를 이동할 때 주변 픽셀과 색상을 인식해 선택 영역의 배경을 자연스럽게 메꾸는 툴입니다.

◉ **시작 파일** : 5장\01_05.jpg
◉ **완료 파일** : 5장\01_05_완료.jpg

---

01 [Content-Aware Move Tool] 선택하기

❶[Healing Brush Tool]( )을 클릭하여 숨은 툴이 나오면 ❷[Content-Aware Move Tool]( )을 클릭합니다.

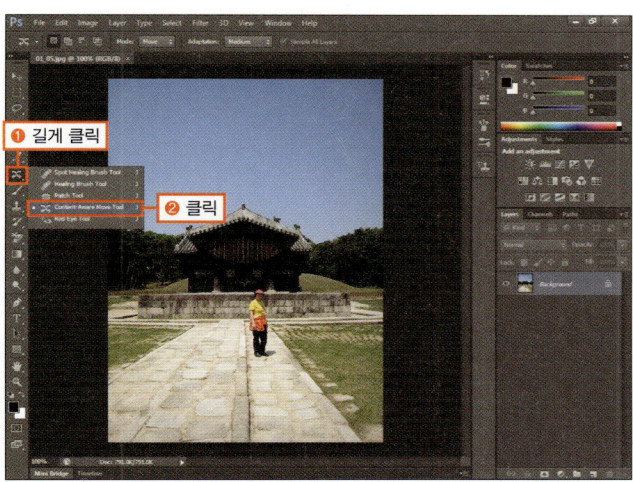

02 선택 영역 옮기기

❶사람을 드래그하여 선택 영역을 만든 후 ❷왼쪽으로 이동합니다.

---

03 완성된 이미지 확인하기

옮기기 전의 영역은 자연스럽게 메꿔지며 옮겨진 이미지는 주변 배경에 맞게 경계 부분이 수정됩니다. ❶Ctrl+D를 눌러 선택을 해제한 후 이미지를 확인합니다.

> **참고**
>
> [Content-Aware Move Tool]( )을 사용해 이미지를 옮길 때는 옮기기 전의 배경과 옮긴 후의 배경 부분이 서로 비슷할 때 자연스럽게 합성됩니다.

❶ **Mode** : [Move]를 선택하면 선택한 콘텐츠를 이동할 때 사용하며 [Extend]를 선택하면 콘텐츠를 늘리거나 줄일 수 있습니다.

❷ **Adaptation** : 선택 영역이 이동이나 확장되어 아래 이미지와 합성될 때 자연스럽게 합성되는 정도를 선택합니다. [Very Strict]를 선택하면 경계 부분의 합성이 조금 딱딱하며 [Very Loose]를 선택하면 경계 부분이 부드럽게 합성됩니다.

▲ [Mode]를 [Extend]로 선택하고 이동했을 때

확인실습

[Patch Tool]( )과 [Clone Stamp Tool]( ), [Clone Source] 패널을 이용해 사람들을 지워보세요.

◉ **시작 파일** : 5장\01_실습.jpg
◉ **완료 파일** : 5장\01_완료.jpg

SECTION 02

이미지를 문질러 수정하는 5가지 툴 살펴보기

브러시를 이용해 이미지를 수정하는 툴에 대해 자세히 알아보겠습니다. 문지를수록 흐릿해지는 툴과 반대로 점점 선명해지는 툴로 사진을 수정해보고 픽셀을 이등시켜 번지게 만들어보겠습니다. 그리고 문지를수록 밝아지는 툴과 어두워지는 툴을 이용해 사진을 입체감 있게 만들어 보며 이미지 일부분을 무채색으로 만드는 방법도 배워봅니다.

다루는 내용

- [Blur Tool]과 [Sharpen Tool] 살펴보기
- [Smudge Tool]로 픽셀 번지게 하기
- [Dodge Tool]과 [Burn Tool]로 사진에 명암 넣기
- [Sponge Tool]로 무채색 이미지 만들기

기능 정리

이미지의 명암과 선예도를 수정하는 툴 살펴보기

브러시의 크기나 모양을 이용해 이미지를 문지를수록 주위 색상과 명암에 섞여 흐릿해지거나 반대로 선명해지는 툴은 여러 가지가 있습니다.

● 픽셀의 선예도를 조절하는 [Blur Tool](◖)과 [Sharpen Tool](◣)

[Blur Tool](◖)은 김 서린 유리창을 통해 보듯 이미지를 흐릿하게 바꿔주는 툴입니다. 포커스 인/아웃 효과에서 초점이 맞지 않는 영역을 처리할 때 사용합니다.

이와 반대의 툴이 [Sharpen Tool](◣)인데 문지를수록 선명해집니다. 너무 많이 사용하면 노이즈가 발생하여 거칠고 부자연스러워지기 때문에 주의해야 합니다.

▲ 원본 이미지

▲ [Blur Tool](◖)로 문지른 이미지

▲ [Sharpen Tool](◣)로 문지른 이미지

▲ [Sharpen Tool](◣)로 많이 문지른 이미지

● 픽셀을 이동하여 일그러지는 효과를 주는 [Smudge Tool](🖐)

[Smudge Tool](🖐)은 문지르는 대로 픽셀이 움직이는 툴입니다. 드래그하는 방향대로 픽셀이 이리저리 섞이므로 얼룩이나 연기, 불꽃 같은 이미지를 표현할 때 사용합니다.

▲ [Smudge Tool](🖐)로 문지른 이미지

● 명암을 조절하는 [Dodge Tool](🔍)과 [Burn Tool](✋)

[Dodge Tool](🔍)과 [Burn Tool](✋)은 문지를 때마다 밝아지거나 어두워지는 툴로, 옵션 바에서 [Range]와 [Exposure]를 이용해 명암을 적용할 범위와 강도를 조절할 수 있습니다. 주로 이미지에 입체감을 주거나 이미지 모서리 부분에 명암을 줄 때 사용합니다.

▲ 원본 이미지　　　　　▲ [Dodge Tool](🔍)로 문질러 밝아진　　▲ [Burn Tool](✋)로 문질러 어두워진
　　　　　　　　　　　　　이미지　　　　　　　　　　　　　이미지

간단퀴즈

1 문지를수록 포커스가 안 맞는 것처럼 흐릿해지는 툴은 무엇일까요?

① [Dodge Tool](🔍)　② [Burn Tool](✋)　③ [Smudge Tool](🖐)　④ [Blur Tool](💧)

2 문지를수록 점점 밝아지는 툴은 무엇일까요?

답 : **1** ④, **2** [Dodge Tool](🔍)

실습 과정

[Blur Tool], [Sharpen Tool]로 포커스 인/아웃 사진 만들기

[Blur Tool](🖊)과 [Sharpen Tool](🔺)을 이용허 이미지 일부분은 흐릿하게 또 일부분은 선명하게 만들어 보겠습니다.

◉ 시작 파일 : 5장\02_01.jpg
◉ 완료 파일 : 5장\02_01_완료.jpg

01 [Blur Tool] 선택하기

❶[Blur Tool](🖊)을 클릭하고 ❷옵션 바에서 [Strength]를 '70%'로 입력합니다. ❸목록 단추를 클릭하여 ❹[Size]를 '200px', [Hardness]를 '0%'로 입력합니다.

> **참고** •
> [Strength]의 수치가 높을수록 한 번 문지를 때 흐릿해지는 강도가 커집니다.

02 [Blur Tool]로 흐릿하게 만들기

❶가운데 꽃 주변과 이미지 모서리 쪽을 드래그하여 흐릿하게 만듭니다. ❷여러 번 드래그할수록 점점 흐릿해지기 때문에 이미지 바깥쪽은 여러 번 드래그합니다.

03 [Sharpen Tool]로 선명하게 만들기

❶[Sharpen Tool](🔺)을 클릭합니다. ❷옵션 바에서 목록 단추를 클릭하고 ❸[Size]를 '100px'로 조절합니다. ❹가운데 꽃을 드래그하여 선명하게 만듭니다.

> **참고** •
> [Sharpen Tool](🔺)은 [Blur Tool](🖊)을 1초 정도 누르면 나타나는 숨은 툴 가운데 선택할 수 있습니다. 드래그하는 부분의 색상, 밝기 차이를 주어 선명해 보이도록 하지만 여러 번 사용하면 픽셀이 드러나 이미지가 손상되어 보입니다.

04 완성된 이미지 확인하기

주변은 흐릿하고 가운데 꽃 부분은 선명한 사진으로 바뀐
것을 확인합니다.

참고 •

좀 더 큰 효과를 주기 위해서는 [Blur Tool](💧)과 [Sharpen Tool]
(🔺)을 반복 적용합니다.

[Smudge Tool]로 안개 만들기

손가락으로 픽셀을 이동하는 듯한 [Smudge Tool](✋)로 간단한 브러시의 선을 안개로 만들어 봅니다.

◉ **시작 파일** : 5장\02_02.psd
◉ **완료 파일** : 5장\02_02_완료.psd

01 [Smudge Tool] 선택하기

❶[Smudge Tool](✋)을 클릭합니다. ❷[ ]]를 여러 번 눌러
브러시 크기가 '50'이 되도록 조절합니다.

02 [Smudge Tool]로 픽셀 뭉개기

옵션 바의 [Strength]가 '50%'인 것을 확인한 후 ❶이미 그
려진 하얀색 선을 사선으로 짧게 여러 번 드래그하여 서로
섞이면서 뭉개지도록 합니다.

03 브러시 모양대로 픽셀 뭉개기

❶옵션 바에서 목록 단추를 클릭하여 'Spatter 59 pixels'를 클릭합니다. ❷여러 번 드래그합니다.

04 완성된 이미지 확인하기

❶[Layers] 패널에서 '안개' 레이어를 [Create a new layer] (🔳)로 드래그하여 레이어를 복사합니다. 겹쳐진 안개가 좀 더 진해진 것을 확인합니다.

참고 ●

[Smudge Tool](🖱)의 옵션 바에서 [Finger Painting]을 체크하면 문지를 때 전경색으로 칠해지면서 픽셀도 이동합니다. 이를 잘 사용하면 이미지에 간단한 리터치를 할 수 있습니다.

▲ [Finger Painting]을 체크한 후 문지를 때

[Dodge Tool]과 [Burn Tool]로 음영이 있는 사진 만들기

문지르는 부분을 밝게 수정하는 [Dodge Tool](🔍)과 어둡게 수정하는 [Burn Tool](🔍)을 활용하여 사진을 리터치해 보겠습니다.

⊙ **시작 파일** : 5장\02_03.jpg
⊙ **완료 파일** : 5장\02_03_완료.jpg

01 [Dodge Tool]로 밝게 수정하기

❶[Dodge Tool](🔍)을 클릭한 후 ❷옵션 바에서 브러시 크기를 '100', [Range]를 'Highlights', [Exposure]는 '20%'로 조절합니다. ❸인물과 옷 부분을 드래그하여 밝게 만듭니다.

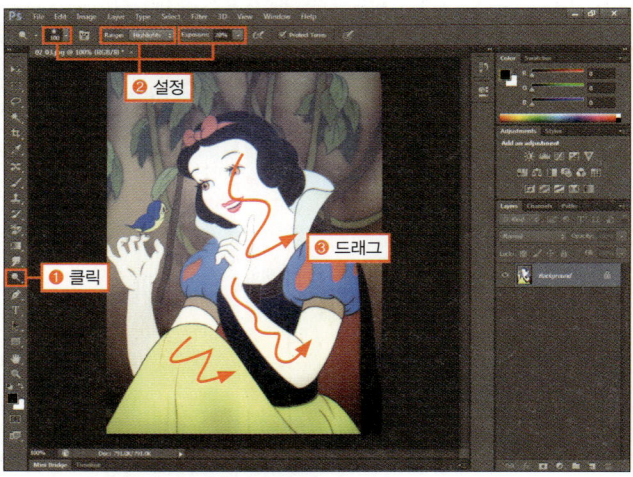

┌─ **참고** ·
│ [Range]를 'Highlights'로 택하면 드래그하는 부분의 밝은 톤이 더욱
│ 밝게 수정됩니다.

02 [Burn Tool]로 어둡게 수정하기

❶[Burn Tool](🔍)을 클릭합니다. ❷옵션 바에서 브러시 크기를 '65', [Range]를 'Midtones', [Exposure]를 '30%'로 조절하고 ❸눈과 입, 옷과 망토의 일부분을 드래그하여 어둡게 명암을 넣습니다.

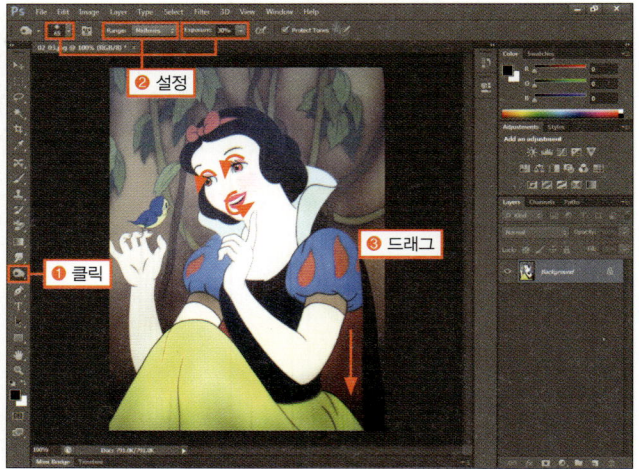

┌─ **참고** ·
│ [Burn Tool](🔍)은 [Dodge Tool](🔍)을 클릭하여 나타나는 숨은
│ 툴 가운데 선택하면 됩니다.

03 주름 부분을 더욱 어둡게 수정하기

❶옵션 바에서 브러시 크기를 '30', [Exposure]를 '50%'로 조절한 후 ❷옷의 주름 부분을 따라 드래그하여 더욱 어둡게 강조합니다.

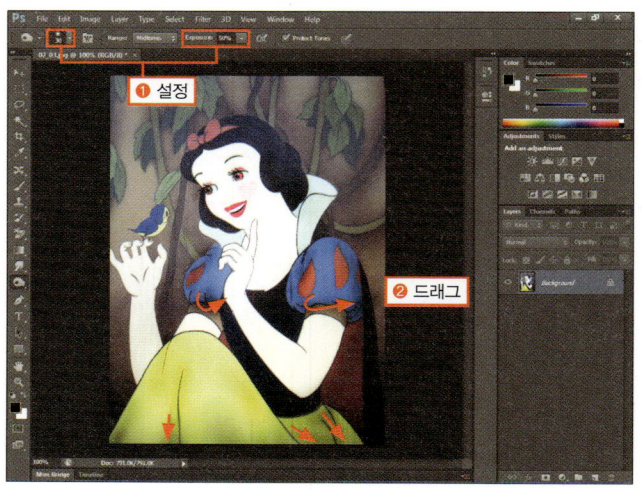

04 모서리 부분을 어둡게 한 후 마무리하기

❶옵션 바에서 브러시 크기를 '90', [Exposure]를 '10%'로
조절합니다. ❷이미지 모서리 부분과 배경을 드래그하여
어둡게 수정합니다. 완성된 이미지를 확인합니다.

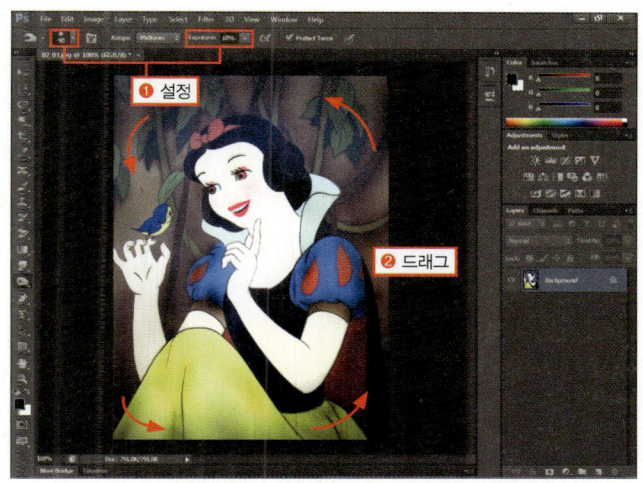

참고 ● [Dodge Tool](🔍)과 [Burn Tool](👆)의 옵션 바 메뉴 보기

두 툴의 옵션은 거의 비슷해서 적용하려는 브러시의 모양과 크기, 밝기가 적용되는 범위와 강도를 조절할 수 있습니다.

❶ **Brush** : 브러시의 크기와 딱딱함 정도를 조절합니다.
❷ **Toggle the Brush panel** : 클릭하면 [Brush] 패널이 열러 브러시 모양을 다양하게 조절할 수 있습니다.
❸ **Range** : 명암이 수정되는 범위를 설정합니다.
  • **Shadow** : 가장 어두운 단계의 밝기를 밝게 또는 어둡게 수정합니다.
  • **Midtones** : 이미지의 중간 단계의 밝기를 밝게 또는 어둡게 수정합니다.
  • **Highlights** : 밝은 단계의 밝기를 더욱 밝게 또는 어둡게 수정합니다.

▲ 원본 이미지　　　　　▲ Highlight　　　　　▲ Midtones　　　　　▲ Shadows

❹ **Exposure** : 밝게 되는 강도를 조절하는 것으로 수치가 높을수록 한 번 문지를 때의 밝기 차이가 커집니다.
❺ **에어브러시** : 클릭한 후 마우스를 이미지 위에서 누르면 에어브러시처럼 점점 퍼지면서 밝기가 수정됩니다.
❻ **Protect Tones** : 체크하면 이미지의 색상과 채도를 유지한 채 밝기만 조절됩니다.
❼ 태블릿을 이용할 경우, 압력에 따라 브러시 크기가 조절됩니다.

[Sponge Tool]로 무채색 이미지 만들기

옵션에 따라 이미지 색상을 선명하게 하기도 하지만 주로 이미지의 색상을 없애 무채색 이미지를 만들 때 사용합니다.

◎ **시작 파일** : 5장\02_04.jpg
◎ **완료 파일** : 5장\02_04_완료.jpg

01 [Sponge Tool]의 옵션 설정하기

❶[Sponge Tool]( )을 클릭합니다. ❷옵션 바에서 브러시 크기를 '175'로 조절합니다.

> **참고**
>
> [Sponge Tool]( )은 [Dodge Tool]( )을 클릭하여 나타나는 숨은 툴 가운데 선택할 수 있습니다.

02 색상 제거하기

❶꽃을 제외한 모든 부분이 무채색이 될 때까지 여러 번 드래그합니다.

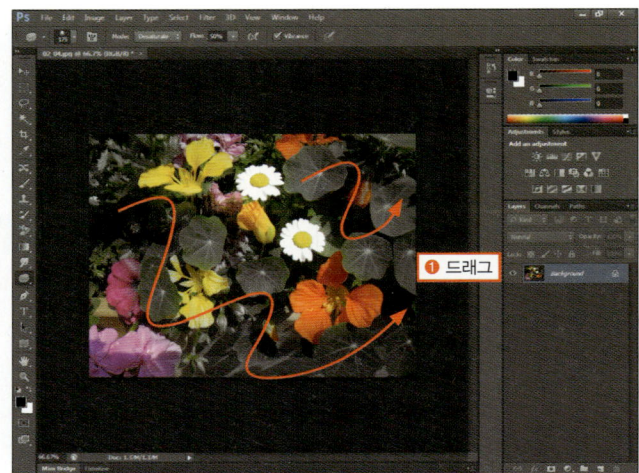

03 [Sponge Tool]로 색상 선명하게 수정하여 마무리하기

꽃의 색상은 더욱 선명하게 하기 위해 ❶옵션 바에서 브러시 크기를 '100', [Mode]를 'Saturate'로 조절합니다. ❷꽃을 드래그하여 색상이 선명해지도록 수정합니다. 완성된 이미지를 확인합니다.

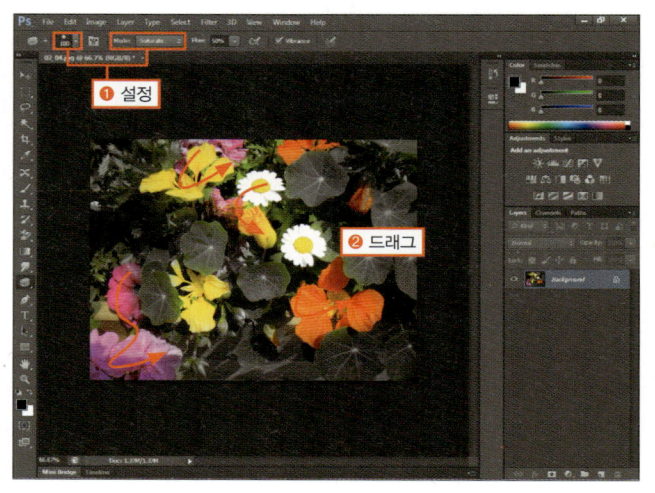

> **참고**
>
> [Mode]를 'Saturate'로 선택하면 문지를수록 색상의 채도가 높아지고 [Desaturate]를 선택하면 문지를수록 색상이 없어져 무채색이 됩니다. 주로 'Desaturate'를 사용합니다.

확인실습

[Dodge Tool](🔍)과 [Burn Tool](⚫)의 강도와 브러시 크기를 조절하여 명암을 넣어보세요.

◎ **시작 파일** : 5장\02_실습.psd
◎ **완료 파일** : 5장\02_완료.psd

 >

SECTION 03

자동으로 이미지 색상과 밝기를 조절하는 명령 적용하기

디지털 카메라로 찍은 사진에 간단하게 톤 보정과 색상 보정을 적용해 보겠습니다. 좀 더 선명한 사진을 만들 수 있는 명령에 대해 자세히 알아보겠습니다.

다루는 내용

- [Auto Tone]으로 밝기와 색상 보정하기
- [Auto Color]로 색상 보정하기

기능 정리

자동으로 색과 밝기를 조절해 주는 메뉴 살펴보기

[Image] 메뉴에 있는 [Auto Tone], [Auto Contrast]와 [Auto Color]는 이미지의 밝기와 색상을 자동으로 조절하는 명령입니다. 일반 사용자가 이미지를 손쉽게 수정할 수 있으며 빛이 부족한 상황에서 촬영한 사진이나 조명에 의해 색상이 과하게 표현된 이미지를 수정할 때 편리합니다.

[Auto Tone]은 밝기와 색상을 기본 설정값으로 자동으로 조절하는 명령입니다. [Auto Tone] 명령은 먼저 밝은 부분과 어두운 부분을 분석해 나머지 부분을 고르게 조절한 후 색상을 변경합니다. [Auto Contrast]는 밝기에 중심을 두어 색상은 그대로 둔 채 밝은 영역은 더 밝아지고 어두운 영역은 더 어둡게 수정합니다. [Auto Color]는 치우친 색상을 자동으로 조절하여 수정합니다. 이 미지의 밝기와 색상 분포를 보여주는 [Histogram] 패널을 통해 확인하면 각각의 [Auto] 명령을 비교해 볼 수 있습니다.

▲ 보정 전 원본 이미지와 히스토그램

▲ [Auto Tone]으로 보정 　　　 ▲ [Auto Contrast]로 보정 　　　 ▲ [Auto Color]로 보정

실습
과정

[Auto Tone]으로 이미지 톤 맞추기

이미지의 밝은 부분과 중간 부분, 어두운 부분을 기본 설정값으로 자동으로 보정할 수 있는 메뉴가 있습니다. [Auto Tone]을 적용하면 빛이 과하거나 부족해 흐릿하거나 어둡게 나온 사진을 보정할 때 편리합니다.

◎ **시작 파일** : 5장\03_01.jpg
◎ **완료 파일** : 5장\03_01_완료.psd

01　레이어 복사하기

❶ [Layers] 패널의 'Background' 레이어를 [Create a new layer](□)로 드래그하여 'Background' 레이어를 복사합니다.

❶ 드래그

02 [Auto Tone]으로 자동으로 톤 조절하기

❶ [Image]-[Auto Tone] 메뉴를 클릭합니다. 이미지의 밝기와 어둡기가 자동 보정되어 이미지가 선명해졌습니다.

03 블렌딩 모드를 조절해 색상 선명하게 만들기

❶ [Layers] 패널의 블렌딩 모드를 [Overlay]로 선택합니다. 아래 놓인 이미지와 혼합되어 색상이 선명해졌습니다.

> **참고** •
>
> [Overlay]를 선택하면 밝기는 중간 톤으로, 색상의 채도는 높게 설정되어 선명해 보입니다. 블렌딩 모드와 관련한 자세한 사항은 7장에서 설명하겠습니다.

자동 보정 메뉴로 이미지 색상 조절하기

조명이나 사진 작업 시 오류로 인해 잘못 나온 색상을 밝기에 맞춰 자동으로 보정합니다.

◉ **시작 파일** : 5장\03_02.jpg
◉ **완료 파일** : 5장\03_02_완료.jpg

01 [Auto Color]로 조명색 보정하기

❶ [Image]-[Auto Color] 메뉴를 클릭합니다.

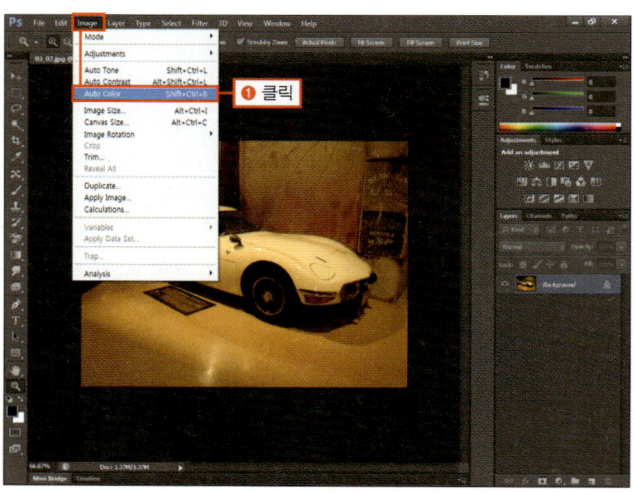

02 [Auto Color] 적용 확인하기

조명 때문에 왜곡된 색상이 보정되었습니다.

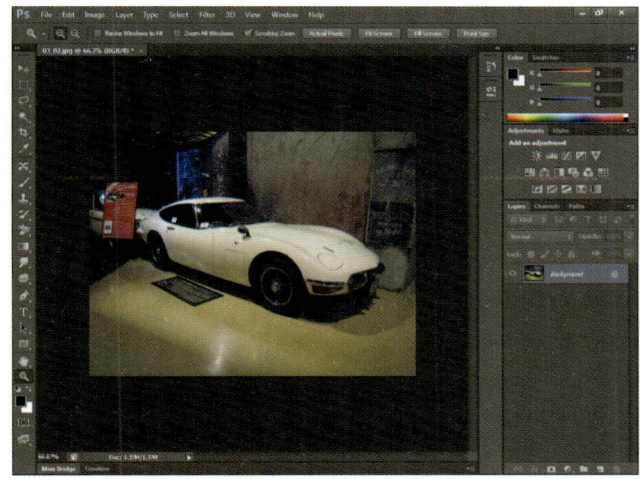

03 [Auto Contrast]로 대비 조절하기

❶ [Image]-[Auto Contrast] 메뉴를 클릭합니다.

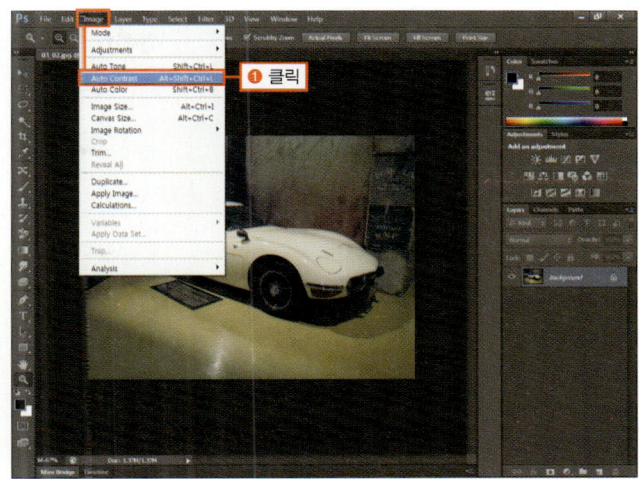

04 [Auto Contrast] 적용 확인하기

이미지의 대비차가 커져 좀 더 선명해진 것을 확인합니다.

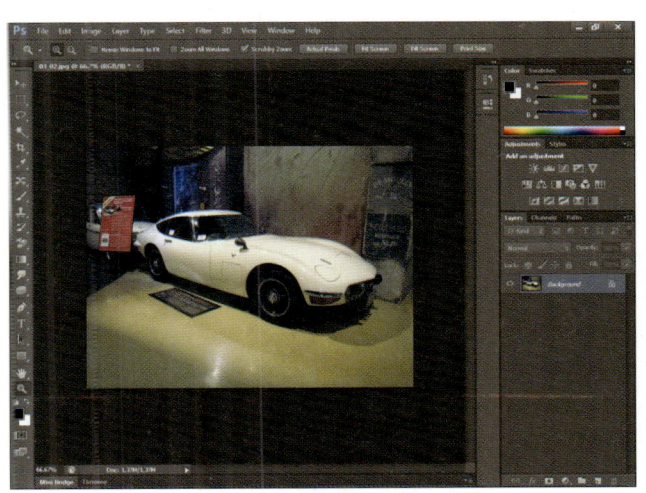

참고

[Auto Tone] 및 [Auto Contrast]의 적용 모습을 살펴봅니다.

▲ 보정 전 원본 이미지

▲ Auto Tone

▲ Auto Contrast

확인실습

[Auto Tone], [Auto Contrast], [Auto Color] 메뉴를 이용하여 사진을 보정해 보세요.

◉ **시작 파일** : 5장\03_실습.jpg
◉ **완료 파일** : 5장\03_완료.jpg

 >

SECTION 04

[Adjustments] 패널로 이미지의 밝기 수정하기

[Histogram] 패널의 그래프 모양으로 이미지의 밝기나 색상을 분석한 후 이미지의 밝기를 보정하는 다양한 명령을 알아보겠습니다.

다루는 내용

- [Histogram] 패널의 구성 보기
- [Brightness/Contrast]로 간단히 밝기 보정하기
- [Exposure]로 고화질 이미지의 밝기 보정하기
- [Levels]와 [Curves]로 이미지 밝기 섬세히 조절하기

기능 정리

이미지의 정보를 파악하고 수정할 수 있는 패널들 살펴보기

이미지를 원하는 대로 보정하기 위해서는 먼저 보정하려는 이미지의 밝기와 색상 분포 정보를 알아야 제대로 이미지를 보정할 수 있습니다. 이미지의 밝기, 각 색상의 분포 정도를 확인할 수 있는 곳이 바로 [Histogram] 패널입니다.

이미지의 밝기나 색상을 보정할 때는 [Image]-[Adjustments] 메뉴를 이용하거나 [Adjustments] 패널을 사용하여 보정 레이어를 만들 수도 있습니다.

● 이미지의 정보를 파악할 수 있는 [Histogram] 패널

[Histogram] 패널은 선택한 이미지의 색상 모드에 따라 각 채널의 색상 분포를 그래프로 나타냅니다. 패널을 확장시켜 'RGB'를 선택하면 각 색상 채널이 합쳐진 밝기의 분포도 확인할 수 있습니다.

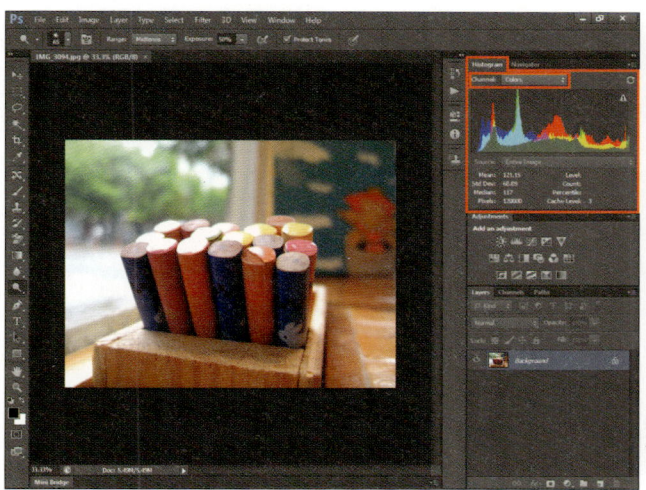

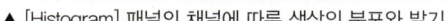

▲ [Histogram] 패널의 채널에 따른 색상의 분포와 밝기

● [Histogram] 패널로 보는 색상 분포와 밝기 정보

색상 모드가 RGB일 때, 히스토그램에서 오른쪽으로 치우친 색상은 밝은 영역에, 왼쪽으로 치우친 색상은 어두운 영역에 분포되었다는 뜻입니다. 이를 분석해 원하는 색상으로 이미지를 보정할 수 있습니다.

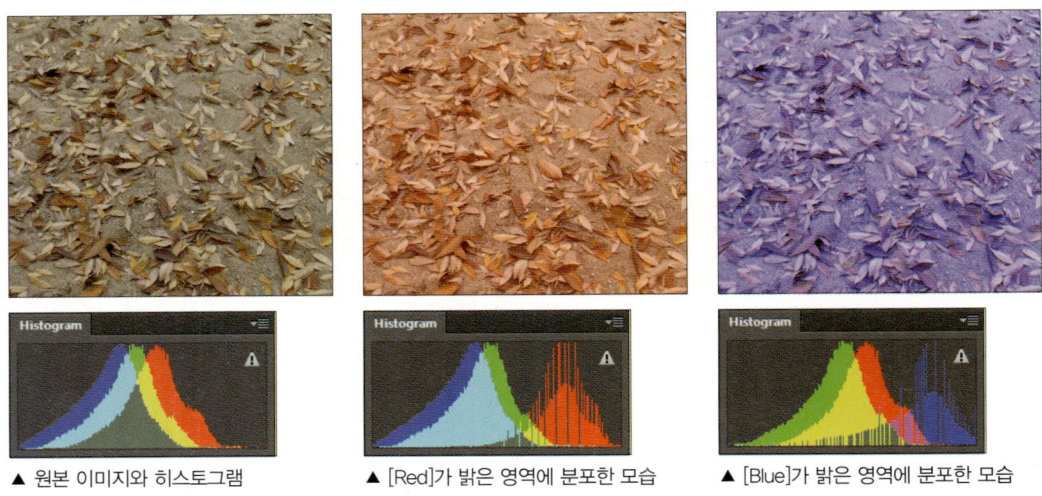

▲ 원본 이미지와 히스토그램　　　▲ [Red]가 밝은 영역에 분포한 모습　　　▲ [Blue]가 밝은 영역에 분포한 모습

색상 분포와 마찬가지로 히스토그램의 오른쪽이 밝은 영역(highlights), 왼쪽이 어두운 영역(shadows), 가운데가 중간 영역(midtones)이며 히스토그램이 골고루 분포되어 있을수록 선명한 이미지라고 할 수 있습니다.

▲ 밝기가 적당히 분포된 이미지　　　▲ 밝은 영역이 너무 많은 사진　　　▲ 어두운 영역이 너무 많은 사진

● 강력한 이미지 보정 메뉴를 모아둔 [Properties] 패널

[Adjustments] 패널에서 원하는 보정 버튼을 클릭하면 [Properties] 패널(▨)이 나타나 선택한 보정 명령의 옵션을 조절할 수 있습니다. 이럴 때 선택한 레이어 바로 위에 보정 레이어가 만들어집니다. 아래에 놓인 모든 레이어 이미지가 함께 보정되며, 언제든지 수정할 수 있고, 옆에 마스크 레이어가 붙어 있기 때문에 원하는 부분만 보정할 수 있습니다.

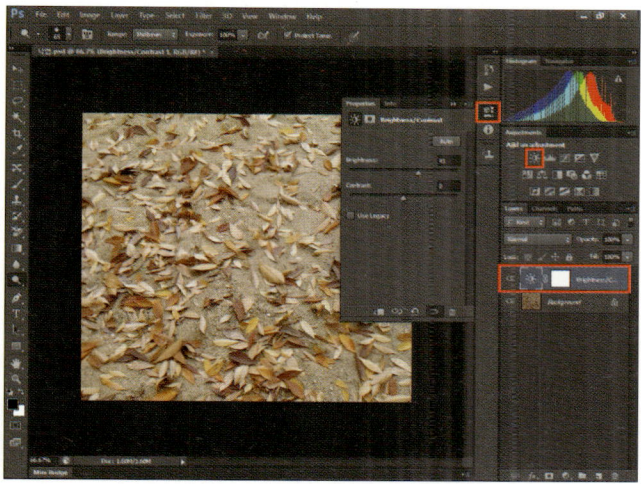

▲ [Adjustments] 패널의 [Brightness/Contrast]로 수정한 모습

참고 • [Properties] 패널과 [Image]–[Adjustments] 메뉴의 차이점 살펴보기

[Image]–[Adjustments] 메뉴에는 [Adjustments] 패널에 있는 보정 명령 외에 몇 개의 명령이 더 추가되어 있으며 [Adjustments] 패널과 달리 보정 레이어가 생성되지 않고 이미지에 바로 적용됩니다.

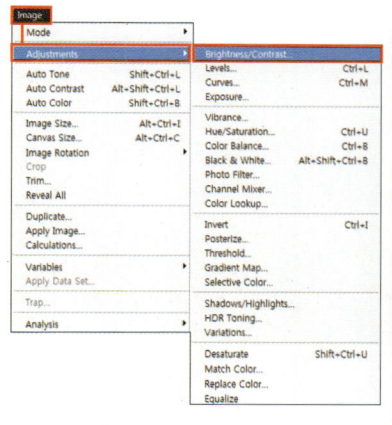 

▲ [Image]–[Adjustments] 메뉴의 [Brightness/Contrast]로 수정한 모습

 간단퀴즈

1 다음 중 [Adjustments] 명령에만 있는 것은 무엇일까요?

① Levels ② Curves ③ Black & White ④ Desaturate

2 이미지 색상과 채도, 밝기를 간단한 슬라이드 바로 조절하는 명령은 무엇일까요?

① Brightness/Contrast ② Channel Mixer ③ Hue/Saturation ④ Replace Color

답 : **1** ④, **2** ③

[Brightness/Contrast]로 한 번에 밝기 및 대비 조절하기

이미지의 밝기와 대비를 슬라이드로 조절하는 명령으로 밝기를 조절하는 명령 중에 가장 쉽게 사용할 수 있습니다.

◎ 시작 파일 : 5장\04_01.jpg
◎ 완료 파일 : 5장\04_01_완료.psd

01 작업 환경 바꾸기

❶[Window]-[Workspace]-[Photography] 메뉴를 클릭하여 사진 보정에 편한 작업 환경으로 바꿉니다. [Histogram] 패널의 그래프가 왼쪽으로 치우쳐 있으며, 이미지가 어두운 것을 확인합니다.

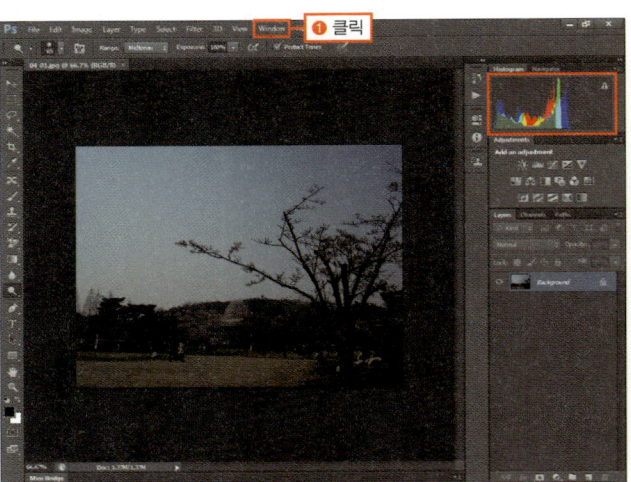

02 [Brightness/Contrast]로 밝기 보정하기

❶[Adjustments] 패널의 [Brightness & Contrast](☀)를 클릭하여 [Properties] 패널을 엽니다. [Properties] 패널에서 ❷[Brightness]를 '50'으로 조절하여 이미지를 밝게 수정합니다. [Histogram] 패널의 그래프가 오른쪽으로 이동한 것을 확인합니다.

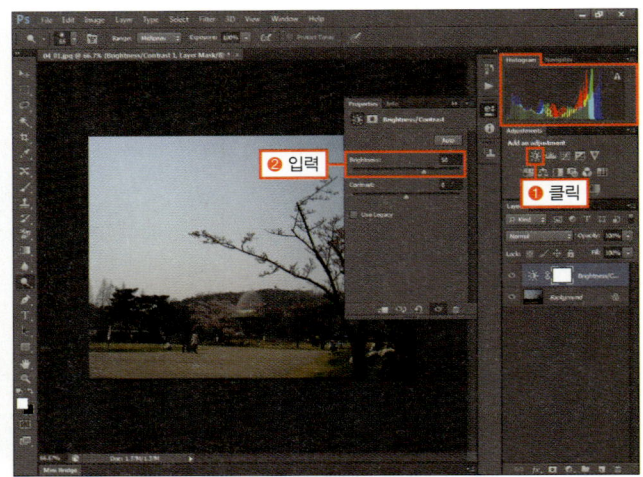

참고
• [Adjustments] 패널을 이용하여 보정하면 [Layers] 패널에 보정 레이어가 만들어져 아래에 놓인 모든 레이어 이미지를 보정합니다.
• [Image]-[Adjustments]-[Brightness/Contrast] 메뉴를 이용해도 같은 옵션으로 이미지를 보정할 수 있습니다.

03 [Brightness & Contrast]로 대비 수정하여 마무리하기

❶[Properties] 패널의 [Contrast]를 '32'로 조절합니다. [Histogram] 패널의 그래프가 양쪽 끝으로 골고루 퍼지고 이미지의 밝고 어두운 곳이 조절되어 더 선명하게 수정된 것을 확인합니다. ❷[Properites] 패널 버튼(🔲)을 클릭하여 패널을 닫습니다.

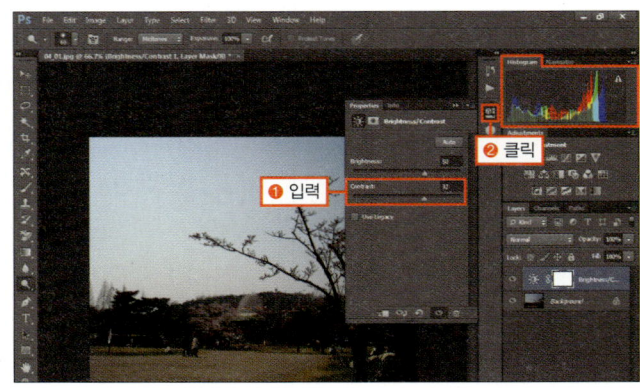

참고 • [Properties] 패널의 [Brightness/Contrast] 옵션 살펴보기

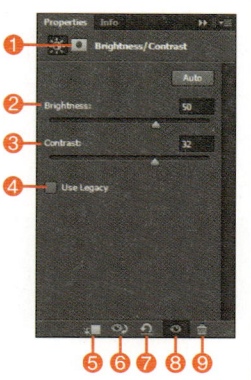

❶ **Mask** : 클릭하면 보정 레이어의 마스크가 나타나 마스크 농도나 옵션을 줄 수 있습니다. 레이어 마스크는 다음 장에서 좀 더 자세히 다루겠습니다.

❷ **Brightness** : 클릭하면 밝기를 조절하는 옵션이 나타납니다.

❸ **Contrast** : 대비를 조절하는 것으로 오른쪽으로 드래그할수록 대비가 커져 선명해집니다.

❹ **Use Legacy** : 체크하면 이전 버전에서 사용하던 방식으로 보정합니다.

❺ **This adjustments affects all layers below(This adjustment clips to the layer)** : 클릭하면 보정 레이어의 바로 아래 레이어에만 영향을 줍니다.

❻ **Press to view previous state** : 누르고 있는 동안 보정 레이어의 설정 전 이미지를 볼 수 있습니다.

❼ **Resets to adjustments default** : 조절한 옵션을 초기값으로 되돌립니다.

❽ **Layer visibility** : 보정 레이어를 감추거나 보이게 합니다.

❾ **Delete this adjustment layer** : 보정 레이어를 지웁니다.

[Exposure]로 고화질 이미지의 밝기 수정하기

주로 32비트 고화질 이미지의 밝기, 노출의 차이, 대비를 조절하여 깊이 있는 이미지를 만들 때 사용합니다.

◉ **시작 파일** : 5장\04_02.psd
◉ **완료 파일** : 5장\04_02_완료.psd

01 [Exposure] 보정 레이어 만들기

❶[Adjustments] 패널에서 [Exposure](🔲)를 클릭하여 [Properties] 패널을 엽니다.

02 가장 밝은 부분 설정하기

❶[Properties] 패널에서 [White Point] 스포이트(🖊)를 클릭한 후 ❷위쪽 가운데에 위치한 흰 동상을 클릭합니다. [Exposure] 값의 기준이 될, 이미지의 가장 밝은 부분을 설정한 것입니다.

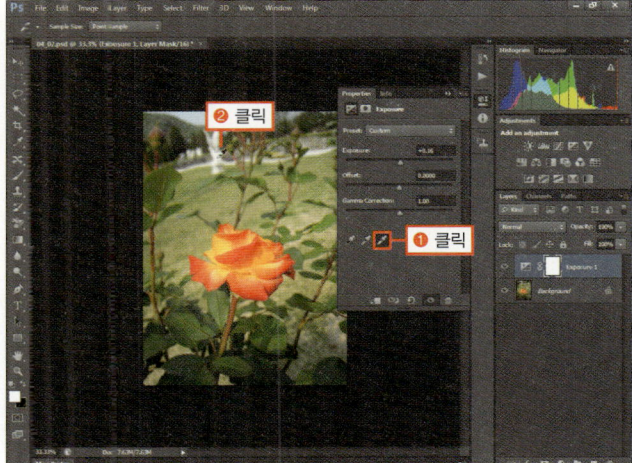

03 가장 어두운 부분 설정하기

❶[Properties] 패널에서 [Black Point] 스포이트(🖊)를 클릭한 후 ❷왼쪽 하단에 있는 잎 뒤쪽의 어두운 부분을 클릭합니다. [Offset] 값의 기준이 될, 이미지의 가장 어두운 부분을 설정한 것입니다.

04 [Exposure]를 수정하여 마무리하기

밝은 부분과 어두운 부분의 차이를 줄이기 위해 이미지를 보면서 ❶[Properties] 패널의 [Exposure]와 [Offset]을 약간 오른쪽으로 드래그하여 이미지를 완성합니다. ❷ [Properties] 패널 버튼(🔲)을 클릭하여 패널을 닫습니다.

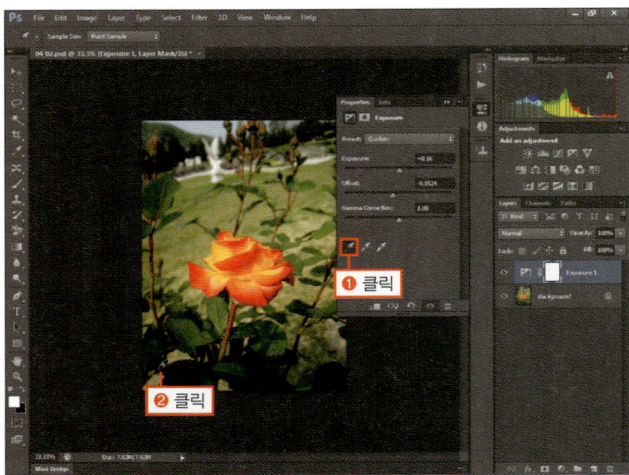

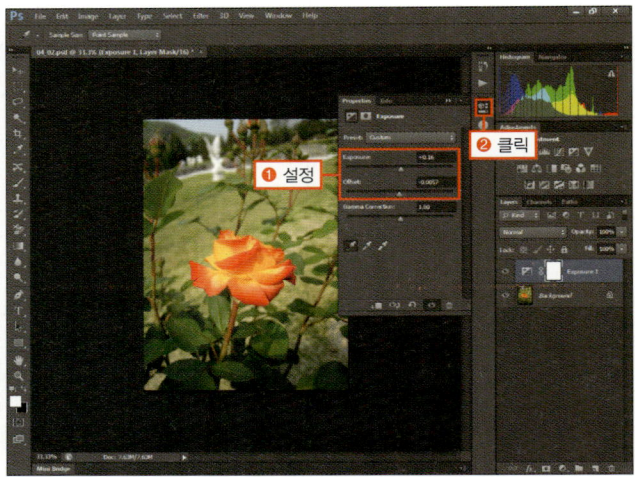

참고 ● [Properties] 패널의 [Exposure] 옵션 살펴보기

이미지의 밝은 부분과 어두운 부분의 양을 조절하고 두 밝기 차이를 수정해 선명한 이미지를 만드는 명령입니다.

❶ **Exposure** : 이미지에 빛을 넣어준 것 같은 보정으로, 왼쪽으로 드래그하면 어두워지고 오른쪽으로 드래그하면 어두운 톤의 변화를 최소화하면서 밝게 보정합니다.

❷ **Offset** : 밝은 톤에 미치는 영향을 최소화하면서 어두운 톤과 중간 톤을 어둡게 합니다.

❸ **Gamma Correction** : 밝기와 대비를 단순한 함수를 이용하여 조절합니다.

❹ **Sample in image to set black point** : 클릭한 지점을 제일 어두운 영역으로 설정하여 나머지 밝기를 조절합니다.

❺ **Sample in image to set gray point** : 클릭한 지점을 중간 영역으로 설정하여 나머지 밝기를 조절합니다.

❻ **Sample in image to set white point** : 클릭한 지점을 제일 밝은 영역으로 설정하여 나머지 밝기를 조절합니다.

[Levels]로 선명한 이미지 만들기

레벨은 이미지의 밝기를 보정하는 가장 기본적인 명령으로, [Histogram] 패널을 확인하면서 어두운 영역 (Shadows), 중간 영역(Midtones), 밝은 영역(Highlights)의 밝기를 수정합니다.

● **시작 파일** : 5장\04_03.jpg
● **완료 파일** : 5장\04_03_완료.psd

01 [Levels] 보정 레이어 만들기

[Histogram] 패널을 보면 그래프가 왼쪽으로 치우쳐 있습니다. 이를 보정하기 위해 ❶[Adjustments] 패널에서 [Levels](🏛)를 클릭합니다.

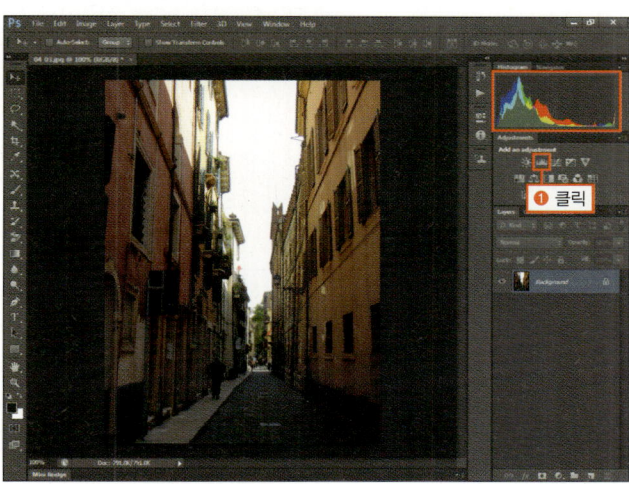

02 [Levels]로 밝은 영역 설정하기

[Properties] 패널에서 ❶ Alt 를 누른 채 [Levels] 그래프의 흰색 삼각형을 왼쪽으로 조금씩 드래그하여 하늘과 창문이 흰색으로 보일 때까지 이동합니다.

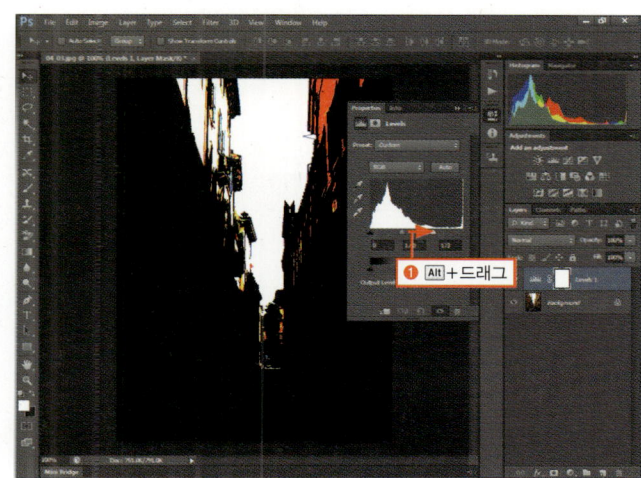

03 이미지의 밝기 확인하기

이미지의 밝은 영역이 늘어난 것을 확인합니다.

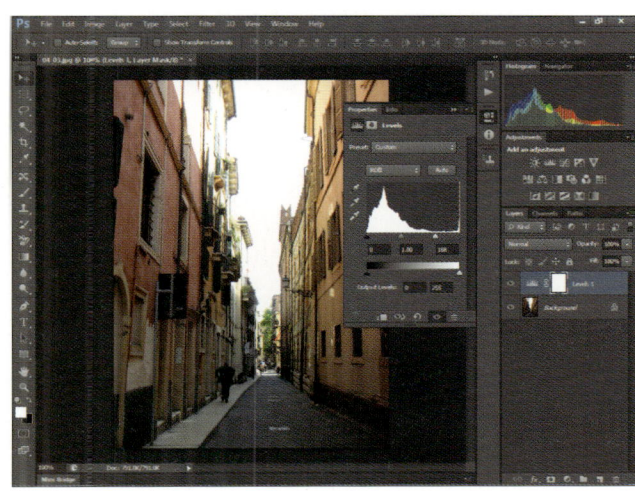

> **참고**
>
> Alt 를 누른 채 [White Point]나 [Black Point]를 클릭하면 해당 영역이 색상으로 구분되어 조금 쉽게 수정할 수 있습니다.

04 어두운 영역 설정하기

❶ Alt 를 누른 채 [Levels] 그래프의 검은색 삼각형을 오른
쪽으로 조금 드래그하여 사람의 일부분과 창의 구석이 까
맣게 보일 때까지 이동합니다.

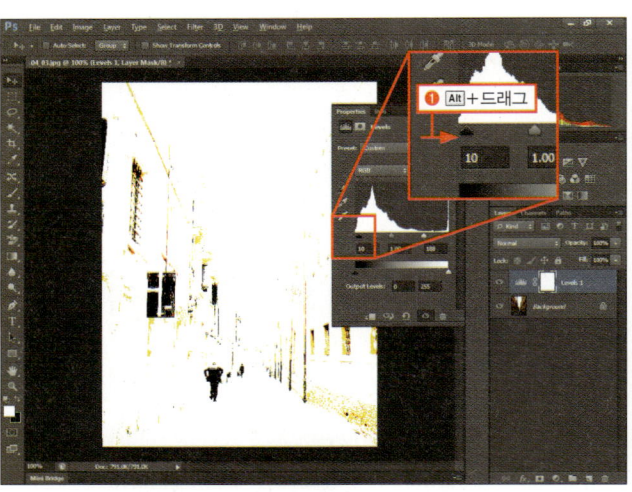

05 이미지의 어둡기 확인하기

어두운 영역이 조절된 것을 확인합니다.

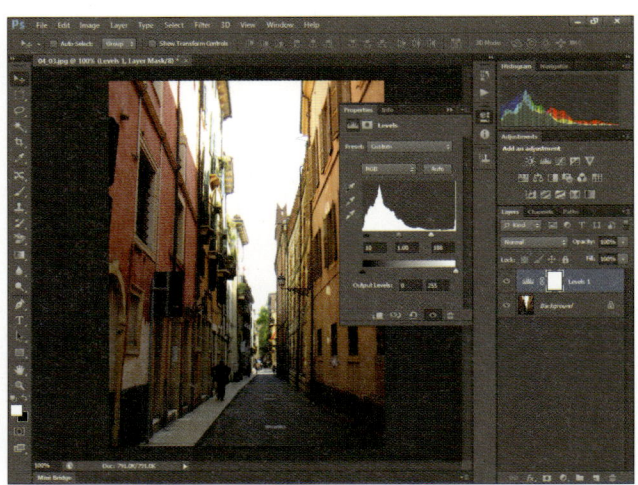

06 중간 영역 조절하여 마무리하기

❶ [Levels]의 회색 삼각형을 왼쪽으로 조금 드래그하여 이
미지의 중간 밝기를 조절합니다. 완성된 이미지와 히스토
그램을 확인합니다.

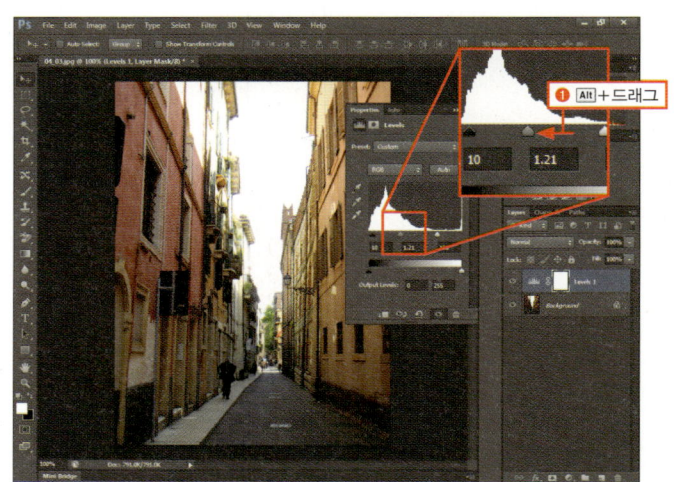

참고 • [Properties] 패널의 [Levels] 옵션 살펴보기

이미지의 밝기를 밝은 영역, 중간 영역, 어두운 영역으로 나누어 수정할 수 있습니다. 스포이트의 역할은
[Exposure]와 같습니다.

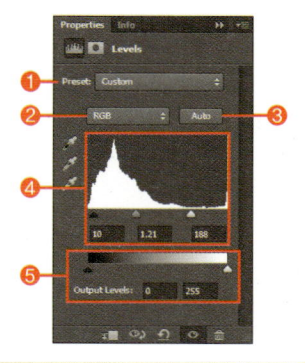

❶ **Preset** : 미리 설정해둔 값을 선택할 수 있습니다.

❷ **Channels** : 보정할 채널을 선택할 수 있습니다.

❸ **Auto** : 자동으로 레벨을 조절합니다.

❹ **Input Levels** : 이미지 밝기의 분포를 히스토그램으로 표시하여 검은 포인트는 어두운 톤의 밝기를, 회색
  포인트는 중간 톤의 밝기를, 흰 포인트는 밝은 톤의 밝기를 조절합니다.

❺ **Output Levels** : 수치를 입력하거나 포인트를 드래그하여 전체 밝기를 조절합니다.

 부분은 실습 박스입니다.

실습 과정

[Curves]로 밝기와 색상 수정하기

이미지의 밝기와 대비, 색상을 커브 곡선의 높낮이로 세심히 수정할 수 있습니다.

◎ **시작 파일** : 5장\04_04.jpg
◎ **완료 파일** : 5장\04_04_완료.psd

01 [Curves] 보정 레이어 만들기

[Histogram] 패널의 그래프를 보면 양쪽으로 너무 치우쳐 있는 것을 알 수 있습니다. 수정하기 위해 ❶[Adjustments] 패널의 [Curves](☷)를 클릭하여 [Properties] 패널을 엽니다.

02 커브 곡선으로 밝기 보정하기

❶[Curves]에서 [Click and drag in image to modify the curve](☜)를 클릭하고 ❷벽돌 부분을 클릭한 채 위로 드래그합니다. 커브 곡선이 위로 휘어지며 이미지가 밝아진 것을 확인합니다.

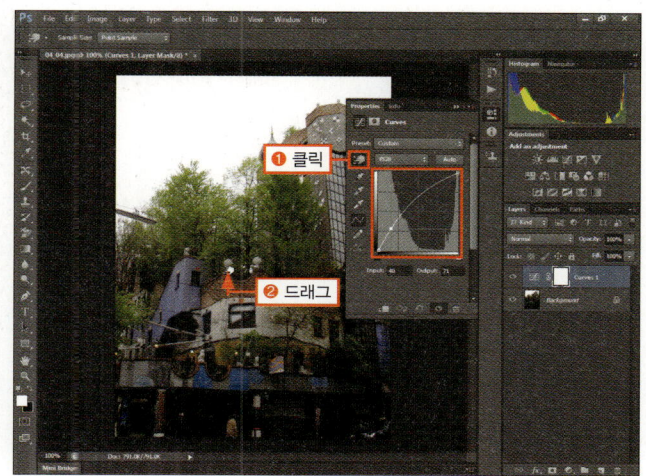

03 커브 곡선 추가 설정하기

❶벽돌 아랫부분도 같은 방법으로 클릭하고 ❷위로 드래그하여 밝게 수정합니다.

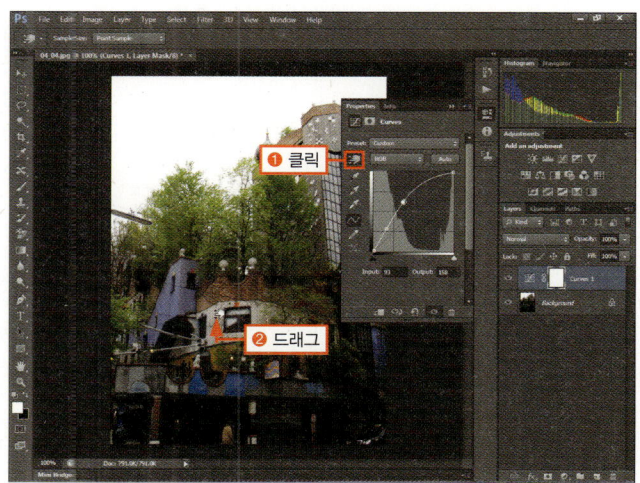

04 보정 레이어 마스크로 하늘 수정하기

하늘 부분이 너무 밝아진 것을 수정하기 위해 ❶[Brush Tool](✏)을 클릭합니다. ❷전경색을 검은색으로 설정하고 ❸①를 여러 번 눌러 브러시 크기를 '90'으로 변경합니다. ❹하늘 부분을 드래그하여 원본 이미지로 되돌립니다.

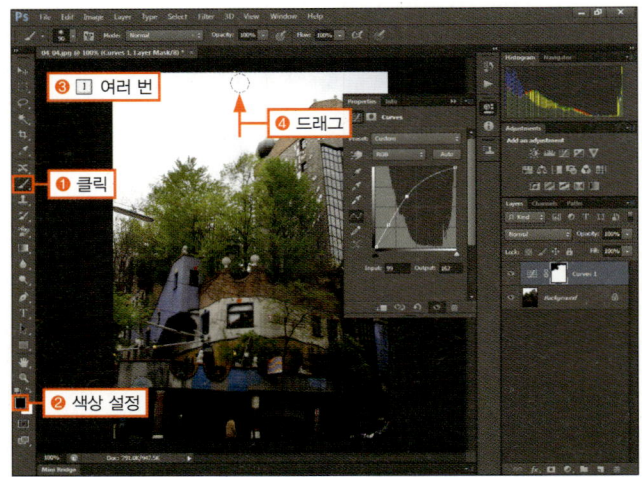

> **참고** •
>
> 보정 레이어의 마스크는 원하는 부분에만 보정 레이어가 적용되도록 하는 것으로 흰색 영역은 보정 레이어가 적용되며 검은색인 부분은 보정 레이어가 적용되지 않습니다. 자세한 사항은 7장에서 자세히 다루겠습니다.

> **참고** • [Properties] 패널의 [Curves] 옵션 살펴보기
>
> 커브 곡선을 수정하여 밝기와 대비를 조절하며 채널을 선택하면 원하는 색상의 밝기도 수정할 수 있습니다.
>
>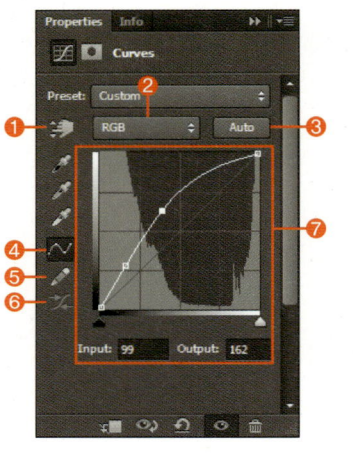
>
> ❶ **Click and drag in image to modify the curve** : 보정하려고 하는 지점을 클릭하면 커브 선에 포인트로 표시되며, 위로 드래그하면 커브 선도 위로 이동하여 그 지점의 밝기가 밝아지고 아래로 드래그하면 커브 선도 아래로 이동하여 그 지점의 밝기가 어두워집니다.
>
> ❷ **Channel** : 각 색상 채널을 선택하여 밝기를 조절할 수 있습니다.
>
> ❸ **Auto** : 자동으로 밝기와 색 대비를 조절합니다.
>
> ❹ **Edit points to modify the curve** : 커브 선에 포인트를 추가하여 조절합니다.
>
> ❺ **Draw to modify the curve** : 연필로 직접 선 그래프를 그려 조절합니다.
>
> ❻ **Smooth the curve values** : 연필 조절 아이콘(✏)으로 커브 선을 그렸을 때 활성화되는 것으로, 연필로 그려진 커브 선을 부드럽게 수정합니다.
>
> ❼ **커브 곡선** : 밝기와 색상, 채도를 함께 조절할 수 있는 그래프로, 커브 선이 위로 올라갈수록 밝아지고 색상 채널을 조절할 때에는 커브 선이 위로 올라갈수록 진해집니다. [Output]의 수치가 함께 조절됩니다. 커브 선을 왼쪽으로 드래그할수록 색상 대비가 강해지며 [Input]의 수치가 같이 조절됩니다.

확인실습

밝기 보정 명령을 2개 이상 사용하여 이미지를 수정해 보세요.

◎ **시작 파일** : 5장\04_실습.jpg
◎ **완료 파일** : 5장\04_완료.psd

 >

SECTION 05

[Adjustments] 패널로
이미지의 색상 수정하기

[Adjustments] 패널을 사용해 조명이나 카메라 오류로 인해 잘못 나온 색상을 수정하는 방법과 원하는 부분의 색상을 선택해 바꿀 수 있는 방법에 대해 자세히 알아보겠습니다.

다루는 내용

- [Color Balance]로 색상 수정하기
- [Hue/Saturation]으로 색상과 채도 변경하기

기능 정리

색상을 수정하는 여러 가지 명령 살펴보기

[Adjustments] 패널에는 색상의 채도만을 간단히 수정하는 [Vibrance]부터 한쪽으로 치우친 색상을 바로잡아주는 [Color Balance]와 원하는 색상을 다른 색상으로 바꿀 수 있는 [Hue/Saturation], 각 채널의 색상을 늘리거나 줄여 색상을 수정하는 [Color Mixer] 등이 있습니다.

❶ **Vibrance** : 색상 손실이 최소화되도록 하면서 채도를 조절합니다.

❷ **Hue/Saturation** : 색상과 채도, 밝기를 변경하는 조절 옵션이 나타납니다. 주로 이미지의 주 색
상을 변경하거나 [Colorize] 옵션을 체크하여 모노톤 이미지를 만들 때 사용합니다.

> **참고**
> 원하는 색상만 골라 수정하는 방법은 다음 Section에서 배울 예정입니다.

❸ **Color Balance** : 조명이나 카메라의 특성, 또는 빛의 노출에 따라 어느 한쪽으로 치우친 색상의
균형을 잡아주는 명령입니다.

❹ **Black/White** : 이미지를 무채색(흑백)으로 변경하면서 각 색상별로 명암을 조절할 수 있습니
다. [Tint]를 체크하면 모노톤 이미지를 제작할 수 있습니다.

❺ **Photo Filter** : 필름 카메라를 사용하던 시절 각 필름 브랜드마다 고유의 독특한 색감이 있었습
니다. 이런 독특한 색상을 디지털 카메라로 촬영한 이미지에 적용할 수 있는 명령입니다. 주로
[Cooling Filter]와 [Warming Filter], [Sepia]를 많이 사용합니다.

> **참고**
> 필터와 관련된 내용은 8장에서 자세히 배울 예정입니다.

❻ **Channel Mixer** : 이미지의 색상 모드에 따라 각 색상 채널을 미세하게 변경하는 기능으로, 각
색상의 합이 '+100'이 넘으면 색상의 왜곡이 일어납니다. 각 채널별로 밝기를 미세하게 조절
하여 무채색 이미지를 만들 때 사용합니다.

> **참고**
> 채널과 관련된 내용은 8장에서 자세히 배울 예정입니다.

❼ **Color Lookup** : 다양한 색상값을 미리 만들어서 선택하기만 하면 바로 이미지에 적용하는 명
령입니다.

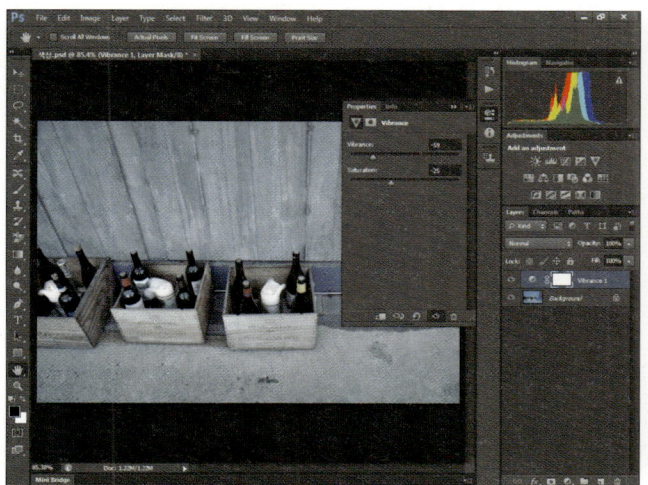

▲ [Vibrance]로 채도를 떨어트린 이미지

▲ [Hue/Saturation]의 [Hue]를 노란색으로 조절한 이미지

▲ [Color Balance]로 파란색을 줄인 이미지

▲ [Black/White]를 적용한 무채색 이미지

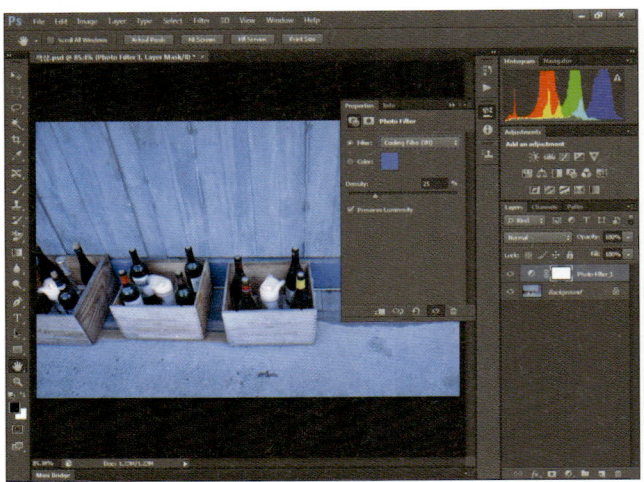

▲ [Photo Filter]의 'Cool Filter(80)'를 적용한 이미지

▲ [Channel Mixer]로 만든 무채색 이미지

▲ [Color Lookup]의 'Candlelight'를 선택한 이미지

간단퀴즈

■1 주로 조명이나 카메라 특성으로 인해 색상이 어느 한쪽으로 치우친 이미지 를 수정할 때 사용하는 보정 명령은 무엇일까요?

① Color Balance ② Hue/Saturation ③ Photo Filter ④ Channel Mixer

■2 다음 명령 중 무채색 이미지로 변경할 수 있는 명령이 아닌 것은?

① Channel Mixer ② Photo Filter ③ Desaturate ④ Black & White

답 : ■1 ①, ■2 ②

실습 과정

[Color Balance]로 색상의 균형을 맞추기

[Color Balance]는 이미지의 색상이 어느 한쪽으로 치우쳐 있을 경우 밝은 영역의 색상, 중간 영역의 색상, 어두운 영역의 색상 균형을 맞출 수 있습니다.

◎ 시작 파일 : 5장\05_01.jpg
◎ 완료 파일 : 5장\05_01_완료.psd

01 [Color Balance] 보정 레이어 만들기

[Histogram] 패널의 밝은 영역에 파란 색상이 치우쳐 있는 것을 확인합니다. 이를 수정하기 위해 ❶[Color Balance] (⚖)를 클릭하여 [Properties] 패널을 엽니다.

02 밝은 톤의 색상 보정하기

[Properties] 패널의 ❶[Tone]을 'Highlights'로 선택한 후 ❷[Cyan/Red]를 '+22', [Magenta/Green]을 '+2', [Yellow/Blue]를 '-20'으로 조절합니다. 이미지의 파란색이 줄어든 것을 확인합니다.

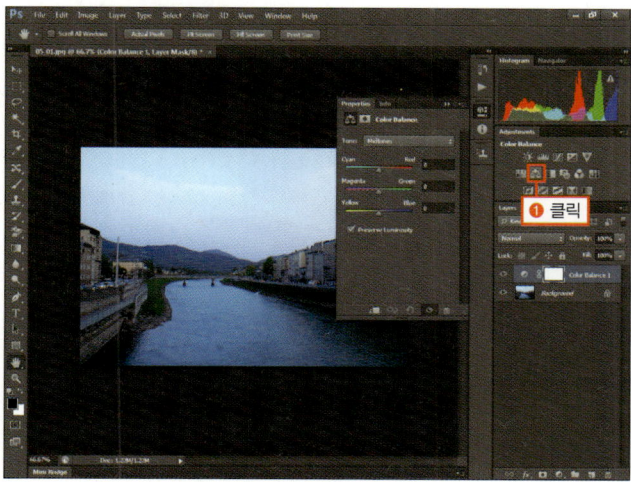

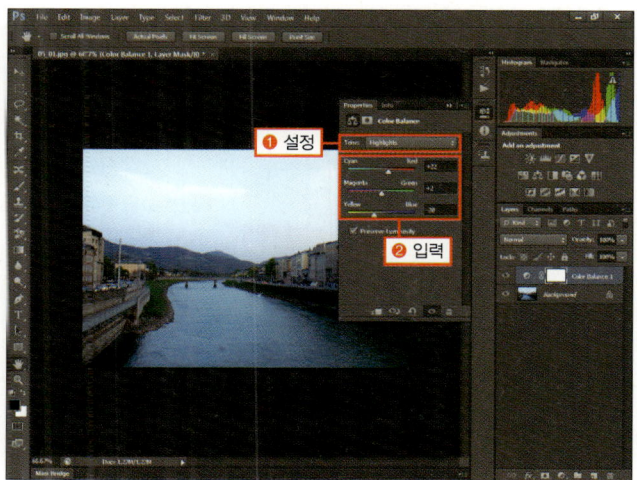

03 중간 톤의 색상 보정하기

❶[Midtones]을 선택한 후 ❷[Cyan/Red]를 '+20', [Magenta/Green]을 '-5', [Yellow/Blue]를 '-5'로 조절합니다.

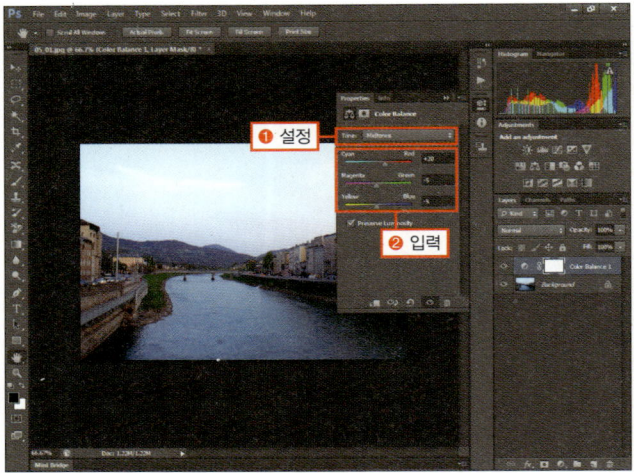

04 어두운 톤의 색상 보정하여 마무리하기

❶[Shadows]를 선택한 후 ❷[Cyan/Red]를 '+3', [Magenta/Green]을 '-5'로 조절합니다. 보정된 이미지를 확인한 후 ❸ [Properties] 패널 버튼(■)을 클릭하여 패널을 닫습니다.

참고 ● [Properties] 패널의 [Color Balance] 옵션 살펴보기

Red, Green, Blue, Cyan, Magenta, Yellow의 슬라이드 바로 색상의 균형을 맞출 수 있습니다.

❶ **Tone** : 색상을 조절할 때 어두운 톤(Shadows), 중간 톤(Midtones), 밝은 톤(Highlights)을 선택해 조절합니다.

❷ **Color Balance** : 슬라이더를 원하는 색상 방향으로 드래그하면 그 색상을 추가하며 반대 색상은 빠집니다.

❸ **Preserve Luminosity** : 체크하면 밝기는 그대로 둔 채 색상만 조절합니다.

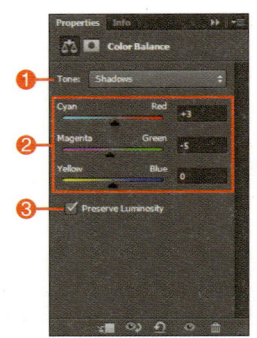

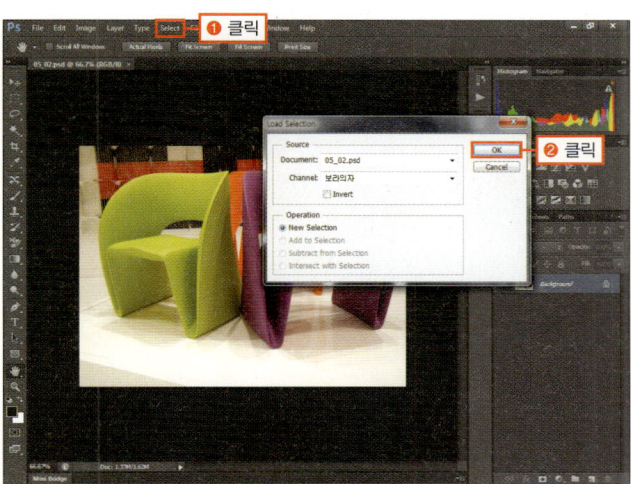

실습 과정

[Hue/Saturation]으로 색상 바꾸기

선택한 이미지나 선택 영역을 다른 색상으로 변경할 때 주로 사용하며 채도와 밝기 등도 수정할 수 있습니다. 무채색일 때는 [Colorize]를 체크해야 색상을 적용할 수 있습니다.

⊚ **시작 파일** : 5장\05_02.psd
⊚ **완료 파일** : 5장\05_02_완료.psd

01 선택 영역 불러오기

❶선택 영역을 불러오기 위해 [Select]-[Load Selection] 메뉴를 클릭하여 대화상자를 불러옵니다. ❷[OK]를 클릭하여 대화상자를 닫습니다.

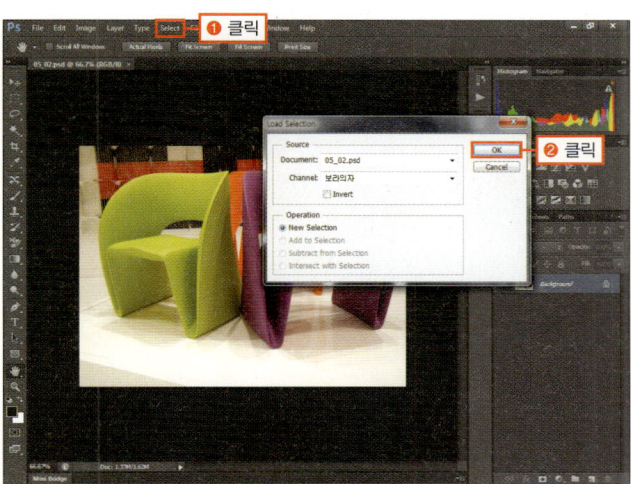

02 선택 영역 확인하기

선택 영역이 만들어집니다.

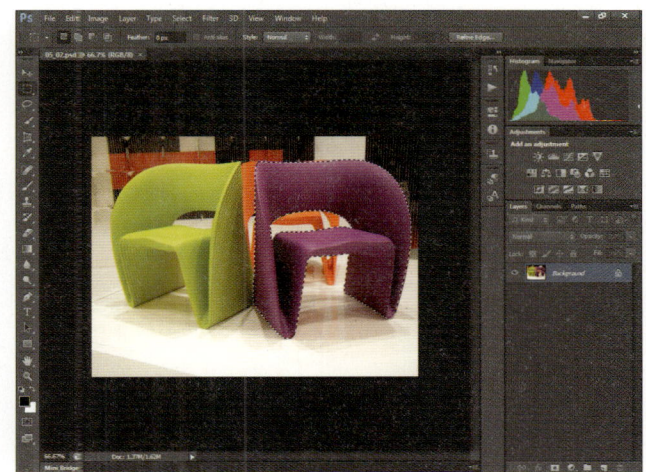

03 [Hue/Saturation]으로 색상 변경하여 완성하기

❶[Adjustments] 패널의 [Hue/Saturation](⬚)을 클릭하여 보정 레이어를 만든 후 ❷[Hue]를 '-120', [Saturation]을 '+20'으로 조절합니다. ❸[Properties] 패널 버튼(⬚)을 클릭하여 패널을 닫은 후 의자의 색상이 바뀐 것을 확인합니다.

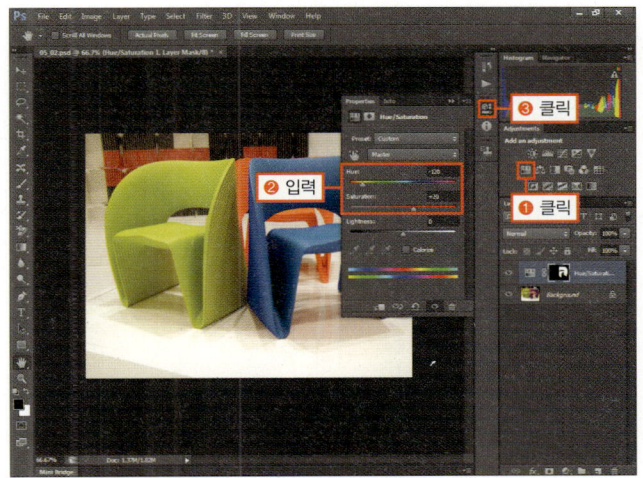

참고 • [Properties] 패널의 [Hue/Saturation] 옵션 살펴보기

색상과 채도, 밝기를 변경할 수 있습니다.

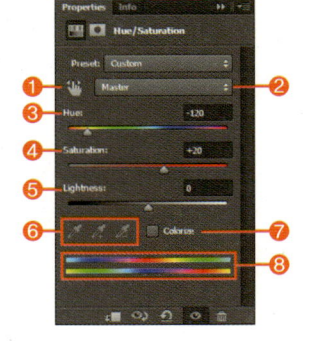

❶ **Click and drag in image to modify saturation** : 이미지를 클릭한 채 드래그하면 색상의 채도가 바로 조절됩니다.

❷ **Edit** : 바꾸려는 색상을 선택할 수 있습니다. 주로 [Master]가 선택된 상태에서 조절합니다.

❸ **Hue** : 이미지의 색상을 조절하는 것으로 현재 색상에서 더하거나 빼서 색상을 변경합니다. [Colorize]를 체크하지 않으면 무채색은 색상이 바뀌지 않습니다.

❹ **Saturation** : 색상의 채도를 조절합니다.

❺ **Lightness** : 밝기를 조절하는데 Edit가 Master로 설정되어 있을 경우 이 옵션을 사용하면 뿌옇게 되어 별로 사용하지 않습니다.

❻ **스포이트** : [Edit]의 색상 채널이 선택되면 스포이트로 선택한 부분의 [Hue/Saturation]이 조절됩니다.

❼ **Colorize** : 체크하면 이미지 전체에 한 가지 톤의 색상이 적용됩니다.

❽ **스펙트럼 바** : 위의 스펙트럼은 이미지 색상의 분포를 보여주며 아래의 스펙트럼은 수정되는 색상의 분포를 표시합니다.

[Color Lookup]으로 영화 필름 느낌의 이미지 만들기

[Color Lookup]은 포토샵 CS6에서 추가된 보정 명령입니다. [Levels]이나 [Curves]를 사용하지 않고도 이미 저장된 데이터를 선택하면 원하는 색과 명암을 보정할 수 있는 명령입니다

◉ **시작 파일** : 5장\05_03.jpg
◉ **완료 파일** : 5장\05_03_완료.psd

01 선택 영역 불러오기

❶ [Adjustments] 패널에서 [Color Lookup](🎞)을 클릭하여 [Properties] 패널을 엽니다.

02 필름 이미지로 색상 보정하기

❶ [3DLUT]에서 'Filmstock_50.3dl'을 선택합니다. 색상이 영화 필름 이미지처럼 변경되었습니다.

03 [Vibrance]로 채도 수정하기

색의 채도를 높이기 위해 ❶[Adjustments] 패널의
[Vibrance] 버튼(▼)을 클릭합니다. ❷[Properties] 패널에
서 [Vibrance]를 '+30', [Saturation]을 '+15'로 조절합니다.

04 완성된 이미지 확인하기

❶[Properties] 패널 아이콘(▦)을 클릭하여 패널을 닫은
후 완성된 이미지를 확인합니다.

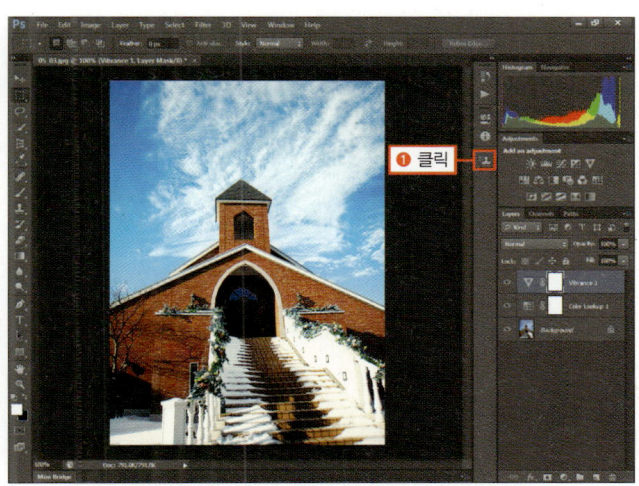

참고 ● [Color Lookup]의 다양한 색상 알아보기

다양한 색상 조합을 지원하여 원하는 메뉴를 선택하면 바로 수정됩니다.

▲ 원본 이미지

▲ Candlelight

▲ Crisp_Winter

▲ Filmstock_30

▲ HorrorBlue

▲ LateSunset 　　　　　▲ TealOrangePlus 　　　　　▲ Cobalt—Carmine 　　　　　▲ Gold—Grimson

▲ Sienna—blue 　　　　　▲ AnimePalette 　　　　　▲ ColorNegative 　　　　　▲ Smokey

확인실습

이미지를 모노톤으로 변경해 보세요.

- 시작 파일 : 5장\05_실습.psd
- 완료 파일 : 5장\05_완료.psd

\>

무채색 이미지를 만드는 두 가지 방법 비교하기

포토샵의 [Adjustments] 명령에는 선택한 이미지를 무채색으로 만드는 몇 가지 방법이 있습니다. 여기서는 가장 많이 사용하는 [Black & White]와 [Desaturate]에 대해 알아보겠습니다. [Desaturate]는 명암은 그대로 둔 채 색상만 제거합니다. [Black & White]는 각 색상별로 명암을 달리 조절할 수 있으며 [Tint]를 체크하면 모노톤 이미지도 만들수 있습니다.

◎ **시작 파일** : 5장\05_04.jpg
◎ **완료 파일** : 5장\05_04_완료.jpg, 05_04_완료2.jpg

1 [Duplicate]로 이미지 복사하기

❶[Image]–[Duplicate] 메뉴를 클릭하여 [Duplicate Image] 대화상자가 나타나면 ❷[OK]를 클릭합니다.

2 [Desaturate]로 흑백 이미지 만들기

같은 이미지가 복사된 것을 확인합니다. ❶[Image]–[Adjustments]–[Desaturate] 메뉴를 클릭하거나 Ctrl + Shift + U 를 눌러 무채색 이미지를 만듭니다.

3 [Black & White]로 무채색 이미지 만들기

❶[05_04.jpg] 탭을 클릭합니다. ❷[Image]–[Adjustments]–[Balck & White] 메뉴를 클릭하여 ❸[Yellows]를 '85', [Cyans]를 '–40', [Blues]를 '–20', [Magentas]를 '90'으로 조절합니다.

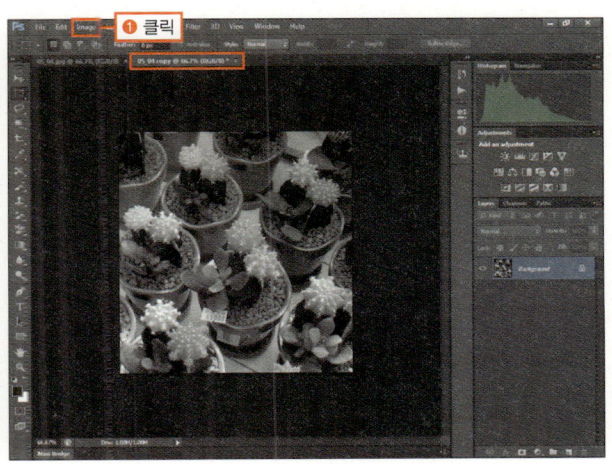

④ [Tint]를 체크하여 모노톤 이미지 만들기

❶[Tint]를 체크합니다. ❷[Hue]를 녹색 쪽으로 드래그하고 [Saturation]을 약간 높인 후 ❸[OK]를 클릭하여 대화상자를 닫습니다.

⑤ 완성된 이미지 확인하기

선택한 색상이 무채색 이미지에 입혀진 것을 확인합니다.

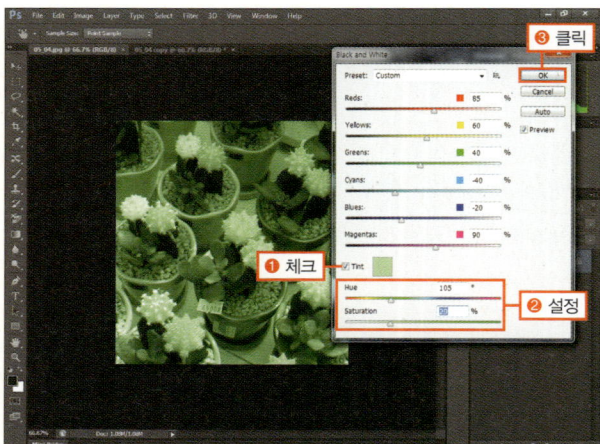
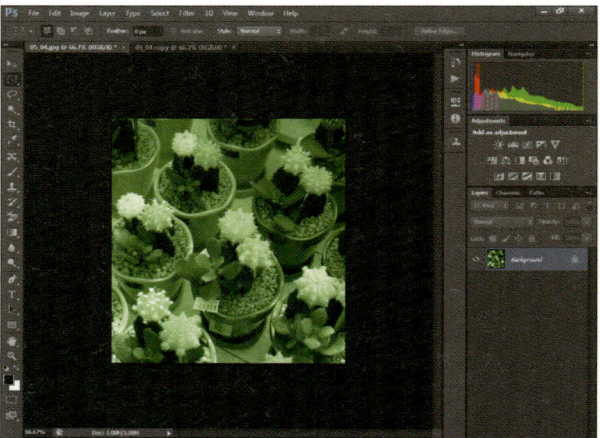

[Auto-Blend Layers]로 선명하고 화사한 사진 만들기

[Auto-Blend Layers] 명령은 선택한 레이어의 연결 부분을 자연스럽게 합성할 때 사용합니다. 또한 같은 장소에서 찍은 사진의 초점을 서로 다르게 찍어 밝기나 선명도가 서로 다를 때 이를 자연스럽게 합성하여 선명하게 잘 찍은 사진을 만들 때도 사용합니다. 쇼핑몰에 사용하는 사진을 만들 때 유용합니다.

◎ **시작 파일** : 5장\01_04.psd
◎ **완료 파일** : 5장\01_04_완료2.psd

1 시작 파일을 불러온 후 레이어 이미지 확인하기

❶[Layers] 패널에서 '장미' 레이어의 눈 아이콘(👁)을 클릭합니다. '장미' 레이어는 왼쪽 장미가 밝고 선명하며 '아파트' 레이어는 아파트가 밝고 선명합니다. ❷'장미' 레이어 눈 아이콘(👁)을 클릭하여 다시 보이도록 합니다.

2 [Auto-Blend Layers] 적용하기

❶ Shift 를 누른 채 '장미' 레이어와 '아파트' 레이어를 클릭하여 두 레이어를 함께 선택한 후 ❷[Edit]-[Auto-Blend Layers] 메뉴를 클릭합니다.

3 두 레이어 이미지 합성하기

[Auto-Blend Layers] 대화상자가 나타나면 [Stack Images]가 선택된 것을 확인하고 ❶[OK]를 클릭합니다.

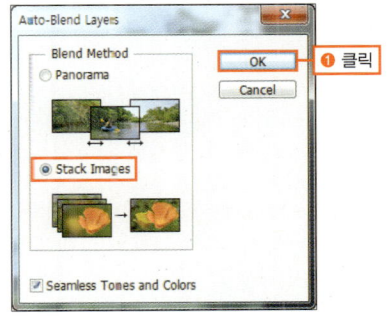

4 '아파트' 레이어 확인하기

❶'장미' 레이어의 눈 아이콘(👁)을 클릭하여 이미지가 보이지 않도록 합니다. '아파트' 레이어에서 아파트 부분만 남고 나머지는 지워진 것을 확인한 후 ❷다시 '장미' 레이어의 눈 아이콘(👁)을 클릭하여 보이게 합니다.

5 '장미' 레이어 확인하기

❶'아파트' 레이어의 눈 아이콘(👁)을 클릭하여 감춥니다. '장미' 레이어는 장미 부분만 남고 나머지가 지워진 것을 확인합니다.

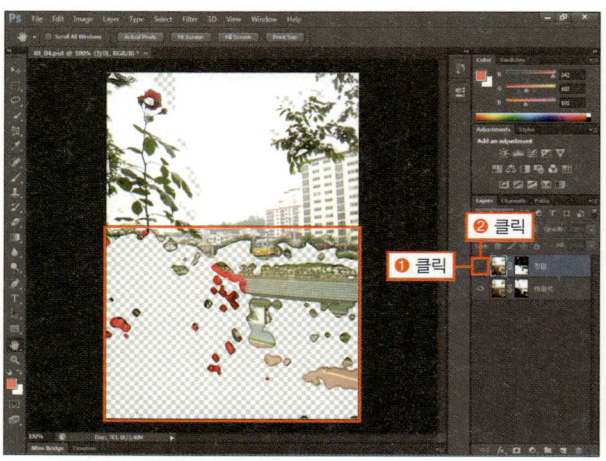

6 합성된 이미지 확인하기

❶다시 눈 아이콘(👁)을 클릭하여 모든 레이어가 보이도록 한 후 합성된 결과물을 확인합니다.

SECTION
06

원하는 색상만 골라 수정하기

이미지의 전체 색감을 조절하거나 선택 영역이 없어도 일부분의 색상만을 변경하는 방법에 대해 알아보겠습니다.

다루는 내용

- 색상 채널 이해하기
- [Selective Color] 명령 이해하기
- [Replace Color]로 원하는 부분만 색상 바꾸기
- [Channel Mixer]로 각 채널의 색상 조절하기
- [Gradient Map] 명령 살펴보기
- [Match Color]로 두 이미지의 색상, 명암 맞추기

기능 정리

색상 모드와 채널 이해하기

이미지의 색상을 보정하기 위해서는 먼저 색상 채널에 대해 이해해야 합니다. 채널에 대해서는 8장에서 자세히 배울 예정이므로 여기서는 간단하게 RGB 색상 모드와 CMYK 색상 모드, 이에 따른 채널의 의미를 먼저 살펴보도록 하겠습니다.

● RGB 색상 모드와 채널

현재 이미지의 탭을 보면 이미지의 이름과 함께 색상 모드를 표시하고 있습니다. 이때 포토샵의 기본 색상 모드는 바로 RGB 색상 모드입니다. RGB 색상 모드는 빛의 3원색인 Red, Green, Blue를 사용해 이미지의 색상을 나타내므로 색상 채널은 'Red' 채널, 'Green' 채널, 'Blue' 채널이 있습니다. 색상이 섞일수록 밝아져 세 가지 색상이 모두 섞였을 때에는 흰색이 됩니다. 주로 웹디자인이나 멀티미디어 디자인에서 사용합니다.

▲ RGB 색상 모드

▲ RGB 색상 모드의 이미지를 [Channel Mixer]로 수정할 때

● CMYK 색상 모드

CMYK 색상 모드는 염료의 4원색인 Cyan, Magenta, Yellow, Black을 섞어서 만드는 것으로, 인쇄물 작업 시 사용되는 색상 모드입니다. CMYK 색상 모드의 이미지는 각각의 색상 채널을 가지며 원하는 색으로 수정할 수 있습니다. 색상을 섞을수록 어두워지며 모든 색을 섞으면 검은색이 됩니다.

 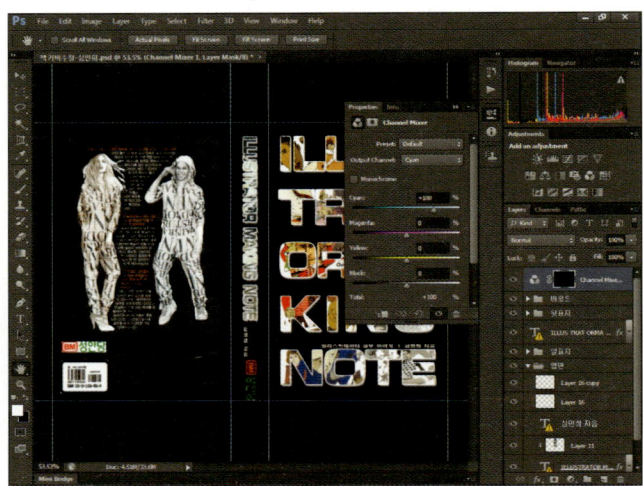

▲ CMYK 색상 모드로 혼합했을 때와 CMYK 색상 모드의 이미지를 [Channel Mixer]로 수정할 때

 간단퀴즈

1 주로 웹디자인이나 멀티미디어 디자인에서 사용하는 색상 모드 가운데 포토샵의 기본 색상 모드에 속하는 색상이 아닌 것은 무엇일까요?

① Red ② Green ③ Yellow ④ Blue

답 : ③

[Selective Color]로 특정 색상 골라 수정하기

이미지의 색상을 수정할 때 원하는 색상을 증가시키거나 다른 색상을 빼면서 수정하는 명령입니다. 예를 들어 이미지에 파란색을 강조하고 싶으면 붉은색 계열의 색상을 줄이고 푸른 계열의 색상을 늘리면 됩니다.

- 시작 파일 : 5장\06_01.jpg
- 완료 파일 : 5장\06_01_완료.psd

01 [Selective Color] 적용하기

이미지의 주황색 꽃 색상을 더 진하고 밝게 바꾸기 위해 ❶ [Adjustments] 패널에서 [Selective Color](▨)를 클릭합니다.

02 [Selective Color]로 주황색을 더 밝고 진하게 만들기

[Properties] 패널에서 [Colors]가 [Reds]로 선택된 것을 확인하고 ❶ [Cyans]을 '-70', [Magenta]를 '+20', [Yellows]를 '+30'으로 조절합니다. 주황색 꽃이 더 밝고 진해진 것을 확인합니다.

03 [Selective Color]로 마젠타 색상을 수정한 후 마무리하기

❶ [Colors]를 [Mgentas]로 선택한 후 ❷ [Cyans]를 '-30', [Magentas]를 '+20', [Yellow]를 '-30'으로 조절합니다. 핑크색 꽃이 더 밝아진 것을 확인합니다.

참고 • [Properties] 패널의 [Selective Color] 옵션 살펴보기

❶ **Colors** : Reds, Yellows, Greens, Cyans, Blues, Magentas, Whites, Neutrals, Black 등 9개의 색상 중에 하나를 선택해 변경할 수 있습니다.

❷ **색상 조절 슬라이더** : Colors에서 선택한 색상을 조절합니다.

❸ **Method** : [Relative]를 클릭하면 기존 색상에서 선택한 색상을 더하거나 빼주어 색상이 변경되고, [Absolute]를 클릭하면 조절한 색상이 바로 기존 색상에 적용됩니다.

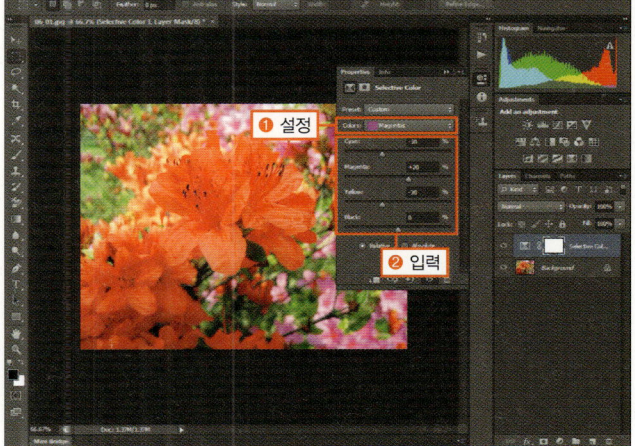

실습 과정

[Replace Color]로 원하는 색만 수정하기

[Replace Color] 명령은 스포이트를 이용해 특정 색상만 선택하여 다른 색으로 수정합니다.

◎ 시작 파일 : 5장\06_02.jpg
◎ 완료 파일 : 5장\06_02_완료.jpg

01 [Replace Color]로 변경할 색상 선택하기

❶[Image]-[Adjustments]-[Replace Color] 메뉴를 클릭하여 대화상자를 불러옵니다. ❷마우스 포인터가 스포이트로 바뀌면 핑크색 가면을 클릭하여 변경할 색상을 선택합니다.

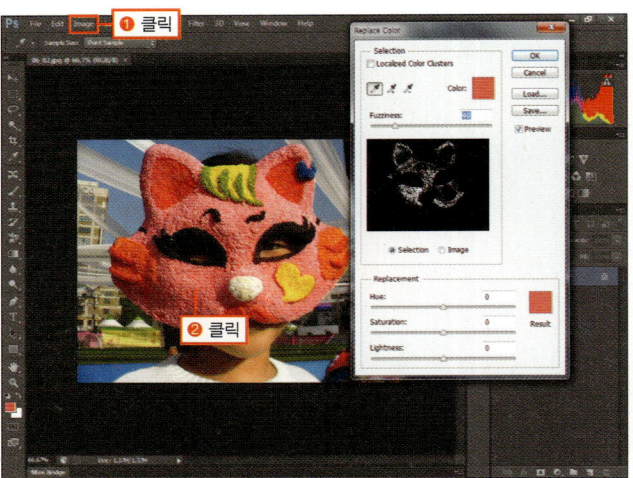

02 색상 변경하기

❶[Replace Color] 대화상자에서 [Fuzziness]는 '80', [Hue]는 '+65', [Saturation]은 '+20'으로 입력합니다. 가면의 색상이 노란색으로 수정됩니다.

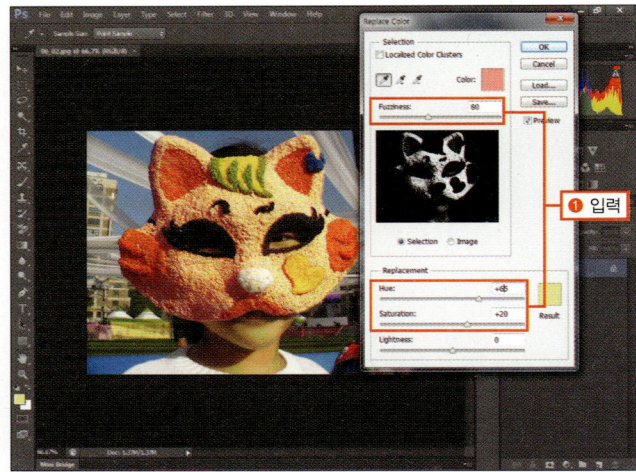

03 추가 스포이트 설정하기

❶추가 스포이트(🖋)를 클릭한 후 ❷아직 색상이 바뀌지 않은 부분을 클릭하여 색상을 바꿉니다.

04 빼기 스포이트로 바꿀 영역 제거하기

턱과 목 부분의 색상도 일부 변경된 것을 확인합니다. ❶빼기 스포이트(🖊)를 클릭하고 ❷색상이 변경된 부분을 클릭합니다.

05 색상 범위 수정하여 마무리하기

❶[Fuzziness]를 '90'으로 수정한 후 ❷[OK]를 클릭하여 대화상자를 닫습니다. 색상이 바뀐 이미지를 확인합니다.

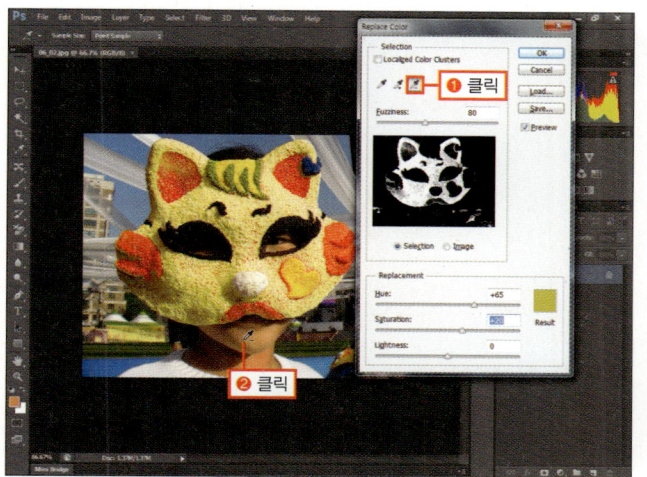

참고 ● [Replace Color] 대화상자의 구성 보기

[Replace Color] 명령은 [Select]-[Color Range]와 [Hue/Sauration] 명령을 결합한 것입니다. 색상을 변경하려는 부분을 스포이트로 선택한 후 [Hue], [Saturation] 옵션으로 변경합니다.

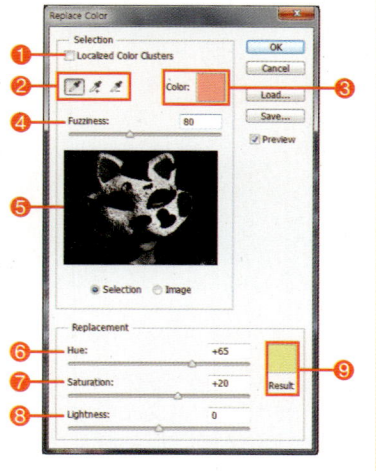

❶ **Localized Color Clusters** : 체크하면 스포이트로 클릭한 부분의 영역과 연속되는 부분도 선택됩니다.

❷ **스포이트 툴** : 원하는 색상을 선택하는 스포이트 툴(🖊), 색상을 추가하는 스포이트 툴(🖊), 색상을 빼주는 스포이트 툴(🖊)이 있습니다.

❸ **Color** : 스포이트 툴로 선택한 색상을 나타냅니다.

❹ **Fuzziness** : 선택한 색상의 범위를 조절합니다. 수치가 클수록 선택 범위가 넓어집니다.

❺ **프리뷰 창** : 스포이트로 선택한 색상의 범위를 나타냅니다. [Selection]을 선택하면 흑백으로 선택 영역을 보여주며 [Image]는 전체 이미지가 보입니다.

❻ **Hue** : 선택한 색상을 바꿀 수 있습니다.

❼ **Saturation** : [Hue]에서 선택한 색상의 채도를 조절합니다.

❽ **Lightness** : 선택한 색상의 밝기를 조절합니다.

❾ **Result** : [Hue], [Saturation], [Lightness]로 조절한 색상을 나타냅니다.

[Channel Mixer]로 독특한 색감의 사진 만들기

[Channel Mixer]를 이용하면 각 채널의 색상을 더하거나 빼서 색상을 수정할 수 있습니다. 수정된 합이 '+100'이 넘거나 모자라면 명암이 달라져 이미지가 손상됩니다.

◉ **시작 파일** : 5장\06_03.jpg
◉ **완료 파일** : 5장\06_03_완료.psd

01 [Channel Mixer] 보정 레이어 만들기

❶ [Adjustments] 패널에서 [Channel Mixer](🌀)를 클릭하여 [Properties] 패널을 엽니다.

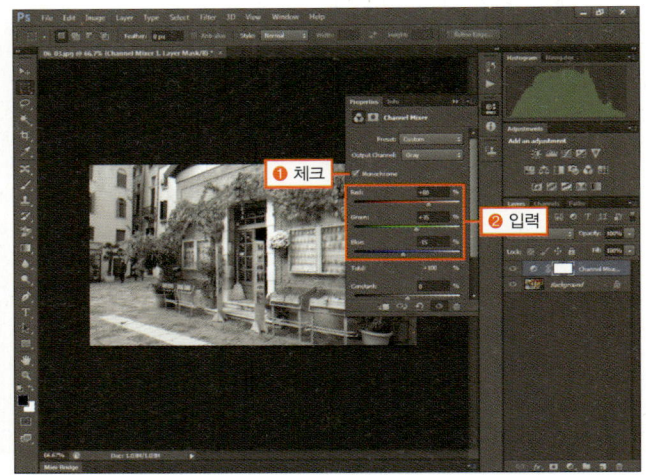

02 [Channel Mixer]로 흑백 이미지 만들기

❶ [Properties] 패널에서 [Monochrome]을 체크하여 흑백 이미지로 변경합니다. ❷ [Red]를 '+80', [Green]을 '+35'로 조절하여 빨간색 영역과 녹색 영역을 밝게 설정하고, [Blue]를 '-15'로 조절하여 파란색 영역은 어둡게 조절합니다.

03 블렌딩 모드로 독특한 색감의 사진 만들기

❶ [Layers] 패널에서 블렌딩 모드를 [Overlay]로 선택합니다. [Channel Mixer] 보정 레이어의 명암이 아래 이미지와 혼합되어 색상의 밝기 정도가 수정된 것을 확인합니다. ❷ [Properties] 패널 버튼(📷)을 클릭하여 패널을 닫습니다.

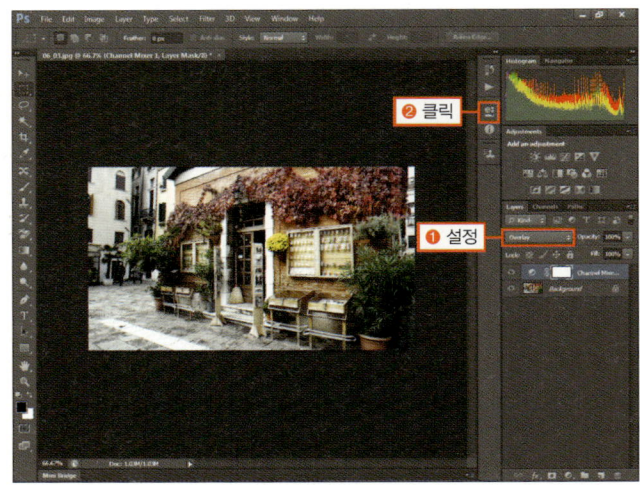

수정하려는 색상과 명암을 선택하여 다른 채널의 색상을 추가하거나 뺄 수 있습니다.

❶ **Output Channel** : 보정하려는 색상 채널을 선택합니다. 이미지 모드가 RGB인 경우 Red, Green, Blue 채널을 선택할 수 있습니다.

❷ **Monochrome** : 체크하면 무채색으로 바뀌며 각 채널의 명암을 조절할 수 있습니다.

❸ **Source Channels** : 슬라이더를 조절하여 각 색상을 조절하는데 이 조절의 합이 [Total]에 표시됩니다. [Total]의 합이 100%가 넘으면 이미지의 명암이 변경됩니다.

❹ **Constant** : 색상의 밝기를 조절합니다.

실습 과정 — [Gradient Map]으로 분위기 있는 사진 만들기

[Gradient Map]은 이미지에 선택한 그레이디언트 색상을 덧입히는 명령입니다. 그레이디언트 바의 왼쪽에 놓인 색상이 이미지의 어두운 톤에, 오른쪽에 놓인 색상이 밝은 톤에 적용되어 모노톤이나 듀오톤 이미지를 만들 수 있습니다.

◎ **시작 파일** : 5장\06_04.jpg
◎ **완료 파일** : 5장\06_04_완료.psd

01 [Gradient Map] 보정 레이어 만들기

❶[Adjustments] 패널에서 [Gradient Map](▭)을 클릭하여 보정 레이어를 만듭니다.

02 그레이디언트 색상 선택하기

❶[Properties] 패널의 그레이디언트 바를 클릭하여 [Gradient Editor] 대화상자를 불러옵니다. ❷왼쪽 [Color Stop](▯)을 더블클릭하여 어두운 파란색(#080b46)으로 설정합니다. ❸그레이디언트 바의 중간 부분을 클릭하여 새로운 [Color Stop]을 만든 후 약간 어두운 노란색(#acad42)으로 설정합니다. ❹오른쪽 [Color Stop]을 더블클릭하여 ❺밝은 노란색(#ffffbd9)을 선택합니다. ❻[OK]를 클릭하고 ❼열려 있는 모든 대화상자를 닫습니다.

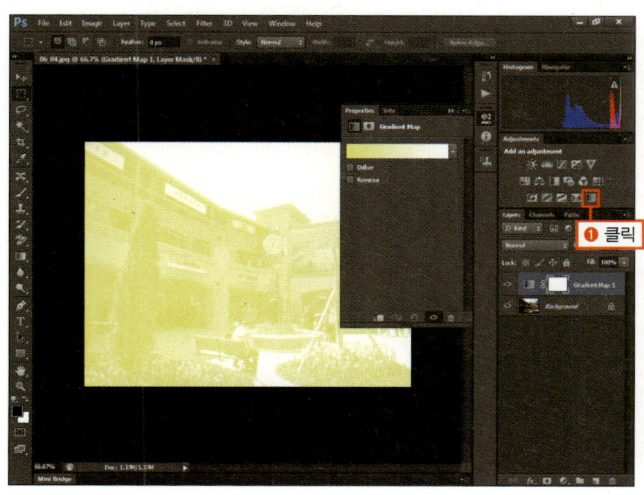

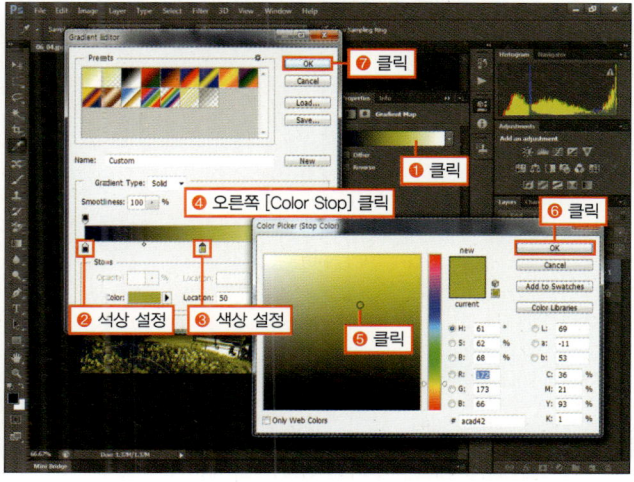

03 완성된 이미지 확인하기

❶ [Properties] 패널 버튼(🔲)을 클릭하여 패널을 닫고 명암에 따라 선택한 그레이디언트 색상으로 보정된 것을 확인합니다.

실습 과정

[Match Color]로 두 이미지의 색감 맞추기

두 이미지의 색상과 명암 등을 맞출 때 사용하는 명령입니다.

◉ **시작 파일** : 5장\06_05_1.jpg, 06_05_2.jpg
◉ **완료 파일** : 5장\06_05_완료.jpg

---

01 색감을 맞출 선택 영역 설정하기

❶ [File]-[Open] 메뉴를 클릭하여 2개의 시작 파일을 불러온 후 ❷ [06_05_2.jpg] 탭을 클릭하여 이미지가 보이도록 합니다. ❸ [Rectangular Marquee Tool](🔲)을 클릭하고 ❹ 이미지의 하늘 부분을 드래그하여 선택 영역을 만듭니다.

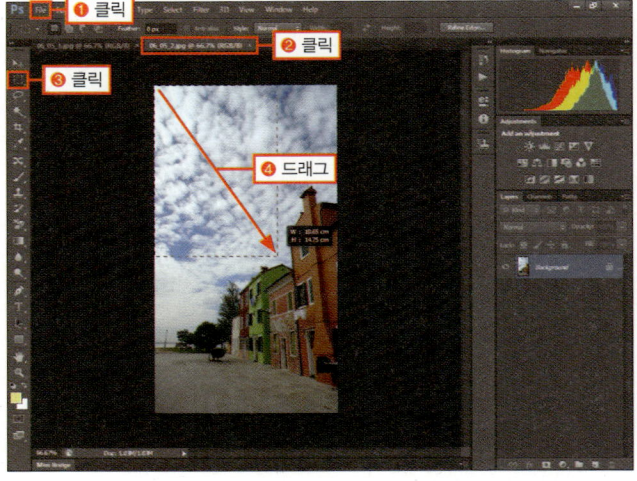

02 선택 영역 설정하기

❶ [06_05_1.jpg] 탭을 클릭하여 이미지가 보이도록 한 후 ❷ [Quick Selection Tool](🖌)을 클릭합니다. ❸ 이미지의 하늘 부분을 드래그하여 선택 영역을 만듭니다.

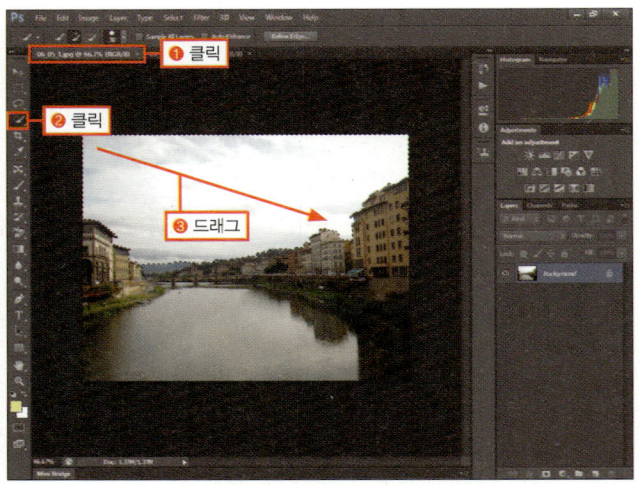

---

03 [Match Color]로 색감 맞추기

❶ [Image]-[Adjustments]-[Match Color] 메뉴를 클릭하여 [Match Color] 대화상자를 불러옵니다. ❷ [Source]를 '06_05_2.jpg'로 선택하고 ❸ [Luminance]를 '135', [Color Intensity]를 '110', [Fade]를 '10'으로 조절한 후 ❹ [OK]를 클릭하여 대화상자를 닫습니다.

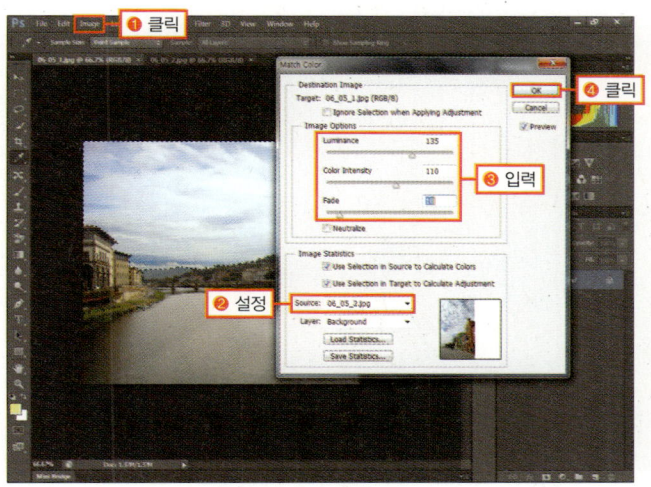

04 완성된 이미지 확인하기

❶ Ctrl + D 를 눌러 선택 영역을 해제한 후, '06_05_2.jpg' 이미지의 하늘 부분의 색감이 바뀐 것을 확인합니다.

참고 ● [Match Color] 대화상자의 옵션 보기

[Source]에서 선택한 이미지나 선택 영역이 현재 이미지의 색상, 명암에 맞춰서 적용됩니다.

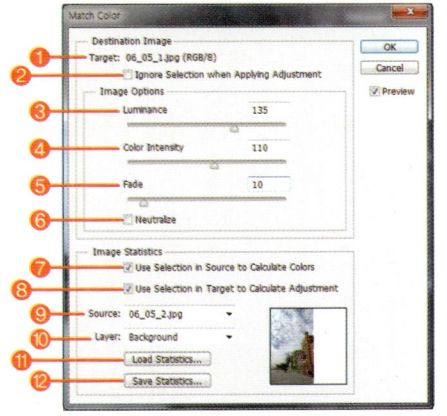

❶ **Target** : 지금 선택된 이미지 이름이 나타납니다.

❷ **Ignore Selection when Applying Adjustment** : 선택 영역이 있을 경우 활성화됩니다. 체크하면 바뀔 이미지의 선택 영역을 무시하고 이미지 전체의 색상이 조절됩니다.

❸ **Luminance** : 색상의 명암을 조절합니다.

❹ **Color Intensity** : 색상이 적용되는 정도를 조절합니다.

❺ **Fade** : 적용되는 색상의 농도를 조절합니다.

❻ **Neutralize** : 체크하면 흑백 톤의 이미지로 변경됩니다.

❼ **Use Selection in Source to Calculate Colors** : 체크하면 맞춰줄 이미지의 선택 영역 색상을 계산해서 적용합니다.

❽ **Use Selection in Target to Calculate Adjustment** : 체크하면 바뀔 이미지의 선택 영역 색상을 계산해서 조절합니다.

❾ **Source** : 기준이 될 이미지를 선택합니다.

❿ **Layer** : 기준이 될 이미지의 레이어 이름을 선택합니다.

⓫ **Load Statistics** : [Save Statistics]로 저장한 설정 값을 불러와 이미지에 적용합니다.

⓬ **Save Statistics** : [Match Color]에서 조절한 설정대로 저장합니다.

[Adjustments]–[Replace Color] 메뉴로 나뭇잎의 색상을 바꿔보세요.

⊙ **시작 파일** : 5장\06_실습.jpg
⊙ **완료 파일** : 5장\06_완료.jpg

 >

① [Content-Aware Move Tool](✂), [Patch Tool](▦), [Smudge Tool](🔎)로 배의 위치를 수정한 후, [Match Color]와 [Curves] 명령으로 이미지의 색상과 밝기를 조절해 보세요.

◎ **시작 파일** : 5장\05test1-1.jpg, 05test1-2.jpg
◎ **완료 파일** : 5장\05test1_완료.psd
◎ **해설 파일** : 해설파일\05test1.pdf

Before

After

❶[Content-Aware Move Tool](✂)로 배 이동하기 ❷합성된 경계 부분을 [Patch Tool](▦)과 [Smudge Tool](🔎)로 자연스럽게 수정하기 ❸'05test1-2.jpg' 파일을 불러와 [Match Color]로 색상 보정하기 ❹[Curves] 명령으로 이미지의 밝기 보정하기

② [Clone Stamp Tool](📍)과 [Clone Source] 패널을 이용하여 '새' 이미지를 복사한 후 '잔디' 이미지의 색상은 진하게 '건물' 이미지는 밝기를 보정한 후 이미지 전체의 색상을 세피아톤으로 완성해 보세요.

◎ **시작 파일** : 5장\05test2-1.psd, 05test2-2.png
◎ **완료 파일** : 5장\05test2_완료.psd
◎ **해설 파일** : 해설파일\05test2.pdf

Before

After

❶'05test2-2.png' 파일을 [Clone Stamp Tool](📍)로 복사하기 ❷'05test2-1.psd'에서 [Clone Sorce] 패널에서 크기, 회전을 조절하여 하늘 부분에 붙여넣기 ❸잔디 이미지의 색상과 채도 조절하기 ❹'건물 레이어'에 [Auto Tone]으로 밝기 조절하기 ❺[Black & White]를 이용하여 이미지 전체를 세피아톤으로 보정하기

PART

글자와 벡터 이미지 다루기

포토샵은 기본적으로 여러 개의 점(비트)들이 모여 이미지를 이루는 비트맵 그래픽 타입의 프로그램

입니다. 하지만 [Pen Tool]이나 다양한 도형 툴을 이용하면 일러스트레이터와 같이 포인트와 패스로

이루어진 벡터 그래픽 작업도 할 수 있습니다. 또한 [Type Tool]을 이용하여 글자를 입력하거나 수

정 작업을 하여 이미지를 꾸미고, [Warp Text] 기능을 이용해 글자를 디자인 요소로 활용할 수도 있

습니다. 이번 장에서는 벡터 오브젝트와 글자를 다루는 방법에 대해 자세히 알아보겠습니다.

[Type Tool]로 이미지에 글자 입력하기

SECTION 01

이미지에 글자를 입력하는 방법과 여러 옵션을 조절해 글자에 디자인 요소를 더하는 명령에 대해 자세히 알아보겠습니다. 또한 글자에 관련된 패널을 살펴보고 이를 이용해 글자 모양이나 문단 모양을 변경해 봅니다.

다루는 내용

- [Type Tool]로 글자 입력하기
- [Character] 패널과 [Paragraph] 패널 살펴보기
- [Character Styles] 패널과 [Paragraph Styles] 패널 활용하기

기능 정리

글자와 문단의 옵션을 설정하는 패널 살펴보기

[Type Tool](T)로 글자를 입력한 후 수정할 수 있는 패널은 두 가지가 있습니다. 선택한 글자의 크기나 줄 간격, 자간, 글자 비율, 부드러운 정도를 조절하는 [Character] 패널과 문단의 여백과 들여쓰기, 문단과 문단 사이의 여백 등을 설정하는 [Paragraph] 패널입니다. 이 두 가지 패널에 대해서 알아보겠습니다.

● 글자의 옵션을 설정할 수 있는 [Character] 패널

입력된 글자를 선택하고 [Window]-[Character] 메뉴를 클릭하면 [Character] 패널이 나타납니다.

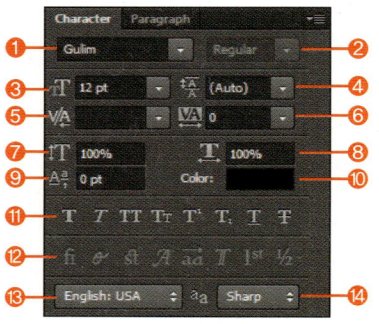

❶ **Set the font family** : 글자 서체를 선택합니다.

❷ **Set the font style** : 선택한 서체에 따른 스타일을 선택합니다. 주로 [Regular](보통), [Bold](굵게), [Italic](기울이기), [Bold Italic](굵게 기울이기)이 있습니다.

❸ **Set the font size** : 글자 크기를 조절합니다.

❹ **Set the leading** : 줄 간격을 조절합니다.

❺ **커닝** : 단어와 단어 사이의 간격을 조절합니다. 커서가 단어와 단어 사이에 있을 때 활성화됩니다.

❻ **트래킹** : 글자와 글자 사이의 간격을 조절합니다.

❼ **Vertically scale** : 선택한 글자의 세로를 가로의 퍼센트 비율로 확대, 축소합니다.

⑧ **Horizontally scale** : 선택한 글자를 세로에 비해 퍼센트로 확대, 축소합니다.

⑨ **Set the Baseline shift** : 글자의 기준선을 위 또는 아래로 조절하여 위첨자, 아래첨자를 만들 수 있습니다.

⑩ **Text Color** : 글자의 색상을 선택합니다.

⑪ 선택한 글자에 굵기, 기울이기와 같이 다양한 속성을 적용할 수 있습니다.

⑫ **Open Type Text** : 서체에 따라 글자에 장식적인 모양을 적용할 수 있습니다.

⑬ **언어** : 글자의 스펠링을 체크할 때 기준이 되는 언어를 선택할 수 있습니다. [Edit]-[Check Spelling] 메뉴와 같이 사용합니다.

⑭ **Anti-aliasing** : 글자의 부드러움을 조절합니다. [Sharp]면 글자의 경계 부분이 딱딱하고, [Smooth]면 부드럽습니다.

적용 (Smooth)
적용 (Strong)
적용 (Crisp)
적용 (Sharp)
미적용 (None)

● **문단을 설정할 수 있는 [Paragraph] 패널**

[Window]-[Paragraph] 메뉴를 클릭하면 [Paragraph] 패널이 나타납니다. 선택한 문단의 정렬과 좌우 여백, 문단 들여쓰기, 문단 간격을 설정할 수 있습니다.

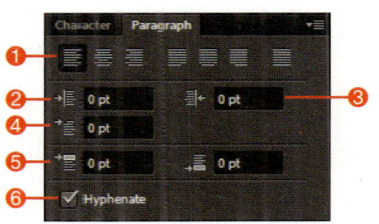

❶ 문단을 왼쪽, 가운데, 오른쪽, 양측으로 정렬할 수 있습니다.

❷ **Indent left margin** : 문단의 왼쪽에 여백을 만듭니다.

❸ **Indent right margin** : 문단의 오른쪽에 여백을 만듭니다.

❹ **Indent first line** : 문단 첫 글자 앞의 여백을 설정합니다.

❺ **Add space before/after Paragraph** : 문단의 사이 앞/뒤에 여백을 줄 수 있습니다.

❻ **Hyphenate** : 체크하면 영문일 경우 단어가 다음 줄로 넘어갈 때 자동으로 하이픈(-)으로 표시됩니다.

간단퀴즈

1 선택한 글자의 서체, 크기, 줄 간격과 글자 간격을 조절하는 패널은 무엇인가요?

① [Character] 패널 ② [Paragraph] 패널 ③ [Styles] 패널 ④ [Info] 패널

답 : ①

실습
과정

[Type Tool]로 글자 입력하기

[Type Tool](T)로 글자를 입력하고, [Character] 패널로 서식을 수정해보겠습니다.

◉ **시작 파일** : 6장\01_01.jpg
◉ **완료 파일** : 6장\01_01_완료.psd

01 [Type Tool] 선택하기

❶[Type Tool](T)을 클릭하고 ❷옵션 바에서 서체를 'Arial', [Style]은 'Black', 글자 크기는 '60pt', 부드러운 정도는 'Smooth'로 선택합니다.

참고
[Window]-[Workspace]-[Essential] 메뉴를 선택하여 작업 환경을 기본으로 되돌린 후 본문을 따라합니다.

02 글자 입력하기

❶왼쪽 위를 클릭하여 커서를 위치시킨 후 ❷'Enjoy My Travel Time'을 입력합니다.

참고
줄을 바꾸어 입력하려면 키보드의 글자 판에 있는 Enter 를 누릅니다.

03 글자 서식 변경하기

❶Ctrl + A 를 눌러 입력한 글자를 모두 선택하고 ❷옵션 바에서 [Toggle the Character and Paragraph panels]( )를 클릭하여 [Character] 패널을 불러옵니다. ❸자간을 '50', 장평을 '95%', [Color]를 '회색(#666666)'으로 설정합니다. ❹옵션 바의 [Commit]( )를 클릭하여 입력을 마무리합니다.

참고
글자가 입력되는 동안에는 다른 명령이 적용되지 않기 때문에 [Commit]( )를 클릭하여 글자 입력을 끝낸 후 다른 명령을 적용할 수 있습니다.

04 옵션이 적용된 글자 확인하기

❶ [Character] 패널 아이콘(▦)을 클릭하여 패널을 닫은 후 완성된 글자를 확인합니다.

참고 • [Type Tool]의 옵션 바 메뉴 보기

글자를 입력할 때 먼저 옵션 바에서 서체와 글자 크기, 글자 스타일과 색상을 선택할 수 있습니다.

❶ **Change the text orientation** : 문자 방향 변경 버튼입니다. 클릭할 때마다 글자 입력을 가로, 세로 방향으로 바꿀 수 있습니다.

❷ **Set the font family** : 글자 서체를 설정합니다.

❸ **Set the font style** : 선택한 서체에서 지원하는 스타일을 선택할 수 있습니다.

❹ **Set the font size** : 글자 크기를 설정하며 단위는 'pt'입니다.

❺ **Set the anti-aliasing method** : 글자 경계에 부드러운 정도를 선택합니다.

❻ **Align text** : 글자 정렬을 왼쪽, 가운데, 오른쪽으로 선택할 수 있습니다.

❼ **Set the text color** : 입력할 글자나 선택한 글자의 색상을 정합니다.

❽ **Warped text** : 선택한 문자에 여러 가지 왜곡을 줄 수 있습니다.

❾ **Toggle the character and paragraph palettes** : 클릭하면 [Character] 패널이 열립니다.

❿ **Cancel any current edits** : 입력 중인 글자를 취소합니다.

⓫ **Commit any current edits** : 글자 입력을 완료합니다.

⓬ **Update 3D associated with this text** : 글자를 3D로 변경합니다.

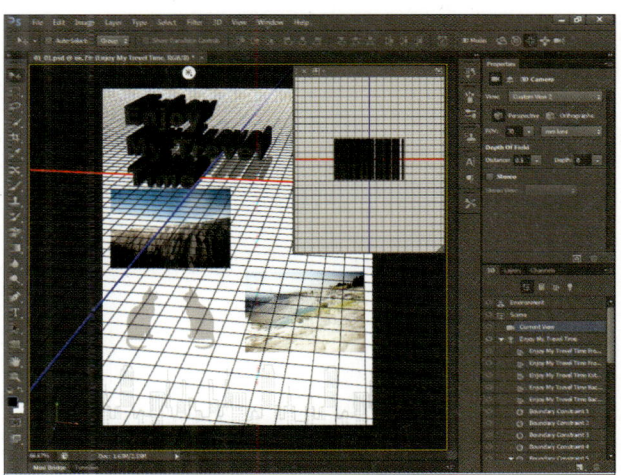

실습 과정

글상자와 패스 글자 입력하기

2줄 이상의 문장을 입력할 때에는 글상자를 만든 후 글자를 입력하는 것이 편리합니다. 이 글상자는 [Type Tool] (T)로 드래그하여 만들 수도 있으며 도형 툴이나 [Pen Tool](✒)로 그려진 패스로 글상자로 변경하여 만들 수도 있습니다. 또한 패스 선을 만든 후 그 선을 따라 글자를 입력할 수도 있습니다.

◎ **시작 파일** : 6장\01_02.psd, text.txt
◎ **완료 파일** : 6장\01_02_완료.psd

01 텍스트 복사하기

❶ [File]-[Open] 메뉴를 클릭하여 '6장\01_02.psd' 파일을 불러옵니다. ❷ '6장\text.txt' 파일을 연 후 ❸ Ctrl + A 를 눌러 텍스트를 선택하고 ❹ Ctrl + C 를 눌러 복사합니다.

02 [Type Tool]로 글상자 만들기

❶ [Type Tool](T)을 클릭하고 ❷ 오른쪽의 빈 곳에서 드래그하여 글상자를 만듭니다.

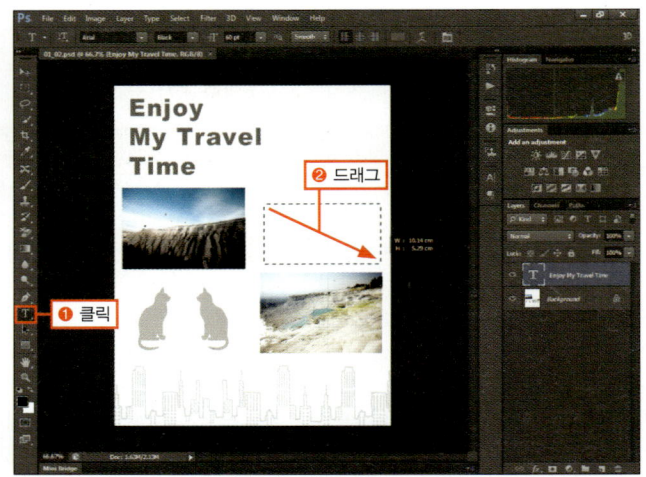

03 글자 서식 설정하고 붙여넣기

❶ 옵션 바에서 서체를 'Dotum', 글자 크기를 '14pt'로 선택한 후 ❷ Ctrl + V 를 눌러 글상자에 복사한 텍스트를 붙여넣기 합니다. ❸ 옵션 바에서 [Commit](✔)를 클릭하여 입력을 마무리합니다.

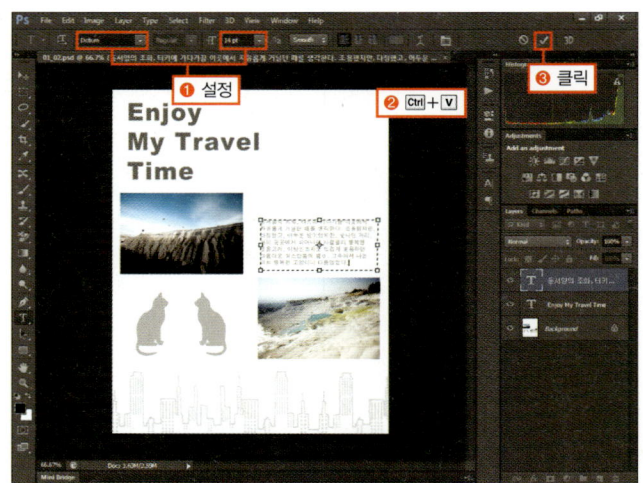

04 패스 불러와 패스 글자 입력하기

❶[Paths] 탭을 클릭하여 패널을 연 후 ❷'Work Path'를 클릭하여 패스 선이 보이도록 합니다. ❸[Type Tool](T)이 선택된 상태에서 패스 위에 마우스 포인터를 위치시킨 후 커서가 I로 바뀌면 클릭합니다. ❹'동서양의 조화, 터키에 가다'를 입력합니다.

05 패스 글자 수정하기

❶Ctrl+A를 눌러 글자를 모두 선택한 후 ❷[Character] 패널 아이콘(A)을 클릭합니다. ❸[Character] 패널에서 서체를 'Batang', 글자 크기를 '22pt', 글자 간격을 '0', [Color]를 '파란색(#0000ff)'으로 선택합니다. [Faux Bold]를 클릭하여 볼드체를 적용합니다. ❹옵션 바에서 [Commit](✓)를 클릭하여 입력을 마무리합니다.

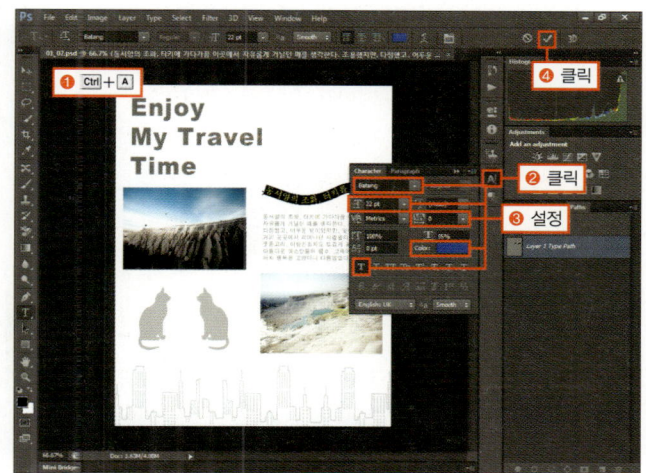

> **참고**
>
> 패스는 [Pen Tool](✏)로 작업할 수 있습니다. 다음 Section에서 자세히 다루겠습니다.

06 입력 마무리하기

❶[Paths] 패널에서 빈 곳을 클릭하여 패스를 가립니다. ❷[Character] 패널 아이콘(A)을 클릭하여 패널을 닫고 완성된 이미지를 확인합니다.

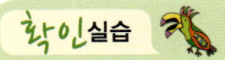

[Vertical Type Tool](⏉)을 이용하여 글자를 세로로 입력해 보세요.

◎ **시작 파일** : 6장\01_실습.jpg
◎ **완료 파일** : 6장\01_완료.psd

[Character Styles] 패널과
[Paragraph Styles] 패널로 스타일 목록 만들기

자주 사용되는 글자 스타일을 목록으로 만든 후 다른 글자에 적용할 때 사용하는 [Character Styles] 패널과 문단 모양을 목록으로 만들어 다른 문장에 적용할 수 있는 [Paragraph Styles] 패널에 대해 알아보겠습니다.

◎ **시작 파일** : 6장\01_03.psd
◎ **완료 파일** : 6장\01_03_완료.psd

① 글자 선택하기

❶ Ctrl + + 를 눌러 이미지를 확대합니다. ❷[Type Tool](T)을 클릭하고 ❸글상자 안에 '터키'를 드래그하여 선택합니다.

② 새 글자 스타일 목록 만들기

❶[Window]–[Character Styles] 메뉴를 클릭하여 패널을 불러옵니다. ❷[Create new character styles](🔲)를 클릭하고 ❸새로 만들어진 'Character Style 1' 목록을 더블클릭합니다.

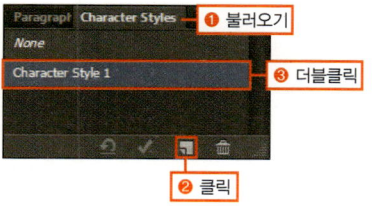

③ [Character Styles Options] 대화상자 설정하기

[Character Styles Options] 대화상자의 ❶[Style Name]을 'point text'로 입력하고 [Font Family]는 'Gungsuh', 글자 크기는 '16pt', 글자 간격은 '50', [Color]는 파란색, [Faux Bold]를 체크합니다. ❷[OK]를 클릭하여 대화상자를 닫습니다.

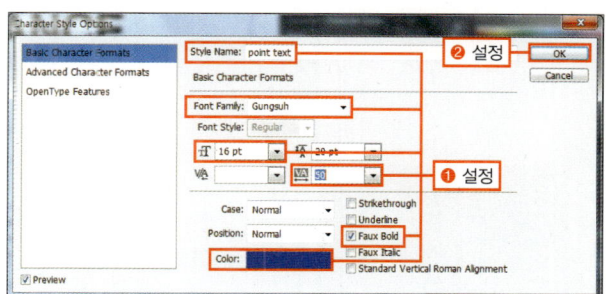

4 글자 스타일 적용하기

❶아래 글자에서 '터키'라는 글자를 선택한 후 ❷[Character Styles] 패널에서 'point text' 목록을 선택합니다. ❸스타일 적용 버튼(🔲)을 클릭하여 스타일을 적용합니다.

5 글자 스타일 반복 적용하기

❶나머지 부분의 '터키'라는 글자에 스타일 목록을 적용합니다.

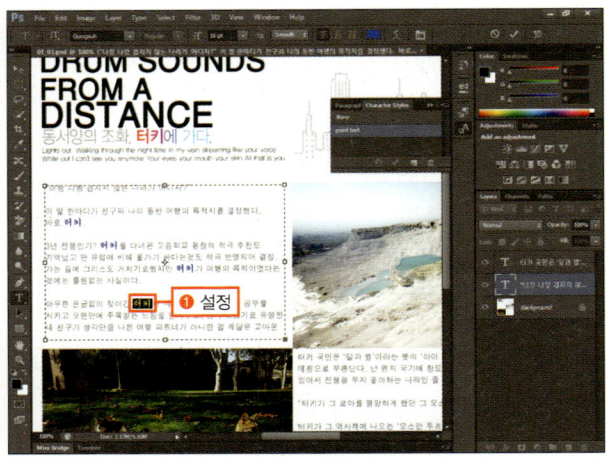

6 새 문단 스타일 목록 만들기

❶첫 번째 줄 문단을 선택합니다. ❷[Window]–[Paragraph Styles] 메뉴를 클릭하여 패널을 불러온 후, ❸[Create new paragraph style](🔲)을 클릭합니다. ❹새로 만들어진 'Paragraph Style 1' 목록을 더블클릭합니다.

7 [Paragraph Styles Options] 대화상자 설정하기

❶[Paragraph Styles Options] 대화상자에서 [Style Name]을 'talk pa'로 입력하고 [Font Family]를 'Batang', 글자 크기를 '14pt', [Color]는 '주황색(ff8800)', [Faux Bold]와 [Faux Italic]을 체크합니다.

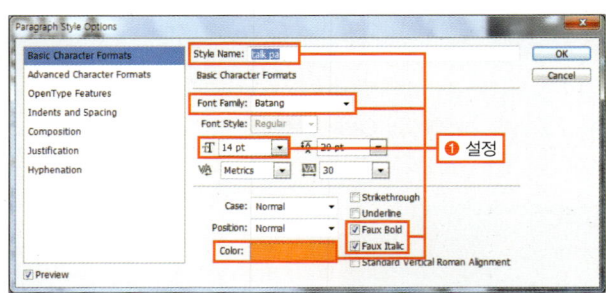

8 [Indents and Spacing] 설정하기

❶[Indents and Spacing]을 클릭한 후 ❷왼쪽 옵션에서 왼쪽 들여쓰기를 '15pt'로 입력하고 ❸[OK]를 클릭하여 대화상자를 닫습니다.

9 문단 스타일 적용하기

❶옵션 바의 [Commit](✔)를 클릭하여 새 문단 목록을 마무리합니다. ❷오른쪽 하단의 중간에 위치한 "터키가 그 로마~" 글자를 드래그하여 선택합니다. ❸새로 만들어진 'talk pa'를 클릭한 후 ❹스타일 적용 버튼(🔳)을 클릭하여 스타일을 적용합니다. ❺[Commit](✔)를 클릭하여 글자 스타일 적용을 완료합니다.

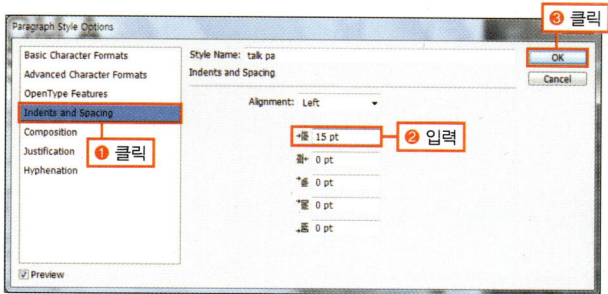

10 글자 확인하기

❶[Paragraph Styles] 버튼(🔳)을 클릭하여 패널을 닫습니다. ❷Ctrl+─를 한 번 클릭하여 이미지 전체가 보이도록 한 후 완성된 이미지를 확인합니다.

SECTION 02

벡터 이미지의 시작, [Pen Tool] 다루기

벡터 그래픽 이미지의 특징 및 비트맵 그래픽 이미지와 다른 점에 대해 자세히 알아보겠습니다. 또한 [Pen Tool]로 패스를 만들고 다루는 방법에 대해 알아보겠습니다.

다루는 내용

- 벡터 그래픽 이미지와 비트맵 그래픽 이미지의 차이점 알아보기
- [Pen Tool]로 직선과 곡선 그리기
- [Path Selection Tool]로 패스 수정하기

기능 정리

비트맵 이미지와 벡터 이미지의 차이점 알아보기

포토샵은 여러 개의 사각형 점들이 모여 하나의 이미지를 이루는 비트맵 그래픽 타입의 프로그램입니다. 그러나 [Pen Tool]( )이나 도형 툴로 벡터 그래픽 작업을 할 수도 있습니다. 벡터 이미지는 패스로 이루어져 있는데 이러한 패스를 만들고, 선택하고, 수정하는 방법에 대해 살펴봅니다.

● 비트맵 이미지

포토샵으로 이미지를 확대해 보면 수많은 비트(사각형의 점)가 모여 하나의 이미지를 이루고 있는 것을 확인할 수 있습니다. 이런 비트맵 이미지는 인치(Inch)당 비트 수에 따라 이미지의 해상도(Resolution)가 달라집니다. 많은 색상을 지원할 수 있어 사진이나 회화와 같이 사실적이고 자연스러운 이미지 표현이 가능합니다. 이러한 특징 때문에 수정이나 변형 작업 시 이미지가 깨져 보일 수 있으며, 벡터 이미지에 비해 용량이 크다는 단점이 있습니다.

▲ 비트맵 이미지를 확대했을 때

● 벡터 이미지

비트맵 이미지와 달리 점(Point), 선(Segment), 면(Shape)으로 이미지를 표현합니다. 점이나 선의 위치 변화로 이미지를 수정하거나 변형할 수 있습니다. 비트맵에 비해 사실적인 표현은 어렵지만 용량이 작고 해상도에 영향을 받지 않아 인쇄 및 활용 분야가 다양한 캐릭터 디자인, 패키지 디자인, 패턴 디자인 등에 자주 사용됩니다.

▲ 벡터 이미지를 확대했을 때

● **벡터 이미지를 이루는 패스 구조**

패스(Path)는 벡터 이미지를 만드는 앵커 포인트, 세그먼트, 셰이프로 그려진 선을 말합니다. [Pen Tool](🖊)로 그려진 패스는 [Path Selection Tool](▶), [Direct Selection Tool](▶)로 수정할 수 있습니다.

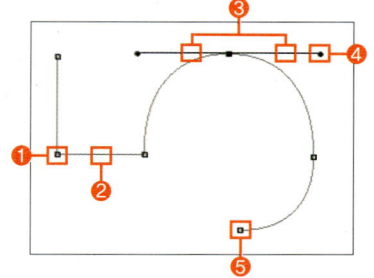

❶ **Anchor Point** : [Pen Tool](🖊)을 클릭하면 직선 앵커 포인트가 생깁니다. 두 개의 앵커 포인트가 연결되면 세그먼트가 만들어집니다.

❷ **Segment** : 두 개의 포인트끼리 연결된 선을 말하는 것으로, 직선 앵커 포인트끼리 연결되면 직선 세그먼트, 곡선 앵커 포인트끼리 연결된 선은 곡선 세그먼트가 됩니다. 이런 세그먼트를 패스라고 합니다.

❸ **Bazier line** : 곡선 조절선으로 포인트를 클릭한 채 드래그하면 만들어집니다. 조절선이 길수록 세그먼트의 곡선이 많이 휘어집니다.

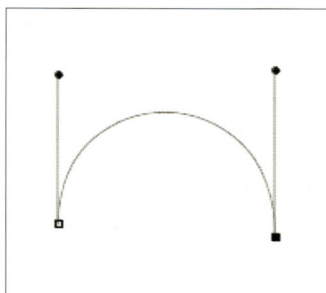
▲ 베지어가 달린 곡선 세그먼트

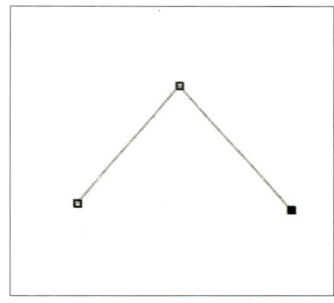
▲ 직선 세그먼트

❹ **Bazier Point** : 베지어 선(Bazier line)의 끝에 달린 것으로, 조절선의 방향과 각도를 마우스로 조절할 수 있습니다.

❺ **Shape** : 포인트와 세그먼트로 이뤄진 하나의 도형을 셰이프라고 합니다. 셰이프에는 열린 셰이프와 닫힌 셰이프가 있습니다.

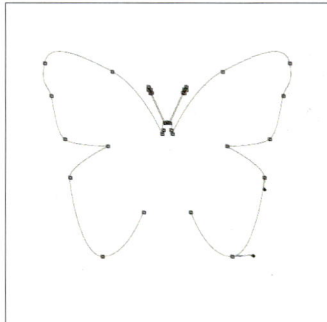
▲ 열린 셰이프

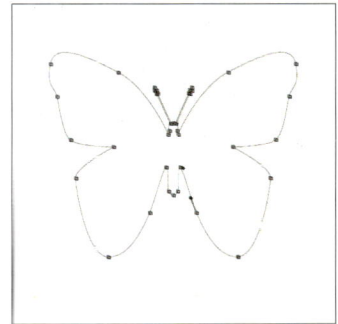
▲ 닫힌 셰이프

 **간단퀴즈**

1 벡터 이미지를 이루는 요소가 아닌 것은 무엇인가요?

① 점(Point) ② 선(Segment) ③ 면(Fill, Shape) ④ 비트(Bit)

2 패스에서 곡선을 조절하는 선을 무엇이라고 하나요?

답 : **1** ④, **2** 베지어 선

실습 과정

직선, 곡선 패스 그리기

브러시와는 다른 타입의 드로잉 툴인 [Pen Tool]( )로 직선, 곡선 패스를 자유롭게 그려보도록 하겠습니다.

◉ **시작 파일** : 6장\02_01.psd
◉ **완료 파일** : 6장\02_01_완료.psd

01 [Pen Tool] 선택하기

❶ [Paths] 패널 탭을 클릭하여 [Paths] 패널이 보이도록 합니다. ❷ [Pen Tool]( )을 클릭하고 옵션 바에서 [Tool Mode]가 'Path'로 선택된 것을 확인합니다.

02 직선 패스 그리기

❶ 맨 위에 있는 요철 모양 오브젝트의 시작 지점을 클릭합니다. ❷ 다음 모서리를 차례대로 클릭합니다.

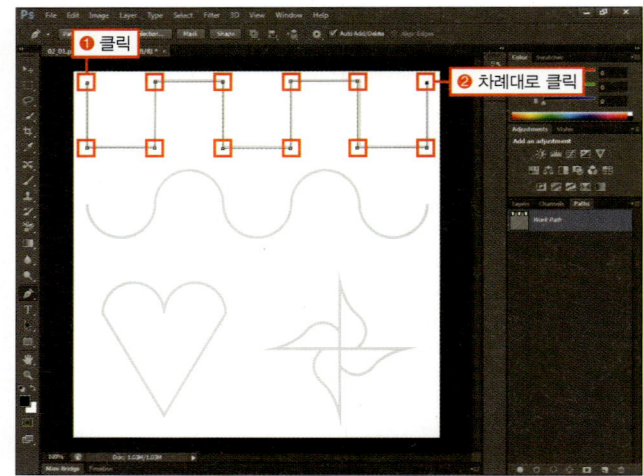

> **참고**
>
> Shift 를 누른 채 클릭하면 수직, 수평으로 제어하면서 패스를 그릴 수 있습니다.

03 패스 선택 해제하기

❶ Ctrl을 누른 채 [Direct Path Selection Tool](➤)로 바뀌면 빈 공간을 클릭하여 그리고 있던 패스의 선택을 해제합니다.

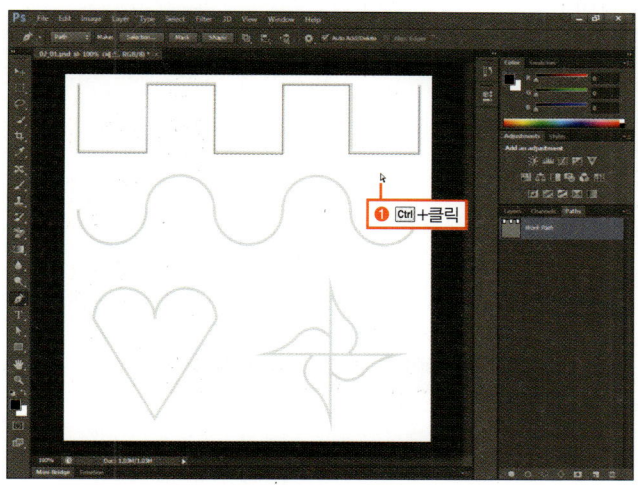

참고

그리고 있는 패스의 드로잉을 끝내려면 선택을 해제해야 합니다.

04 패스 이름 변경하기

[Paths] 패널을 보면 방금 그린 패스를 확인할 수 있습니다. ❶ 'Work Path' 패스 레이어를 더블클릭하여 패스의 이름을 적는 대화상자가 나타나면 ❷ [Name]에 '직선패스 연습'을 입력하고 ❸ [OK]를 클릭합니다.

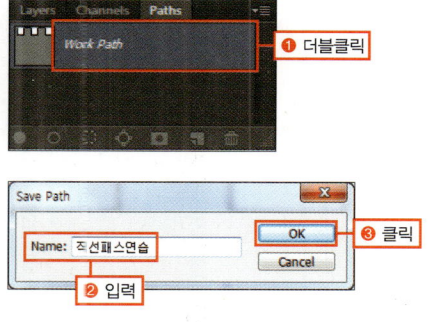

참고

'Work Path'를 다른 이름으로 저장하지 않거나 새로운 패스 레이어를 만들지 않고 다른 패스 작업을 하면 기존에 그려진 패스는 없어지게 됩니다.

05 곡선 패스 그리기

패스 이름이 변경된 것을 확인합니다. ❶ [Paths] 패널에서 [Create new path](🗐)를 클릭하여 새 패스를 만들고 ❷ '곡선패스 연습'을 입력합니다. [Pen Tool](✒)이 선택된 상태에서 ❸ 두 번째 왼쪽 끝을 클릭한 채 아래로 드래그합니다.

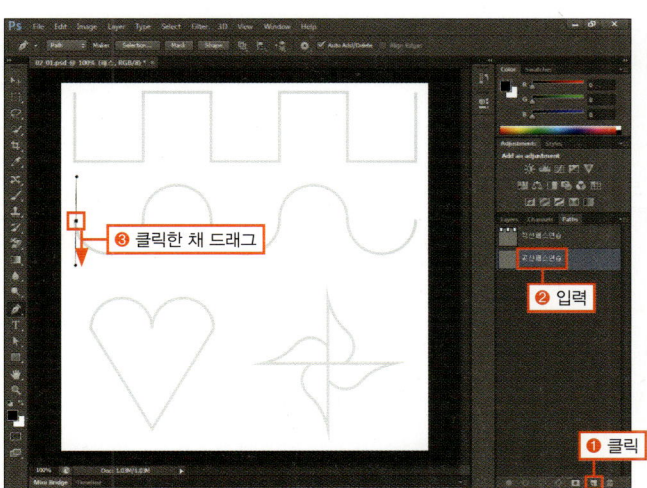

06 곡선 패스 그리기

❶ 오른쪽 지점을 클릭한 채 위로 드래그하여 곡선을 만듭니다.

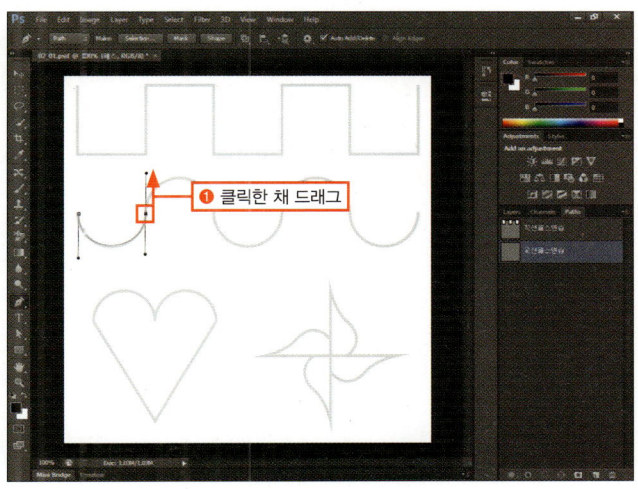

07 곡선 패스 완성하기

❶같은 방법으로 곡선이 많이 휘어지는 부분을 클릭, 드래 그하여 곡선 포인트를 만들어 곡선 패스를 완성합니다.

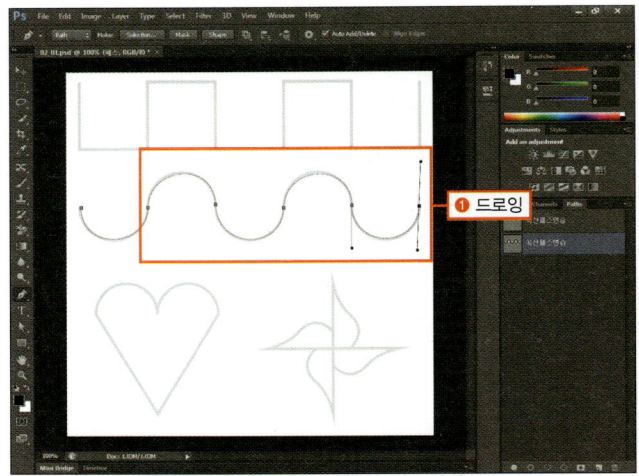

❶ 드로잉

08 완성된 패스 확인하기

❶ Ctrl 을 누른 채 이미지 창의 빈 공간을 클릭하여 패스의 선택을 해제합니다. 완성된 곡선 패스를 확인합니다.

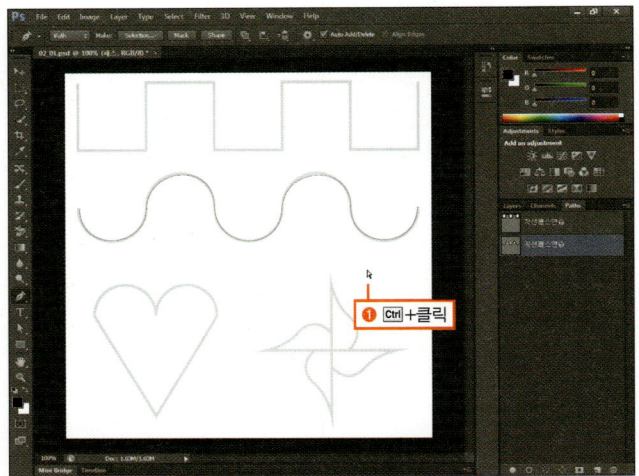

❶ Ctrl +클릭

참고 • **곡선 포인트 만들기**

곡선 패스를 만드는 베지어 선은 클릭, 드래그하여 만들 수 있는데 베 지어 선의 위치와 길이에 따라 곡선 패스의 각도와 휘어지는 정도가 달라집니다.

곡선 포인트는 보통 곡선에서 많이 휘어지는 부분에 만들거나 곡선의 꼭짓점에 만드는 경우가 가장 많습니다. 곡선 포인트가 너무 많거나 베 지어 선이 너무 길면 자연스러운 곡선을 만들기 어렵습니다.

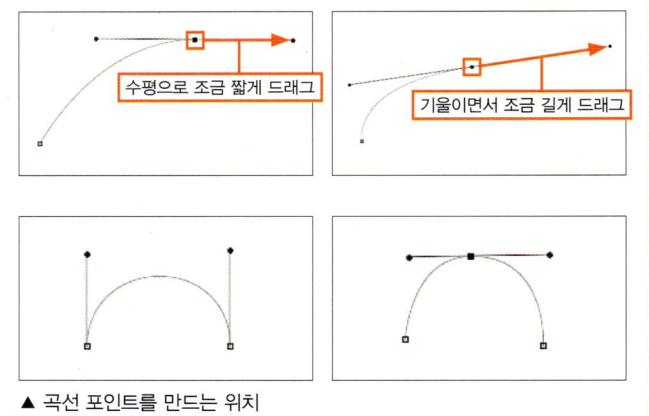

수평으로 조금 짧게 드래그

기울이면서 조금 길게 드래그

▲ 곡선 포인트를 만드는 위치

• [Pen Tool]의 옵션 바 알아보기

벡터 이미지의 종류와 다양한 벡터 툴, 패스를 추가하거나 빼는 옵션 등이 있습니다.

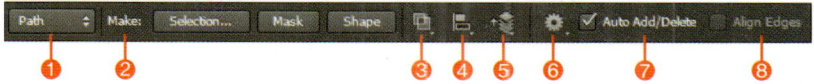

❶ Pick tool mode : 패스가 그려질 때, 셰이프(도형)로 만들어질지 패스로만 작업할지 비트맵(픽셀)으로 작업할지를 선택할 수 있습니다.

• **Shape** : [Layers] 패널에 셰이프 레이어가 만들어집니다. 전경색으로 채워진 패스가 만들어집니다. [Paths] 패널에는 셰이프 레이어를 선택할 때만 패스가 보입니다.

• **Path** : 패스만 그려져 [Layers] 패널에는 아무 변화 없이 [Paths] 패널에만 작업한 패스가 나타납니다.

• **Pixels** : 도형 툴에서만 활성화되며 선택하면 도형이 바로 비트맵 이미지로 그려지며 패스가 만들어지지 않습니다.

 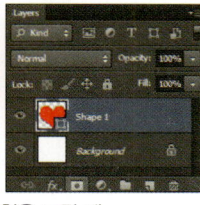 

▲ 'Shape'를 선택한 후 도형을 그릴 때

 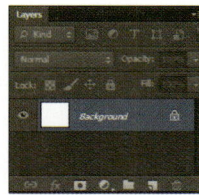 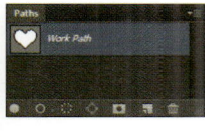

▲ 'Path'를 선택한 후 도형을 그릴 때

▲ 'Pixels'를 선택한 후 도형을 그릴 때

❷ Make : 각 버튼을 클릭하면 선택한 패스를 원하는 용도로 사용할 수 있습니다.

• **Selection** : 선택한 패스를 선택 영역으로 만듭니다.

• **Mask** : 선택한 패스를 벡터 마스크로 만듭니다.

• **Shape** : 선택한 패스를 셰이프 레이어로 만듭니다.

❸ Paths Operation : 2개 이상의 닫힌 패스를 만들 때 기존 패스에 작업되는 모드를 선택합니다.

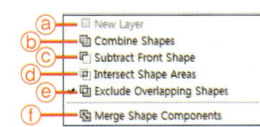

ⓐ 'Shape'를 선택했을 때 새 패스 레이어가 만들어집니다.

ⓑ 기존 패스에 패스를 추가하여 작업합니다.

ⓒ 기존 패스에서 작업하는 패스 영역을 뺍니다.

ⓓ 기존 패스와 작업 중인 패스의 교차되는 부분만 남깁니다.

ⓔ 기존 패스와 작업 중인 패스의 교차되는 부분 외의 나머지 영역만 넣습니다.

ⓕ 두 개 이상의 패스를 선택한 후 클릭하면 교차된 부분에도 포인트가 생깁니다

❹ **Path alignment** : 2개 이상의 패스를 선택하면 활성화되어 패스의 위치나 간격을 정렬합니다.

❺ **Path arrangement** : 'Shape'로 패스를 그린 후 선택한 패스의 상하 순서를 바꿀 수 있습니다.

❻ **Rubber band** : 체크하면 클릭하고 이동하는 패스의 모양이 보입니다.

❼ **Auto Add/Delete** : [Pen Tool](🖊)사용 시에만 활성됩니다. 이미 만들어진 앵커 포인트로 커서가 이동하면서 [Subtract Anchor Point Tool](🖊)로 변경되어 포인트를 제거할 수 있고, 패스 위로 이동하면 [Add Anchor Point Tool](🖊)로 변경되어 포인트를 추가할 수 있습니다.

❽ **Align Edges** : 'Shape'를 선택했을 때 활성화되며 체크하면 패스 선에 맞춰 픽셀이 정렬됩니다.

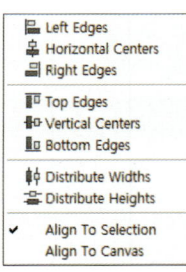
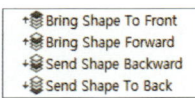

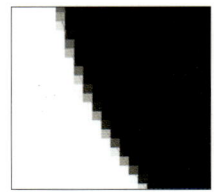 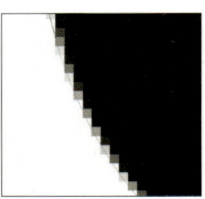

▲ Align Edges : 체크   ▲ Align Edges : 체크 해제

직선과 곡선 패스 번갈아 그리고 수정하기

[Path Selection Tool](▶)과 [Direct Path Selection Tool](▶)은 패스를 수정하는 툴입니다. 패스의 위치를 이동하거나 크기를 조절하고 포인트의 위치, 베지어 선의 길이를 조절할 수 있습니다. 또한 [Convert Point Tool](▶)은 베지어 선을 만들거나 꺾을 때 사용합니다.

◎ **시작 파일** : 6장\02_02.psd
◎ **완료 파일** : 6장\02_02_완료.psd

01 패스 선택하기

❶ [Paths] 패널에서 '패스수정' 패스 레이어를 클릭하여 선택합니다. ❷ [Pen Tool](🖊)을 클릭한 후 ❸ Ctrl을 눌러 마우스 포인터가 [Direct Path Selection Tool](▶)로 바뀌면 하트 패스를 클릭합니다.

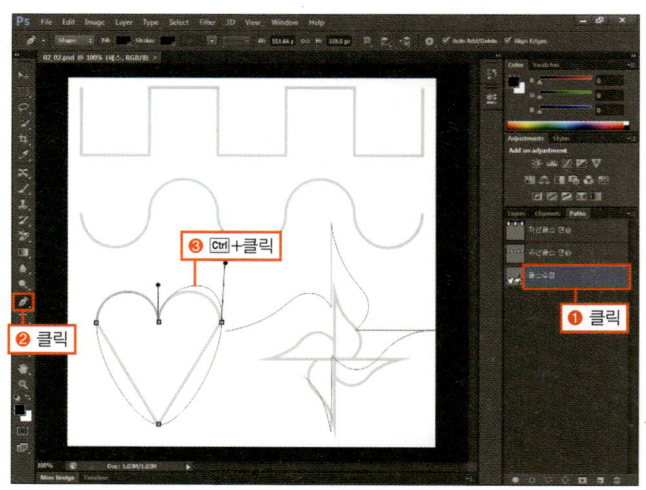

02 [Direct Path Selection Tool]로 패스 수정하기

❶ Ctrl + + 를 눌러 화면을 확대한 후 하트 패스가 잘 보이도록 이동합니다. ❷ 패스 선을 수정하기 위해 Ctrl 을 눌러 [Direct Path Selection Tool](▶)로 바꾸면 하트 윗부분의 곡선 조절점을 아래로 드래그하여 곡선 조절선을 짧게 조절합니다.

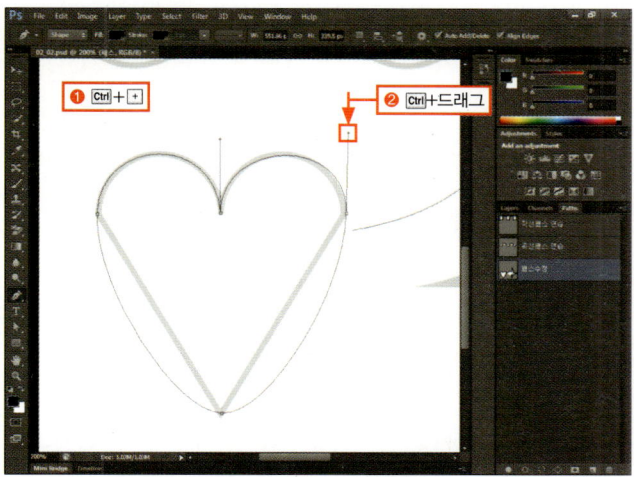

03 [Direct Path Selection Tool]로 패스 수정하기

❶ Ctrl 을 누른 채 하트 오른쪽 조절점을 클릭하여 아래 곡선 조절선이 보이도록 합니다. ❷ Ctrl 을 누른 채 아랫부분의 곡선 조절점을 위로 드래그합니다. 곡선 조절선을 짧게 조절하여 직선에 가깝게 수정합니다. ❸ 다른쪽 조절선도 같은 방법으로 조절합니다.

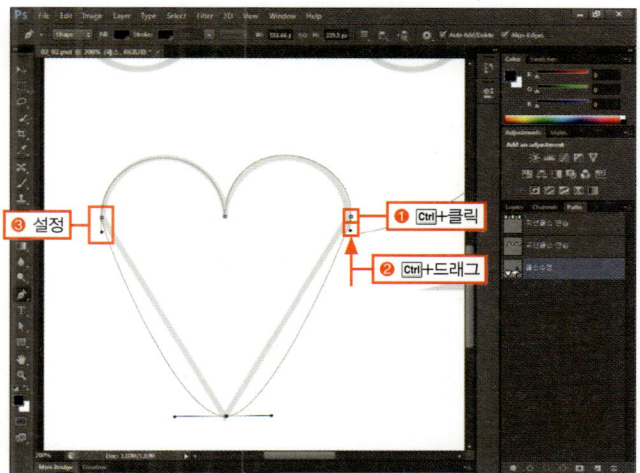

> **참고 ∙ [Convert Anchor Point Tool] 사용하기**
> 곡선 조절선이 보이지 않을 때는 Ctrl 을 누른 채 조절점을 클릭하면 나타납니다.

04 [Convert Anchor Point Tool]로 패스 수정하기

❶ Alt 를 누른 채 하트 아래 곡선 포인트를 클릭합니다. 곡선 조절선을 제거하여 곡선 포인트를 직선 포인트로 변경합니다.

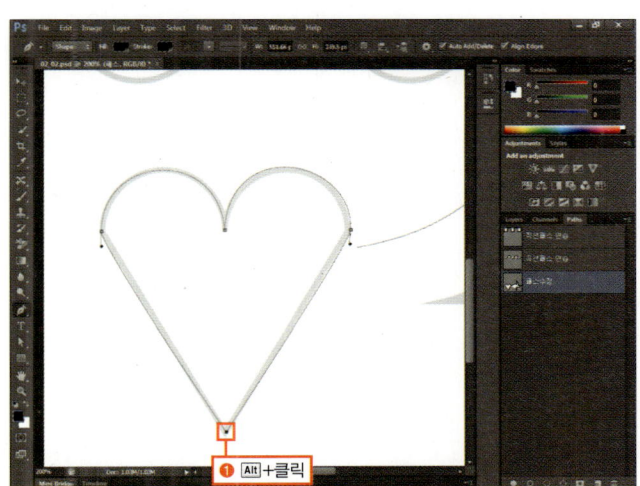

05 [Free Transform Point]로 패스 크기 조절하기

❶스크롤을 이동하여 오른쪽 바람개비가 보이도록 합니다. ❷Ctrl을 누른 채 바람개비의 패스 선을 클릭하여 패스 포인트가 보이도록 합니다. ❸Ctrl+T를 눌러 [Free Transform Point]가 선택되도록 합니다. ❹Alt+Shift를 누른 채 변형 조절점을 드래그하여 패스 크기를 조절합니다. ❺패스를 드래그하여 위치를 아래 바람개비 선에 맞춥니다. ❻Enter를 눌러 패스 변형을 마무리합니다.

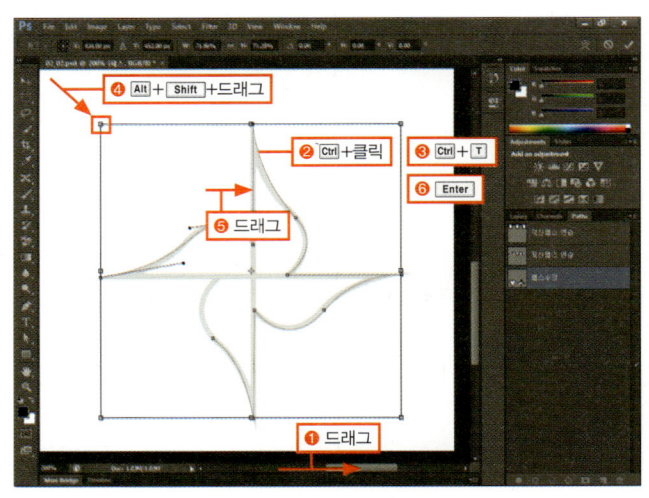

06 열린 셰이프를 닫힌 셰이프로 변경하기

❶왼쪽 포인트 위에 커서가 🖉로 바뀌면 클릭한 후 ❷옆으로 이동하여 오른쪽으로 클릭, 드래그하여 곡선 조절선을 만듭니다.

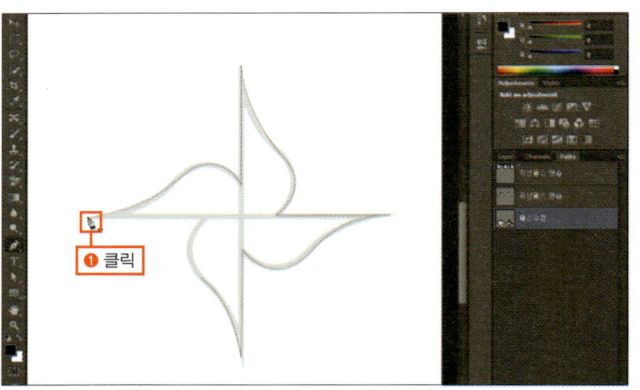

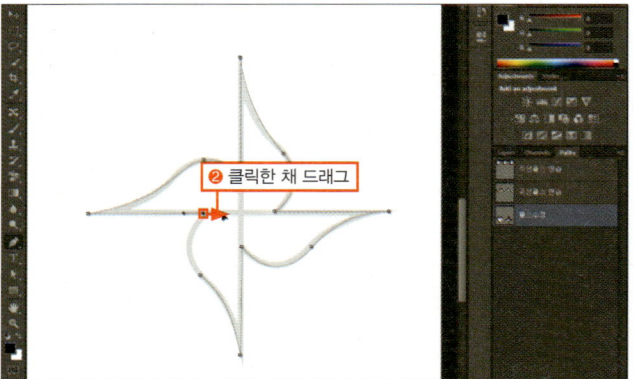

07 열린 셰이프를 닫힌 셰이프로 변경하기

❶Alt를 누른 채 커서가 ▶로 바뀌면 오른쪽 곡선 조절점을 클릭하여 아래 선에 맞춰 꺾어줍니다. ❷마지막 포인트를 클릭하여 마무리합니다.

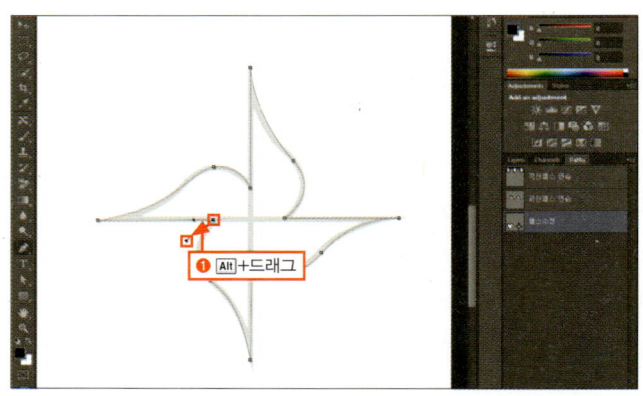

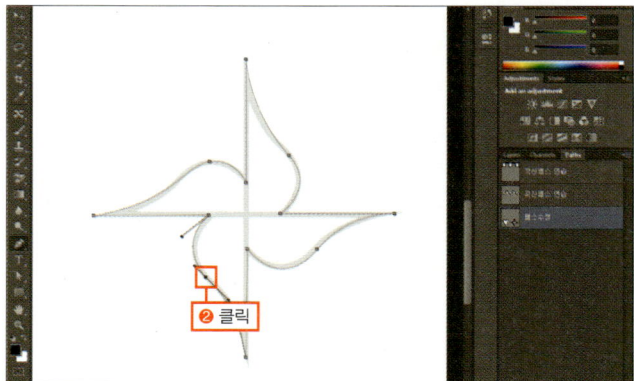

08 완성된 패스 확인하기

❶ [Zoom Tool](🔍)을 더블클릭하여 패스 전체가 잘 보이
도록 합니다. 완성된 패스를 확인합니다.

❶ 더블클릭

참고 • [Convert Anchor Point Tool] 사용하기

[Pen Tool](✏️)을 사용할 때 Alt 를 누르면 [Convert Anchor Point Tool]
(◣)로 변경되는데 직선 포인트를 클릭한 채 드래그하여 곡선 조절선을 만
들어 곡선 포인트로 변경할 수 있습니다.

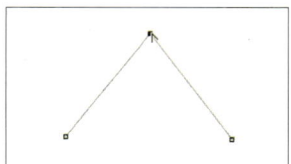
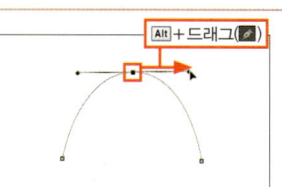

Alt + 드래그(✏️)

또한 [Convert Anchor Point Tool](◣)로 곡선 조절점을 클릭한 채 드래그하여 곡선 조절선의 방향을 바꿀 수
있습니다.

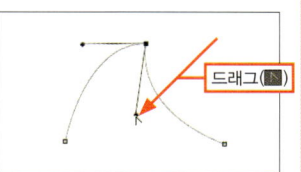

드래그(◣)

확인실습

[Pen Tool](✏️)을 이용하여 이미지의 테두리를 패스로 그려보세요.

⊚ **시작 파일** : 6장\02_실습.jpg
⊚ **완료 파일** : 6장\02_완료.psd

 >

SECTION **03**

다양한 벡터 작업을 편리하게 해주는 도형 툴 다루기

[Rectangle Tool]과 [Ellipse Tool], [Polygon Tool]을 이용해 간단한 도형을 그리는 방법과 옵션에 대해 알아봅니다. 또한 새로운 도형을 [Custom Shape]로 등록하여 사용하는 방법에 대해 살펴보겠습니다.

다루는 내용

• 도형 툴의 종류와 사용법에 대해 알아보기   • 자신만의 도형을 [Custom Shape]로 등록하기

기능 정리

도형 툴의 종류와 옵션 살펴보기

[Pen Tool]( )을 이용해 도형을 그릴 수도 있지만 간단한 도형들은 도형 툴을 이용해서 작업한 후 이를 수정하는 것이 더욱 효과적입니다. 도형 툴의 종류와 옵션을 살펴보고, 좀 더 쉽게 도형을 작업할 수 있는 단축키에 대해 알아보겠습니다.

● **포토샵에서 그릴 수 있는 벡터 도형 툴의 종류**

도형 툴의 종류와 옵션에 대해 살펴보겠습니다.

❶ **Rectangle Tool** : 사각형을 그릴 수 있습니다.

❷ **Rounded Rectangle Tool** : 모서리가 둥근 사각형을 그릴 수 있습니다. 이 툴을 선택하면 옵션 바의 [Radius]에 수치를 입력하여 모서리의 둥근 정도를 조절할 수 있습니다.

❸ **Ellipse Tool** : 원형을 그릴 수 있습니다.

❹ **Polygon Tool** : 다각형을 그릴 수 있습니다. 이 툴을 선택하면 옵션 바의 [Sides]에 수치를 입력하여 다각형의 종류를 정할 수 있습니다.

❺ **Line Tool** : 선을 그릴 수 있는 툴로, 옵션 버튼( )을 클릭하여 선의 양쪽 끝에 화살표와 화살표의 모양, 크기를 설정할 수 있습니다.

❻ **Custom Shape Tool** : 간단하게 사용할 수 있는 여러 도형이 등록되어 있습니다.

▲ Default Shape

▲ Animals

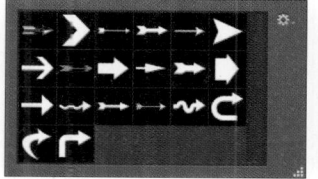

▲ Arrows

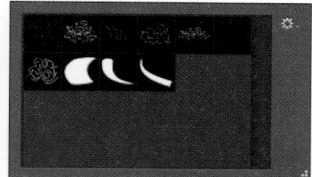

▲ Artistic Textures

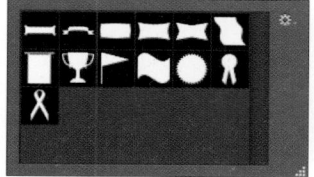

▲ Banners and Awards

▲ Film

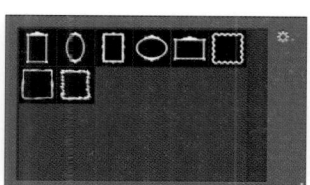

▲ Frames

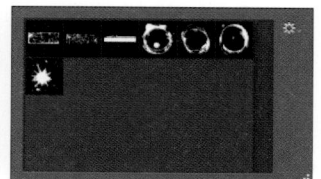

▲ Grime Vector Pack

▲ LightBulb

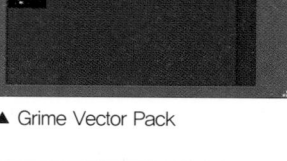

▲ Music

▲ Nature

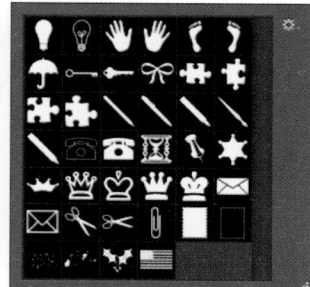

▲ Objects

▲ Ornaments

▲ Shapes

▲ Symbols

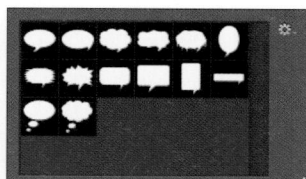

▲ Talk Bubbles

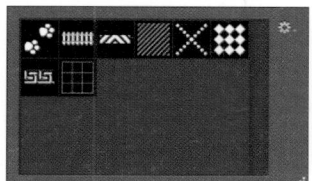

▲ Tiles

▲ Web

● **도형 툴의 옵션 바**

각 도형 툴이나 [Tool Mode]를 변경할 때마다 옵션이 조금씩 달라지며 [Pen Tool]( )과 유사합니다.

❶ **Fill** : 도형 색을 없애거나 Switch Color, 그레이디언트, 패턴, Color Picker를 이용해 원하는 색상을 선택할 수 있습니다.

❷ **Stroke** : 도형의 테두리 색을 없애거나 Switch Color, 그레이디언트, 패턴, Color Picker를 이용해 원하는 색상을 선택할 수 있습니다.

❸ **Set shape stroke width** : 테두리의 두께를 입력할 수 있습니다.

❹ **Set shape stroke type** : 테두리 모양을 선택할 수 있습니다.

❺ **Width, Height** : 선택한 도형의 너비와 크기를 알 수 있으며, 크기를 조절할 수 있습니다.

❻ 도형을 그릴 때 자유롭게 그리거나 크기를 고정시켜 그릴 수 있습니다.

참고 ● 도형의 단축키 사용하기

도형 툴로 도형을 그릴 때 가로세로비를 동일하게 그리려면 드래그하는 중에 Shift 를 누르면 됩니다. 클릭한 지점을 중심으로 도형을 그릴 때는 드래그하는 중에 Alt 를 누르면 됩니다. 드래그 중에 Shift + Alt 를 동시에 누르면 클릭한 지점을 중심으로 가로세로비가 동일한 도형을 그릴 수 있습니다.

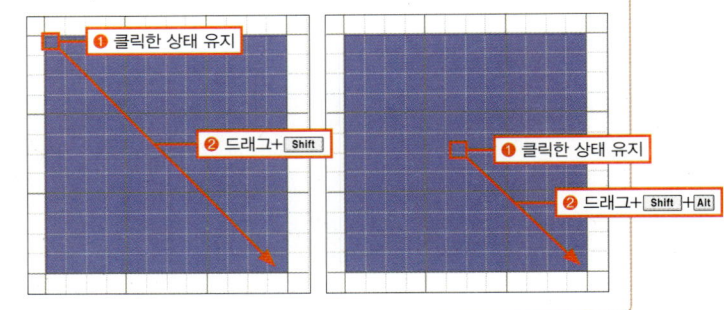

❶ 클릭한 상태 유지
❷ 드래그+ Shift

❶ 클릭한 상태 유지
❷ 드래그+ Shift + Alt

간단퀴즈

1 도형 툴을 이용하여 사각형이나 원을 그릴 때 정비례로 그릴 수 있는 단축키는 무엇일까요?

① Alt ② Ctrl ③ Shift ④ Enter

답 : ③

실습 과정

기본 도형 툴 사용하기

다양한 도형 툴과 옵션을 이용하여 간단한 셰이프를 만들어 보겠습니다.

⊙ **완료 파일** : 6장\03_01_완료.psd

---

01 새 이미지 창 만들기

❶ Ctrl + N 을 눌러 [New] 대화상자를 불러옵니다. ❷ [Width]와 [Height]를 '500px', [Resolution]을 '72pixels/inch'로 입력한 후 ❸ [OK]를 클릭하여 새 이미지 창을 만듭니다.

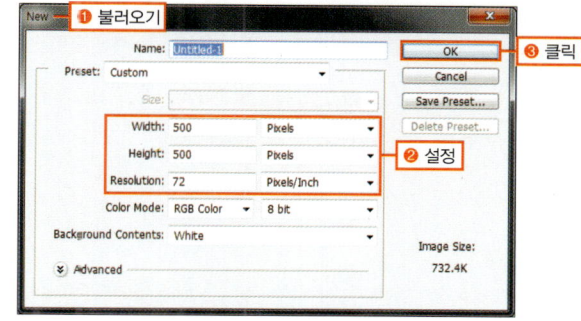

참고 • **[Grid] 간격 조절하기**

Ctrl + K 를 눌러 [Preferences] 대화상자를 불러온 후 'Guides, Grid & Slices'를 선택합니다. 왼쪽 옵션 중에 [Gridline Every]를 '100'으로 입력하고 [Subdivisions]를 '4'로 입력하면 새 이미지 창에 딱 맞는 그리드를 만들 수 있습니다.

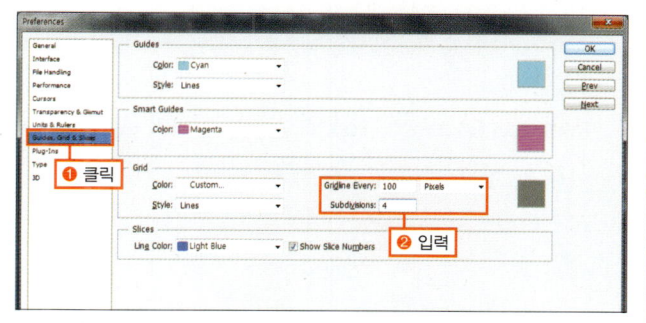

---

02 [Ellipse Tool]을 이용해 원 그리기

❶ Ctrl + ' 을 눌러 그리드 선이 보이도록 한 후, ❷ [Ellipse Tool]( )을 클릭합니다. 옵션 바에서 [Tool Mode]가 'Shape'로 선택된 것을 확인한 후 ❸ [Fill]을 클릭하여 [Switch Color]에서 '40% Gray'를 선택합니다. ❹ 이미지 창에서 그리드에 맞춰 드래그하여 원을 그립니다.

참고 • **셰이프 레이어 살펴보기**

[Tool Mode]를 'Shape'로 선택한 후 이미지 창에서 도형을 그리면 [Layers] 패널에 다른 레이어와 다르게 셰이프 레이어가 만들어지며 레이어 썸네일을 더블 클릭하면 [Fill] 색상을 바꿀 수 있습니다.

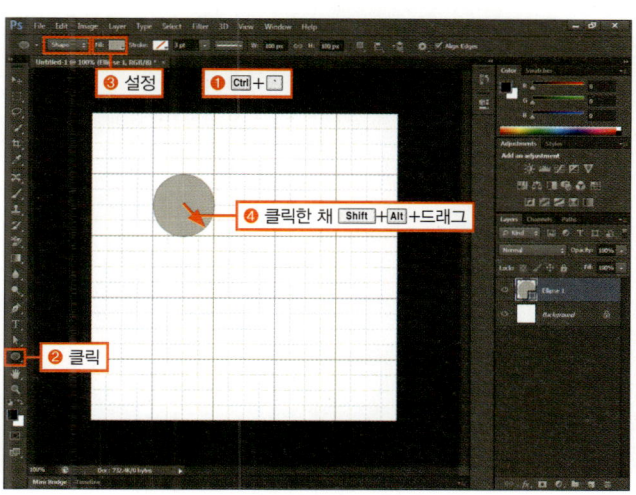

---

03 도형 제거하기

❶옵션 바에서 [Subtract Front Shape](🖼)를 클릭하고 ❷ 그려진 원 가운데를 클릭한 상태에서 Shift + Alt 를 누른 채 드래그하여 가운데를 뺍니다.

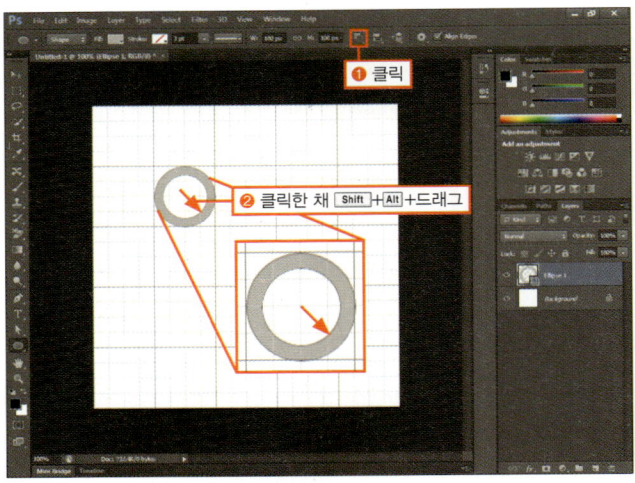

04 셰이프 복사하기

❶Ctrl 을 눌러 마우스 포인터가 [Path Selection Tool](▶) 로 변경되면 두 원이 포함되도록 드래그하여 두 셰이프를 선택합니다.

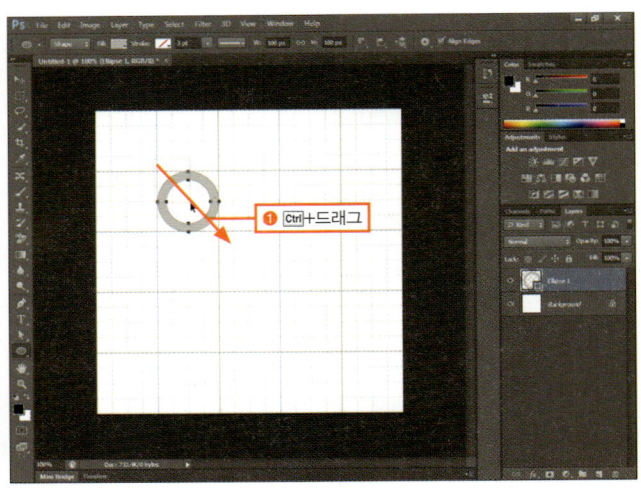

05 [Rounded Rectangle Tool]로 사각형 그리기

❶Ctrl + Alt 를 누른 채 그리드에 맞춰 오른쪽으로 이동하여 셰이프를 복사합니다. ❷옵션 바에서 [Rounded Rectangle Tool](⬜)을 클릭한 후, ❸[Radius]는 '10px'로 입력하고 ❹[Combine Shape](🖼)를 클릭합니다. ❺그리드에 맞춰 드래그하여 둥근 모서리 사각형을 그립니다.

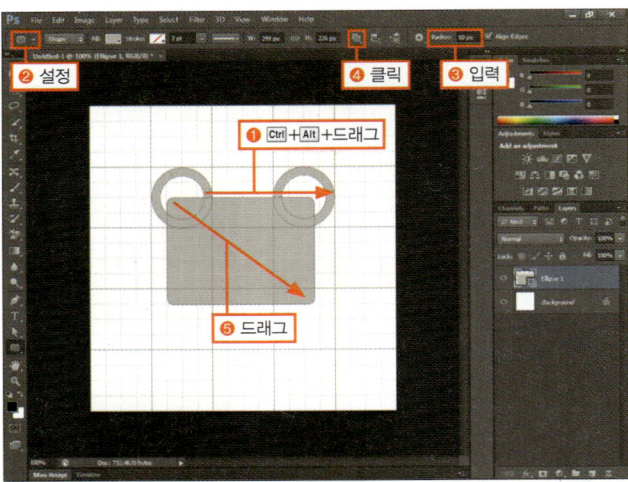

06 [Polygon Tool]로 삼각형 그리기

❶[Polygon Tool](⬡)을 클릭하고 ❷[Subtract Front Shape](🖼)를 선택합니다. ❸삼각형을 그리기 위해 옵션 바에서 [Sides]를 '3'으로 입력합니다. ❹기존 셰이프에서 드래그하여 삼각형으로 뺍니다.

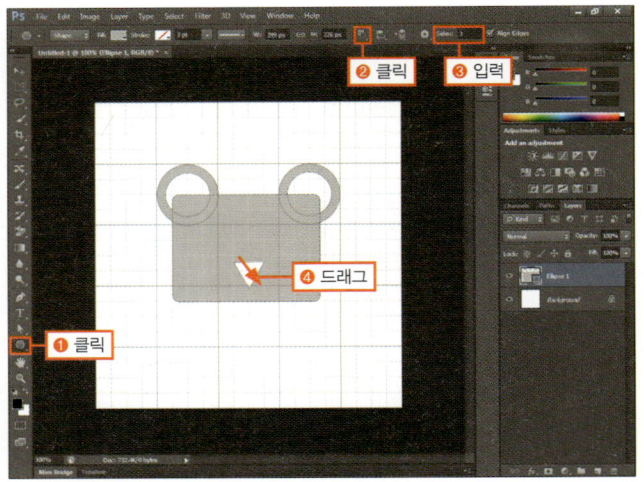

> **참고** •
> 그려진 셰이프의 위치가 잘 맞지 않는다면 [Path Selection Tool](▶) 로 도형을 선택해 이동합니다.

07 [Custom Shape Tool]로 원하는 도형 선택해서 그리기

❶[Custom Shape Tool](🔲)을 클릭하고 ❷[Shape]의 목록 단추를 클릭한 후, ❸설정 버튼(⚙)과 ❹[All]을 차례대로 클릭합니다.

참고
경고창이 나타나면 [OK]를 클릭하여 커스텀 셰이프를 바꿉니다.

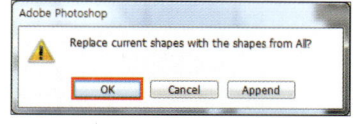

09 스타일을 적용하여 마무리하기

❶[Styles] 패널의 탭을 클릭하여 패널이 보이도록 합니다. ❷'Color Target(Button)'을 클릭하여 스타일을 적용한 후 ❸[Layers] 패널에서 빈 곳을 클릭하여 패스가 보이지 않도록 합니다. ❹Ctrl+`을 클릭하여 그리드 선을 감춥니다. 완성된 이미지를 확인합니다.

참고
[Styles] 패널은 여러 레이어 스타일을 이용하여 자주 사용하는 모양을 만들어 놓은 패널로, 레이어를 선택하고 스타일 썸네일을 클릭하면 바로 스타일이 적용됩니다.

08 도형 추가하기

❶옵션 바에서 [Combine Shape](🔲)를 클릭하고 ❷[Shape]를 'Crown 4'로 선택합니다. ❸이미지 창에서 드래그하여 셰이프를 추가합니다.

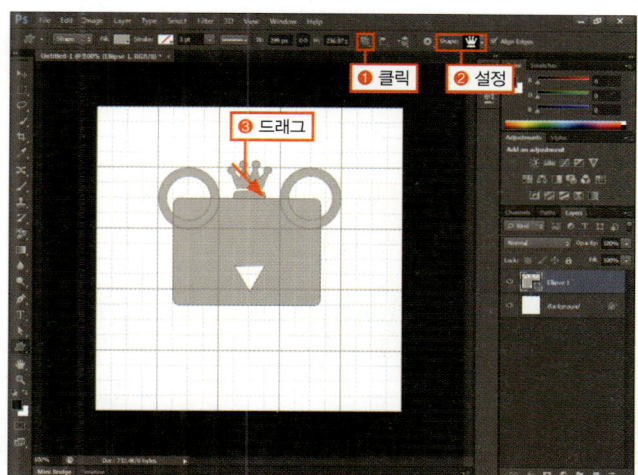

실습 과정

사용자 정의 도형 저장해두고 활용하기

[Custom Shape Tool]( )을 클릭하면 옵션 바의 [Shape]에서 다양한 사용자 설정 도형을 확인할 수 있습니다. 자주 사용되는 여러 셰이프를 등록한 곳이며, 사용자가 직접 도형을 만든 후 새로 등록할 수도 있습니다.

◎ **시작 파일** : 6장\03_02.psd
◎ **완료 파일** : 6장\03_02_완료.psd

01 패스 선택하기

❶[Layers] 패널에서 'Ellipse 1' 레이어를 클릭하여 패스가 보이도록 합니다.

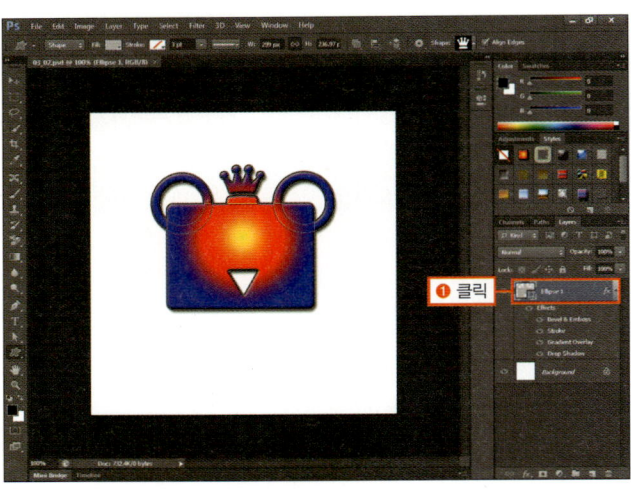

02 [Define Custom Shape]로 나만의 사용자 정의 도형 만들기

❶[Edit]-[Define Custom Shape] 메뉴를 클릭합니다. ❷ [Shape Name] 대화상자가 나타나면 [Name]에 '도안'을 입력한 후 ❸[OK]를 클릭하여 선택한 도형을 등록합니다.

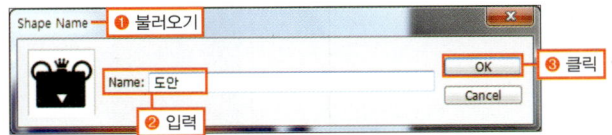

03 새 이미지 창을 만들어 사용자 정의 도형 사용하기

❶Ctrl + N 을 눌러 새 이미지 창을 만들고 ❷[Custom Shape Tool]( )을 클릭합니다. ❸옵션 바에서 [Shape]의 목록 단추를 클릭하여 앞에서 등록한 셰이프를 선택합니다. ❹ 이미지 창에서 드래그하여 도형을 그립니다. ❺[Styles] 패널에서 원하는 스타일 버튼을 클릭하여 새로운 스타일을 적용합니다.

> **참고** •
> 옵션 바에서 [New Layer]( )를 선택하면 그리는 도형마다 새 레이어로 만들어져 다양한 스타일을 적용할 수 있습니다.

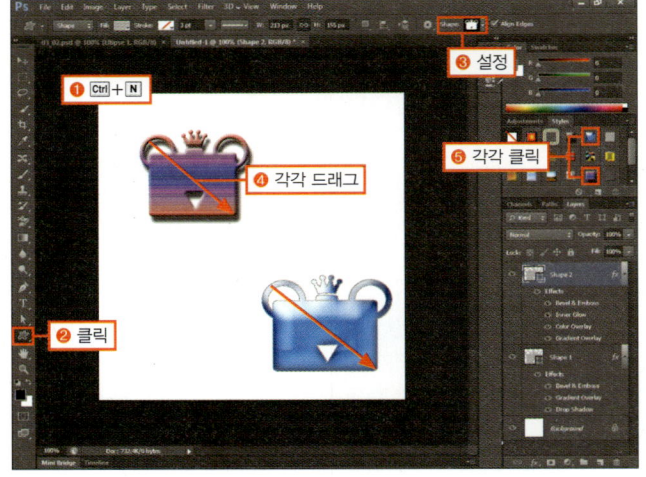

실습 과정

선택한 도형의 [Fill], [Stroke] 선택하기

[Tool Mode]를 'Shape'로 설정하면 [Fill]과 [Stroke]를 선택하여 면과 테두리 색상, 두께, 모양을 조절할 수 있습니다. 특히 [Stroke]는 포토샵 CS6에서 추가된 부분을 선택한 옵션에 따라 각기 다른 모양을 만들 수 있습니다.

⊙ **시작 파일** : 6장\03_03.psd
⊙ **완료 파일** : 6장\03_03_완료.psd

01 [Fill]로 도형 색상 선택하기

[Layers] 패널에서 '파란풍선'이 선택된 것을 확인한 후 ❶ [Tool] 패널의 [Rectangle Tool](▢)을 클릭합니다. ❷옵션 바의 [Tool Mode]를 'Shape'로 선택한 후 ❸[Fill] 썸네일을 클릭하고 ❹'RGB Cyan'을 클릭하여 풍선 색상을 바꿉니다.

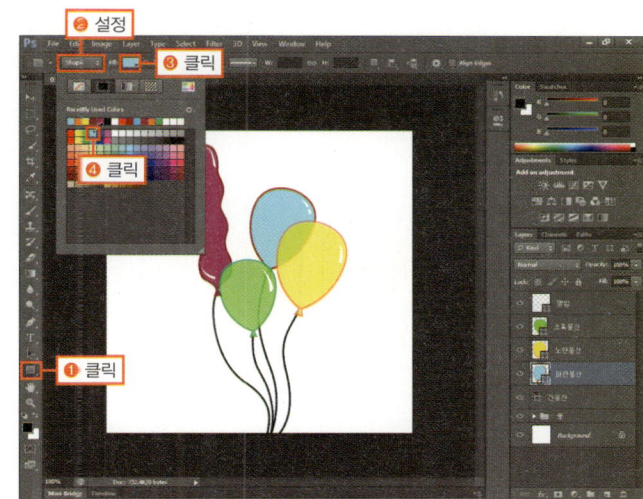

참고

도형 툴이나 [Pen Tool](✎)을 선택하고 [Type Mode]를 'Shape'로 선택하면 [Fill]과 [Stroke]를 선택할 수 있는 옵션이 나타납니다.

02 [Stroke]으로 테두리 색상 바꾸기

❶[Stroke] 썸네일을 클릭하고 ❷'CMYK Cyan'을 클릭하여 테두리 색상을 바꿉니다.

03 [Fill]로 그레이디언트 색상 적용하기

❶[Layers] 패널에서 '노란풍선' 레이어를 선택합니다. ❷옵션 바의 [Fill] 썸네일을 클릭하여 ❸'Gradient' 버튼(▢)을 클릭합니다. ❹그레이디언트 색상은 'Orange, Yellow, Orange', ❺그레이디언트 방향을 'Radial', [Scale]을 '200'으로 설정합니다. 이미지의 풍선 색상에 그레이디언트가 적용된 것을 확인합니다.

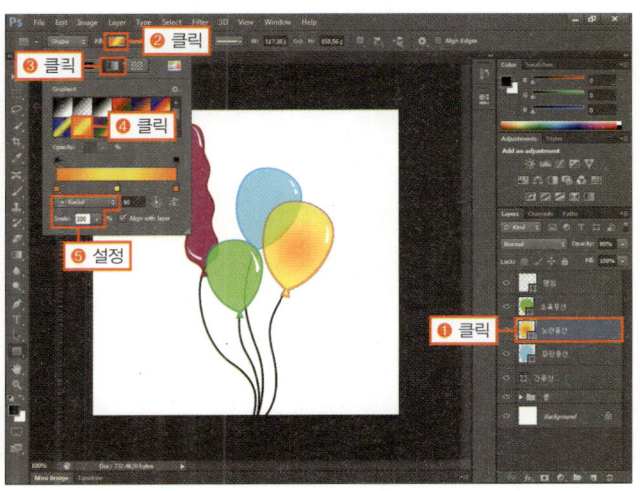

04 테두리 색상 없애기

❶옵션 바의 [Stroke]를 클릭하고 ❷'No Color' 버튼(▨)
을 클릭합니다. 테두리가 없어진 것을 확인합니다.

05 [Fill]로 패턴 적용하기

[Layers] 패널에서 ❶'긴풍선' 레이어를 선택하고 ❷옵션
바에서 [Fill]을 클릭합니다. ❸'Pattern' 버튼(▨)을 클릭하
고 ❹패턴 썸네일 중에 'Tile Dye'를 클릭합니다.

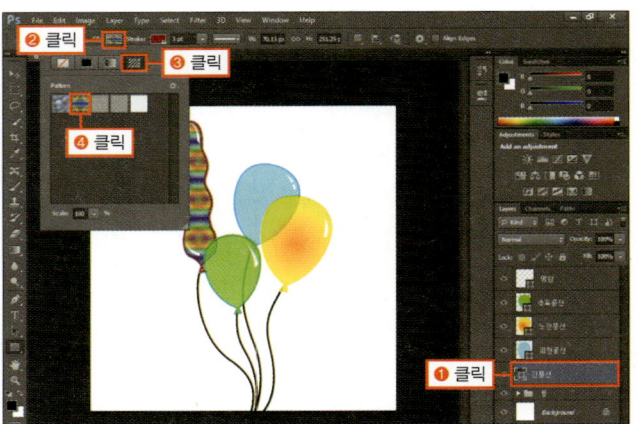

06 [Stroke]으로 테두리 모양 선택하기

❶[Stroke Type]을 클릭하여 세 번째 점선을 클릭하고 ❷
[Align]을 두 번째 'Center'로, [Caps]를 두 번째 'Round'로
선택합니다.

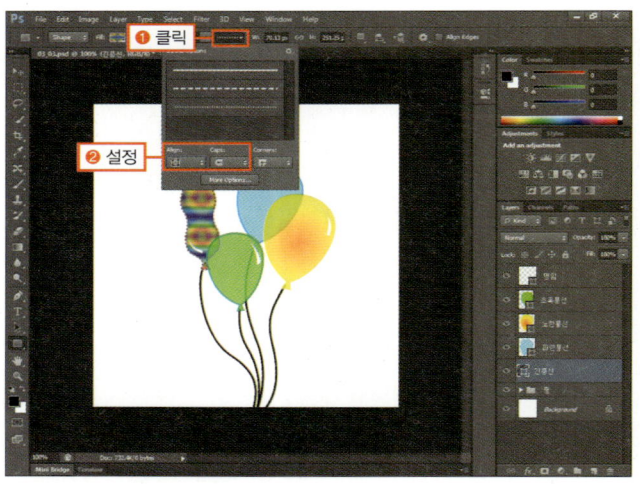

07 점선 테두리 만들기

❶[Layers] 패널에서 '줄' 폴더를 확장하여 ❷'Shape 4' 레
이어를 선택합니다. ❸옵션 바의 [Shape Type]을 클릭하
여 ❹[More Options] 버튼을 클릭합니다.

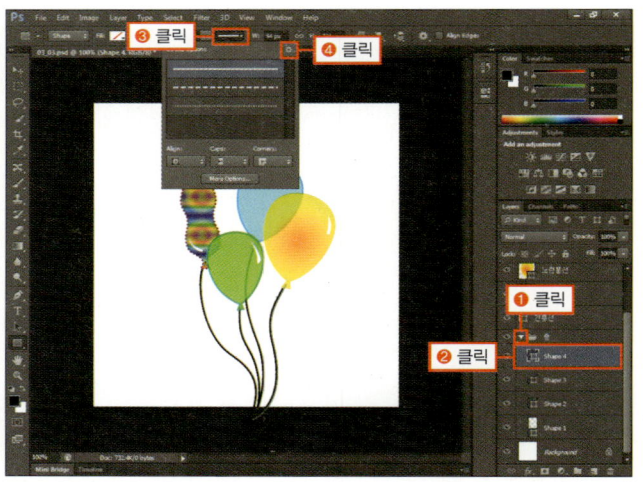

08 [Stroke] 대화상자 설정하기

[Stroke] 대화상자가 나타나면 ❶[Preset]에서 두 번째 점
선을 선택하고 [Align]을 'Center', [Caps]를 'Round',
[Dashed Line]에 수치를 '3', '3'으로 입력합니다. ❷[Save]
를 클릭하여 [Preset]으로 저장합니다.

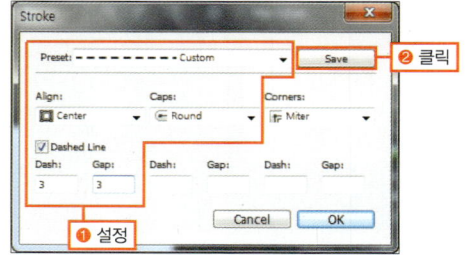

09 Preset으로 저장한 테두리 적용하기

[Layers] 패널에서 ❶'Shape 3' 레이어를 클릭하고 ❷ [Storke Type]을 클릭하여 추가된 네 번째 테두리를 클릭합니다. ❸같은 방법으로 'Shape 3', 'Shape 2' 레이어를 선택하여 테두리를 선택합니다.

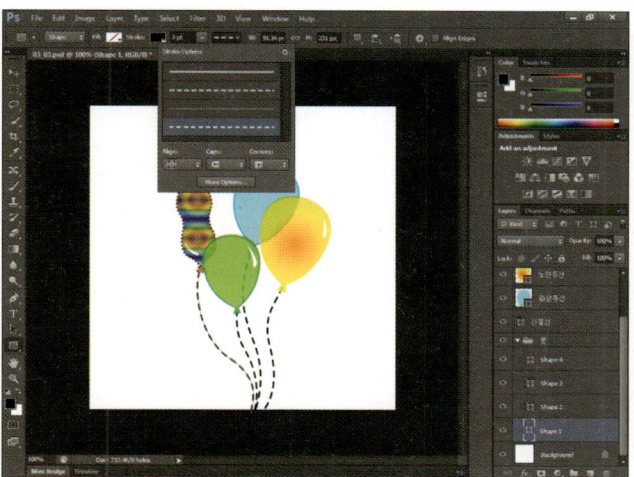

10 완성된 이미지 확인하기

색상과 테두리를 적용한 이미지를 확인합니다.

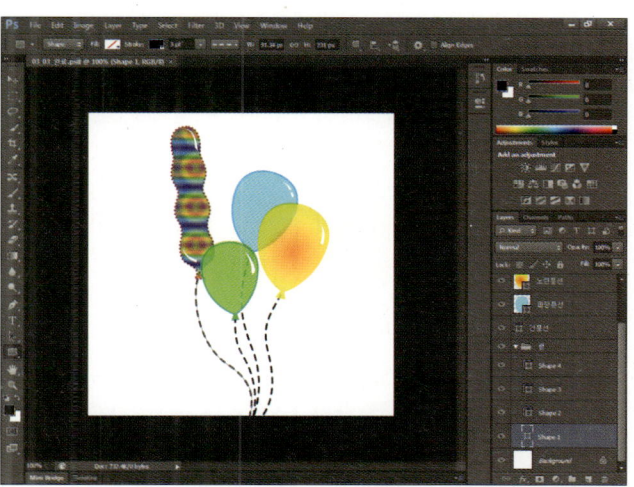

참고 • 포토샵 CS6에 새로 추가된 [Stroke Type] 프리셋 살펴보기

포토샵 CS6에서는 선(Stroke)의 색상, 두께를 옵션 바에서 조절할 수 있을 뿐만 아니라 프리셋 팝업 창을 추가로 제공하여 선의 모양, 선의 정렬, 선 끝 및 모서리의 모양을 조절할 수 있습니다.

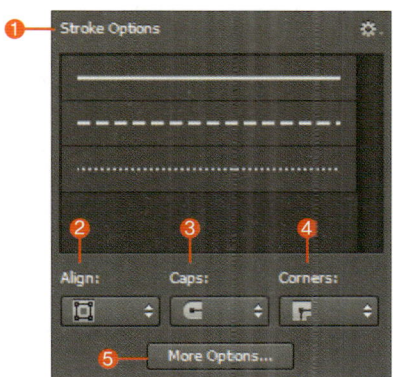

❶ **Stroke Options** : 클릭하면 선택한 셰이프에 선 모양을 적용합니다.
❷ **Align** : 패스에 적용할 선의 위치가 안쪽, 중간, 바깥쪽으로 정렬됩니다.

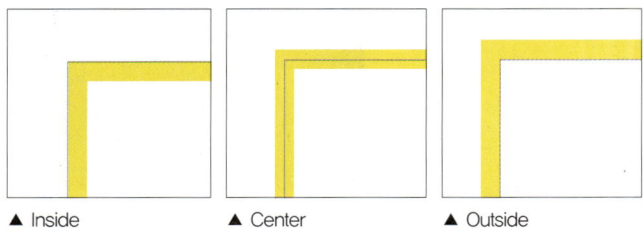

▲ Inside   ▲ Center   ▲ Outside

❸ **Caps** : 패스 끝 모양으로 패스에 맞춰 끝나거나 둥글게 혹은 패스 끝을 포함해서 각진 모양으로 선택할 수 있습니다.

 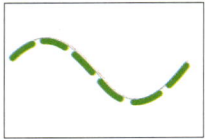 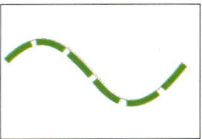

▲ Butt   ▲ Round   ▲ Square

❹ **Corners** : 패스 모서리의 모양을 각지거나 둥글거나 잘린 각 모양으로 선택할 수 있습니다.

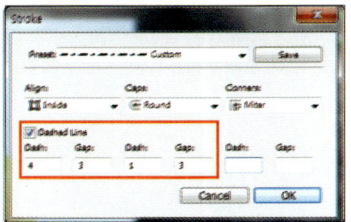 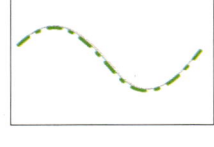

▲ Miter   ▲ Round   ▲ Bevel

❺ **More Options** : 점선 모양을 세심히 조절할 수 있는 대화상자가 나타나며, 만들어진 선을 저장할 수 있습니다.

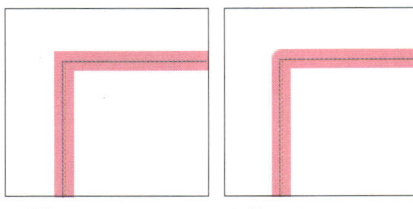 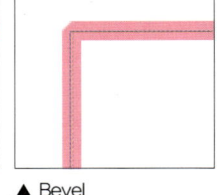

▲ [Dashed Line]을 체크한 후 [Dash]와 [Gap]에 수치를 입력하여 점선 모양을 바꾼 모양

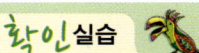

다양한 도형 툴을 이용하여 다음과 같은 이미지를 그려보세요.

◉ **완료 파일** : 6장\03_완료.psd

SECTION 04

[Paths] 패널로 패스 다루고, 이미지 선택하기

[Paths] 패널을 이용하여 작업한 패스 모양을 선택하고, 브러시 모양으로 테두리를 그려보겠습니다.

다루는 내용

- [Paths] 패널 자세히 살펴보기
- 작업된 패스를 선택 영역으로 만들기
- 작업된 패스로 테두리 선 만들기

기능 정리

벡터 도형을 관리하는 [Paths] 패널 살펴보기

[Paths] 패널은 [Pen Tool]( )과 도형 툴로 작업된 패스를 저장하는 곳으로 이런 패스를 선택하여 패스를 채색하거나 테두리를 그릴 수 있고, 선택 영역을 만들 수 있습니다.

❶ **패스 레이어** : [Create new path]( )를 클릭하여 만들 수 있으며, 패스 레이어를 선택하면 패스가 나타납니다.

❷ **Work path** : 저장되지 않은 패스로, 새 패스 레이어를 만들지 않으면 이곳에 작업됩니다.

❸ **Fill path with foreground color** : 선택된 패스를 전경색으로 패스 안을 채웁니다.

❹ **Stroke path with brush** : 선택된 패스를 브러시 모양으로 테두리를 만듭니다.

❺ **Load path as a selection** : 선택된 패스를 선택 영역으로 만듭니다.

❻ **Make work path from selection** : 선택된 영역을 패스로 저장합니다.

❼ **Add layer mask** : 클릭하면 레이어에 패스 모양대로 벡터 마스크가 만들어집니다.

❽ **Create new path** : 새로운 패스 레이어를 생성합니다.

❾ **Delete current path** : 현재 선택된 패스 레이어를 지웁니다.

▲ 선택한 패스 모양

▲ [Fill path with foreground color] ( ) 적용 모습

▲ [Stroke path with brush]( ) 적용 모습

▲ [Load path as a selection]( ) 적용 모습

1 [Paths] 패널에서 선택한 패스 모양대로 선택 영역을 만드는 버튼은 무엇인가요?

① [Fill path foreground color](⬤)   ② [Stroke path with brush](⬤)   ③ [Load path as a selection](⬚)   ④ [Add layer mask](⬛)

답 : ③

실습 과정

[Paths] 패널로 이미지 선택하기

[Paths] 패널에서 가장 많이 사용하는 것이 [Load path as a selection](⬚)입니다. 선택된 패스를 선택 영역으로 만들 수 있어 편리합니다.

⊙ **시작 파일** : 6장\04_01.psd
⊙ **완료 파일** : 6장\04_01_완료.psd

01 패스 선택하기

❶[Paths] 탭을 클릭하여 패널이 보이도록 한 후 ❷'Work Path' 패스 레이어를 클릭하여 패스가 보이도록 합니다. ❸ [Load path as a selection](⬚)을 클릭하여 선택 영역을 만 듭니다.

02 선택한 패스를 선택 영역으로 만들어 복사하기

❶[Layers] 패널 탭을 클릭하여 패널이 보이도록 한 후 ❷ Ctrl+J를 눌러 선택 영역을 복사합니다. 선택 영역의 이미 지가 복사되어 'Layer 1'로 분리된 것을 확인합니다.

03 이미지를 변형하여 마무리하기

❶[Layers] 패널에서 '도자기' 레이어의 눈 아이콘(👁)을 클릭하여 레이어를 감춥니다. ❷Ctrl+T를 눌러 [Free Transform]을 적용하고 ❸변형 조절점을 조절하여 도자기의 크기를 조절합니다.

04 배치한 후, 완성하기

❶도자기가 탁자 위에 있도록 위치를 조절하고 ❷Enter를 눌러 변형을 마무리합니다.

실습 과정

패스를 이용해 이미지에 테두리 만들기

[Stroke path with brush](⭕)를 이용하면 마지막에 선택한 브러시나 지우개 툴의 모양으로 테두리를 만들 수 있습니다.

◎ **시작 파일** : 6장\04_02.jpg
◎ **완료 파일** : 6장\04_02_완성.jpg

01 패스 작업하기

❶[Rounded Rectangle Tool](▢)을 클릭한 후 ❷옵션 바에서 'Path'를 클릭하고 ❸[Radius]를 '20px'로 입력합니다. ❹이미지의 왼쪽 위에서 오른쪽 아래로 드래그하여 패스를 만듭니다.

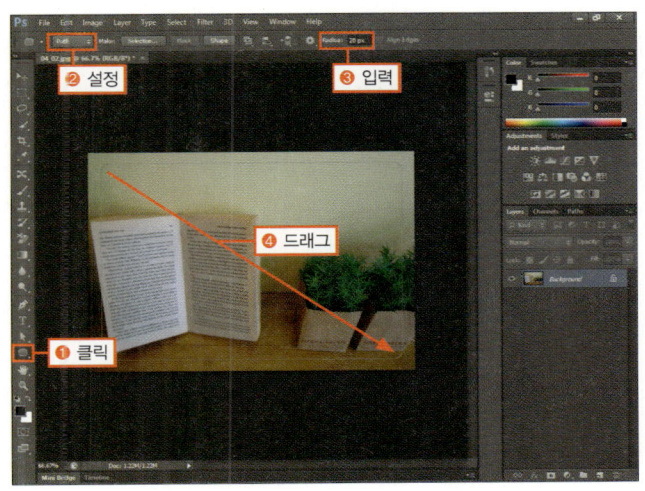

02 패스 선택하여 [Erase Tool]로 테두리 만들기

❶[Paths] 패널의 탭을 클릭하여 패널이 보이도록 한 후, ❷[Eraser Tool](🖌)을 클릭합니다. ❸옵션 바의 지우개 모양 목록 단추를 클릭하여 'Rough Round Bristle'을 선택합니다. ❹[Paths] 패널에서 패스를 클릭하여 선택한 후 ❺[Stroke path with brush](◯)를 2번 클릭합니다. 선택한 브러시 모양으로 패스를 따라 지워진 것을 확인합니다.

03 이미지 마무리하기

❶[Paths] 패널에서 빈 곳을 클릭하여 패스가 보이지 않도록 한 후 ❷이미지에서 모서리 부분을 드래그하여 이미지를 지웁니다. 완성된 이미지를 확인합니다.

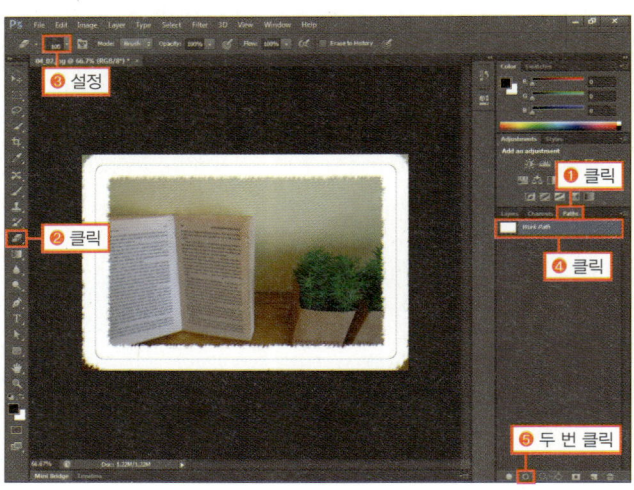

> **참고**
>
> [Stroke path with brush](◯)를 클릭하면 [Brush Tool](🖌)이나 [Eraser Tool](🖌)에서 선택한 브러시 모양으로 패스를 따라 칠하거나 지워집니다.

확인실습

외곽선을 패스로 그린 후, [Paths] 패널의 [Load path as a selection](▦)을 이용하여 만든 선택 영역을 합성해 보세요.

◉ **시작 파일** : 6장\04_실습.psd
◉ **완료 파일** : 6장\04_완료.psd

 >

1 [Paths] 패널을 이용하여 패스를 지워 편지지의 점선을 만들고, [Warp Text]로 제목을 왜곡해 보세요.

◎ **시작 파일** : 6장\06test1.psd
◎ **완료 파일** : 6장\06test1_완료.psd
◎ **해설 파일** : 해설파일\06test1.pdf

Before

After

 >

❶ '종이' 레이어를 흰색으로 페인팅하기
❷ 'Rough Round Bristle' 브러시로 크기 조절하기
❸ [Rectangle Tool](▨)로 사각형 패스 그린 후 패스 따라 지우기
❹ 나머지 바깥쪽 흰색 지우기
❺ [Pen Tool](✏)로 가로 선 셰이프 그리기
❻ [Stroke]의 색상, 두께, 점선 모양으로 선택하여 적용하기
❼ [Alt]를 누른 채 드래그하여 [Move Tool](▶+)로 점선 복사하기
❽ 점선 레이어를 다중 선택한 후 [Move Tool](▶+)의 옵션 바에서 정렬하기
❾ '종이' 레이어를 추가로 선택하여 같이 변형하기
❿ [Type Tool](T)을 클릭하여 옵션 바에서 [Warp Text]로 글자 휘어지게 만들기

2 [Pen Tool](✏)과 [Paths] 패널을 이용하여 '북' 이미지를 배치하고 변형한 후, 도형 툴과 글자 툴로 꾸며보세요.

◎ **시작 파일** : 6장\06test2-1.psd, 06test2-2.psd
◎ **완료 파일** : 6장\06test2_완료.psd
◎ **해설 파일** : 해설파일\06test2.pdf

Before

After

 >

❶'06test2-2.jpg' 파일에서 [Pen Tool](✏)로 북 모양 패스 따기 ❷패스를 선택 영역을 복사하고 '06test2-1.psd' 파일로 붙여넣기 ❸ [Free Transform]으로 크기 및 위치 이동하기 ❹[Rectangle Tool](▨)로 사각형 셰이프를 그린 후 아래로 복사하기 ❺각 셰이프의 색상을 '갈색', '흰색'으로 변경하기 ❻[Type Tool](T)로 'KOREA DESIGN' 입력하고 서식 변경하기 ❼[Custom Shape Tool](▨)로 도형 그리기

PART

07

포토샵 작업의 핵심,
레이어와 마스크의 모든 것

레이어는 포토샵에서 가장 중요한 기능으로, 2장에서 기본적인 레이어의 핸들링 방법에 대해 간단

하게 배웠습니다. 이번 장에서는 레이어의 모든 기능을 샅샅이 다뤄보겠습니다. [Layers] 패널은

'Background' 레이어를 포함한 여러 종류의 레이어로 구별되는데 이런 레이어의 종류 및 레이어에

적용할 수 있는 여러 가지 스타일에 대해 알아보겠습니다. 또한 레이어 이미지를 합성하는 블렌딩

모드와 레이어의 특정 부분을 가릴 수 있는 마스크를 활용하여 좀 더 복잡한 이미지 합성 작업을 해

보겠습니다.

PHOTOSHOP CS6

레이어 깔끔하게 묶어 관리하기

Photoshop CS6

SECTION 01

레이어의 종류에 따라 사용되는 툴과 명령이 어떻게 달라지는지 알아보겠습니다. [Layers] 패널에서 여러 레이어를 선택하고 합치는 방법, 종류별로 묶어 관리하는 방법에 대해서도 배워봅니다. 외부 파일을 현재 파일에 삽입하고 수정할 수 있는 스마트 오브젝트에 대해서도 살펴보겠습니다.

다루는 내용

- 레이어 종류 알아보기
- 여러 레이어 합치기
- 여러 레이어를 그룹 폴더로 묶어 관리하기
- 스마트 오브젝트 다루기

기능 정리

다양한 특성을 가지고 있는 레이어의 종류 살펴보기

[Layers] 패널은 포토샵의 핵심 기능인 레이어를 다루는 패널입니다. 레이어는 종류별로 특징이 있어 적용되는 툴과 명령이 달라질 수 있습니다.

● [Layers] 패널의 구성

먼저 [Layers] 패널의 구성에 대해 살펴보겠습니다. 레이어를 다루기 쉽게 다양한 버튼과 명령으로 이루어져 있습니다.

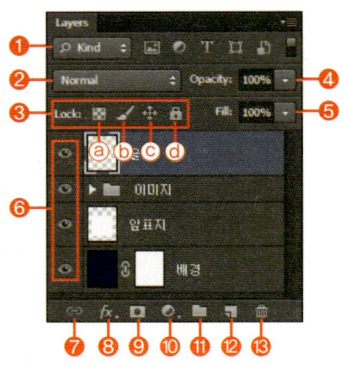

❶ 원하는 레이어를 쉽게 찾을 수 있도록 필터 기능을 지원합니다.

❷ 선택한 레이어가 아래 이미지와 혼합되는 블렌딩 모드를 선택할 수 있습니다.

❸ Lock : 선택한 레이어의 여러 잠금 기능을 선택할 수 있습니다.

ⓐ Lock transparent pixels : 레이어의 색상 부분만 칠해지고 투명한 부분은 보호되어 칠해지지 않습니다.

ⓑ Lock image pixels : 선택하면 칠해지지 않습니다.

ⓒ Lock position : 선택하면 위치를 이동할 수 없습니다.

ⓓ Lock all : 선택하면 레이어를 채색하거나 이동할 수 없습니다.

❹ **Opacity** : 선택한 레이어와 레이어 스타일의 불투명도를 같이 조절합니다. 수치가 낮아질수록 투명해져 하위 레이어가 비칩니다.

❺ **Fill** : 이미지의 불투명도만 조절하고 레이어 스타일의 불투명도는 조절되지 않습니다.

❻ **눈 아이콘** : 레이어를 감추거나 보이도록 합니다.

❼ **Add link layer** : 2개 이상의 레이어를 선택하면 활성화되어 클릭하면 선택한 레이어가 연결되어 이동, 변형을 같이 적용할 수 있습니다.

❽ **Add a layer styles** : 레이어에 적용할 그림자(Drop Shadow)나 후광(Outer Glow), 테두리 선 (Stroke) 등의 다양한 효과를 선택하고 조절할 수 있습니다.

❾ **Add layer mask** : 레이어의 일부를 가릴 수 있는 마스크를 만듭니다.

❿ **Create new fill or new adjustments layer** : 색상 레이어나 패턴, 그레이디언트 레이어, 이미지를 보정하는 보정 레이어를 만듭니다.

⓫ **Create a new group** : 클릭하면 그룹 폴더를 만들어 여러 레이어를 모아서 관리할 수 있습니다.

⓬ **Create a new layer** : 새 레이어가 만듭니다.

⓭ **Delete layer** : 선택한 레이어를 제거합니다.

● **레이어의 종류**

포토샵에서는 기능만큼이나 다양한 레이어가 있는데, 선택한 레이어가 어떤 종류이냐에 따라 적용되는 툴과 명령이 달라집니다.

❶ **Color/Gradient/Pattern 레이어** : [Layer]-[New Fill Layer] 명령으로 선택할 수 있습니다. 레이어 마스크와 같이 사용하여 원하는 부분에만 색상과 그레이디언트, 패턴을 적용할 수 있습니다.

❷ **Adjustments 레이어** : [Adjustments] 패널이나 [Create new fill or new adjustments layer](🔘)를 클릭하여 만드는 보정 레이어이며, 레이어 마스크와 같이 만들어집니다.

❸ **Group 폴더** : [Create new group](📁)을 클릭하여 만들 수 있습니다. 여러 레이어를 묶어 폴더로 관리하여 함께 이동하거나 변형이 같이 적용됩니다.

❹ **글자 레이어** : [Type Tool](T)로 글자만 입력하는 레이어로 선택 툴, 채색 툴, 보정 명령과 필터를 사용할 수 없습니다. 글자 레이어를 이미지 레이어로 변경하려면 오른쪽 [Rasterize Type]을 선택하여 글자를 이미지화합니다.

❺ **레이어에 적용된 레이어 스타일** : 레이어 스타일이 적용되었다는 표시로 클릭하면 적용된 스타일이 레이어 하단에 보여 이를 수정할 수 있습니다.

❻ **Smart Object 레이어** : 외부에서 불어온 이미지 레이어로 외부 파일을 속성을 그대로 가지고 있어 직접 수정이나 변형할 수 없습니다.

❼ **레이어** : 포토샵에서 가장 일반적으로 사용됩니다. 패널 아래의 [Create a new layer](🗋)를 클릭하거나 다른 이미지를 복사, 붙여넣기 하면 자동으로 생성됩니다. 선택 툴과 브러시와 같은 채색 툴, 보정 명령, 필터 등을 사용할 수 있습니다.

❽ **벡터 레이어** : [Pen Tool](✒)이나 도형 툴과 같은 벡터 툴을 사용할 때 옵션 바에서 [Tool Mode]를 'Shape'로 선택하면 만들어지는 레이어입니다. [Path Selection Tool](▶)이나 [Direct Selection Tool](▶)로 패스 모양을 언제든지 수정할 수 있으며, 레이어 썸네일을 더블 클릭하거나 옵션 바의 [Fill], [Stroke]를 클릭하면 색상, 테두리 모양을 변경할 수 있습니다.

❾ **Background** : 맨 아래 놓여 있는 기본 종이로, 레이어와 달리 투명한 부분이 없이 배경색으로 채워져 있습니다. 더블클릭하면 일반 레이어로 변경할 수 있습니다.

 간단퀴즈

1 레이어를 다루는 패널로, 선택한 레이어를 다른 레이어와 합성하거나 투명도를 조절할 수 있는 패널은 무엇일까요?

2 [Layers] 패널에서 여러 레이어를 묶어서 관리할 수 있는 폴더를 만드는 메뉴는 무엇인가요?

① [Add layer mask](◻) ② [Add a layer styles](fx.) ③ [Create a new layer](🗋) ④ [Create a new group](📁)

답 : **1** [Layers] 패널, **2** ④

실습
과정

여러 레이어 합치기

포토샵으로 이미지 작업을 하다보면 레이어가 너무 많이 생겨 관리가 힘들 때가 있습니다. 이때 선택한 레이어를 합치고, 폴더로 정리를 하면 작업의 효율성이 더 높아집니다. 레이어를 정리하는 방법에 대해 알아보겠습니다.

◉ **시작 파일** : 7장\01_01.psd
◉ **완료 파일** : 7장\01_01_완료.psd

01 레이어 썸네일 크기 설정하기

모든 레이어 이미지가 잘 보이도록 ❶[Layers] 패널에서 오른쪽 메뉴 버튼(▼≡)을 클릭하고 [Panel Options]를 선택합니다. ❷[Layers Panel Options] 대화상자에서 'Layer Bounds'를 선택하고 ❸[OK]를 클릭합니다. 레이어 썸네일을 확인합니다.

02 [Filter] 기능을 이용하여 글자 레이어 확인하기

❶[Layers] 패널에서 [Filter for type layers] 버튼(T)을 클릭하여 글자 레이어만 확인합니다. ❷ Shift 를 누른 채 바로 아래 글자 레이어를 선택합니다. ❸ Ctrl + E 를 눌러 선택한 레이어를 합칩니다.

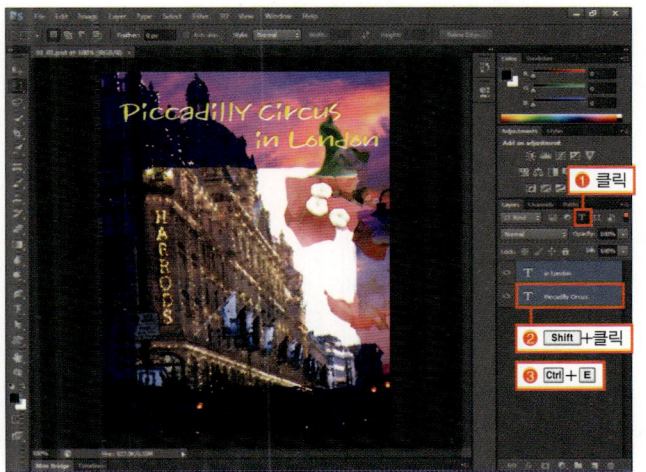

참고 ●

'Entire Documents'를 선택하면 레이어 전체가 보이며, 'Layer Bounds'를 선택하면 레이어 이미지만 보입니다.

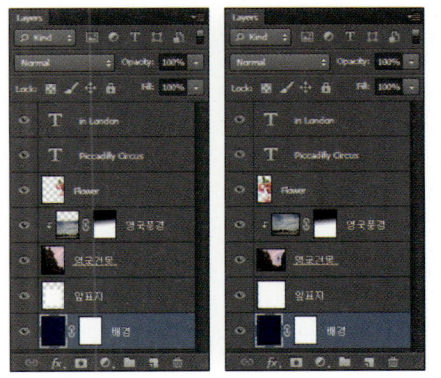

03 그룹 폴더로 여러 레이어 묶기

❶[Filter for text layers] 버튼(T)을 클릭하여 필터 기능을 제거한 후 ❷레이어 이름 부분을 더블클릭하여 '글자'로 변경합니다. ❸'Flower' 레이어를 클릭하고 Shift 를 누른 채 '영국건물' 레이어를 클릭하여 그 사이 레이어까지 선택합니다. ❹ Shift 를 누른 채 [Create a new group](📁)을 클릭하여 선택한 레이어를 그룹 폴더 안에 넣습니다.

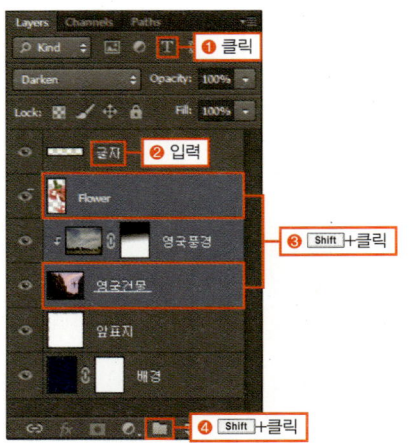

참고

[Create a new group](📁)은 그룹 폴더를 만드는 명령입니다. Shift 를 누른 채 [Create a new group](📁)을 클릭하면 선택된 레이어들이 그룹 폴더 안으로 들어가 정리됩니다.

04 그룹 폴더 이름 변경하기

❶그룹 폴더 이름을 더블클릭하여 ❷'이미지'로 변경합니다.

05 완성된 이미지 확인하기

❶'이미지' 그룹 폴더의 확장 표시(▶)를 클릭하여 그룹 폴더 안에 선택한 레이어가 이동된 것을 확인합니다.

참고

[Layer Options] 대화상자를 불러온 후 'Entire Documents'를 클릭하여 레이어 전체가 보이도록 합니다.

참고 • 레이어 합치기

레이어를 합치는 명령은 [Layers] 패널의 오른쪽 메뉴 버튼(▼)을 클릭하면 선택할 수 있는데,
선택한 레이어와 바로 하위 레이어를 합치는 [Merge Down], [Merge Visible], 모든 레이어를
합쳐 'Background' 레이어로 만드는 [Flatten Image]가 있습니다. 가장 많이 사용하는 [Merge
Layers]는 2개 이상의 레이어를 선택해야 활성화되며 단축키는 Ctrl + E 입니다.

▲ ⓐ Merge Down

▲ ⓑ Merge Visible

▲ ⓒ Flatten Image

▲ 합치기 전의 레이어 모양과 레이어 메뉴

참고 • 레이어 선택하기

레이어를 여러 개 선택하려면 먼저 한 레이어를 선택하고 Shift 를 누른 채 다른 레이어를 클
릭하면 그 사이의 모든 레이어가 선택됩니다. Ctrl 을 누른 채 다른 레이어를 클릭하면 클릭한
레이어가 추가 선택됩니다.

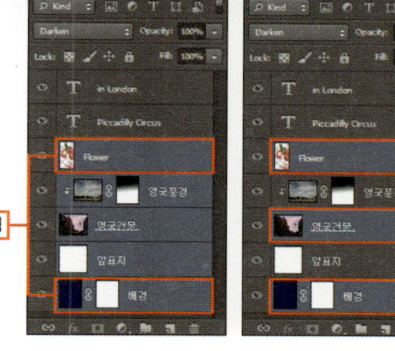

레이어를 합치거나 그룹 폴더를 이용하여 다음 이미지와 같이 수정해 보세요.

◉ **시작 파일** : 7장\01_실습.psd
◉ **완료 파일** : 7장\01_완료.psd

 >

포토샵 삽입 파일. 스마트 오브젝트 활용하기

스마트 오브젝트(Smart Object)는 외부 파일을 현재 이미지의 레이어로 연결하는 것으로 일러스트레이터와 같이 다른 프로그램으로 작업된 이미지를 불러오거나 여러 레이어를 스마트 오브젝트로 분리할 수 있습니다. 스마트 오브젝트는 포토샵에서 작업 중인 이미지에서 형태를 변경하거나 보정할 수 없고, 썸네일을 더블클릭하여 연결된 프로그램에서 수정한 후 저장해야 이미지가 수정됩니다.

⚙ **시작 파일** : 7장\01_02.psd, 01_02_title.ai
⚙ **완료 파일** : 7장\01_02_완료.psd

1 [Place]로 일러스트레이터 이미지 선택하기

❶[File]-[Open] 메뉴를 클릭하여 '01_02.psd' 파일을 불러옵니다. ❷[File]-[Place] 메뉴를 클릭합니다.

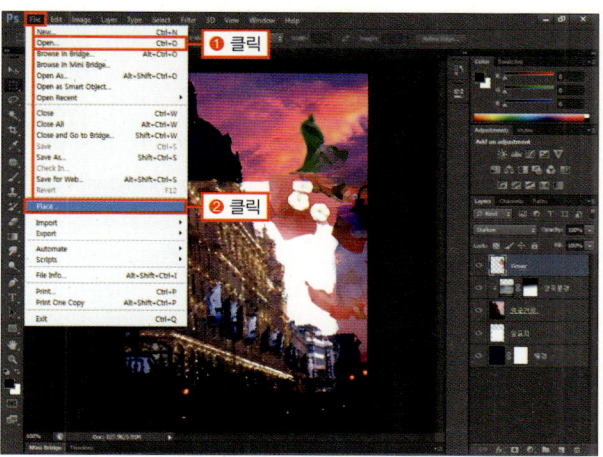

2 [Place] 대화상자 설정하기

[Place] 대화상자에서 ❶'01_02_title.ai' 파일을 선택하고 ❷[Place]를 클릭합니다.

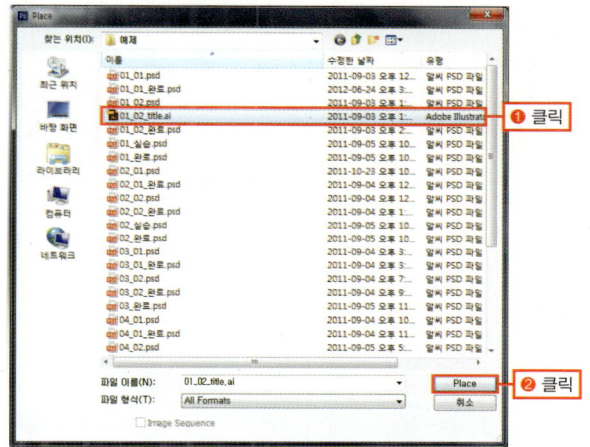

3 [Place]로 이미지 앉히기

불러올 파일의 옵션을 선택할 수 있는 [Place PDF] 대화상자의 프리뷰에서 이미지를 확인합니다. ❶[Crop To]를 'Bounding Box'로 설정하고 ❷[OK]를 클릭합니다.

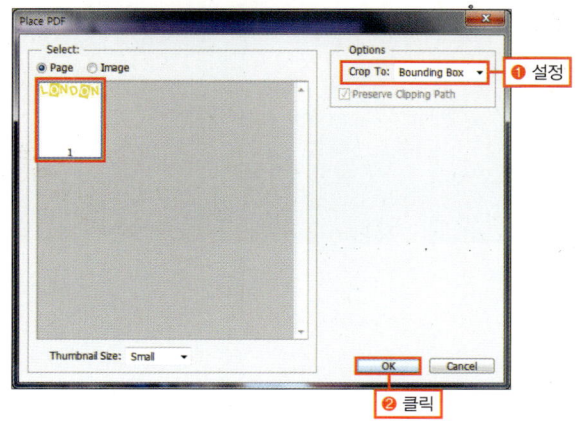

4 불러온 이미지 변형 및 배치하기

이미지 창에 선택한 이미지가 나타납니다. ❶변형 조절점을 조절하여 위치와 크기를 맞춘 후 ❷[Enter]를 눌러 변형을 마무리합니다.

5 스마트 오브젝트 수정하기

❶[Layers] 패널에서 방금 불러온 '01_02_title' 레이어 썸네일을 더블클릭합니다. '원본을 수정한 후 저장하면 연결된 이미지도 수정된다'는 경고창이 나타나면 ❷[OK]를 클릭합니다.

6 일러스트레이터에서 수정하기

연결된 프로그램인 일러스트레이터가 열리면 ❶[Magic Wand Tool](🪄)을 클릭하고 ❷이미지의 노란색을 클릭하여 선택합니다. ❸옵션 바에서 [Fill Color]를 클릭하여 연두색을 선택하고 ❹Ctrl+S를 눌러 저장합니다.

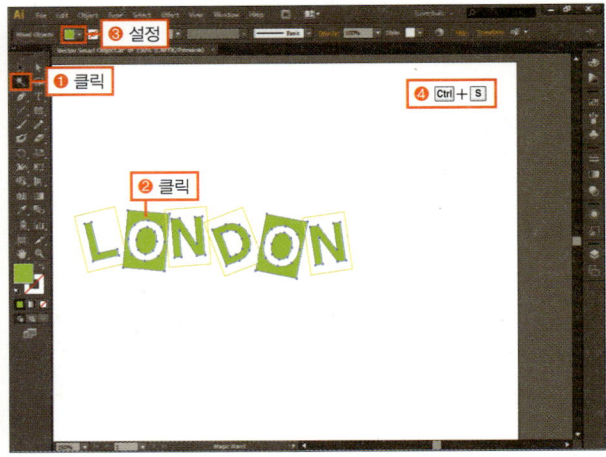

참고 •
경고창이 나타나면 [OK] 버튼을 클릭하여 저장합니다. 일러스트레이터 프로그램이 사용자 PC에 설치되어 있을 경우에만 진행됩니다.

7 수정된 이미지 확인하기

다시 포토샵 프로그램으로 되돌아가면 제목의 색상이 수정된 것을 알 수 있습니다.

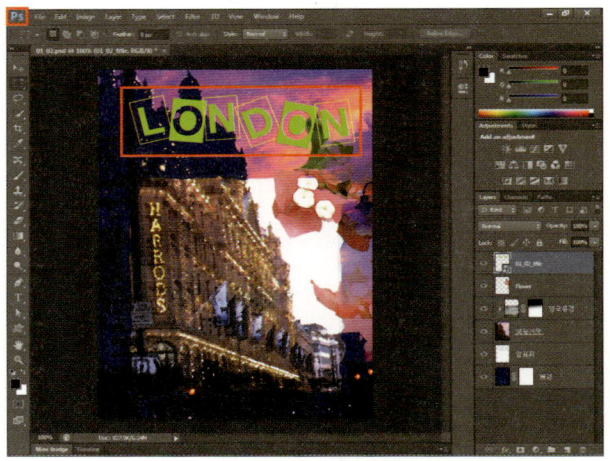

참고 •
스마트 오브젝트(Smart Object)는 현재 이미지에서 채색되거나 직접 수정되지는 않지만 레이어 스타일이나 레이어 마스크는 사용할 수 있습니다.

8 선택한 레이어를 스마트 오브젝트로 만들기

❶[Layers] 패널의 'Flower' 레이어를 선택하고 ❷ Shift 를 누른 채 '영국건물' 레이어를 클릭하여 다중 선택합니다. ❸[Layer]–[Smart Object]–[Convert to Smart Object] 메뉴를 선택합니다.

9 스마트 오브젝트의 레이어 블렌딩 모드 변경하기

스마트 오브젝트로 변경된 것을 확인합니다. ❶레이어의 블렌딩 모드를 [Pin Light]로 변경합니다.

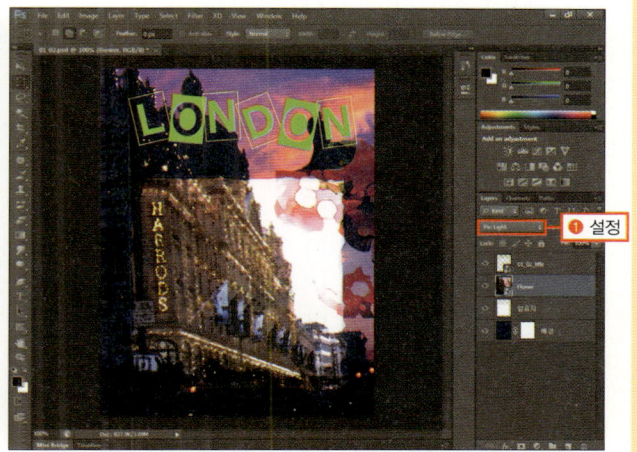

참고

[Convert to Smart Object] 명령은 선택한 여러 레이어를 하나의 스마트 오브젝트로 묶는 것입니다. 현재 레이어에서는 하나의 레이어로 보여 관리가 편리하며 더블클릭하면 각 레이어를 따로 수정할 수 있습니다.

10 스마트 오브젝트 한번에 수정하기

❶[Adjustments] 패널의 [Hue/Saturation](▦)을 클릭하여 [Properties] 패널이 열리면 ❷[This adjustments clips to the layer] 버튼(▦)을 클릭합니다. ❸[Hue]를 '–40', [Saturation]을 '+15'로 조절합니다.

11 완성된 이미지 확인하기

❶[Properties] 버튼(▦)을 클릭하여 패널을 접은 후 완성된 이미지를 확인합니다.

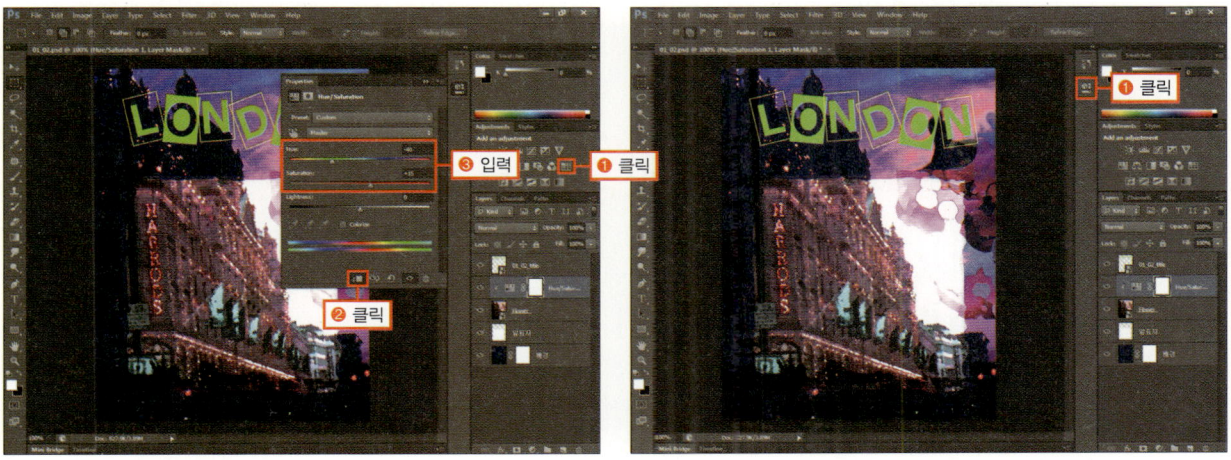

참고

[This adjustments clips to the layer] 버튼(▦)을 클릭하면 클리핑 마스크와 마찬가지로 아래 레이어에만 보정 명령이 적용됩니다.

SECTION 02

레이어 혼합의 모든 것, 블렌딩 모드와 투명도 활용하기

여러 레이어를 자연스럽게 혼합해주는 기능인 블렌딩 모드에 대해 자세히 알아보고 색상과 명암에 따라 어떻게 혼합되는지 알아봅니다. 또한 레이어의 투명도를 조절하여 아래 이미지가 비춰보이도록 하여 두 이미지가 자연스럽게 합성되는 방법을 살펴봅니다.

다루는 내용
- 블렌딩 모드 살펴보기
- 블렌딩 모드에 따른 이미지 합성하기
- 투명도를 조절하여 이미지 합성하기

기능 정리

블렌딩 모드의 종류 살펴보기

블렌딩 모드(Blending Mode)는 선택한 레이어가 아래 놓인 레이어와 합성될 때 각각의 이미지가 갖고 있는 색상과 밝기, 대비 등에 따라 합성되는 정도를 말합니다.

❶ **Normal** : 레이어의 순서대로 이미지가 합성되어 보입니다.

❷ **Dissolve** : 이미지가 흩뿌려진 것 같은 효과를 주는 것으로 [Opacity]의 값이 낮아질수록 많이 흩어져 보입니다.

❸ **Darken** : 겹쳐진 이미지 색상 중 어두운 곳의 색상이 부각되어 전체 이미지가 어둡게 표시됩니다.

❹ **Multiply** : 흰색은 제거되며 두 이미지의 명도를 곱한 후에 이것을 255로 나누는 방법입니다. 합성되어 전체적으로 어두워지면서 합성됩니다.

❺ **Color Burn** : 흰색이나 검은색은 변하지 않고 색상 부분에 [Burn Tool]( )을 적용한 것처럼 어둡게 합성됩니다.

❻ **Linear Burn** : 두 이미지의 어두운 색을 부각시키고 밝은 부분을 감소시켜 혼합하는 것으로 [Color Burn]보다는 어둡게 합성됩니다.

❼ **Darker Color** : 단순히 두 레이어의 이미지에서 더 어두운 레이어의 색상으로 혼합합니다.

❽ **Lighten** : [Darken]과 반대의 개념으로, 어두운 톤에만 이미지가 합성되어 전체적으로 밝아집니다.

❾ **Screen** : [Multiply]와 반대로 검은색은 제거되고 두 이미지의 색상을 서로 반전시켜 곱하는 형태로 합성됩니다. 전체적으로 하얗게 합성됩니다.

❿ **Color Dodge** : 흰색과 검은색은 그대로 둔 채 색상에 [Dodge Tool]( )을 적용한 것처럼 명도와 채도가 높아지며 합성됩니다.

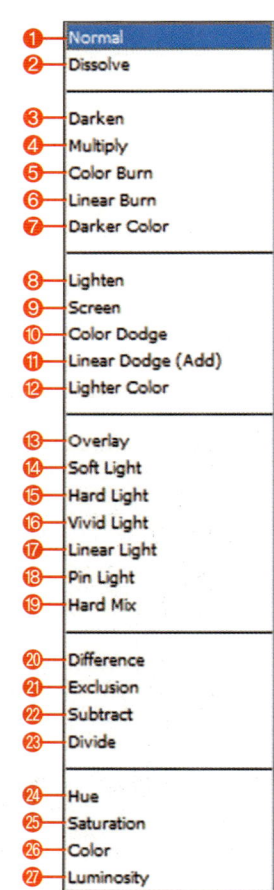

❶	Normal
❷	Dissolve
❸	Darken
❹	Multiply
❺	Color Burn
❻	Linear Burn
❼	Darker Color
❽	Lighten
❾	Screen
❿	Color Dodge
⓫	Linear Dodge (Add)
⓬	Lighter Color
⓭	Overlay
⓮	Soft Light
⓯	Hard Light
⓰	Vivid Light
⓱	Linear Light
⓲	Pin Light
⓳	Hard Mix
⓴	Difference
㉑	Exclusion
㉒	Subtract
㉓	Divide
㉔	Hue
㉕	Saturation
㉖	Color
㉗	Luminosity

⓫ **Linear Dodge** : [Color Dodge]보다 전체적으로 고르게 밝아지며 합성됩니다. 검은색은 합성 되지 않습니다.

⓬ **Lighter Color** : 두 레이어의 색상 중 어두운 부분은 제거되어 밝은 색만 합성합니다.

⓭ **Overlay** : [Multiply]와 [Screen]의 중간 정도로 혼합되며 명암은 유지한 채로 채도와 대비는 높아집니다.

⓮ **Soft Light** : 상위 레이어의 50% 회색을 기준으로 밝은 부분은 [Dodge Tool](🔍)을 적용했을 때와 같이 밝아지고, 어두운 부분은 [Burn Tool](✊)을 적용한 것처럼 어두워집니다.

⓯ **Hard Light** : 상위 레이어의 50% 회색을 기준으로 밝은 부분은 [Screen]을 적용한 것과 같이 밝아지며 어두운 부분은 [Multiply]를 적용한 것처럼 어두워집니다.

⓰ **Vivid Light** : 검은색 부분은 그대로 두고 밝은 부분에 빛을 추가한 듯 대비가 높아집니다.

⓱ **Linear Light** : [Hard Light]보다 전체적으로 밝게 합성하는데 색상에 따라 밝기를 조절하여 각 픽셀별로 더 어두워지거나 더 밝아집니다.

⓲ **Pin Light** : 겹친 레이어 50% 회색을 기준으로 두 레이어가 50%보다 밝으면 아래에 겹친 레이어 이미지가 표현되어 전체적으로 밝게 됩니다.

⓳ **Hard Mixer** : 두 이미지의 색상을 거칠게 표현하여 합성됩니다.

⓴ **Difference** : 이미지 전체적으로 반전되어 혼합됩니다.

㉑ **Exclusion** : [Difference]와 같이 반전시켜 혼합되지만 반전 정도가 조금 약합니다.

㉒ **Subtract** : 각 색상 정보를 보고 기본 색상에서 혼합 색상을 빼서 검은색으로 표시합니다.

㉓ **Divide** : 기본 색상에서 혼합 색상을 나눠 혼합합니다.

㉔ **Hue** : 상위 레이어의 색상과 명도만 하위 레이어에 적용되어 코입니다.

㉕ **Saturation** : 상위 레이어의 채도가 하위 레이어의 색상과 명도에 적용되어 보입니다.

㉖ **Color** : 위에 놓인 레이어 색상과 채도가 하위 레이어의 밝기에 반영되어 보입니다.

㉗ **Luminosity** : 하위 레이어의 명도가 상위 레이어에 반영되어 합성됩니다.

▲ Normal 상태에서 2개의 레이어 이미지

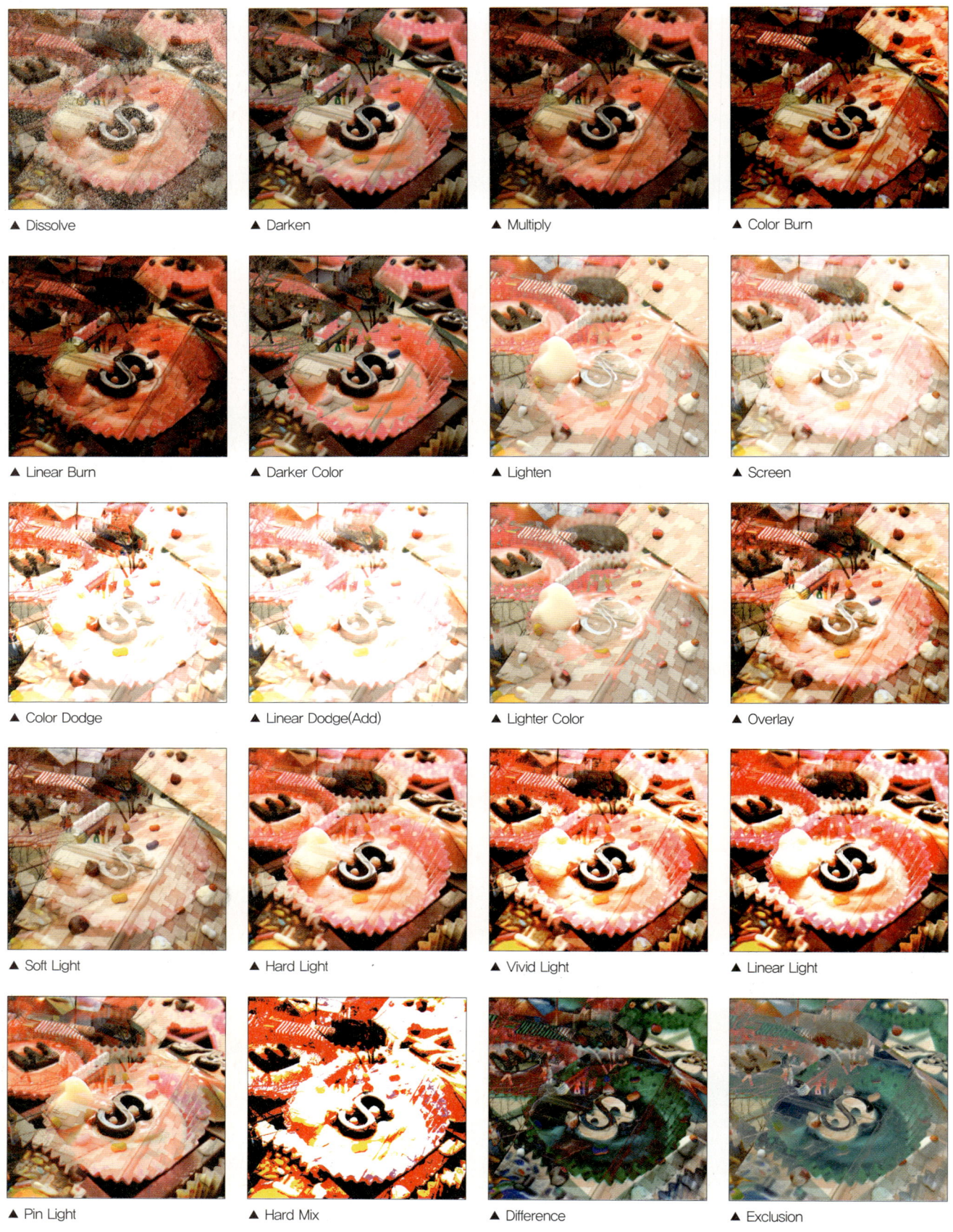

▲ Dissolve ▲ Darken ▲ Multiply ▲ Color Burn

▲ Linear Burn ▲ Darker Color ▲ Lighten ▲ Screen

▲ Color Dodge ▲ Linear Dodge(Add) ▲ Lighter Color ▲ Overlay

▲ Soft Light ▲ Hard Light ▲ Vivid Light ▲ Linear Light

▲ Pin Light ▲ Hard Mix ▲ Difference ▲ Exclusion

▲ Subtract

▲ Divide

▲ Hue

▲ Saturation

▲ Color

▲ Luminosity

간단 퀴즈

1 블렌딩 모드에서 흰색은 제거되고 두 이미지의 명도를 곱한 후에 255로 나누는 방법으로 합성되며, 전체적으로 어두워지는 모드는 무엇일까요?

① Multiply ② Overlay ③ Screen ④ Hue

2 선택한 레이어의 투명도를 조절하는 명령은 무엇인가요?

답 : **1** ①, **2** Opacity

실습
과정

블렌딩 모드로 이미지 합성하기

블렌딩 모드(Blending Mode)는 이미지의 색상과 밝기에 따라 혼합되는 정도가 달라집니다. 여러 가지 블렌딩 모드를 이용하여 이미지에 잘 어울리도록 합성하는 연습을 해보겠습니다.

◎ **시작 파일** : 7장\02_01.psd
◎ **완료 파일** : 7장\02_01_완료.psd

01 블렌딩 모드로 이미지 합성하기

❶블렌딩 모드를 [Darker Color]로 선택합니다. 선택한 레이어 이미지의 밝은 부분이 투명해져 아래 이미지와 합성된 것을 확인합니다.

02 [Eraser Tool]로 이미지 경계 부분 지우기

❶[Eraser Tool]( )을 클릭하고 ❷옵션 바에서 브러시 모양을 'Soft Round', 크기를 '100px', [Hardness]는 '0%'로 설정합니다. ❸합성된 이미지 경계의 어색한 부분을 드래그하여 지웁니다.

03 블렌딩 모드로 테두리 합성하여 완성하기

❶[Layers] 패널에서 '틀' 레이어를 선택하고 ❷눈 아이콘( )을 클릭하여 보이도록 합니다.

04 블렌딩 모드 적용하여 완성하기

❶블렌딩 모드를 [Screen]으로 선택하여 검은색은 빼고 합성합니다. 합성된 이미지를 확인합니다.

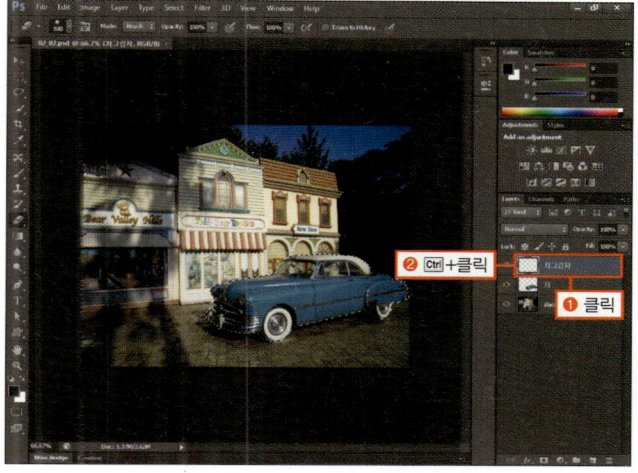

실습 과정

투명도(Opacity)를 조절하여 자연스럽게 합성하기

투명도(Opacity)는 레이어의 농도를 조절하여 아래 놓인 레이어 이미지와 더욱 자연스럽게 합성할 수 있습니다.

◎ **시작 파일** : 7장\02_02.psd
◎ **완료 파일** : 7장\02_02_완료.psd

01 선택 영역 설정하기

❶[Layers] 패널에서 '차그림자' 레이어를 선택합니다. ❷
Ctrl을 누른 채 '차' 레이어의 썸네일을 클릭하면 '차' 레이어 모양으로 선택 영역이 만들어집니다.

> **참고** •
>
> Ctrl을 누른 채 레이어의 썸네일을 클릭하면 클릭한 레이어 이미지 형태로 선택 영역이 만들어집니다.

02 선택 영역에 [Feather] 적용하기

❶[Select]-[Modify]-[Feather] 메뉴를 클릭하여 [Feather Selection] 대화상자를 불러옵니다. ❷대화상자의 [Feather Radius]를 '15'로 입력하고 ❸[OK]를 클릭합니다.

03 선택 영역 확인하기

선택 영역의 경계 부분이 부드러워진 것을 확인합니다.

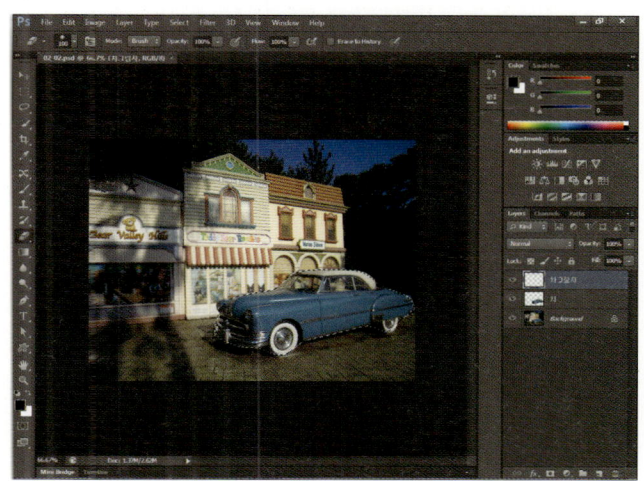

04 투명 그레이디언트 선택하기

❶전경색을 검은색으로 설정하고 ❷[Gradient Tool](▨)을 클릭합니다. ❸옵션 바에서 목록 단추를 클릭하고 ❹두 번째 썸네일인 'Foreground to Transparent'를 선택합니다.

05 투명 그레이디언트 적용하기

❶[Linear Gradient](▨)를 클릭하고 ❷선택 영역을 1~2번 드래그하여 그레이디언트를 적용합니다.

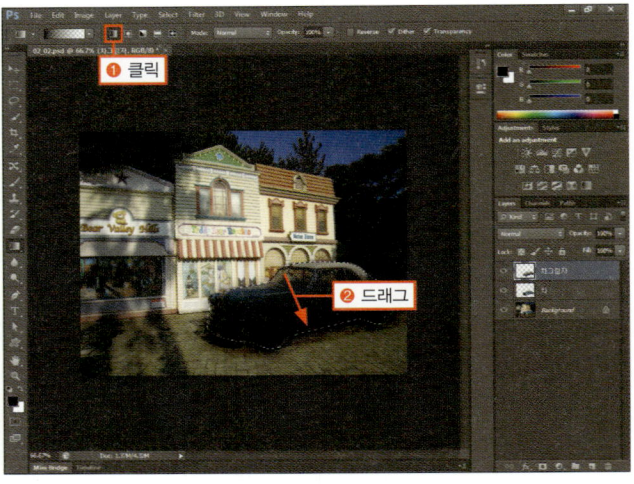

06 [Free Transform]으로 변형하기

❶Ctrl+T를 눌러 [Free Transform]을 적용합니다. ❷그림과 같이 변형한 후 ❸Enter를 눌러 변형을 끝냅니다. ❹Ctrl+D를 눌러 선택 영역을 해제합니다.

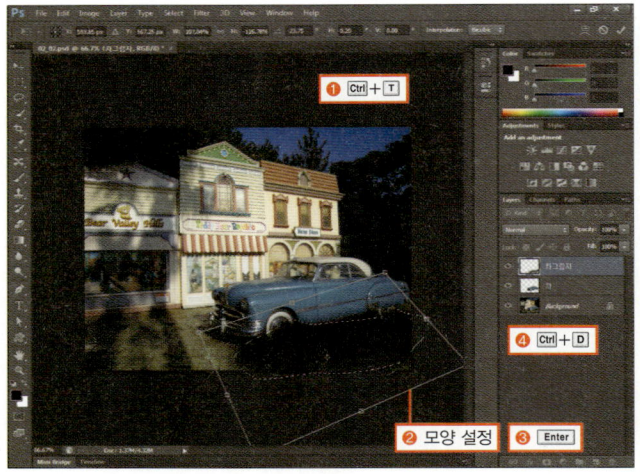

07 레이어의 투명도 조절하기

❶[Layers] 패널에서 '차그림자' 레이어를 '차' 레이어 아래로 드래그하여 레이어 순서를 바꿉니다. ❷'차그림자' 레이어의 [Opacity]를 '70%'로 조절합니다. 완성된 이미지를 확인합니다.

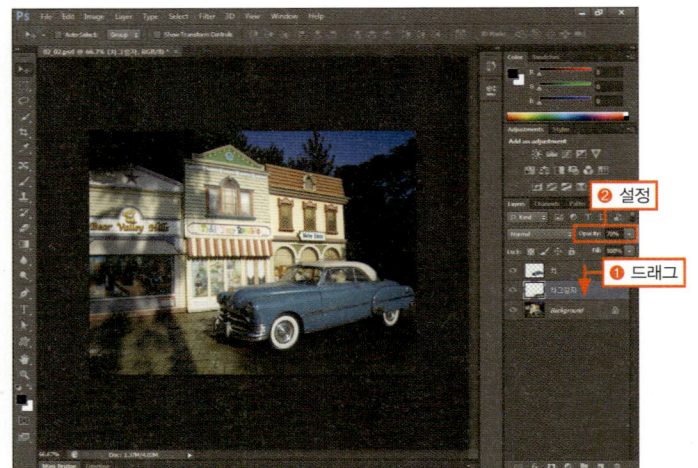

> **참고**
> Ctrl을 누른 채 각 조절점을 드래그하면 각각의 모서리를 별개로 왜곡시킬 수 있습니다.

확인실습

각 레이어의 블렌딩 모드와 투명도를 조절하여 다음 이미지와 같이 완성해 보세요.

⊙ **시작 파일** : 7장\02_실습.psd
⊙ **완료 파일** : 7장\02_완료.psd

 >

SECTION 03

레이어 스타일 설정하기

레이어 이미지에 여러 효과 재질감을 적용할 수 있는 레이어 스타일과 각 스타일의 옵션에 대해 살펴보겠습니다. 또한 자주 사용하는 레이어 스타일의 모양을 모아놓은 [Styles] 패널에 대해서도 알아보겠습니다.

다루는 내용

- [Styles] 패널의 레이어 스타일 종류 살펴보기
- 그림자 효과와 엠보싱 효과로 글자 디자인해 보기
- [Layer Style] 대화상자의 레이어 스타일 설정 옵션 알아보기

기능 정리

레이어 스타일을 설정할 수 있는 [Styles] 패널과 [Layer Style] 대화상자 보기

레이어 스타일(Layer Style)은 레이어에 적용할 수 있는 여러 모양이 기본 프리셋으로 제공됩니다. 또는 사용자가 원하는 모양을 설정하여 저장해둘 수도 있습니다. [Layers] 패널의 [Add a layer style](fx)을 클릭하여 원하는 항목을 적용할 수 있으며, 물방울이나 금속, 돌 등의 재질이나 패턴을 적용할 수 있습니다. 레이어 스타일을 적절히 활용하면 같은 작업의 반복을 줄일 수 있고, 원하는 항목만 추가하거나 삭제하여 재활용할 수 있습니다.

● [Styles] 패널의 종류

[Styles] 패널은 여러 레이어 스타일을 섞어 다양한 질감을 만들어 놓은 패널입니다. 패널의 스타일 항목을 클릭하거나 원하는 레이어 이미지에 드래그하면 적용됩니다.

▲ 기본 Styles

▲ Abstract Styles

▲ Buttons

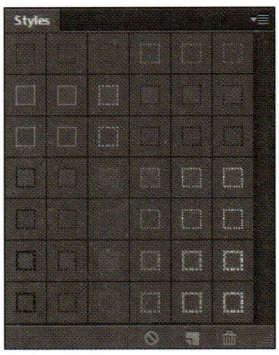

▲ Dotted Strokes

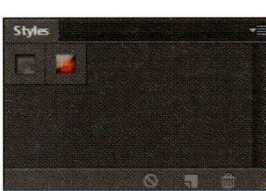

▲ DP Styles

▲ Glass Buttons

▲ Image Effects

▲ KS Styles

▲ Photographic Effects

▲ Text Effects 2

▲ Text Effects

▲ Textures

▲ Web Styles

● [Layer Style] 대화상자의 구성

레이어를 더블클릭하면 레이어 스타일을 세부적으로 설정
할 수 있는 [Layer Style] 대화상자가 나타납니다. 대화상자
의 왼쪽에는 스타일의 카테고리가 제공되고, 오른쪽 화면에
서 각 옵션을 설정할 수 있습니다. 적용된 레이어 스타일은
언제든지 제거하거나 속성을 변경할 수 있습니다.

▲ 원본 이미지

• Blending Options

레이어에 공통적으로 적용되는 사항과 레이어 스타일의 각 항목을 선택하여 적용할 수 있습니다.

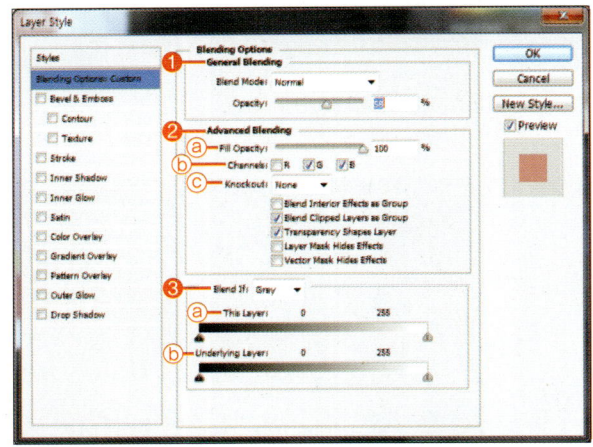

❶ **General Blending** : [Layers] 패널의 블렌딩 모드와 [Opacity]를 수정합니다.

❷ **Advanced Blending** : 레이어 스타일에 적용되는 보조적인 옵션을 조절합니다.

　ⓐ **Fill Opacity** : 레이어 이미지의 불투명도를 조절합니다. 레이어 스타일은 영향을 받지 않습니다.

　ⓑ **Channels** : 이미지의 모드에 따라 사용하려는 채널을 선택할 수 있습니다.

　ⓒ **Knockout** : 이 옵션을 체크하면 아래에 있는 레이어를 뚫어서 볼 수 있습니다.

❸ **Blend If** : 채널을 선택해 밝기를 조절할 수 있습니다.

　ⓐ **This Layer** : 선택한 레이어의 밝기를 조절합니다.

　ⓑ **Underlying Layer** : 선택한 레이어의 아래에 놓인 레이어의 밝기를 조절합니다. 단, 블렌딩 모드를 [Normal] 외의 것을 선택하거나 [Opacity], [Fill Opacity]를 낮춰야 보입니다.

• Bevel & Emboss

이미지나 문자를 튀어나와 보이게 하거나 안으로 들어가 보이게 하는 입체적인 효과를 줄 수 있습니다.

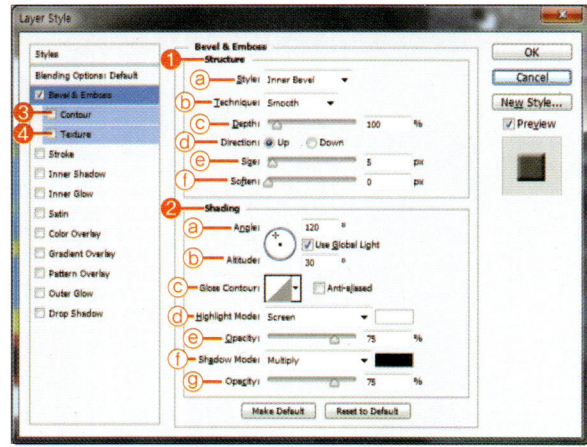

❶ **Structure** : 튀어나오는 모양과 크기, 부드러운 정도를 설정합니다.

ⓐ **Style** : 튀어나오는 모양을 선택할 수 있습니다.

- Outer Bevel : 이미지의 바깥쪽이 튀어나와 보입니다.
- Inner Bevel : 이미지의 안이 튀어나와 보입니다.
- Emboss : 엠보싱으로 끝이 자연스럽게 부풀어 오르는 듯한 모양입니다.
- Pillow Emboss : 이미지 주변을 파낸 것 같은 모양입니다.
- Stroke Emboss : 스트로크(Stoke) 스타일이 적용되었을 때 엠보싱 효과를 나타냅니다.

ⓑ **Technique** : 스타일 적용의 부드러움을 정할 수 있습니다. [Smooth]는 부드럽게, [Chisel Hard]는 날카롭게, [Chisel Soft]는 더욱 날카롭게 적용됩니다.

ⓒ **Depth** : 효과의 깊이를 조절합니다.

ⓓ **Direction** : 빛의 방향을 [Up], [Down]으로 정할 수 있습니다. [Up]은 튀어나와 보이게 하고 [Down]은 들어가 보이게 합니다.

ⓔ **Size** : 입체 효과의 크기를 설정합니다.

ⓕ **Soften** : 입체 효과의 부드러운 정도를 조절합니다.

❷ **Shading** : 빛의 방향과 빛의 굴절 정도, 어두운 색상과 밝은 색상의 합성 모드와 불투명도를 조절합니다.

ⓐ **Angle** : 빛의 방향을 선택합니다

ⓑ **Altitude** : 빛이 설정된 방향에 중간 톤을 설정합니다.

ⓒ **Gloss Contour** : 입체 효과 중 모양을 그래프로 선택하거나 조절합니다.

ⓓ **Highlight Mode** : 입체 효과 중 밝은 색상의 합성 모드를 선택합니다.

ⓔ **Opacity** : 밝은 톤의 불투명도를 조절합니다.

ⓕ **Shadow Mode** : 입체 효과 중 어두운 톤의 합성 모드를 선택합니다.

ⓖ **Opacity** : 어두운 톤의 불투명도를 조절합니다.

❸ **Contour** : 체크하면 입체 모양을 그래프로 조절할 수 있고 그 퍼지는 정도를 조절하는 [Range]로 각진 부분의 영역을 정할 수 있습니다.

❹ **Texture** : 체크하면 입체 효과에 재질감을 줄 수 있습니다.

- **Stroke**

레이어에 테두리 선을 두릅니다. 색이나 그레이디언트를 선택할 수 있고, 선의 두께와 위치를 선택합니다.

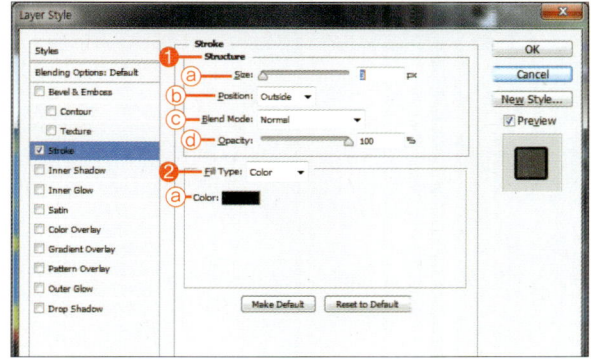

❶ **Structure** : 이미지 테두리를 두르는 선의 두께와 위치, 불투명도를 설정합니다.

ⓐ **Size** : 선의 두께 조절합니다.

ⓑ **Position** : 선을 적용할 위치를 선택합니다. 레이어의 안쪽, 가운데, 바깥쪽 중에서 선택할 수 있습니다.

ⓒ **Blend Mode** : 적용하려는 선의 합성 모드를 선택합니다.

ⓓ **Opacity** : 적용하려는 선의 불투명도를 조절합니다.

❷ **Fill Type** : 선에 적용되는 색상과 그레이디언트, 패턴을 선택할 수 있습니다.

ⓐ **Color** : 선의 색상을 선택합니다.

・ **Inner Shadow**

그림자를 이미지 안에 넣는 효과입니다. 대부분의 옵션이 [Drop Shadow]와 동일합니다.

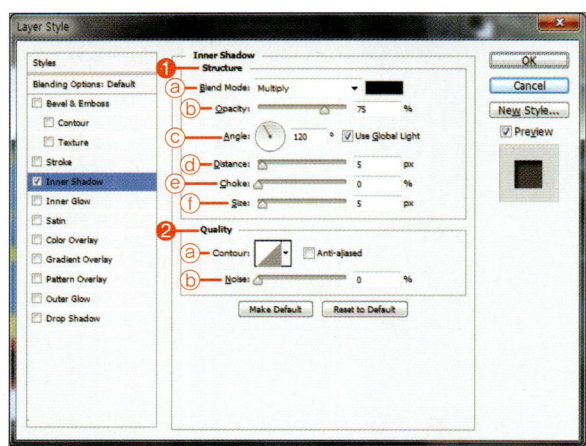

❶ **Structure** : 스타일의 합성 모드와 색상, 불투명도, 노이즈를 설정합니다.

ⓐ **Blend Mode** : 안쪽 그림자 효과의 합성 모드를 선택합니다. 밝은 색상의 그림자를 넣으려면 [Normal]이나 [Screen]으로 변경해야 합니다.

ⓑ **Opacity** : 외부 후광의 불투명도를 조절합니다.

ⓒ **Angle** : 그림자는 빛의 반대 방향으로 생기기 때문에 빛의 각도를 조절합니다. [Use Global Light]가 체크되어 있으면 설정된 빛의 방향이 레이어 스타일 전체에 동일하게 적용됩니다. 체크를 해제하면 레이어 스타일마다 다르게 빛의 방향을 조절할 수 있습니다.

ⓓ **Distance** : 이미지와 그림자와의 거리를 조절합니다.

ⓔ **Choke** : 퍼져나가는 경도를 조절합니다.

ⓕ **Size** : 그림자 크기를 조절합니다.

❷ **Quality** : 스타일이 적용되는 외곽의 모양과 노이즈를 설정합니다.

ⓐ **Contour** : 그림자의 모양을 그래프로 조절할 수 있습니다.

ⓑ **Noise** : 그림자가 퍼지는 끝에 노이즈를 적용해 흩뿌리듯이 처리합니다.

- Drop Shadow

선택한 레이어에 그림자를 만드는 기능입니다. [Inner Shadow]와 유사합니다.

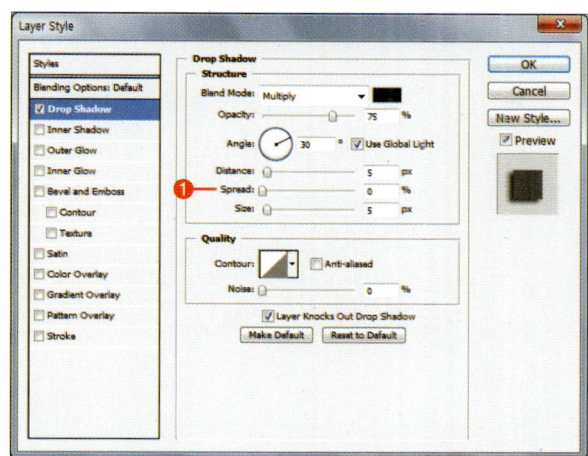

❶ **Spread** : 그림자 퍼져 나가는 폭을 조절합니다. 값이 클수록 그림자가 먼 곳까지 진하게 퍼집니다.

- Inner Glow

이미지 내부에 후광 효과를 적용합니다.

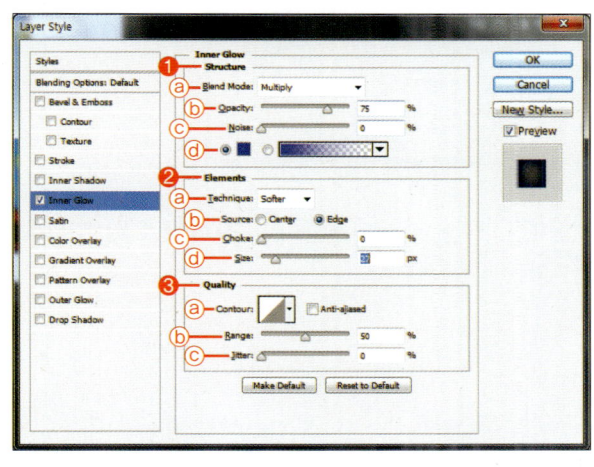

❶ **Structure** : 스타일의 합성 모드와 색상, 불투명도, 노이즈를 설정합니다.
　ⓐ **Blend Mode** : 내부 후광 효과의 합성 모드를 선택하는데 어두운 색상의 후광 효과를 적용하려면 합성 모드를 [Normal]이나 [Multiply]로 변경해야 합니다.
　ⓑ **Opacity** : 내부 후광의 불투명도를 조절합니다.
　ⓒ **Noise** : 내부 후광의 퍼지는 끝에 노이즈를 적용해 흩뿌리듯이 처리합니다.
　ⓓ **색상 설정** : 내부 후광의 색을 설정하는데 단색과 그레이디언트를 선택할 수 있습니다.
❷ **Elements** : 후광이 적용될 때의 부드러운 정도와 퍼지는 폭과 크기를 설정합니다.
　ⓐ **Technique** : 내부 후광 효과의 품질을 선택할 수 있는데 [Softer]를 선택하면 외곽의 모양보

다 부드럽게 생성되며 [Precise]를 선택하면 이미지의 외곽을 따라 정교하게 생성됩니다.

ⓑ **Source** : 내부 후광이 안쪽부터 퍼질지 경계 부분부터 퍼질지 정합니다.

ⓒ **Choke** : 내부 그림자의 경도를 조절합니다.

ⓓ **Size** : 내부 후광의 크기를 조절합니다.

❷ **Quality** : 스타일이 적용되는 외곽의 모양과 색상의 혼합 정도를 설정합니다.

ⓐ **Contour** : 내부 후광이 퍼져나가는 모양을 그래프로 조절할 수 있습니다.

ⓑ **Range** : [Contour]가 직선이면 [Spread]와 같이 퍼짐 정도를 조절하고 굴곡이 있을 때에는 굴곡의 두께를 정합니다.

ⓒ **Jitter** : 그레이디언트 색으로 후광색이 선택되면 무작위로 색상을 혼합해 효과를 적용합니다.

• Outer Glow

후광처럼 이미지 주변으로 퍼지는 효과입니다. [Inner Glow]와 유사합니다.

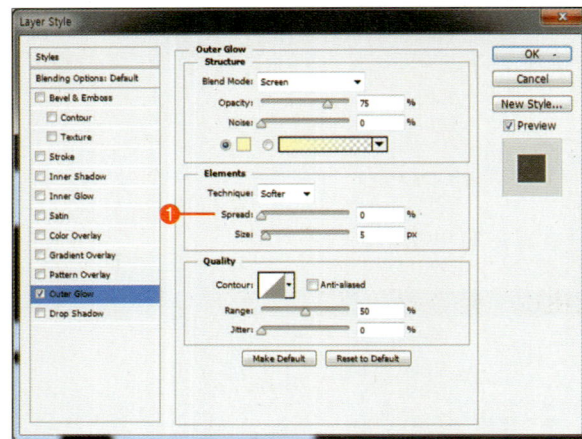 

❶ **Spread** : 후광이 퍼져 나가는 폭을 조절합니다. 값이 클수록 그림자가 먼 곳까지 진하게 퍼집니다.

• Satin

이미지 가장자리에 광택 효과를 줄 수 있습니다.

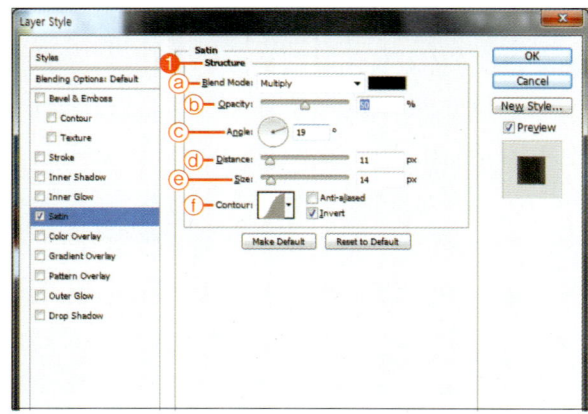 

❶ **Structure** :

ⓐ **Blend Mode** : 광택 효과의 합성 모드를 선택합니다.

ⓑ **Opacity** : 광택 효과의 불투명도를 조절합니다.

ⓒ **Angle** : 빛의 방향을 선택합니다.

ⓓ **Distance** : 광택 효과의 거리를 조절합니다.

ⓔ **Size** : 광택 효과의 크기를 조절합니다.

ⓕ **Contour** : 광택 효과가 퍼져나가는 모양을 그래프로 조절할 수 있습니다. [Anti-aliased]를 체크하면 효과가 부드럽게 적용되며 [Invert]를 체크하면 효과가 반전됩니다.

• Color Overlay

레이어의 이미지를 단색으로 채우는 효과입니다. 채우기 명령을 사용하는 것보다 간편하게 사용할 수 있습니다.

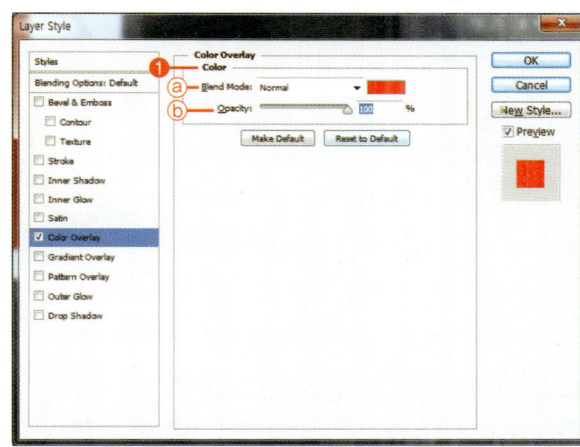 

❶ **Color** : 레이어에 적용될 색상과 혼합 모드, 불투명도를 설정합니다.

ⓐ **Blend Mode** : 적용하려는 색상의 합성 모드를 선택합니다.

ⓑ **Opacity** : 적용하려는 색상의 불투명도를 조절합니다.

• Gradient Overlay

선택한 그레이디언트로 이미지를 채워줍니다.

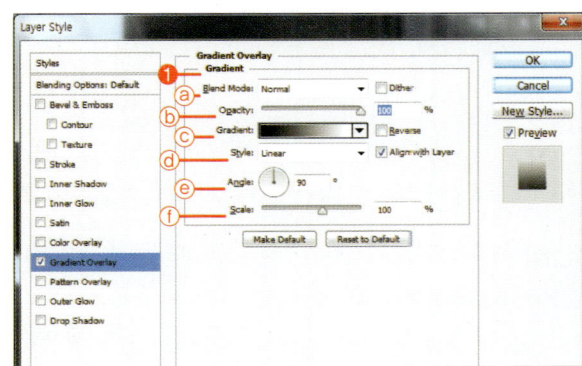 

❶ **Gradient** : 이미지에 적용할 그레디언트와 합성되는 모양을 설정합니다.

  ⓐ **Blend Mode** : 적용하려는 그레이디언트의 합성 모드를 선택합니다.

  ⓑ **Opacity** : 적용하려는 그레이디언트의 불투명도를 조절합니다.

  ⓒ **Gradient** : 적용하려는 그레이디언트를 선택하거나 만들 수 있습니다. 오른쪽의 [Reverse]
    를 체크하면 그레이디언트 색상이 뒤집어집니다.

  ⓓ **Style** : 그레이디언트의 모양을 선택할 수 있습니다.

  ⓔ **Angle** : 그레이디언트의 방향을 조절합니다.

  ⓕ **Scale** : 그레이디언트의 크기를 조절합니다.

- **Pattern Overlay**

선택한 패턴을 이미지에 채웁니다.

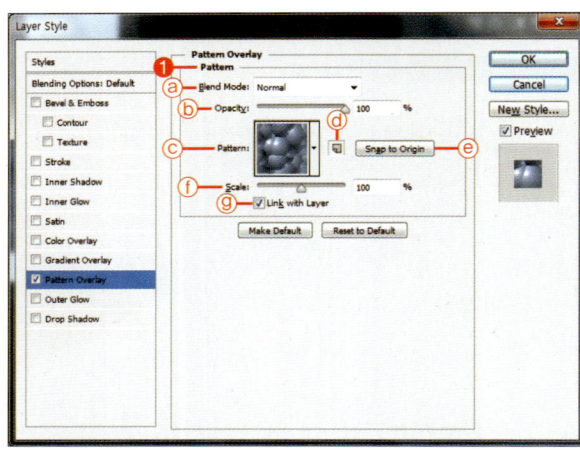 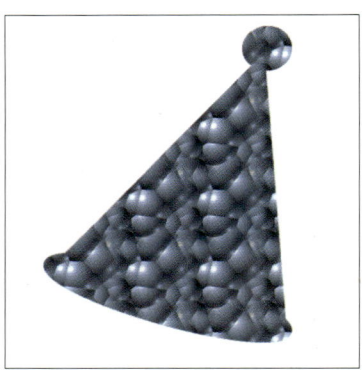

❶ **Pattern** : 이미지에 적용할 패턴과 합성되는 모양을 설정합니다.

  ⓐ **Blend Mode** : 적용하려는 패턴의 합성 모드를 선택합니다.

  ⓑ **Opacity** : 적용하려는 패턴의 불투명도를 조절합니다.

  ⓒ **Pattern** : 적용하려는 패턴을 선택합니다.

  ⓓ **New Pattern** : 새 패턴을 만듭니다.

  ⓔ **Snap to Origin** : 레이어 상단 왼쪽에 패턴을 맞춥니다.

  ⓕ **Scale** : 적용되는 패턴의 크기를 조절합니다.

  ⓖ **Link with Layer** : 레이어에 링크를 설정합니다.

간단퀴즈

1 레이어에 적용할 수 있는 다양한 스타일 효과이며, 언제든지 수정하거나 제거할 수 있는 것은 무엇인가요?

2 두께나 엠보싱을 적용할 수 있는 레이어 스타일은 무엇일까요?

① Outer Glow ② Drop Shadow ③ Stroke ④ Bevel & Emboss

답 : **1** 레이어 스타일(Layer Style), **2** ④

실습 과정

[Drop Shadow]와 [Bevel & Emboss]로 폼 나는 글자 디자인하기

스타일은 레이어 이미지에 모두 적용할 수 있으며 특히 글자에 모양을 주고자 할 때 많이 사용됩니다. 글자의 스타일로 자주 활용되는 것이 그림자를 주는 [Drop Shadow]와 엠보싱 효과를 주는 [Bevel & Emboss]입니다.

◉ **시작 파일** : 7장\03_01.psd
◉ **완료 파일** : 7장\03_01_완료.psd

01 레이어 스타일 적용하기

[Layers] 패널에서 '글자1' 레이어가 선택되어 있는 것을 확인하고 ❶[Add a layer style](fx.)을 클릭하고 ❷[Drop Shadow]를 선택합니다.

02 [Drop Shadow]로 그림자 만들기

❶[Blend Mode] 오른쪽의 색상 썸네일은 어두운 초록색, [Opacity]는 '75%', [Distance]는 '8', [Spread]는 '0', [Size]는 '10', [Noise]를 '20'으로 설정하고 ❷[OK]를 클릭합니다.

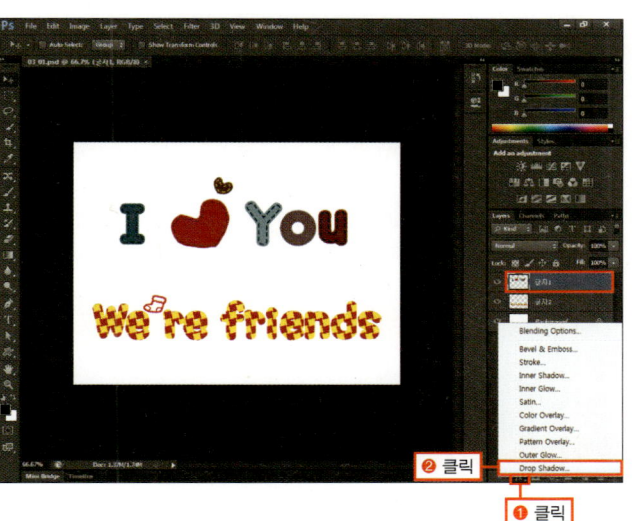

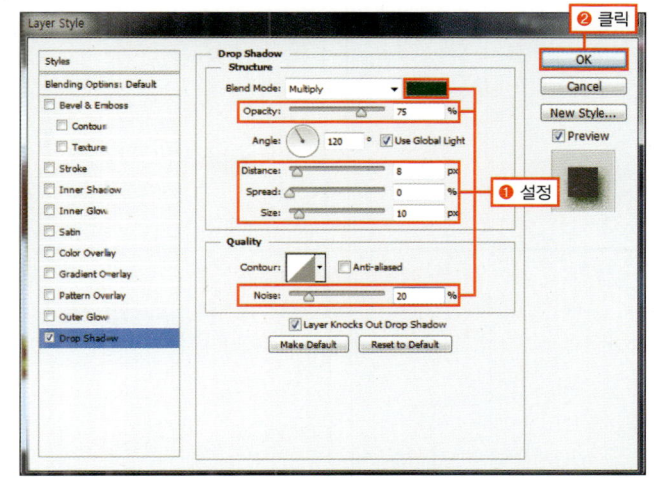

03 [Bevel & Emboss] 스타일 선택하기

'글자1' 레이어에 그림자가 적용된 것을 확인합니다. ❶ [Layers] 패널에서 '글자2' 레이어를 선택하고 ❷[Add a layer style](fx.)을 클릭하고 ❸[Bevel & Emboss]를 선택합니다.

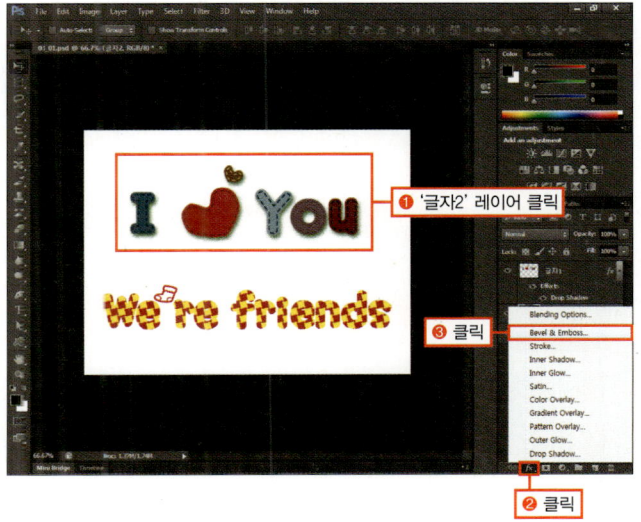

04 [Bevel & Emboss]로 젤리 글자 만들기

❶ [Layer Style] 대화상자에서 [Depth]는 '250%', [Size]는 '15', [Soften]은 '3', [Use Global Light]의 체크를 해제한 후, [Angle]은 중심에 가깝게, [Shadow Mode] 오른쪽의 색상 썸네일은 어두운 노란색으로 설정합니다. 이미지 창에서 효과가 적용된 이미지를 확인합니다.

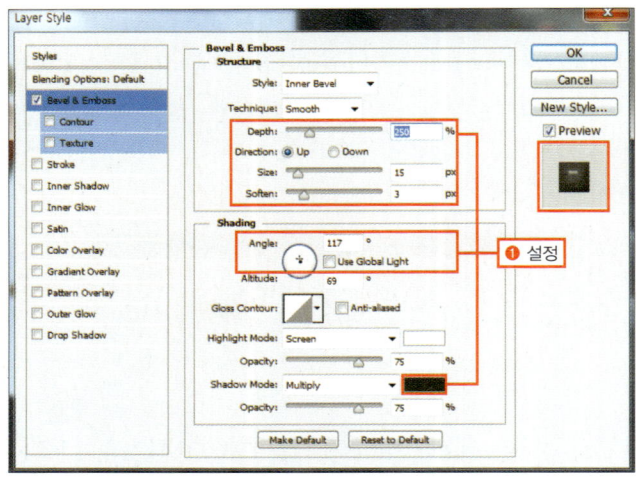

> **참고**
> [Layer Style] 대화상자에서 [Preview]에 체크되어 있으면 속성을 변경할 때마다 이미지에 바로 적용되어 보입니다.

05 [Inner Shadow]로 이미지 안에 그림자 넣기

[Layer Style] 대화상자의 ❶ [Inner Shadow]를 클릭하여 체크합니다. ❷ [Blend Mode] 오른쪽의 색상 썸네일은 밝은 주황색, [Distance]는 '15', [Size]는 '60'으로 설정합니다. ❸ [OK]를 클릭하여 대화상자를 닫습니다.

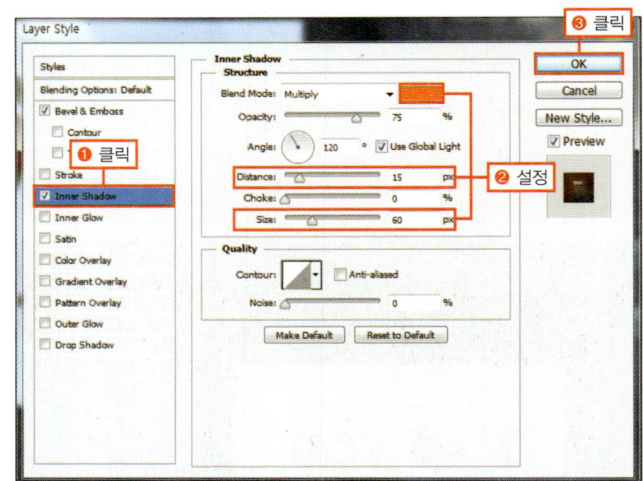

06 완성된 이미지 확인하기

스타일이 적용된 이미지를 확인합니다.

> **참고**
> 만들어진 스타일 모양은 [Styles] 패널의 [New Style](▣)을 클릭하여 [New Style] 대화상자를 불러온 후, 이름을 입력하여 저장할 수 있습니다.

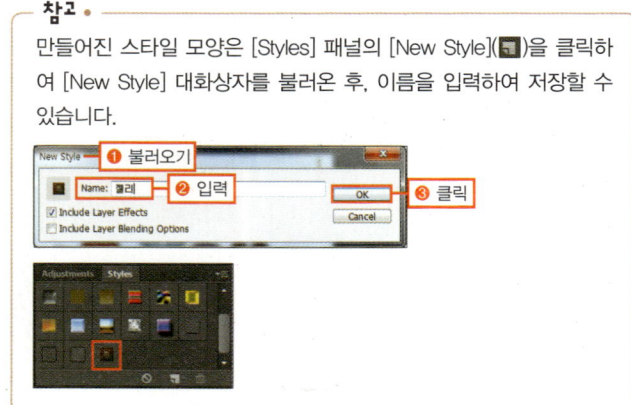

다양한 레이어 스타일로 질감 있는 이미지 만들기

스타일 명령은 2개 이상 혼합해서 사용하거나 속성의 선택에 따라 다양한 질감을 줄 수 있습니다. 다양한 스타일과 속성에 대해 살펴보겠습니다.

◎ 시작 파일 : 7장\03_02.psd
◎ 완료 파일 : 7장\03_02_완료.psd

01 [Outer Glow] 스타일 적용하기

[Layers] 패널의 '피아노' 레이어가 선택된 것을 확인합니다. ❶[Layers] 패널에서 [Add a layer style](fx.)을 클릭하고 ❷[Outer Glow]를 클릭합니다.

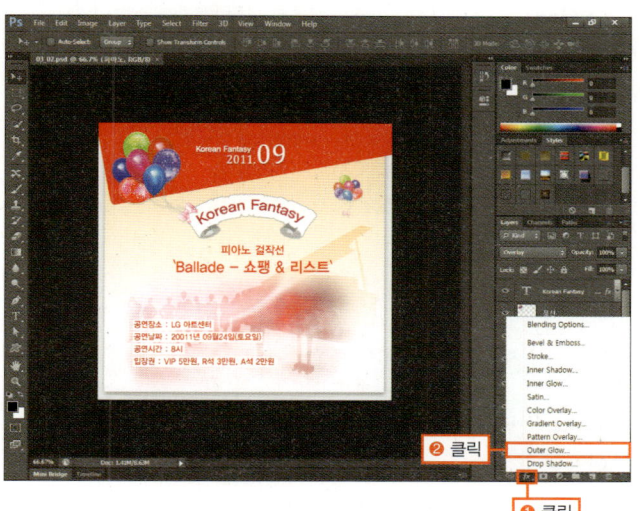

02 [Outer Glow]의 세부 항목 설정하기

[Layer Style] 대화상자가 나타나면 ❶[Opacity]는 '100', 색상은 '흰색', [Size]는 '50'으로 설정한 후 ❷[OK]를 클릭하여 대화상자를 닫습니다.

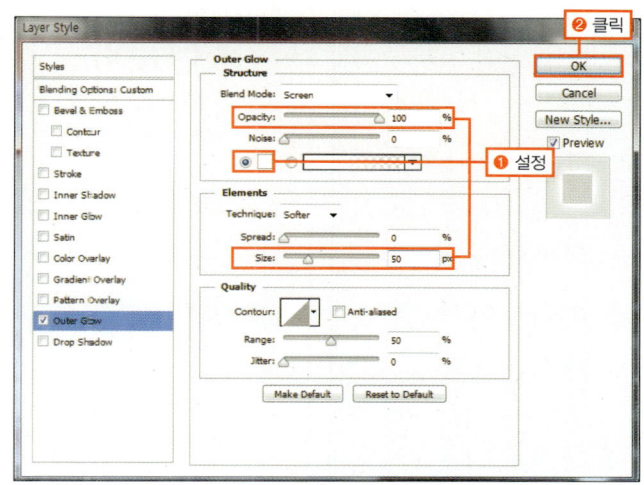

03 [Gradient Overlay]로 글자에 그레이디언트 입히기

선택한 레이어 이미지에 흰색 후광이 적용된 것을 확인합니다. ❶[Layers] 패널에서 '피아노 걸작선~' 레이어를 선택한 후, ❷[Add a layer style](fx.)을 클릭하고 ❸[Gradient Overlay]를 클릭합니다.

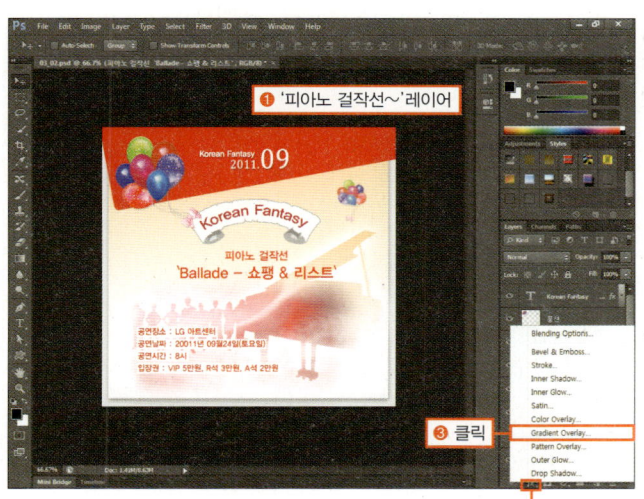

04 [Gradient Overlay] 설정하기

[Layer Style] 대화상자에서 ❶그레이디언트 색상을 'Violet. Green, Orange', [Angle]은 '-90'으로 설정합니다.

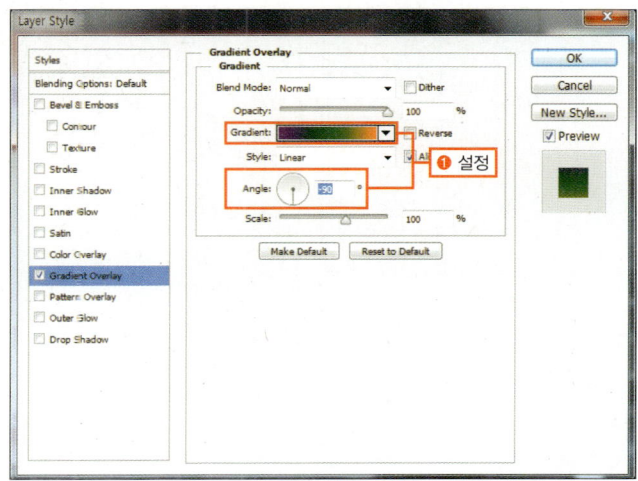

05 [Drop Shadow]의 세부 항목 설정하기

❶[Drop Shadow]를 클릭하여 체크하고 ❷[Opacity]는 '36', [Distance]는 '3'으로 조절하고 ❸[OK]를 클릭하여 대화상자를 닫습니다.

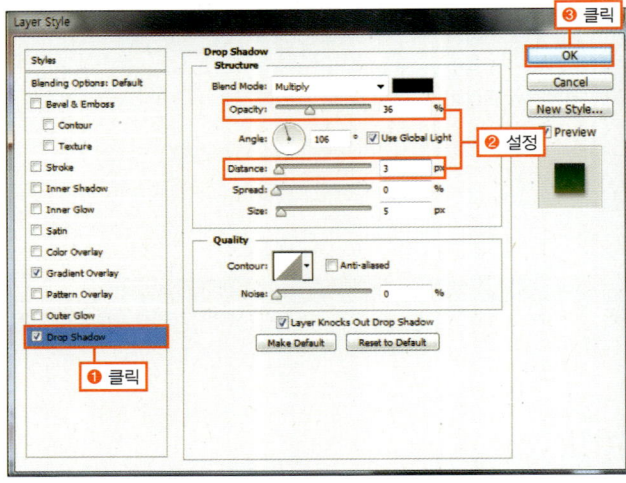

06 [Pattern Overlay]로 패턴 재질감 넣기

이미지에 적용된 레이어 스타일 확인합니다. ❶[Layers] 패널에서 'cover' 레이어를 선택한 후, ❷[Add a layer style] (fx.)을 클릭하고 ❸[Pattern Overlay]를 선택합니다.

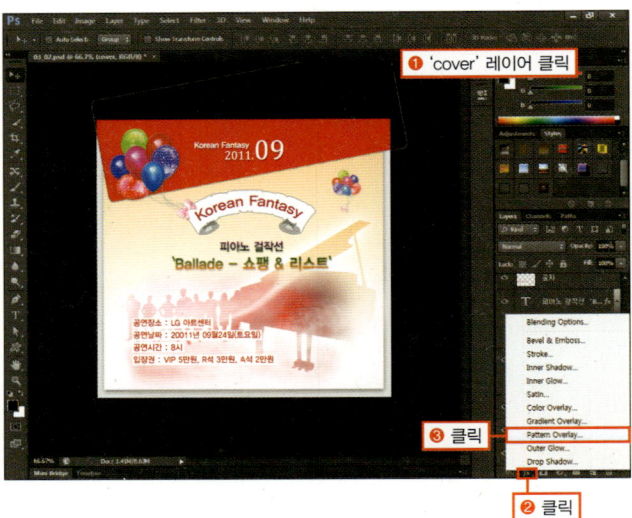

07 [Pattern Overlay]의 세부 항목 설정하기

[Layer Style] 대화상자가 나타나면 ❶[Blend Mode]는 [Overlay], [Pattern]은 'Bark'로 설정합니다. ❷[OK]를 클릭하여 대화상자를 닫습니다.

> **참고**
>
> ❶'Bark'가 보이지 않을 때는 패턴 썸네일을 클릭하고 ❷설정 버튼 (⚙)을 클릭한 후 ❸[Texture Fill]을 선택합니다. [Texture Fill]을 선택했을 때 패턴을 불러올 것인지 추가할 것인지 묻는 경고창이 나타나면 [Append]를 클릭하여 추가합니다.

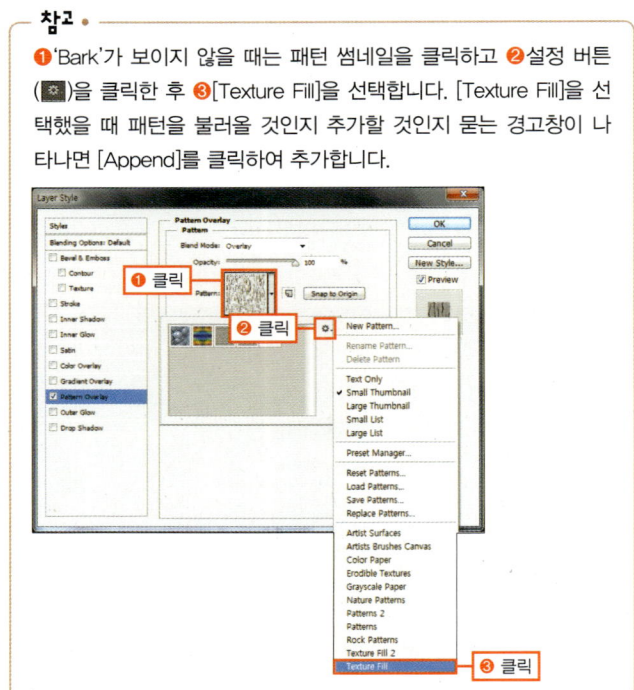

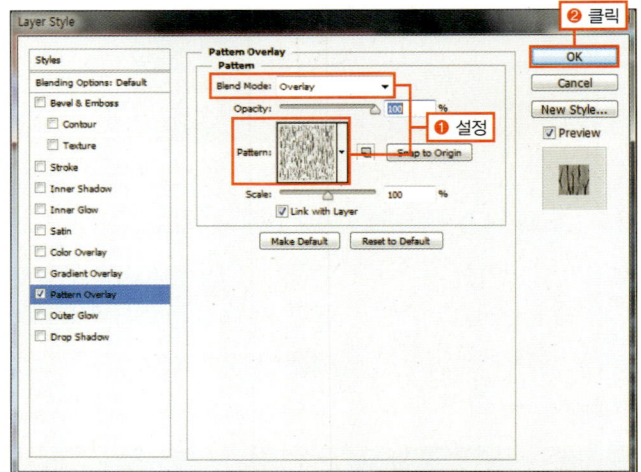

08 완성된 이미지 확인하기

❶ 'Background' 레이어를 클릭하여 패스를 감춘 후, 이미지에 스타일이 적용된 것을 확인합니다.

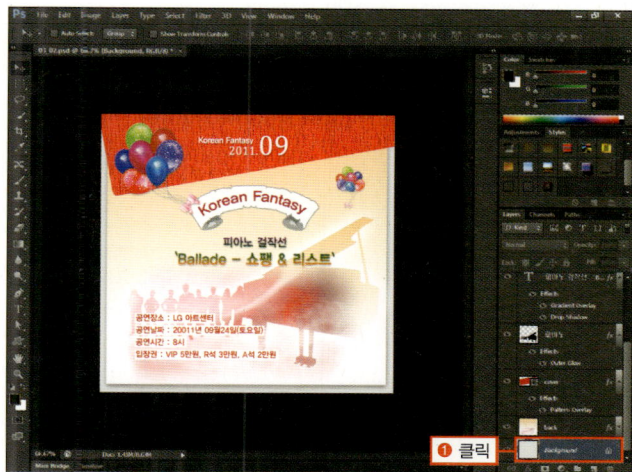

참고

레이어에 스타일을 적용하면 레이어의 오른쪽에는 스타일 적용 표시(fx)가 나타나며 적용된 스타일 이름이 아래 표시됩니다. 스타일 이름을 더블클릭하면 [Layer Style] 대화상자가 나타나 수정할 수 있습니다.

확인실습

글자에 레이어 스타일을 적용하여 잡지처럼 꾸며보세요.

◎ **시작 파일** : 7장\03_실습.psd
◎ **완료 파일** : 7장\03_완료.psd

SECTION
04

Photoshop CS6

합성의 고급 기능, 레이어 마스크 알기

레이어의 일부를 가려 하위 레이어 이미지와 합성하는 레이어 마스크에 대해 알아봅니다. 또한 마스크를 만들고 조절할 수 있는 [Masks] 패널의 옵션과 사용법에 대해 알아보겠습니다.

다루는 내용

- 레이어 마스크의 정의 이해하기
- 레이어 마스크로 이미지 합성하기
- [Masks] 패널의 옵션과 사용법 살펴보기

기능 정리

레이어 마스크의 개념 알아보기

레이어 마스크(Layer Mask)는 레이어 옆에 붙어서 레이어 이미지의 일부분을 가려 하위 레이어 이미지와 합성하는 명령입니다. 레이어 마스크를 이용하면 이미지의 손상 없이 채색 툴, 보정 명령, 필터를 적용하여 자연스럽게 합성할 수 있습니다.

● 레이어 마스크 생성 및 활용도

레이어 마스크는 레이어를 선택한 후 [Add layer mask](🔲)를 클릭하거나 [Layer]-[Layer Mask] 명령을 사용하면 만들 수 있습니다. 레이어 마스크를 만들면 레이어 옆에 마스크 썸네일이 생겨 레이어에서 가려질 부분(검은색)과 보이는 부분(흰색)을 표시합니다.

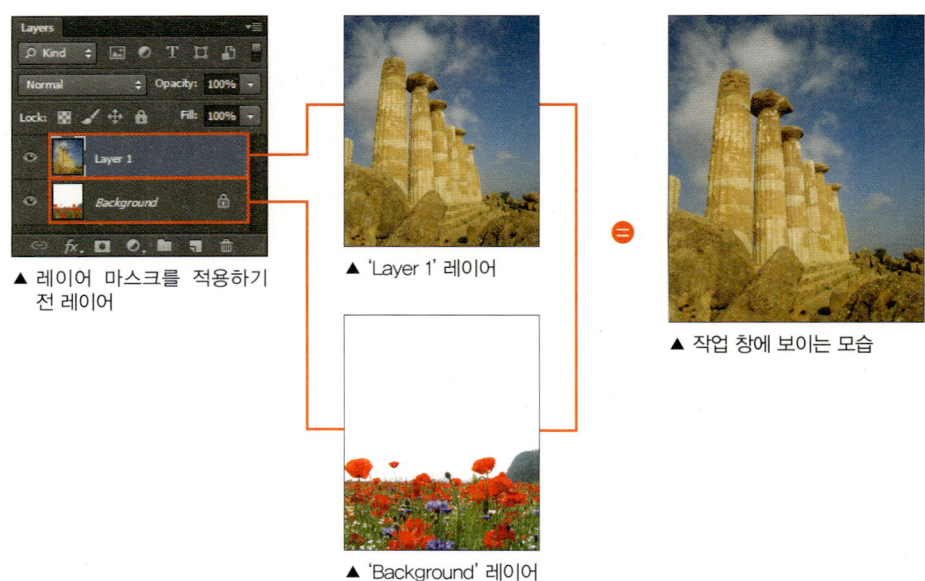

▲ 레이어 마스크를 적용하기 전 레이어

▲ 'Layer 1' 레이어

▲ 'Background' 레이어

▲ 작업 창에 보이는 모습

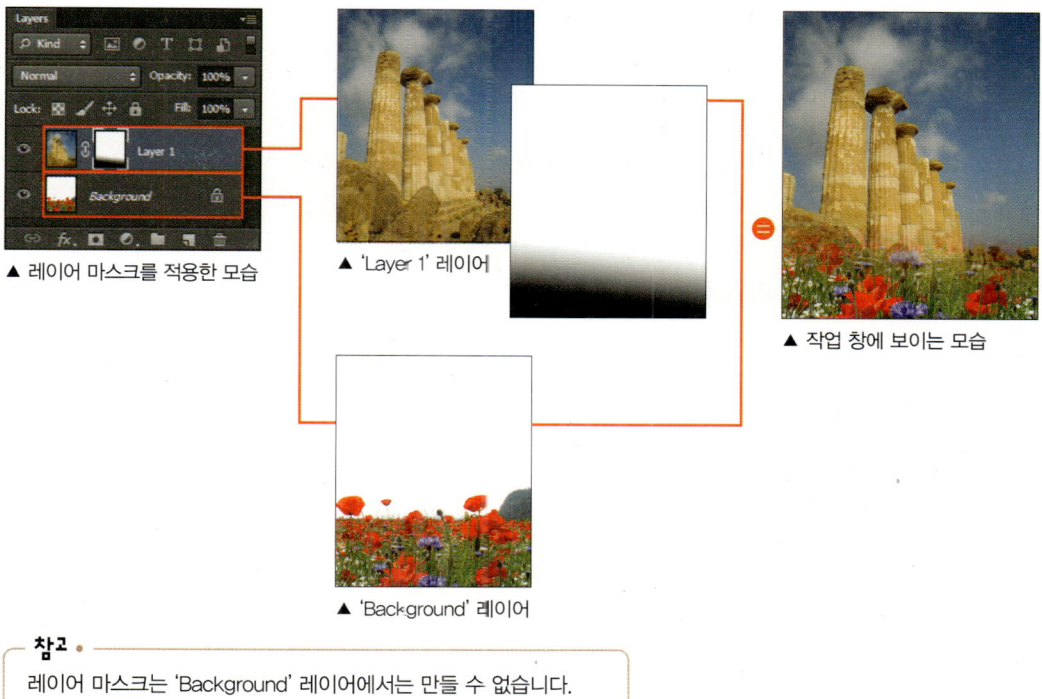

▲ 레이어 마스크를 적용한 모습   ▲ 'Layer 1' 레이어   ▲ 작업 창에 보이는 모습

▲ 'Background' 레이어

참고

레이어 마스크는 'Background' 레이어에서는 만들 수 없습니다.

● **[Properties] 패널의 [Masks] 사용하기**

레이어 마스크를 만든 후 [Properties] 패널을 보면 레이어 마스크와 벡터 마스크를 만들 수 있는 메뉴가 제공되어 있습니다. 마스크의 강도를 설정하거나 경계 부분을 다듬거나 마스크를 반전시킬 수 있습니다.

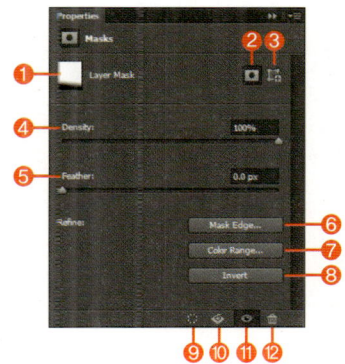

❶ **마스크 썸네일** : 선택한 레이어에 적용된 마스크 종류와 이미지를 보여줍니다.

❷ **Pixel Mask** : 채색 툴(브러시 및 그레이디언트 툴)을 이용해 레이어를 수정할 수 있는 픽셀 마스크를 만듭니다.

❸ **Vector Mask** : 레이어에 벡터 마스크를 만듭니다. 벡터 툴(펜 툴, 도형 툴)을 이용해 수정할 수 있습니다.

❹ **Density** : 적용된 마스크의 적용 정도를 조절합니다.

❺ **Feather** : 적용된 마스크 경계 부분의 부드러운 정도를 조절합니다.

❻ Make Edge : 클릭하면 [Refine Mask] 대화상자가 나타납니다. 선택 영역의 경계 부분을 조절하는 [Refine Edge] 대화상자와 같이 마스크의 경계 부분을 수정합니다.

❼ Color Range : 클릭하면 [Color Range] 대화상자가 나타납니다. 이미지에서 스포이트로 클릭한 지점의 범위를 조절하여 이를 마스크로 만듭니다.

❽ Invert : 마스크 이미지를 반전시켜 보이는 부분과 가려지는 부분을 바꿉니다.

❾ Load Selection from Mask : 마스크를 선택 영역으로 바꿉니다.

❿ Apply Mask : 레이어 이미지를 마스크가 적용된 이미지로 변경하면서 마스크는 제거됩니다.

⓫ Disable/Enable Mask : 마스크를 감추거나 다시 보이게 합니다.

⓬ Delete Mask : 마스크를 제거합니다.

간단퀴즈

❶ [Layers] 패널의 메뉴 가운데 마스크를 만들어 레이어 이미지 일부를 가리면서 하위 레이어와 합성하는 기능을 가진 버튼은 무엇일까요?

① [Create new fill or adjustment layer](◑) ② [Add layer mask](▣) ③ [Add a layer style](*fx*) ④ [Create a new group](▭)

❷ [Properties] 패널에서 'Masks'를 확인할 때 이미지에서 원하는 색상을 선택하여 마스크를 씌우는 버튼은 무엇인가요?

① Invert ② Refine Edge ③ Feather ④ Color Range

답 : ❶ ②, ❷ ④

실습 과정

레이어 마스크로 이미지의 일부분 가리기

레이어 마스크는 채색 툴(브러시 및 그레이디언트 툴)을 이용하여 만들 수 있습니다. 검은색과 흰색으로 이미지에서 가려질 부분과 보이는 부분을 결정할 수 있습니다.

◉ **시작 파일** : 7장\04_01.psd
◉ **완료 파일** : 7장\04_01_완료.psd

01 레이어 마스크 만들기

[Layers] 패널에서 '이미지 1' 레이어가 선택된 것을 확인하고 ❶[Add layer mask](▣)를 클릭하여 레이어 마스크를 만듭니다.

02 선 그레이디언트로 레이어 마스크 칠하기

❶[Gradient Tool](▣)을 클릭하고 ❷옵션 바에서 그레이디언트 색상을 세 번째 썸네일(Black, White)로 선택한 후, ❸[Linear Gradient](▣)를 클릭합니다. ❹이미지 '잔디' 부분에서 아래로 짧게 드래그하여 그레이디언트를 칠합니다. '이미지 1' 레이어의 윗부분이 가려지면서 아래 이미지와 합성된 것을 확인합니다.

03 레이어 보이게 한 후 마스크 만들기

❶[Layers] 패널에서 '이미지 2' 레이어를 선택하고 ❷눈 아이콘(👁)을 클릭하여 레이어가 보이도록 합니다. ❸[Add layer mask](▣)를 클릭하여 레이어 마스크를 만듭니다.

04 원 그레이디언트로 레이어 마스크 만들기

[Gradient Tool](▣)이 선택된 상태에서 ❶옵션 바에서 [Radial Gradient](▣)를 클릭하고 ❷[Reverse]를 체크하여 흰색에서 검은색으로 색상을 설정합니다. ❸초가집 가운데에서 바깥 방향으로 드래그하여 그레이디언트를 칠합니다.

05 레이어 마스크 수정하기

❶[Brush Tool](🖌)을 클릭하고 ❷브러시 크기는 '100px', [Hardness]는 '0%', [Opacity]는 '50%'로 조절하고 ❸전경색을 흰색으로 선택합니다. ❹이미지에서 집 왼쪽 모서리 부분과 집 부분을 여러 번 드래그하여 마스크를 수정한 후, ❺다시 전경색을 검은색으로 변경합니다. ❻이미지의 하늘 부분을 여러 번 드래그하여 자연스럽게 혼합되도록 합니다.

06 레이어 순서를 바꾼 후 완성된 이미지 확인하기

❶[Layers] 패널에서 '이미지 2' 레이어를 '이미지 1' 레이어 아래로 드래그하여 순서를 바꾼 후 완성된 이미지를 확인합니다.

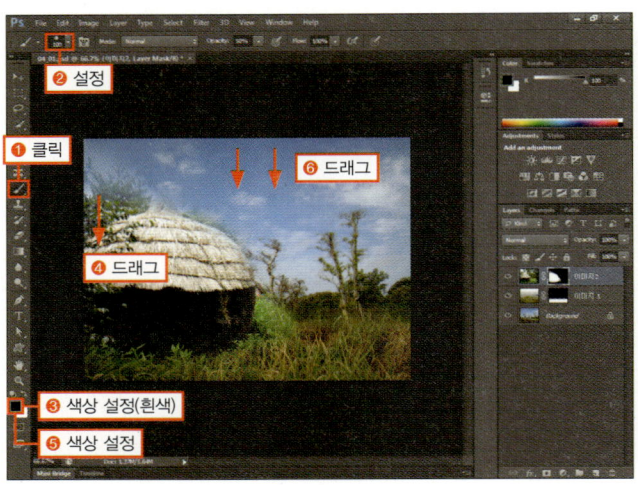

참고

레이어 마스크를 수정할 때 [Alt]를 누른 채 마스크 썸네일을 클릭하면 이미지 창에 레이어 마스크가 나타나 마스크 이미지를 보면서 이를 수정할 수 있습니다. 또한 [Shift]를 누른 채 마스크 썸네일을 클릭하면 레이어 마스크가 감춰집니다.

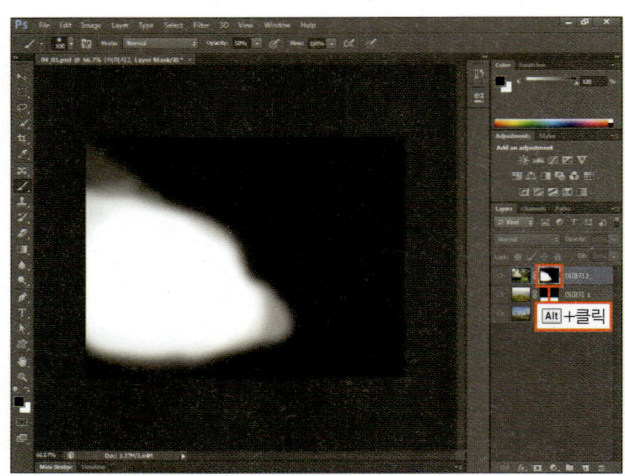

[Masks] 패널로 레이어 마스크 수정하기

선택한 레이어에 마스크를 만들어주는 [Masks] 패널을 활용해 봅니다. 원하는 색상에만 마스크를 씌우거나 마스크의 경계 부분을 부드럽게 하거나 마스크의 투명도를 조절하여 마스크가 씌워지는 모양을 수정해 봅니다.

◎ **시작 파일** : 7장\04_02.psd
◎ **완료 파일** : 7장\04_02_완료.psd

01 [Masks] 패널에서 레이어 마스크 만들기

❶[Layers] 패널의 [Add layer mask](▣)를 클릭하여 레이어 마스크를 만듭니다.

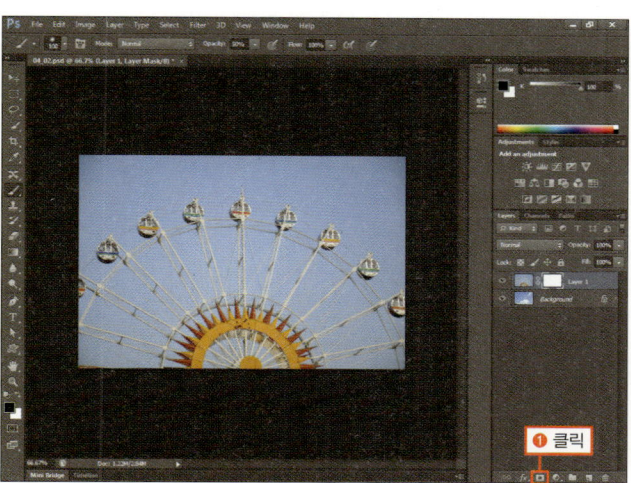

02 특정 색상은 선택하여 마스크 씌우기

이미지에서 파란 하늘 부분에 마스크를 씌우겠습니다. ❶ [Properties] 패널 버튼(▣)을 클릭하여 패널을 연 후 [Color Range]를 클릭하여 대화상자를 불러옵니다. ❷[Fuzziness]를 '100'으로 조절하고 ❸이미지 창의 하늘 부분으로 마우스를 이동한 후 커서가 ✎로 변경되면 클릭합니다.

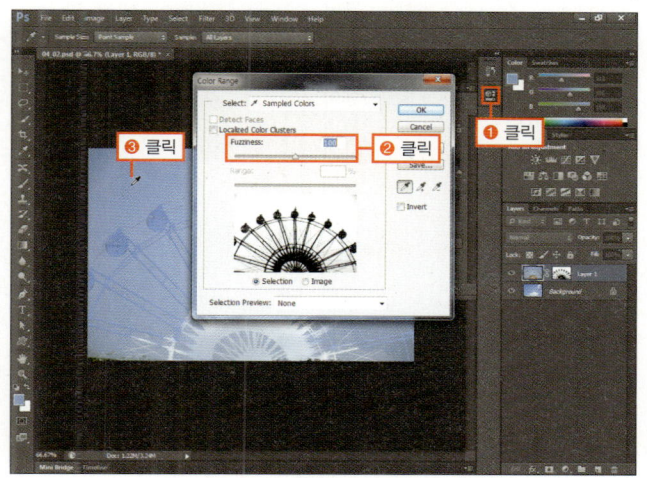

> **참고**
> [Properties] 패널은 레이어 마스크가 선택되어 있어야 마스크에 관련된 속성이 보입니다.

03 색상 추가하기

대화상자에서 ❶[Add to Sample](✎)을 클릭하고 ❷모서리 부분의 파란색을 클릭하여 색상을 추가합니다. ❸[OK]를 클릭하여 대화상자를 닫습니다. 이미지에서 하늘 부분만 남기고 관람차 부분에 마스크가 씌워진 것을 확인합니다.

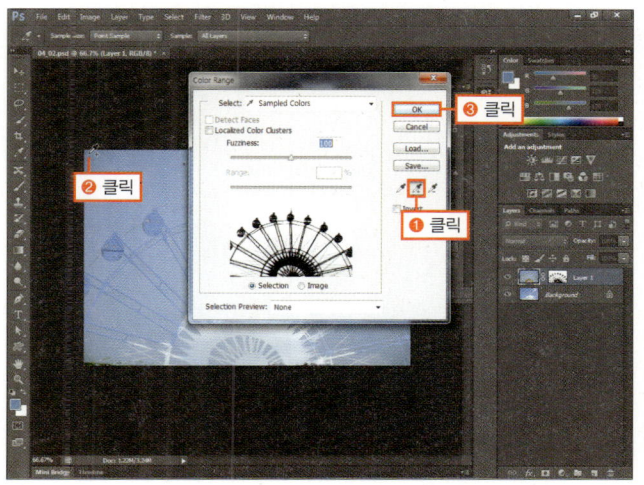

04 마스크 반전시키기

❶[Properties] 패널에서 [Invert]를 클릭합니다. 레이어 마스크가 반전되며 하늘 부분에 마스크가 씌워져 아래 이미지와 합성됩니다. ❷[Masks] 패널에서 [Mask Edge]를 클릭하여 [Refine Edge] 대화상자를 불러옵니다.

05 마스크의 경계 부분 다듬기

❶[View]는 'Black & White'로 선택하고 ❷[Feather]는 '0.8', [Contrast]는 '10', [Shift Edge]는 '+20'으로 입력한 후 ❸[OK]를 클릭합니다.

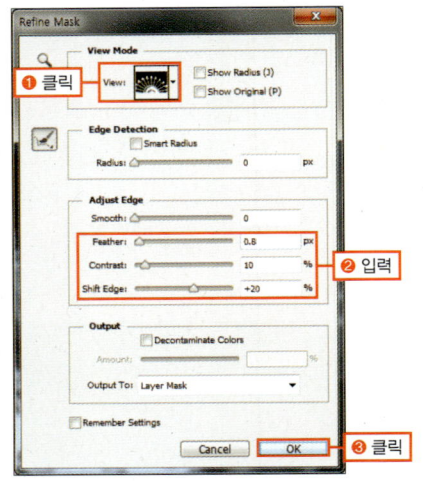

참고

[Refine Edge] 대화상자에서는 경계 부분을 조금 부드럽게 만드는 [Feather], 경계를 선명하게 만드는 [Contrast], 경계 부분을 조금 확장시키는 [Shift Edge]와 같은 옵션을 활용하여 마스크 이미지의 경계 부분을 다듬을 수 있습니다.

06 마스크가 씌워진 이미지 확인하기

❶[Properties] 패널 버튼(🖼)을 클릭하여 패널을 닫은 후, 마스크가 씌워져 합성된 이미지를 확인합니다.

확인실습

레이어 마스크를 만든 후, [Gradient Tool](🔲)을 이용하여 자연스럽게 합성해 보세요.

◉ **시작 파일** : 7장\04_실습.psd
◉ **완료 파일** : 7장\04_완료.psd

>

클리핑 마스크와 벡터 마스크 알기

SECTION 05

하위 레이어 모양으로 상위 레이어를 가리는 클리핑 마스크에 대해 알아보고 글자나 도형으로 다른 이미지를 가리는 방법에 대해 알아보겠습니다. 또한 [Pen Tool]이나 여러 도형 툴을 이용해 벡터 마스크를 만들고 수정하는 방법을 알아보겠습니다.

다루는 내용

- 마스크의 종류 살펴보기
- 클리핑 마스크로 그림 글자 만들기
- 벡터 툴로 마스크 만들기

기능 정리

마스크의 종류 한눈에 보기

포토샵에서 이미지 일부를 가리거나 선택하는 마스크는 여러 가지가 있습니다. 용도에 따라 원하는 마스크를 사용하여 이미지에 적용하는데 이때 마스크의 종류에 따라 만드는 방법과 수정하는 툴, 명령이 달라집니다.

- **레이어 마스크(Layer Mask)** : 레이어 옆에 붙어 브러시나 그레이디언트로 채색하면서 가리는 부분과 보이는 부분을 설정하는 마스크입니다. 주로 경계 부분을 자연스럽게 합성하려고 할 때 사용합니다.

- **벡터 마스크(Vector Mask)** : 레이어 옆에 붙어서 이미지의 일부분을 가리는 것은 레이어 마스크와 같습니다. [Pen Tool]( )이나 벡터 도형 툴을 사용하여 마스크를 만들므로 경계 부분이 깔끔하게 합성되어 대체로 액자와 같은 틀이나 도형으로 이미지를 가릴 때 사용합니다.

- **클리핑 마스크(Clipping Mask)** : 앞의 두 가지 레이어처럼 이미지의 옆에 붙는 것이 아니라 각각의 레이어가 있는 상태에서 하위 레이어 이미지로 상위 레이어 이미지를 가린다는 점이 다릅니다. 이미지 작업을 한 후 외곽을 깔끔히 정리할 때, 글자나 도형에 이미지를 넣을 때 사용합니다.

 간단퀴즈

1 마스크 중에 글자 안에 이미지를 넣을 때 사용하기 적합한 마스크는 무엇인가요?

① 벡터 마스크 ② 레이어 마스크 ③ 클리핑 마스크 ④ 퀵마스크

답 : ③

실습 과정 | 클리핑 마스크로 글자에 이미지 넣기

클리핑 마스크는 하위 레이어의 이미지 모양으로 상위 레이어 이미지를 가리는 것입니다. 글자를 입력한 후 클리핑 마스크를 이용해 글자에 이미지가 보이게 만들어 보겠습니다.

◉ **시작 파일** : 7장\05_01.psd
◉ **완료 파일** : 7장\05_01_완료.psd

01 글자 입력하기

❶ [Type Tool](T)을 클릭하고 ❷옵션 바에서 글자 서체를 'HYGothic-Extra', 글자 크기를 '85pt', 글자의 부드러운 정도를 [Smooth]로 설정합니다. ❸이미지에서 아랫부분을 클릭하여 '노이슈반슈타인성'을 입력합니다.

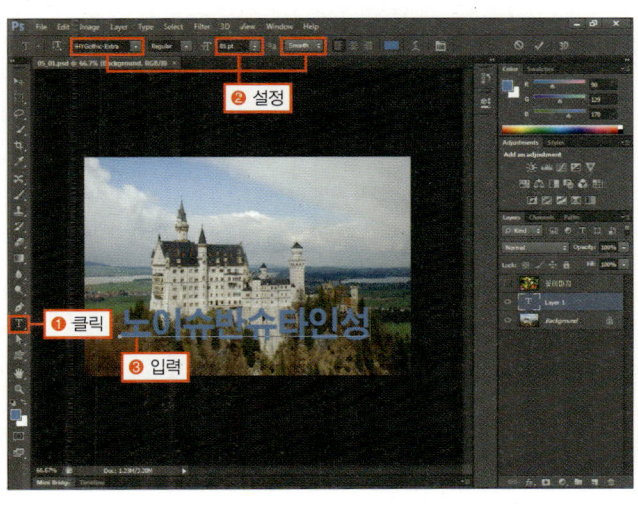

참고

[Type Tool](T)로 글자를 입력하면 글자 레이어가 만들어지는데 선택된 레이어 바로 위에 생깁니다.

02 [Warp Text] 적용하기

❶옵션 바에서 [Warp Text]()를 클릭하여 [Warp Text] 대화상자를 불러오고 ❷[Style]은 'Arc', [Bend]는 '-25'로 조절한 후 ❸[OK]를 클릭하여 대화상자를 닫습니다. ❹ [Layers] 패널에서 [Add a layer style]()을 클릭하고 [Bevel & Emboss]를 선택합니다.

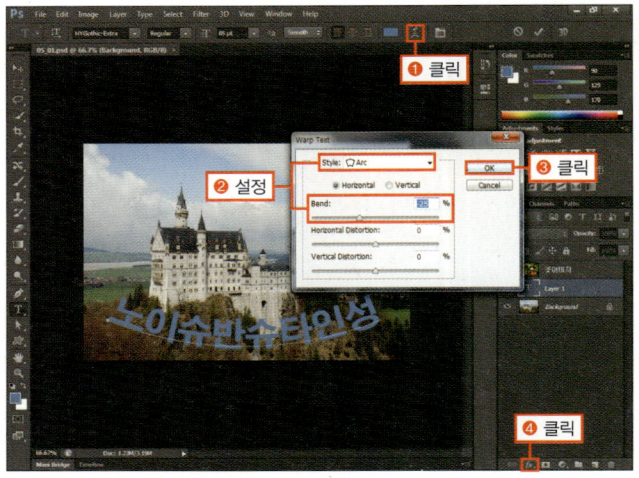

03 레이어 스타일 적용하기

[Layer Style] 대화상자가 나타나면 ❶[Inner Glow], ❷ [Drop Shadow]를 차례로 클릭하여 레이어 스타일을 적용합니다. ❸[OK]를 클릭하여 대화상자를 닫습니다.

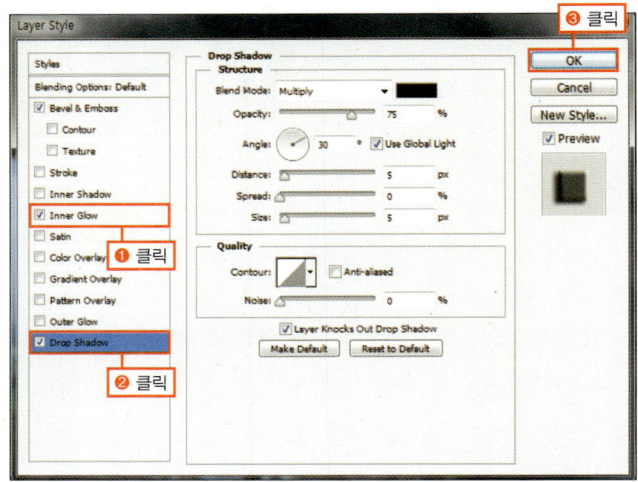

04 레이어 스타일 확인하기

글자에 레이어 스타일이 적용된 것을 확인합니다.

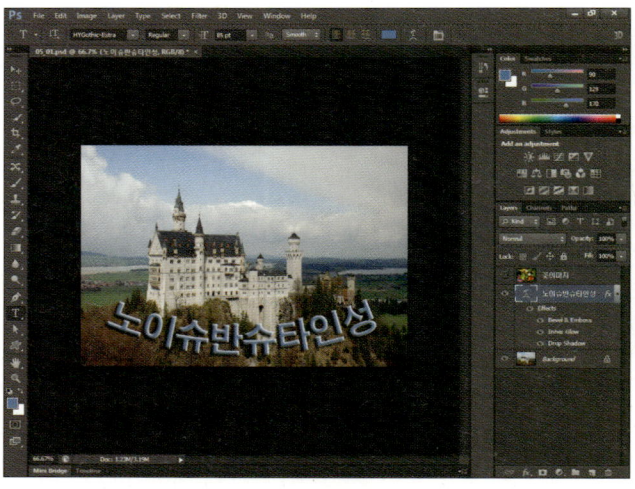

05 클리핑 마스크로 글자 안에 이미지 넣기

❶[Layers] 패널에서 '꽃이미지' 레이어의 눈 아이콘() 을 클릭하여 이미지가 보이도록 합니다. ❷ Alt 를 누른 채 '꽃이미지' 레이어와 '노이슈반슈타인~' 레이어 사이에 마우스 포인터를 위치시킨 후 이런 모양으로 바뀌면 클릭합니다.

> **참고**
>
> [Layer]–[Create Clipping Mask] 메뉴를 클릭해도 클리핑 마스크를 씌울 수 있습니다.

06 완성된 이미지 확인하기

'꽃이미지' 레이어 앞에 ⬆ 표시가 나타나면서 아래 놓인 글자 레이어가 클리핑 마스크로 적용된 것을 확인할 수 있습니다.

실습
과정

벡터 마스크로 메모지 만들기

벡터 마스크는 [Layer]-[Vector Mask]-[Reveal All] 메뉴를 클릭하면 만들 수 있으며 [Properties] 패널의 [Masks]에서 [Add a vector mask](🎭)를 클릭하여도 만들 수 있습니다. [Pen Tool](✒)이나 여러 도형 툴로 마스크를 만들 때 편리합니다.

⊙ **시작 파일** : 7장\05_02.psd
⊙ **완료 파일** : 7장\05_02_완료.psd

01 벡터 마스크 만들기

'줄무늬' 레이어가 선택된 것을 확인한 후, ❶ [Layer]-[Vector Mask]-[Reveal All] 메뉴를 클릭하여 벡터 마스크를 만듭니다.

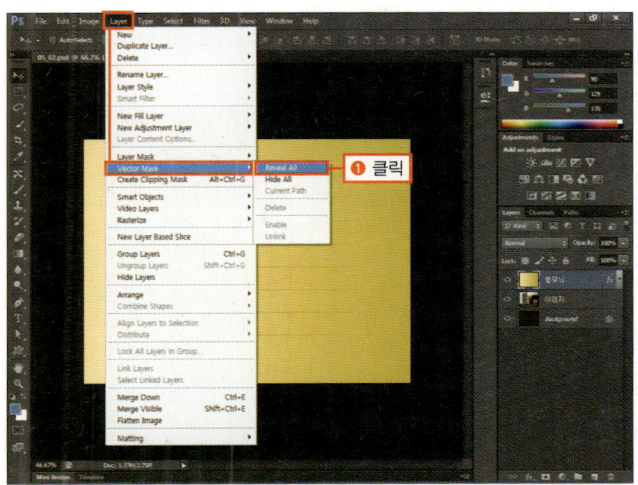

02 [Rounded Rectangle Tool]로 메모지 만들기

❶만들어진 벡터 마스크를 선택합니다. ❷[Rounded Rectangle Tool](⬜)을 클릭하고, ❸옵션 바의 [Tool Mode]를 'Path', [Combine Shape](🔲), [Radius]를 '20px'로 설정합니다. ❹줄무늬가 포함되도록 왼쪽 위에서 오른쪽 아래로 드래그하여 둥근 사각형 벡터 마스크를 씌웁니다.

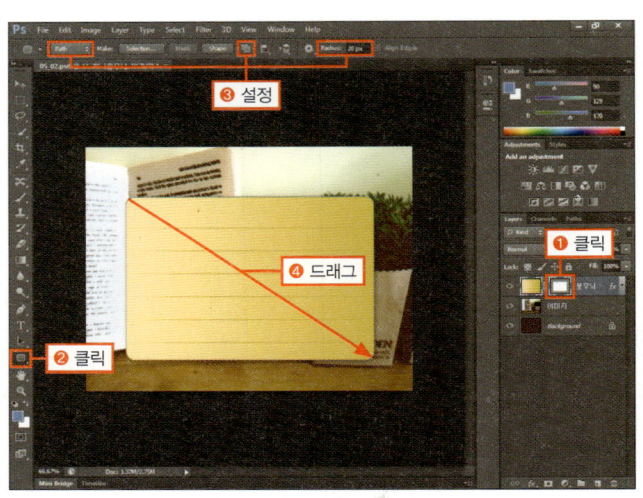

> **참고** •
> 둥근 사각형 벡터 마스크를 만든 후 위치를 수정하려면 [Path Selection Tool](▶)을 클릭하고 그려진 도형을 클릭하여 이동할 수 있습니다.

03 [Ellipse Tool]로 구멍 만들기

❶[Ellipse Tool](⬭)을 클릭하고 ❷옵션 바에서 [Subtract from path area](🔲)를 클릭합니다. ❸메모지 안에서 드래그하면서 Shift 를 눌러 정원형을 그립니다.

04 선택한 패스 정렬하기

❶[Path Selection Tool](▶)을 클릭하고 ❷방금 만든 원을 클릭하여 패스가 보이도록 합니다. ❸ Alt 를 누른 채 드래그하여 3개의 원을 복사합니다. ❹ Shift 를 누른 채 4개의 원을 모두 선택합니다. ❺옵션 바에서 [Horizontal Centers](🔲)와 [Distribute Heights](🔲)를 차례로 선택하여 선택한 원들을 가운데로 정렬하고 간격을 맞춥니다.

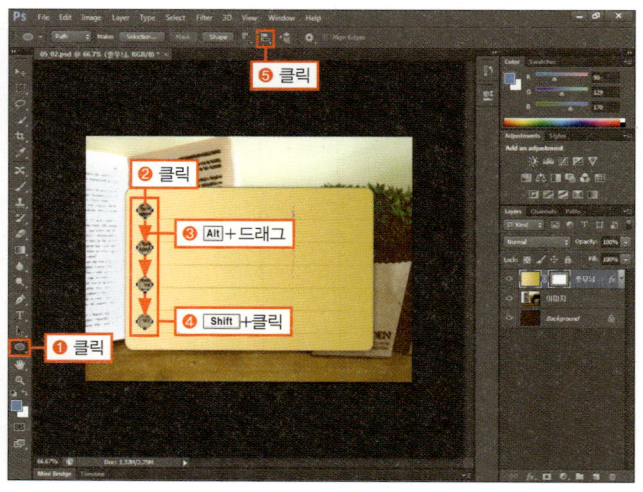

> **참고** •
> 방향키를 이용하면 위치를 섬세하게 이동할 수 있습니다.

05 벡터 마스크 이미지 회전하고 마무리하기

❶ [Layers] 패널에서 '줄무늬' 레이어의 벡터 마스크 썸네일을 클릭하여 마스크의 선택을 해제합니다. ❷ Ctrl + T 를 눌러 [Free Transform] 명령을 실행하여 ❸ 크기를 조절한 후 회전합니다. ❹ Enter 를 눌러 변형을 적용합니다. 완성된 이미지를 확인합니다.

참고

벡터 마스크가 선택된 상태에서는 [Free Transform]을 적용하면 벡터 마스크만 변형되고 레이어 이미지는 변형되지 않습니다.

각 글자 레이어에 클리핑 마스크를 적용해 보세요.

◎ **시작 파일** : 7장\05_실습.psd
◎ **완료 파일** : 7장\05_완료.psd

∨

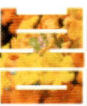   

응용실습

1 블렌딩 모드를 알맞게 변경하고 클리핑 마스크(Clipping Mask)를 적용하여 원 안에 이미지가 삽입되도록 수정해 보세요. 또한 원형 패스를 그리고 글자를 입력한 후, 레이어 스타일을 적용해 보세요.

◎ **시작 파일** : 7장\07test1.psd
◎ **완료 파일** : 7장\07test1_완료.psd
◎ **해설 파일** : 해설파일\07test1.pdf

Before

After

❶ '색' 레이어의 블렌딩 모드를 [Screen]으로 변경하기 ❷ '일본사진' 레이어와 '색" 레이어에 클리핑 마스크로 적용하기 ❸ 원형 패스를 만들고, 글자 입력하기 ❹ [Character] 패널에서 서식 설정하고 [Styles] 패널에서 스타일 적용하기

2 레이어 마스크와 벡터 마스크를 적절히 활용하여 이미지를 합성한 후, 클리핑 마스크로 이미지를 원 모양으로 가립니다. 레이어 스타일을 활용하여 완성해 보세요.

◎ **시작 파일** : 7장\07test2.psd
◎ **완료 파일** : 7장\07test2_완료.psd
◎ **해설 파일** : 해설파일\07test2.pdf

Before

After

❶ '배경2' 레이어에 레이어 마스크 설정하여 합성하기 ❷ '패턴' 레이어에 벡터 마스크를 설정하기 ❸ 원과 사각형 셰이프 추가하기 ❹ '원버튼' 폴더의 셰이프와 이미지에 클리핑 마스크로 적용하기 ❺ 레이어 스타일 적용하기

PART 08

고급 유저에 한걸음 가까워지는 채널과 필터 활용하기

이번 장에서는 채널로 이미지를 수정, 합성해 보고, 필터로 원하는 이미지 효과를 적용해 보겠습니다. 채널(Channel)의 종류에는 색상 채널과 알파 채널이 있는데, 색상 채널은 이미지의 색상 모드와 밀접한 연관이 있어 분위기 있는 이미지를 제작할 때 주로 활용됩니다. 합성에서 사용되는 알파 채널은 선택 영역을 이미지로 저장하여 불러올 수 있는 채널입니다. 채널은 포토샵에서 고급 기능에 해당하며 잘 활용하면 좀 더 고급스러운 이미지 합성과 수정 작업을 할 수 있습니다. 필터(Filter)는 카메라에 끼워서 사용하는 필터와 같은 효과를 주는 기능으로, 포토샵에서 기본적으로 제공하는 필터만 활용하여도 다양한 이미지 효과를 손쉽게 작업할 수 있습니다.

PHOTOSHOP CS6

SECTION 01
색상 채널로 색상 수정하기

이미지의 색상 모드를 이해하고 이것을 이용하여 다른 분위기의 이미지로 변경하는 방법을 알아보겠습니다. 또한 색상 채널과 인쇄용 스팟 채널을 이해하고 색상을 보정해 보겠습니다.

다루는 내용
- 색상 모드 이해하기
- 색상 채널을 이해하고 이미지 보정하기
- 스팟 채널 이해하기

기능 정리

색상 모드와 색상 채널 이해하기

색상 모드(Color Mode)는 이미지를 이루는 색상 분포, 체계를 가리킵니다. 포토샵에서는 [Channels] 패널의 색상 모드에 따른 각 색상의 분포 정도를 채널로 표시합니다. 채널을 살펴보면 이미지의 색상 모드를 쉽게 분석할 수 있으며 어떤 색상이 얼마만큼 많이 또는 적게 분포되어 있는지 확인할 수 있어 이미지의 색상을 수정하거나 색상이 섞이는 정도에 따라 명암이나 대비도 수정할 수 있습니다.

● RGB 색상 모드와 색상 채널

RGB 색상 모드는 빛의 삼원색인 Red, Green, Blue 채널로 이루어져 있습니다. 포토샵의 기본 모드로, 이미지 작업에 가장 많이 사용되며 웹이나 빛을 이용해서 이미지를 보여주는 포터블 장비에 사용되는 이미지에 사용됩니다. 하나의 색상 채널당 8비트의 색상 정보를 가지기 때문에 세 개의 채널은 24비트의 색상 정보를 갖게 되면서 최대 1,670만 가지의 색상을 재현합니다. [Channels] 패널에서 각 색상의 분포 정도를 알 수 있는데 밝을수록 해당 색상이 많으며 어두울수록 색상이 적은 것입니다.

▲ RGB 색상 모드

▲ RGB 색상 모드의 이미지와 [Channels] 패널

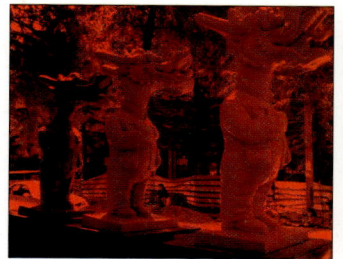
▲ 'RED' 채널

▲ 'GREEN' 채널

▲ 'BLUE' 채널

● CMYK 색상 모드와 색상 채널

CMYK 색상 모드는 염료의 3원색인 Cyan, Magenta, Yellow, Black의 4개 채널로 이루어져 있으며 인쇄용 이미지에 사용됩니다. 색상 표현 범위가 좁아 RGB 색상 모드의 이미지를 CMYK 색상 모드로 변환하면 색상의 채도가 떨어져 탁해집니다. 그러므로 RGB 색상 모드에서 작업을 진행하고 마지막 단계에서 CMYK 색상 모드로 변환하는 것이 좋습니다. 포토샵 [View] 메뉴에 있는 [Proof Setup], [Proof Colors], [Gamut Warning] 기능으로 CMYK를 미리 볼 수 있습니다. RGB 색상 모드와 반대로 색상 채널에서 밝기 보일수록 색상이 적은 것입니다.

▲ CMYK 색상 모드

▲ CMYK 색상 모드의 이미지와 [Channels] 패널

▲ 'Cyan' 채널

▲ 'Magenta' 채널

▲ 'Yellow' 채널

▲ 'Black' 채널

● **그레이스케일(Grayscale) 색상 모드와 색상 채널**

말 그대로 무채색의 이미지 모드로, 256단계의 회색 음영으로 이미지를 표현하며 따라서 색상 채널이 나타나지 않고 명암 채널만 표시됩니다. 따라서 그레이스케일 색상 모드에서는 컬러 (Color)를 사용할 수 없습니다. 그레이스케일 색상 모드를 선택하면 비트맵 색상 모드와 듀오톤 색상 모드를 선택할 수 있습니다.

▲ RGB 색상 모드의 이미지

▲ Grayscale 색상 모드로 변경한 이미지와 [Channels] 패널

1. 비트맵(Bitmap) 색상 모드

그레이스케일(Grayscale) 색상 모드의 이미지에서만 변경할 수 있는 색상 모드입니다. 검은색과 흰색으로만 이미지를 표현하며, 비트맵 이미지로 변경하는 대화상자의 [Method]에 따라 다양한 비트맵 형태를 설정하여 적용할 수 있습니다.

▲ 50% threshold

▲ Pattern Dither

▲ Diffusion Dither

▲ Halftone screen

▲ Custom Pattern

2. 듀오톤(Duotone) 색상 모드

말 그대로 명암만 표시된 무채색 이미지에 원하는 색상을 선택하여 분위기 있는 사진으로 변경할 때 사용합니다. 1개의 색상을 선택하는 'Monotone', 2개를 선택하는 'Duotone', 3개를 선택하는 'Tritone' 등이 있습니다.

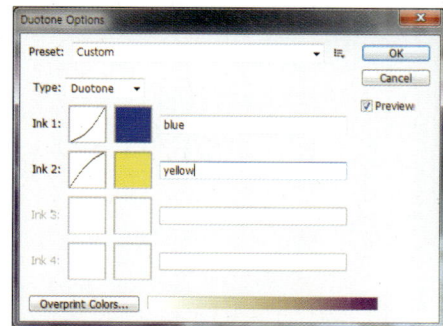

▲ 2개의 색상으로 명암을 표시한 듀오톤 이미지

▲ 듀오톤(Duotone) 대화상자

● Lab 색상 모드와 색상 채널

RGB 색상 모드 이미지를 CMYK 색상 모드로 변경할 때 색상 손실이 크기 때문에 이를 보완할 수 있는 Lab 색상 모드가 개발되었습니다. 이 Lab 색상 모드는 밝기(Lightness), Green에서 Magenta 사이의 색 단계를 가지는 'a' 채널, Blue에서 Yellow 사이의 색 단계를 가지는 'b' 채널로 이루어져 있습니다. 다른 색상 모드로 전환할 때 되도록 색상과 명암의 손실이 일어나지 않도록 도와주며 밝기 채널이 따로 분리되어 있어 이미지에 샤프니스(Sharpness)를 주거나 노이즈(Noise)를 제거하고자 할 때에 활용될 수 있습니다.

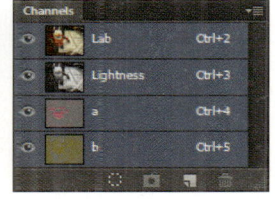

▲ Lab 색상 모드의 이미지와 [Channels] 패널

▲ 'Lightness' 채널   ▲ 'a' 채널   ▲ 'b' 채널

간단퀴즈 🦉

1 포토샵의 기본 색상 모드이며, 빛의 3원색으로 이미지의 색상을 구성하는 모드는 무엇일까요?

① RGB 색상 모드 ② CMYK 색상 모드 ③ Grayscale 모드 ④ Lab 색상 모드

답 : ①

듀오톤 이미지 만들기

[Duotone]을 선택하면 이미지의 색상을 Monotone(1색), Duotone(2색), Tritone(3색) 및 Quadtone(4색)으로 이미지를 구성할 수 있으며 커브를 이용하여 색상의 분포와 농도를 설정할 수 있습니다.

◎ **시작 파일** : 8장\01_01.jpg
◎ **완료 파일** : 8장\01_01_완료.psd

01 [Channels] 패널에서 색상 채널 확인하기

❶ [Channels] 패널의 탭을 클릭하여 색상 채널이 보이도록 합니다.

> **참고**
>
> [Edit]-[Preferences]-[Interface] 메뉴를 클릭하여 나타나는 포토샵 환경 설정 대화상자에서 [Show Channels in Color]를 체크하면 [Channels] 패널에서 각 색상 채널이 컬러로 표시됩니다.

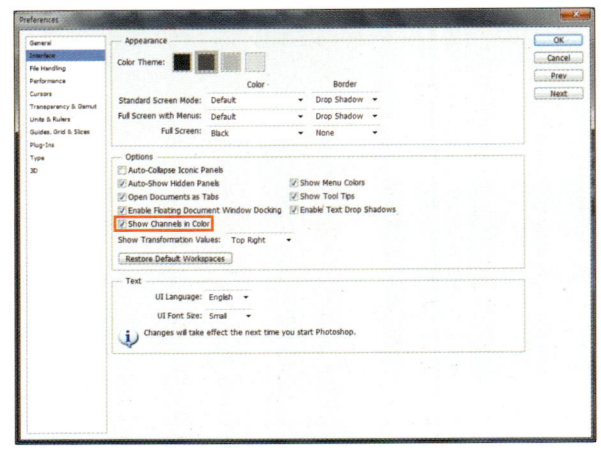

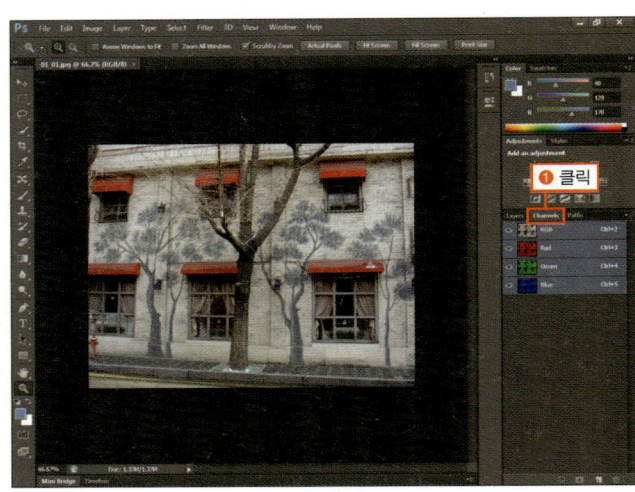

02 그레이스케일 이미지로 변경하기

❶ [Image]-[Mode]-[Grayscale] 메뉴를 클릭하면 이미지가 무채색으로 변경됩니다.

> **참고**
>
> 색상 정보가 사라진다는 경고창이 나타나면 [Discard]를 클릭합니다.

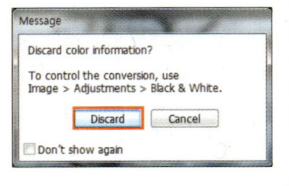

03 무채색 이미지의 밝기 수정하기

❶Ctrl+L을 눌러 [Levels] 대화상자를 불러옵니다. ❷그래프 아래에 놓인 [Black Point]는 '5', [Gray Point]는 '1.06', [White Point]는 '209'로 조절하여 이미지가 밝고 선명하게 수정한 후 ❸[OK]를 클릭합니다.

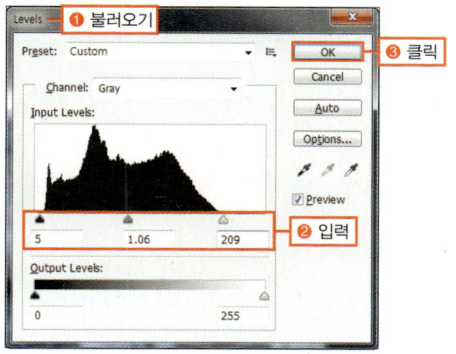

04 수정된 이미지 확인하기

레벨이 보정된 이미지를 확인합니다.

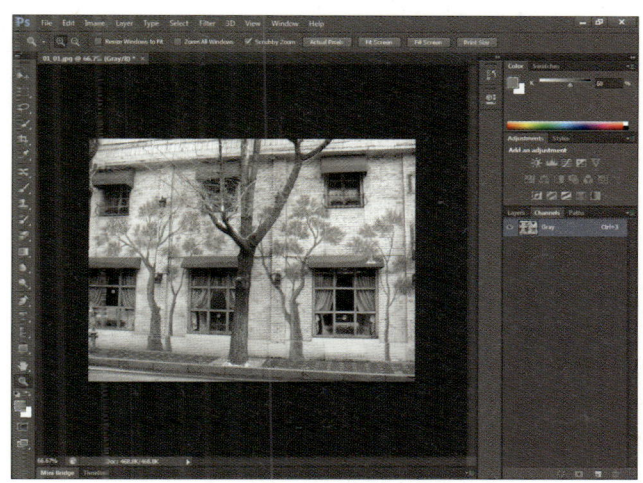

05 듀오톤으로 변경하기

❶[Image]-[Mode]-[Duotone] 메뉴를 클릭합니다. [Duotone Options] 대화상자가 나타나면 ❷[Type]을 [Duotone]으로 선택한 후 ❸[Ink 1]의 색상 썸네일을 클릭하여 ❹어두운 파란색으로 ❺선택합니다.

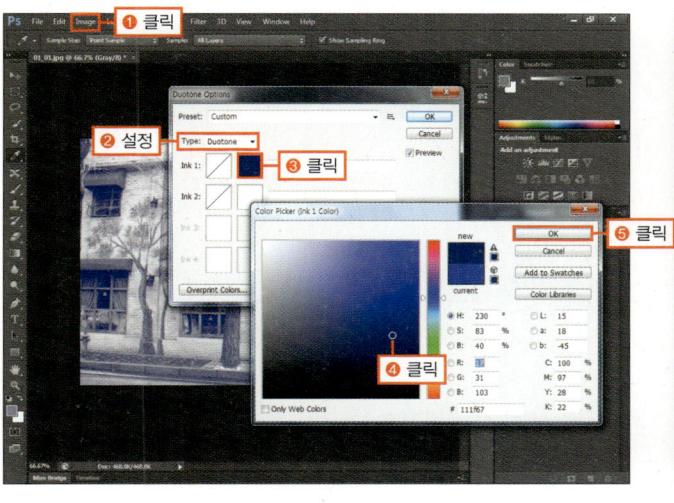

06 듀오톤 설정하기

❶[Ink 1]에 '어두운부분'을 입력합니다. ❷[Ink 2]의 색상 썸네일을 밝은 주황색으로 설정하고 ❸'밝은부분'이라고 입력합니다. ❹[Ink 1]의 커브 썸네일을 클릭하여 ❺커브 곡선을 만들고 선택한 색상이 적용되는 밝기 범위를 조절합니다. ❻[OK]를 클릭하여 ❼모든 대화상자를 닫습니다.

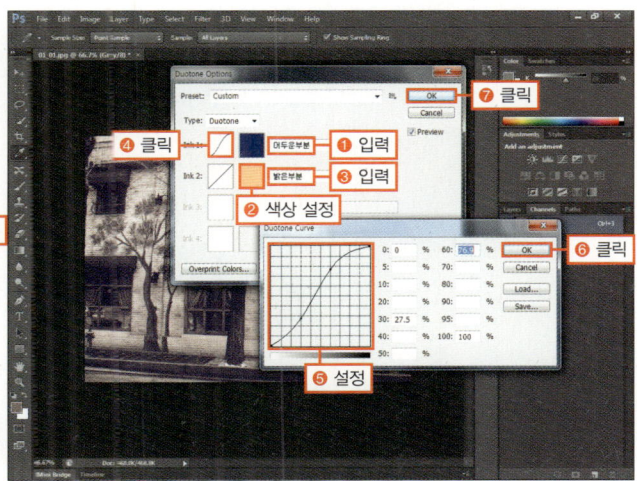

07 듀오톤 이미지 확인하기

듀오톤으로 변경된 이미지를 확인합니다.

실습
과정

채널을 이용해 수채화 이미지 만들기

RGB 색상 모드나 CMYK 색상 모드와 달리 Lab 색상 모드는 명암 채널(Lightness)과 색상 채널(a 채널, b 채널)을 따로 분리할 수 있습니다. 각 채널별로 따로 보정 명령이나 필터를 적용하면 재미있는 이미지를 만들 수 있습니다.

◎ **시작 파일** : 8장\01_02.jpg
◎ **완료 파일** : 8장\01_02_완료.jpg

---

01 Lab 색상 모드로 이미지 변경하기

❶[Image]-[Mode]-[Lab Color] 메뉴를 클릭하여 색상 모드를 변경하고 ❷[Channels] 패널을 확인합니다. 밝기를 조절하기 위해 ❸'Lightness' 채널을 클릭하여 선택합니다.

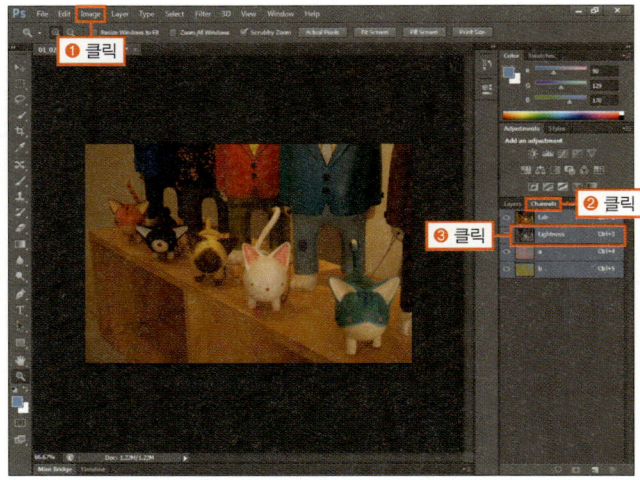

02 채널로 이미지 밝기 조절하기

❶Ctrl+L을 눌러 [Levels] 대화상자를 불러옵니다. ❷그래프에 맞게 [Black Point]는 '5', [Gray Point]는 '1.18', [White Point]는 '190'으로 조절한 후 ❸[OK]를 클릭합니다.

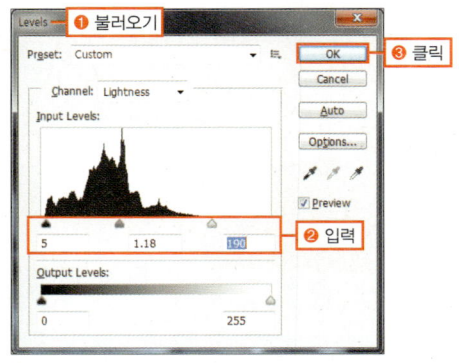

03 필터로 이미지에 붓터치 느낌 적용하기

밝기가 조절된 이미지를 확인한 후, ❶[Filter]-[Filter
Gallery] 메뉴를 클릭합니다.

04 [Filter Gallery] 대화상자 설정하기

대화상자가 나타나면 ❶[Artistic] 폴더를 클릭하고 ❷
'Fresco'를 클릭한 후 ❸[OK]를 클릭합니다.

05 적용된 필터 확인하기

'Lightness' 채널에 필터가 적용된 것을 확인합니다.

06 필터로 색상 변경하기

❶[Channels] 패널에서 'a' 채널을 클릭합니다. ❷[Filter]-
[Blur]-[Gaussian Blur] 메뉴를 클릭하여 대화상자를 불
러옵니다. ❸[Radius]를 '50'으로 입력하고 ❹[OK]를 클릭
합니다.

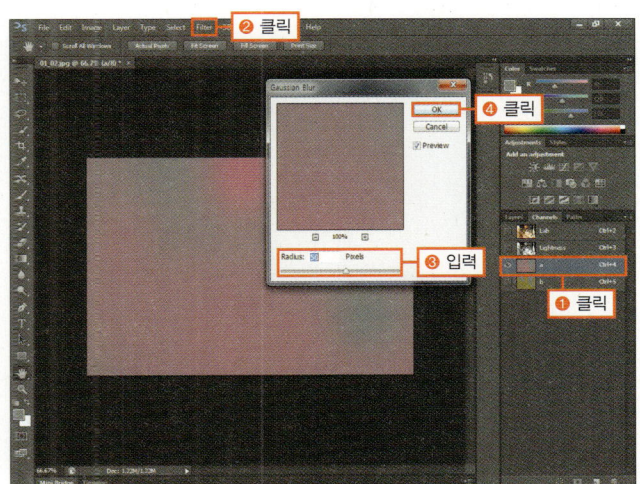

07 필터 반복 적용하기

색상의 경계 부분이 자연스럽게 섞인 것을 확인합니다. ❶ 'b' 채널을 클릭하여 이미지가 보이도록 한 후 ❷ Ctrl + F 를 눌러 좀 전에 설정한 필터를 반복 적용합니다. ❸ 'Lab' 채널을 클릭합니다.

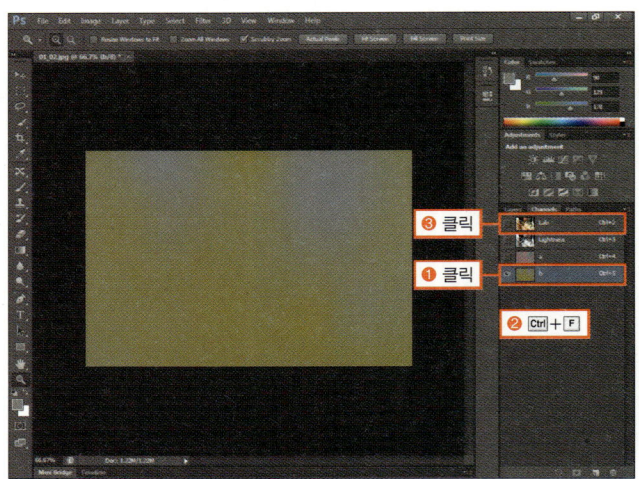

> **참고** •
> Ctrl + F 는 마지막에 사용한 필터를 다시 한 번 적용하는 필터입니다.

08 완성된 이미지 확인하고 색상 모드 변경하기

완성된 이미지를 확인한 후 ❶[Image]-[Mode]-[RGB Color] 메뉴를 클릭하여 RGB 색상 모드로 변경합니다.

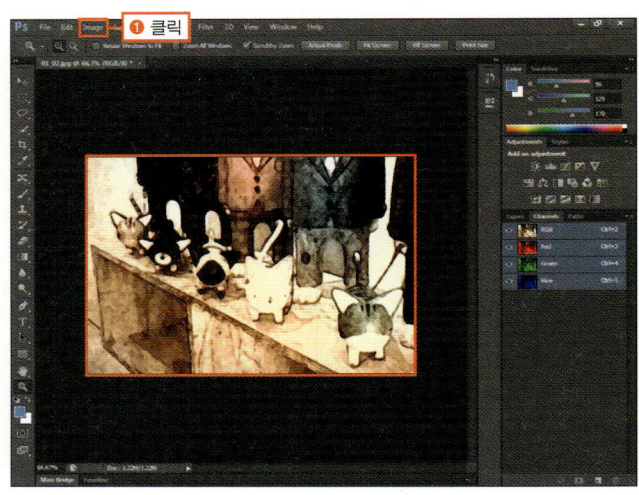

> **참고** •
> 포토샵의 기본 색상 모드는 RGB 색상 모드로, 다른 색상 모드에서는 명령이 제한될 수 있습니다.

확인실습

색상 모드를 [Duotone]으로 변경하여 다음과 같이 수정해 보세요.

◉ **시작 파일** : 8장\01_실습.jpg
◉ **완료 파일** : 8장\01_완료.psd

 >

특집 스팟 채널 만들기

스팟 채널은 인쇄할 때 CMYK 색상으로 표현하기 힘든 별색 즉, 형광색이나 금색, 은색 등을 별도로 설정하여 추가된 필름으로 출력합니다.

◉ **시작 파일** : 8장\01_03.jpg
◉ **완료 파일** : 8장\01_03_완료.psd

1 별색을 설정할 선택 영역 설정하기

❶[Quick Selection Tool](🖌)을 클릭한 후 ❷이미지에서 등불 부분을 드래그하여 선택합니다. ❸[Channels] 패널에서 오른쪽 메뉴 버튼(▤)을 클릭하고 ❹[New Spot Channel]을 선택합니다.

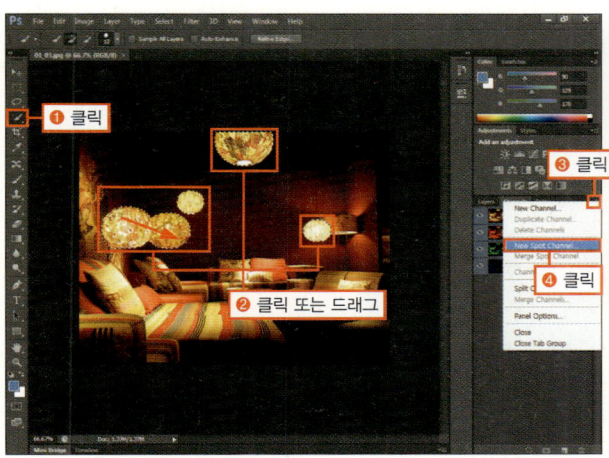

2 스팟 채널 만들기

[New Spot Channel] 대화상자에서 채널의 투명도를 나타내는 ❶[Solidity]를 '60'으로 입력한 후, 별색을 설정하기 위해 ❷색상 썸네일을 클릭합니다. 색상을 선택하는 대화상자가 나타나면 ❸[Color Libraries]를 클릭합니다.

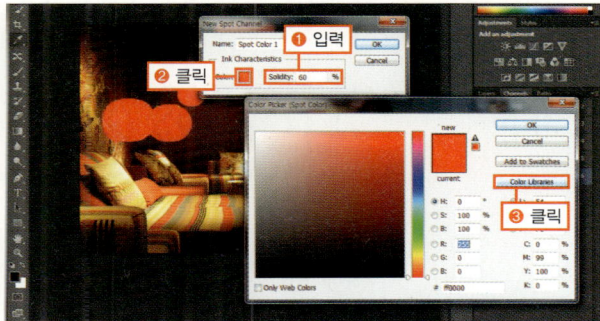

> **참고**
> [New Spot Channel] 대화상자에서 선택한 색상과 [Solidity]는 화면에 보이는 설정으로, 기본 인쇄에 영향을 주지 않고 별색 인쇄로 표현합니다.

3 색상 선택하기

❶'PANTONE 115 C' 색상을 선택하고 ❷[OK]를 클릭합니다. ❸열려 있는 모든 대화상자를 닫습니다.

> **참고**
> [Color Libraries]는 유명 색상 관련 업체에서 설정한 색상을 보여주는 것입니다. 원하는 색상을 단계적으로 선택할 때 편리합니다.

4 스팟 채널 이미지 확인하기

완성된 스팟 채널의 이미지를 확인합니다.

SECTION 02

합성의 중요 변수, 알파 채널 배우기

알파 채널의 개념과 만드는 방법을 알아보겠습니다. 또한 알파 채널로 이미지를 수정, 합성하는 방법도 자세히 살펴보겠습니다.

다루는 내용

- 알파 채널의 개념 알아보기
- 알파 채널 만들고 수정하기
- 알파 채널로 이미지 합성하기

기능 정리

선택 영역을 저장하는 알파 채널의 기본기 배우기

알파 채널(Alpha Channel)은 이미지의 선택 영역을 모아 놓은 것으로, 마치 이미지같이 브러시나 채색 툴로 수정하거나 보정 명령, 필터를 이용한 후 선택 영역을 다시 불러와 이미지에 적용할 수 있습니다. 알파 채널은 무채색 이미지로 선택되는 부분은 흰색이며, 무채색 정도에 따라 선택 부분이 달라지고 검은색은 선택되지 않습니다.

▲ 합성할 이미지와 [Channels] 패널의 알파 채널 이미지

▲ 알파 채널을 선택 영역으로 불러온 이미지와 합성한 결과물 이미지

간단퀴즈

1 색상 채널과 달리 모든 레이어에서 [Load Selection]으로 불러와 선택 영역으로 만들 수 있는 것을 무엇이라 하나요?

답 : 알파(Alpha) 채널

실습 과정

알파 채널 만들고 수정하기

[Channels] 패널에서 색상 채널 외에는 모두 알파 채널로 선택 영역을 만듭니다. 이를 [Load Selection] 명령을 이용하여 불러와 이미지에 적용합니다. 이 알파 채널은 채석 툴로 수정할 수 있으며 보정 명령이나 필터로 수정할 수 있습니다.

🔘 **시작 파일** : 8장\02_01.jpg
🔘 **완료 파일** : 8장\02_01_완료.psd

01 알파 채널 만들기

❶ [Channels] 패널에서 ❷ [Create new channel]()을 클릭하여 알파 채널을 만듭니다.

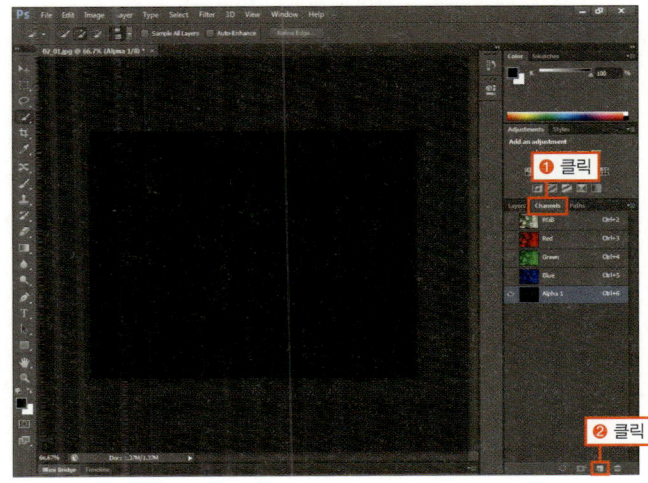

참고

처음 알파 채널을 만들면 선택 영역이 없기 때문에 검은색으로 채워집니다.

02 알파 채널 반전하기

❶ Ctrl + I 를 눌러 알파 채널의 이미지를 흰색으로 반전시킵니다.

03 알파 채널에 필터 적용하기

❶ [Filter]-[Filter Gallery] 메뉴를 클릭하여 대화상자가 나타나면 ❷ [Sketch] 폴더의 ❸ 'Halftone Pattern'을 클릭합니다. 오른쪽 옵션에서 ❹ [Type]은 'Dot', [Size]는 '12', [Contrast]는 '40'으로 조절하고 ❺ [OK]를 클릭합니다.

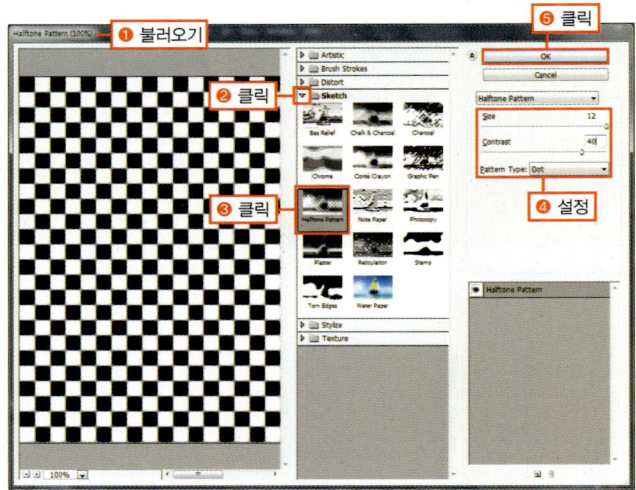

04 RGB 이미지로 되돌아가기

❶ [Channels] 패널에서 'RGB' 채널을 클릭하여 이미지가 보이도록 한 후 ❷ [Layers] 패널의 탭을 클릭합니다.

05 [Load Selection] 명령으로 선택 영역 불러오기

❶ [Select]-[Load Selection] 메뉴를 클릭하여 대화상자를 불러옵니다. 대화상자에서 [Channel]이 'Alpha 1'로 설정된 것을 확인한 후 ❷ [OK]를 클릭합니다.

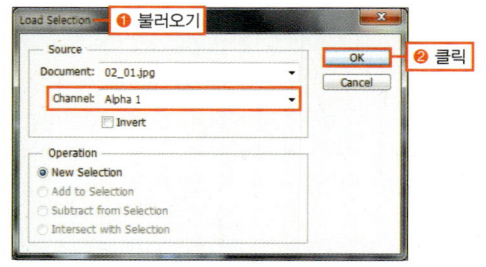

참고 •

알파 채널은 선택 영역을 저장하고 있는 채널로 선택 영역으로 불러와 이미지에 적용하기 전까지는 이미지에 아무런 영향을 주지 않습니다.

06 선택 영역 확인하기

이미지에 선택 영역이 만들어집니다.

07 선택 영역에 보정 레이어 적용하기

❶ [Adjustments] 패널에서 [Brightness & Contrast](☀)를 클릭합니다. ❷ [Properties] 패널의 [Brightness]를 '80'으로 조절합니다.

08 이미지의 밝기 확인하기

이미지의 선택 영역이 밝게 수정된 것을 확인한 후 ❶ [Properties] 패널 버튼(▣)을 클릭하여 패널을 닫습니다.

 **알파 채널로 이미지 합성하기**

알파 채널과 레이어 마스크와 비슷하지만, 레이어 마스크는 레이어에 바로 적용되는 것에 비해 알파 채널은 미리 만들어 놨다가 필요할 때 모든 레이어에서 선택 영역으로 불러와 사용할 수 있다는 차이점이 있습니다.

◎ **시작 파일** : 8장\02_02.psd
◎ **완료 파일** : 8장\02_02_완료.psd

01 채널 복사하여 알파 채널 만들기

❶ [Channels] 패널에서 ❷ 'Blue' 채널을 [Create new channel](■)로 드래그하여 복사합니다.

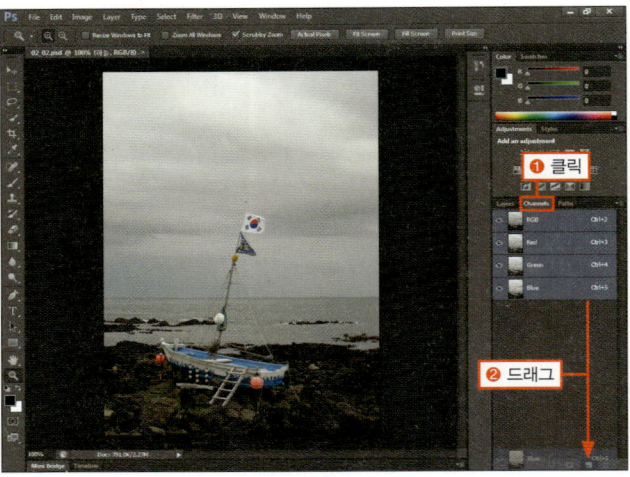

02 알파 채널 확인하기

'Blue Copy' 알파 채널이 만들어진 것을 확인합니다.

참고 •

명암을 확인하기 위해 Ctrl+K 를 눌러 [Preferences] 대화상자를 불러 옵니다. [Interface] 카테고리에서 'Show Channels in Color'의 체크를 해제합니다.

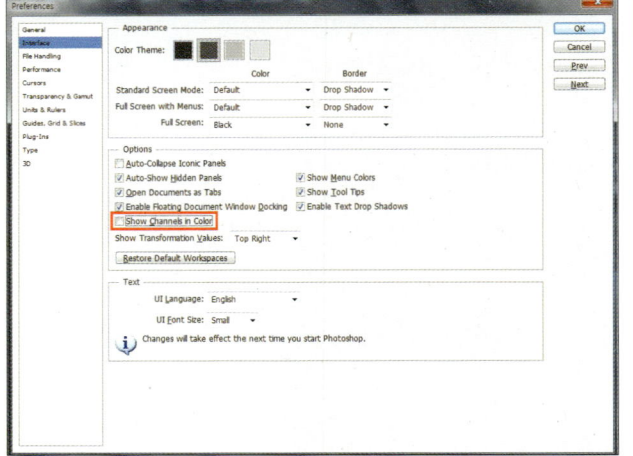

---

03 알파 채널을 [Levels] 명령으로 대비 높이기

❶ Ctrl + L 을 눌러 [Levels] 대화상자를 불러온 후 ❷[Black Point]는 '128', [White Point]는 '149'로 조절하고 ❸[OK] 를 클릭합니다. 무채색 이미지의 대비가 높아져 흰색 부분 과 검은색 영역으로 나뉩니다.

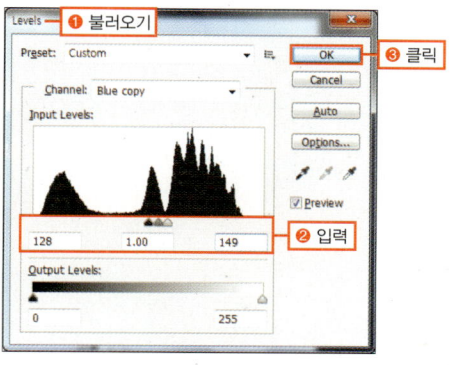

04 알파 채널 수정하기

❶[Brush Tool]( )을 클릭하고 전경색이 검은색인 것을 확인한 후 ❷옵션 바에서 브러시 크기를 '20px', [Opacity] 를 '100%'로 조절하여 ❸배, 바다의 위쪽에 있는 돌의 흰색 부분을 칠합니다.

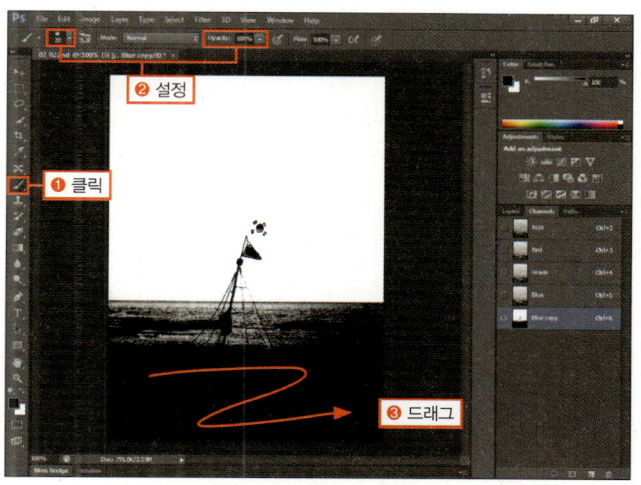

05 깃발 선택하기

❶[Channels] 패널에서 'Blue' 채널의 눈 아이콘( )을 클릭하여 채널이 보이도록 합니다. ❷배의 깃발 부분이 잘 보이도록 확대합니다. ❸ [를 눌러 브러시 크기를 '5px'로 조절한 후 ❹깃발 부분을 칠합니다.

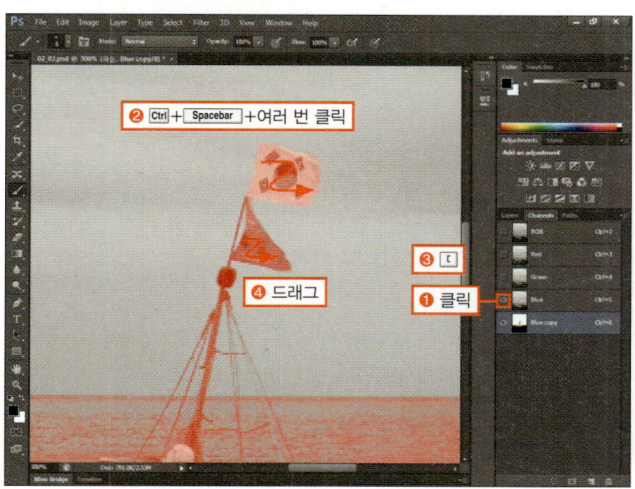

06 알파 채널 이미지 확인하기

❶'Blue' 채널의 눈 아이콘( )을 클릭하여 다시 감춘 후 ❷ [Zoom Tool]( )을 더블클릭하여 알파 채널의 이미지를 확인합니다. ❸[Channels] 패널에서 'RGB' 채널을 클릭합니다.

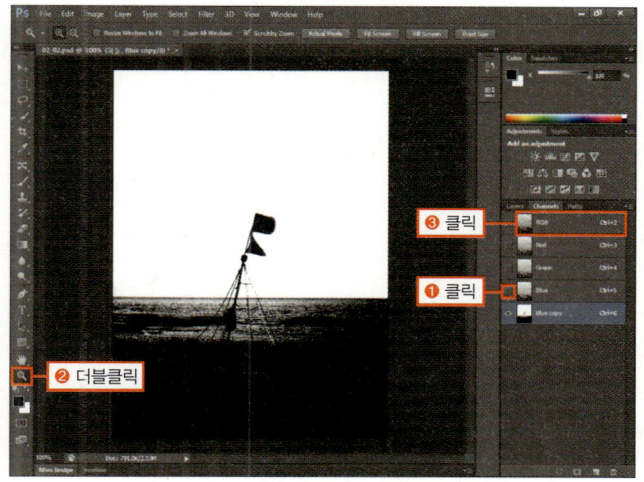

07 알파 채널을 선택 영역으로 불러오기

원본 이미지가 보이면 ❶[Layers] 패널의 탭을 클릭합니다.
❷'하늘' 레이어의 눈 아이콘(👁)을 클릭하여 이미지가 보
이도록 한 후 ❸[Select]-[Load Selection] 메뉴를 클릭합
니다. ❹대화상자에서 [Channel]을 'Blue copy'로 선택하
고 ❺[OK]를 클릭합니다.

08 선택 영역 확인하기

선택 영역이 만들어진 것을 확인합니다.

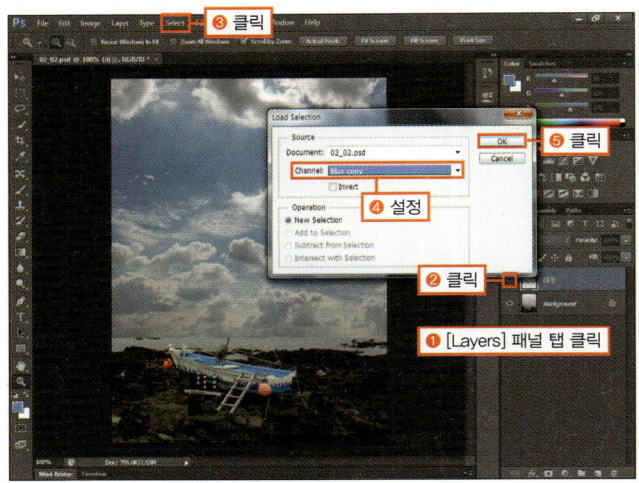

09 선택 영역에 레이어 마스크를 만들어 합성하기

❶[Layers] 패널에서 [Add layer mask](◻)를 클릭하여
선택 영역에 마스크를 씌웁니다. 합성된 이미지를 확인합
니다.

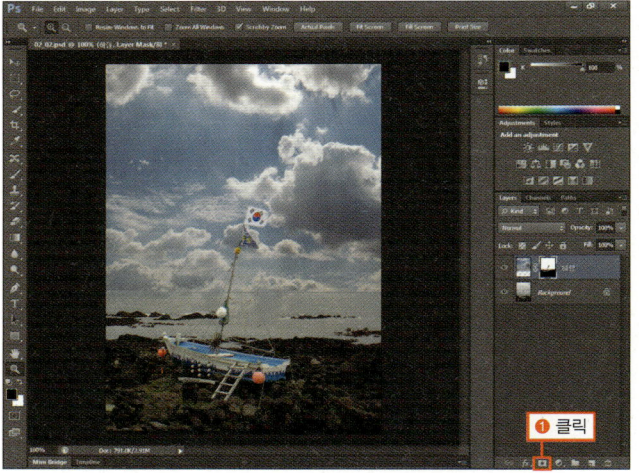

확인실습

알파 채널을 만든 후 [Fillter Gallery]-[Brushes Strikes]-[Spatter] 필터를 이용하여 다음과 같은 테두리를 만들어 보세요.

◎ **시작 파일** : 8장\02_실습.jpg
◎ **완료 파일** : 8장\02_완료.psd

\>

SECTION
03

이미지를 100가지 느낌으로 바꾸는 필터 사용하기

이미지에 간단한 옵션으로 다양한 효과를 적용할 수 있는 필터에 대해 알아보고 그 기능에 대해 자세히 살펴보겠습니다. 또한 이미지에 필터를 적용할 수 있는 대화상자인 [Filter Gallery]와 원본 이미지에 영향을 미치지 않고 필터를 적용할 수 있는 스마트 필터(Smart Filter)에 대해서도 알아보겠습니다.

다루는 내용

- 필터의 기능과 종류 알아보기
- 이미지에 필터 적용하기
- [Filter Gallery] 대화상자와 스마트 필터로 필터 적용하는 방법 살펴보기

기능 정리

필터의 종류와 적용 방법 살펴보기

포토샵 CS6에서 대폭 정리된 필터(Filter)는 카메라에 끼우는 렌즈 필터와 같은 기능을 합니다. 다양한 느낌을 이미지에 쉽게 적용하거나 변화시킬 수 있어 편리합니다. 포토샵에서 기본적으로 제공하는 필터는 물론, 어도비 사이트를 통해 여러 종류의 필터를 다운로드 받아 사용할 수도 있습니다.

● 이미지를 다양한 느낌으로 바꿔주는 [Filter] 메뉴

[Filter] 메뉴는 기능별로 묶여 있어 원하는 필터를 찾기에 매우 편리하게 구성되어 있습니다.

❶ 마지막 적용한 필터를 반복할 수 있습니다.

❷ **Convert for Smart Filters** : 이미지에 레이어 스타일처럼 적용되는 필터로, 언제든지 수정하거나 제거할 수 있습니다.

❸ **Filter Gallery** : 이미지에 필터를 적용한 모습을 미리 볼 수 있습니다. 포토샵 CS5에 있는 Artistic, Brush Stroke, Distort의 일부분과 Sketch, Stylize의 일부분, Texture 필터가 포함되었습니다.

- **Artistic** : 이미지에 회화적인 효과를 적용합니다.
- **Brush Strokes** : 붓 터치 느낌을 이미지어 적용합니다.
- **Sketch** : 드로잉이나 스케치를 하는 것 같은 회화적인 이미지를 만듭니다.
- **Texture** : 이미지에 재질감을 적용합니다.

❹ **Adaptive Wide Angle** : 광각 렌즈로 찍은 사진, 구부러지거나 기울어진 이미지를 손쉽게 똑바로 할 수 있습니다. 포토샵 CS6에서 새로 생긴 필터입니다.

❺ **Lens Correction** : 카메라 렌즈를 조절하여 이미지가 변화되는 것처럼 보이는 필터입니다.

❻ **Liquify** : 이미지를 왜곡하는 필터로 이미지의 형태를 왜곡할 때 사용합니다.

❼ **Oil Paint** : 유화 페인팅 효과를 적용합니다. 컴퓨터의 그래픽 카드가 OpenGL 2.0을 지원해야 적용할 수 있습니다.

❽ **Vanishing Point** : 원근감 있는 이미지를 수정하거나 왜곡할 수 있는 필터입니다.

❾ **Blur** : 초점이 잘 안 맞아 흐릿해 보이게 만드는 효과를 적용합니다.

❿ **Distort** : 이미지를 왜곡시키거나 변형합니다.

⓫ **Noise** : 잡티나 노이즈를 만듭니다.

⓬ **Pixelate** : 픽셀을 움직여 효과를 주는 모자이크나 타일 효과 같은 필터가 모여 있습니다.

⓭ **Render** : 구름이나 질감, 빛 등을 만듭니다.

⓮ **Sharpen** : 이미지의 경계나 색상을 선명하게 보정합니다.

⓯ **Stylize** : 이미지에 새로운 스타일을 적용합니다.

⓰ **Video** : 이미지의 색상을 TV에 최적화시킬 때 사용하는 필터입니다.

⓱ **Other** : 그 밖의 필터를 모아 놓은 것으로 색상 수를 늘이거나 줄일 수 있는 필터가 있습니다.

⓲ **Digimarc** : 이미지에 저작권 정보를 설정하거나 저작권 정보를 읽을 경우에 사용합니다.

⓳ **Browse Filter Online** : 어도비 사이트의 온라인 마켓 사이트로 이동되어 필요한 필터를 확인하고 구매할 수 있습니다.

● **[Filter Gallery] 대화상자의 구성 보기**

[Filter Gallery]는 필터 중에 주로 회화 효과의 필터와 붓터치 필터를 적용할 때 나타나는데, 필터의 옵션과 프리뷰 창이 있어 사용이 편리합니다.

1 **프리뷰 창** : 필터가 적용하고 옵션을 조절하여 변화된 이미지를 미리 볼 수 있습니다.

2 **확대/축소** : 프리뷰 창에 나타나는 이미지의 보기 배율을 확대하거나 축소합니다.

3 **적용 필터 목록** : [Filter Gallery] 대화상자를 통해 적용할 수 있는 필터가 나타나 선택할 수 있습니다.

4 **옵션** : 선택한 필터의 세부 옵션이 나타납니다.

5 **필터 레이어** : 이미지에 적용된 필터 항목을 보여줍니다. [New Effect Layer](⬛)를 클릭하면 여러 필터를 한 번에 이미지에 적용할 수 있습니다.

● **[Smart Filter]와 [Blending Option] 대화상자의 구성 보기**

[Smart Filter]는 이미지에 직접 필터를 적용하지 않고 레이어 스타일처럼 추가로 필터를 적용되어 [Layers] 패널에 적용된 필터 이름과 [Filter Blending Option](⬛)이 나타나 적용된 필터의 옵션과 이미지와 섞이는 정도를 조절할 수 있습니다.

 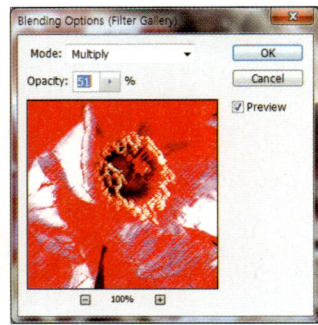

▲ [Smart Filter]가 적용된 레이어와 [Blend Options] 대화상자

간단퀴즈 🦉

1 [Blur]나 [Distort]와 같은 효과를 선택한 이미지에 바로 적용하는 메뉴는 무엇이라고 하나요?

2 이미지에 필터를 직접 적용하는 것이 아니라 레이어를 스마트 오브젝트로 변경하여 레이어 스타일처럼 적용할 수 있는 것을 무엇이라 하나요?

① Layer Mask ② Smart Filter ③ 블렌딩 모드 ④ Opacity

답 : **1** 필터(Filter), **2** ②

이미지에 필터 바로 적용하기

레이어를 선택하거나 선택 영역을 만든 후 필터를 선택하면 간단한 옵션을 가진 대화상자가 나타나 원하는 효과를 적용할 수 있습니다.

◎ **시작 파일** : 8장\03_01.psd
◎ **완료 파일** : 8장\03_01_완료.psd

01 예제 파일을 불러온 후 레이어 확인하기

'빛' 레이어가 선택되어 있는 것을 확인합니다.

02 [Mezzotint] 필터로 짧은 가로선 만들기

❶ [Filter]-[Pixelate]-[Mezzotint] 메뉴를 클릭합니다. ❷ 대화상자가 나타나면 [Type]은 'Short Strokes'를 선택하고 ❸ [OK]를 클릭합니다. 흰색과 검은색의 짧은 가로선이 생깁니다.

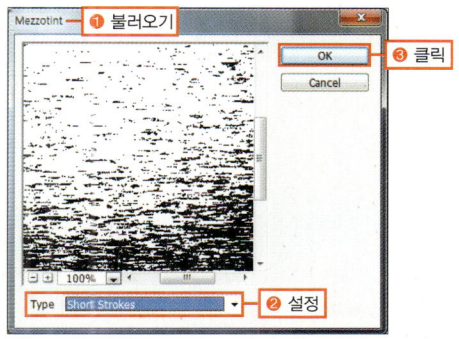

03 [Radial Blur]로 줌 효과 적용하기

❶ [Filter]-[Blur]-[Radial Blur] 메뉴를 클릭하여 대화상자를 불러옵니다. ❷ [Amount]는 '50', ❸ [Blur Method]는 'Zoom'으로 선택하고 ❹ [Blur Center]에서 중심을 드래그하여 왼쪽 위로 이동합니다. ❺ [OK]를 클릭하여 대화상자를 닫습니다.

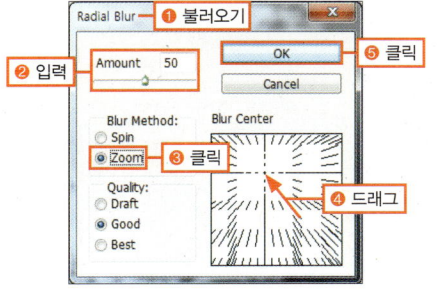

04 필터 적용 확인하기

줌 효과가 적용된 것을 확인합니다.

05 블렌딩 모드 변경하여 이미지 완성하기

❶ [Layers] 패널에서 '빛' 레이어의 블렌딩 모드는 [Color Dodge], [Fill]은 '50'으로 조절합니다. 완성된 이미지를 확인합니다.

참고 •

[Opacity]는 레이어의 모든 속성, 즉 블렌딩 모드나 레이어 스타일 등의 전체 투명도를 조절합니다. [Fill]은 선택한 블렌딩 모드나 레이어 스타일은 그대로 둔 채 레이어 이미지의 투명도만 조절합니다.

 실습 과정

[Filter Gallery]와 [Smart Filter] 사용하기

필터를 적용할 때 미리 볼 수 있는 [Filter Gallery]와 이미지에 직접 적용되는 것이 아니라 레이어 스타일처럼 추가로 적용되는 [Smart Filter]에 대해 알아보겠습니다.

◎ **시작 파일** : 8장\03_02.jpg
◎ **완료 파일** : 8장\03_02_완료.psd

01 레이어 복사하기

❶ [Layers] 패널의 'Background' 레이어를 [Create a new layer](📄)로 드래그하여 레이어를 복사합니다.

02 [Smart Filter] 적용하기

❶ [Filter]-[Convert to Smart Filters] 메뉴를 클릭하면 선택한 레이어가 스마트 오브젝트로 변경됩니다.

> **참고**
> '스마트 필터를 적용하기 위해 스마트 오브젝트로 변경하겠다'는 경고창이 나타나면 [OK]를 클릭합니다.
>
>

> **참고**
> 스마트 오브젝트는 현재 이미지에 삽입된 레이어에 직접 보정 명령이 적용되지 않기 때문에 필터 명령 적용 시 스마트 필터로 적용됩니다.

03 [Filter Gallery] 대화상자로 적용할 필터 미리 보기

❶ [Filter]-[Filter Gallery] 메뉴를 클릭하여 대화상자가 나타나면 ❷ [Artistic] 폴더의 ❸ 'Rough Pastels' 메뉴를 클릭합니다. ❹ [Stroke Length]를 '10'으로 조절한 후 왼쪽 프리뷰 창에서 필터가 적용된 이미지를 확인합니다. ❺ [OK]를 클릭하여 대화상자를 닫습니다.

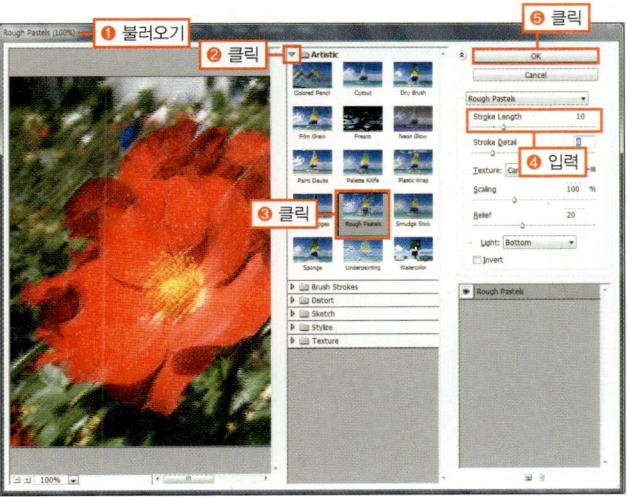

04 스마트 필터 수정하기

[Layers] 패널의 복사한 레이어 아래에 [Smart Filters] 썸네일이 생기며 'Filter Gallery'가 적용됩니다. ❶ [Filter blending Option](≡)을 더블클릭하여 필터 블렌딩 옵션 대화상자를 불러옵니다. ❷ [Mode]를 'Multiply'로 변경하고 ❸ [OK]를 클릭합니다.

05 [Smart Filter] 적용하기

❶[Filter]-[Filter Gallery] 메뉴를 클릭하여 대화상자를 불러온 후 ❷[Brush Strokes] 폴더의 ❸'Spray Strokes'를 클릭합니다. ❹[Stroke Length]는 '12', [Spray Radius]는 '20'으로 조절하고 왼쪽 프리뷰 창의 이미지를 확인한 후 ❺[OK]를 클릭합니다.

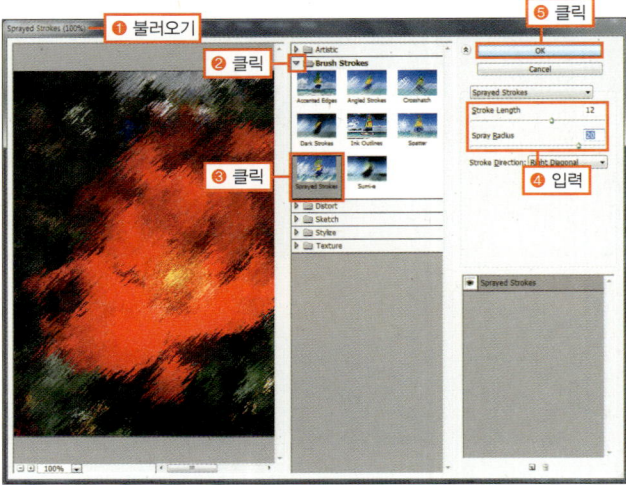

06 [Blending Options] 대화상자 설정하기

❶[Layers] 패널에서 위에 놓인 [Filter blending Option] (📊)을 더블클릭하여 옵션 대화상자를 불러옵니다. ❷[Mode]는 'Screen', [Opacity]는 '70'으로 조절하고 ❸[OK]를 클릭하여 대화상자를 닫습니다.

07 완성된 이미지 확인하기

스마트 필터가 적용된 이미지를 확인합니다.

확인실습

이미지에 스마트 필터를 적용하고 [Dark Strokes]와 [Mezzotint]를 적용해 보세요. [Filter Blending Options] 대화상자에서 필터를 조절하여 다음과 같이 완성해 보세요.

◎ **시작 파일** : 8장\03_실습.jpg
◎ **완료 파일** : 8장\03_완료.psd

SECTION 04

사진 이미지에 유용한 필터 명령 살펴보기

디지털 카메라로 찍은 사진에 자주 사용하는 필터에 대해 알아보고 선택한 필터로 사진을 수정해 보겠습니다. 가장 많이 사용하는 [Blur]와 [Sharpen] 필터에 대해 알아보고 좀 더 강력해진 [Lens Correction] 필터로 이미지를 수정해 보겠습니다. 또한 [Liquify]로 이미지의 형태를 수정하는 방법에 대해 알아보겠습니다.

다루는 내용

- 사진 보정에 자주 쓰이는 필터 살펴보기
- [Blur]와 [Sharpen]으로 사진 수정하기
- [Lens Correction]으로 렌즈에 의한 변형 수정하기
- [Liquify]로 이미지 형태 수정하기

기능 정리

디지털 카메라 이미지에 사용하면 좋은 필터 종류 살펴보기

디지털 카메라의 보급률이 높아짐에 따라 일반인들도 포토샵을 이용해서 사진을 수정하는 경우가 많아졌습니다. 이럴 때 자주 사용하는 필터에 대해 알아보겠습니다.

● 포토샵 CS6에서 막강해진 [Blur] 필터

[Blur]는 이미지의 초점이 안 맞아 흐릿하게 보이듯이 만드는 필터로, 포토샵 CS6에는 기존에 있는 명령 외에 다양한 [Blur] 명령이 추가되었습니다.

- **Field Blur** : 이미지를 클릭하여 블러 조절점을 찍은 후, 마우스로 좌우로 드래그하거나 [Blur] 패널에서 수치를 조절하여 블러 값을 조절합니다.

- **Iris Blur** : 블러 중심점과 원 방향으로 퍼지는 정도, 방향을 조절할 수 있는 조절점이 생겨 좀 더 정교한 블러를 이미지에 적용할 수 있습니다.

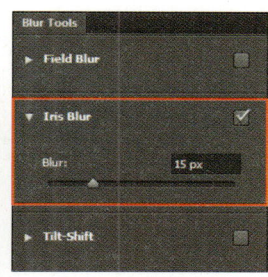

- **Tilt-Shift** : 블러 중심점과 직선 방향으로 퍼지는 정도, 회전을 조절할 수 있는 조절점들이 생겨 블러를 직선 방향으로 적용할 수 있습니다.

이외에 수치를 이용해 조절하는 [Gaussian Blur]와 운동감을 줄 때 사용하는 [Motion Blur], 경계 부분은 그대로 둔 채 면 부분을 뭉쳐즈는 [Smart Blur]와 [Surface Blur]등이 있습니다. [Surface Blur]는 [Smart Blur]와 유사하지만 좀 더 디테일한 명암을 살려주면서 뭉쳐주기 때문에 인물의 피부를 깨끗이 표현할 때 편리합니다.

▲ [Blur] 명령과 원본 이미지

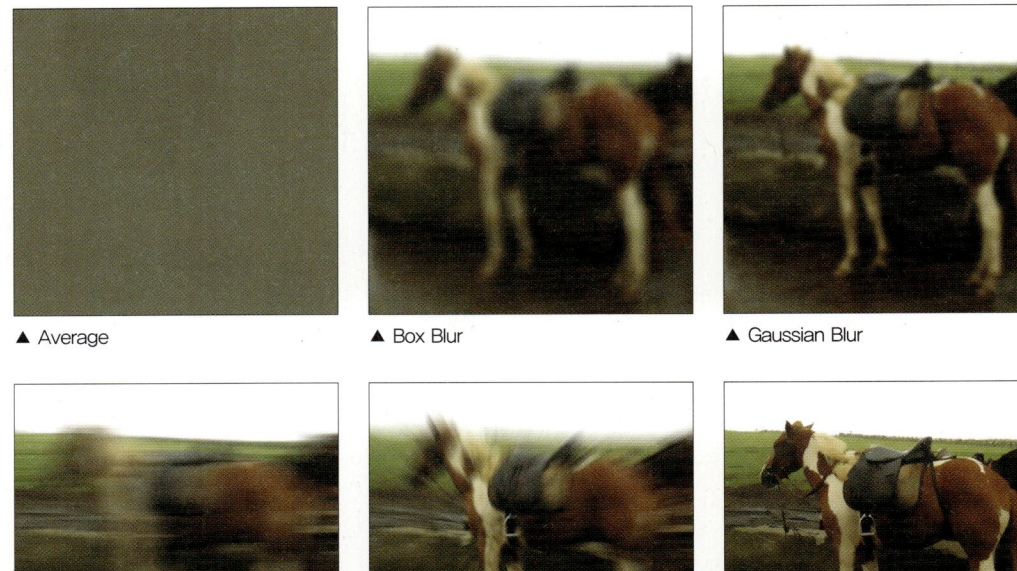

▲ Average   ▲ Box Blur   ▲ Gaussian Blur

▲ Motion Blur   ▲ Radial Blur의 Zoom   ▲ Smart Blur

● 선명하게 만들어주는 [Sharpen] 필터

[Sharpen] 명령은 색상과 경계 부분을 선명하게 만드는 필터로, 주로 [Unsharp Mask]로 흔들림이 있는 사진을 보정할 때 사용합니다. [Sharpen] 필터는 이미지를 선명하게 만들지만 너무 강하게 적용하면 노이즈가 생깁니다.

▲ 원본 이미지와 [Unsharp Mask] 필터로 선명하게 수정한 이미지

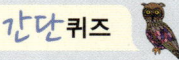

1 초점이 잘 맞지 않듯이 흐릿하게 보이는 필터는 무엇일까요?

① [Lens Correction] 필터   ② [Noise] 필터   ③ [Sharpen] 필터   ④ [Blur] 필터

답 : ④

실습 과정

CS6 버전에 새롭게 추가된 3개의 [Blur] 명령 사용하기

[Field Blur], [Iris Blur], [Tilt-Shift]는 기존의 블러 명령에 비해 좀 더 세심하게 수치를 조절할 수 있습니다. [Blur Tools]와 [Blur Effect]가 나타나 하나의 이미지 안에서도 각 부분마다 블러를 다르게 적용할 수 있습니다.

○ **시작 파일** : 8장\04_01_1.jpg∼04_01_3.jpg
○ **완료 파일** : 8장\04_01_1_완료∼04_01_3_완료.jpg

01 [Field Blur]로 블러 적용하기

❶[File]-[Open] 메뉴를 클릭하여 3개의 시작 파일을 불러온 후 ❷[04_01_1.jpg] 탭을 클릭하여 이미지가 보이도록 합니다. ❸[Filter]-[Blur]-[Field Blur] 메뉴를 클릭합니다.

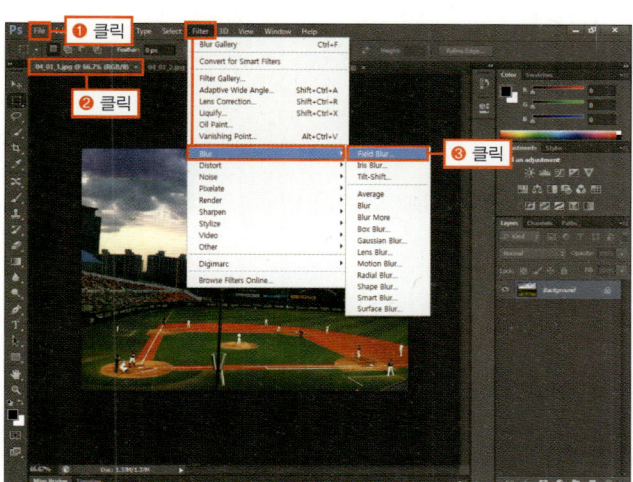

02 [Field Blur]의 수치 조절하기

❶가운데 블러 핀을 하늘로 드래그하여 이동한 후 ❷[Blur]를 '6px', [Light Bokeh]를 '20%'로 조절합니다. 하늘 부분의 밝기와 흐림 정도가 수정된 것을 확인합니다.

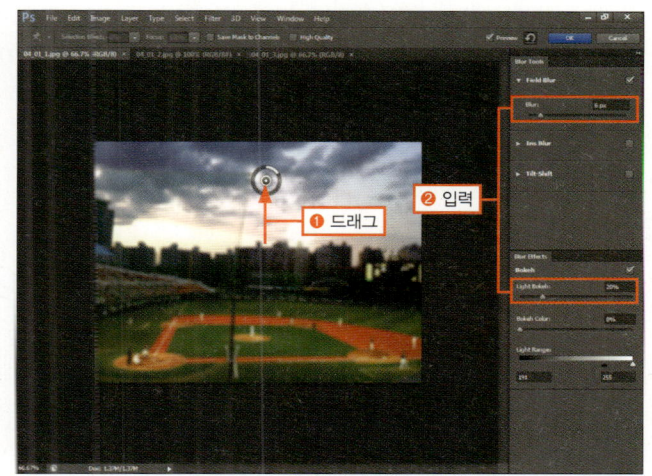

03 블러 핀 추가하여 조절하기

❶관중석 부분을 클릭하여 블러 핀을 만듭니다. ❷[Blur]를 '3px'로 조절합니다. ❸야구 경기장 안을 클릭하여 블러 핀을 만듭니다. ❹[Blur]를 '0px'로 조절합니다. ❺[OK]를 클릭하여 블러 적용을 끝냅니다.

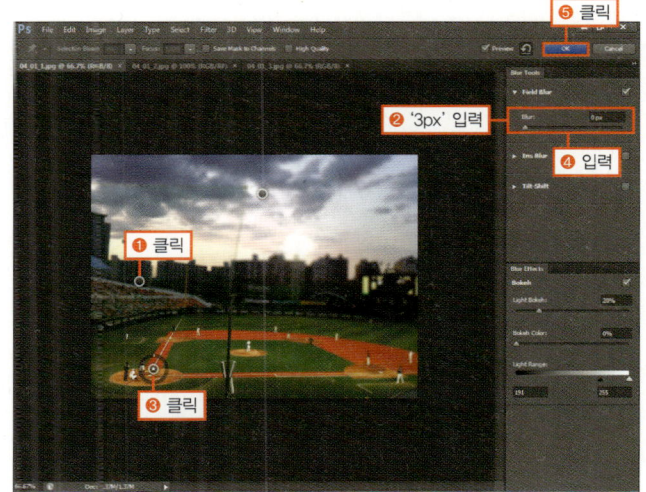

04 [Fidd Blur] 적용한 이미지 확인하기

블러가 적용된 이미지를 확인합니다.

05 [Iris Blur] 적용하기

❶[04_01_2.jpg] 탭을 클릭하여 이미지가 보이도록 합니다. ❷중앙 블러 핀을 아래로 이동하고 ❸[Blur]를 '5px'로 수정합니다.

06 [Iris Blur] 조절하기

❶블러 핀의 조절점을 바깥쪽으로 드래그하여 블러 적용 크기를 넓게 합니다. ❷조절점을 위로 드래그하여 적용 크기를 세로로 길쭉한 모양으로 만들고 오른쪽으로 약간 회전하여 그릇 사진에 맞게 블러를 적용합니다. ❸옵션 바의 [OK]를 클릭합니다.

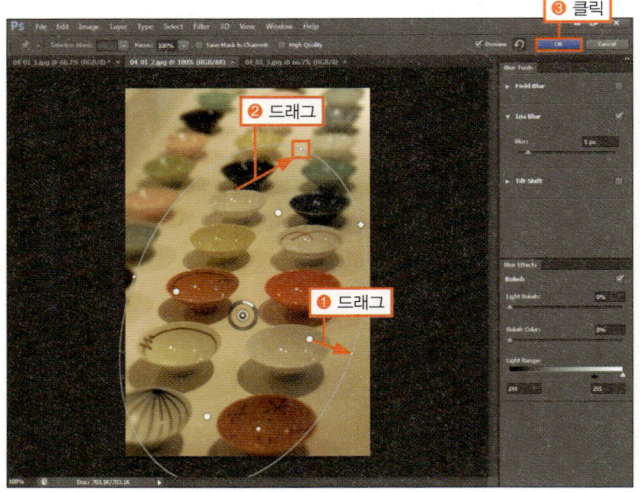

07 [Iris Blur] 적용한 이미지 확인하기

완성된 이미지를 확인합니다.

08 [Tilt-Shift]로 블러 적용하기

❶[04_01_3.jpg] 탭을 클릭하여 이미지가 보이도록 한 후 ❷[Filter]-[Blur]-[Tilt-Shift] 메뉴를 클릭합니다. ❸블러 적용 창이 나타나면 이미지의 블러 조절점을 드래그하여 세로로 회전하고 ❹[Blur]를 '10px', [Light Bokeh]를 '20'으로 조절합니다.

09 [Tilt-Shift] 조절하기

❶실선 위의 조절점을 바깥쪽으로 드래그하여 그림과 같이 조절합니다. ❷점선 위의 조절점을 이미지 바깥쪽으로 조절합니다. ❸옵션 바의 [OK]를 클릭합니다.

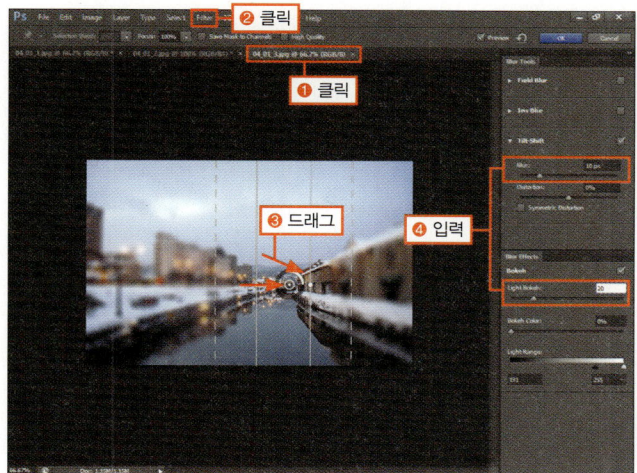

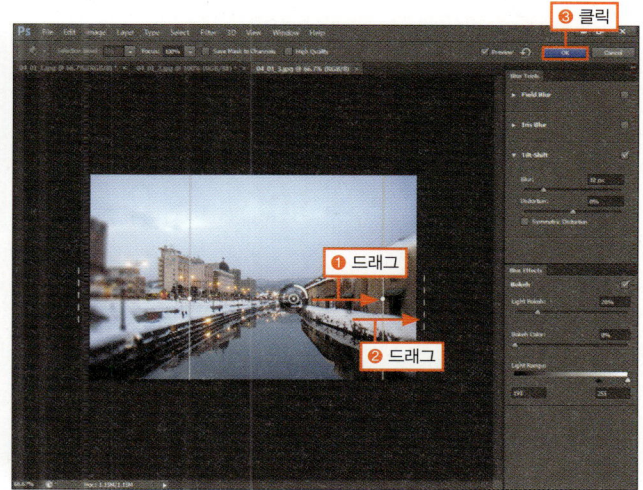

10 [Tilt-Shift] 적용한 이미지 확인하기

완성된 이미지를 확인합니다.

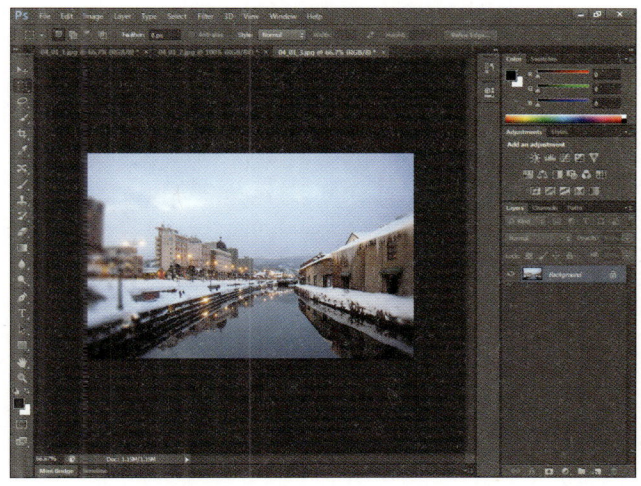

[Field Blur], [Iris Blur], [Tilt-Shift]를 적용할 때 블러 적용 창이 나타나면 오른쪽에 [Blur Tools] 옵션과 [Blur Effects] 옵션이 나타납니다.

❶ **Selection Bleed** : 선택 영역이 있을 때 활성화되는 것으로 수치가 높을수록 경계 부분의 블러가 자연스럽게 조절됩니다.

❷ **Focus** : 블러 중심의 흐림 정도를 조절합니다.

❸ **Save Mask to Channels** : 체크하면 적용된 블러 모양으로 [Channels] 패널에 알파 채널로 저장됩니다.

❹ **High Quality** : 체크하면 블러가 적용되는 픽셀이 부드럽게 적용합니다.

❺ **Preview** : 체크하면 이미지에 미리 보기 됩니다.

❻ **Remove All Pins** : 클릭하면 적용한 모든 블러 핀을 제거합니다.

❼ **Blur Tools** : 적용한 명령의 블러 수치를 조절할 수 있습니다.

❽ **Blur Effects** : 적용된 블러에 밝기, 색상, 대비 정도를 조절하는 효과를 줄 수 있습니다.

실습 과정

[Blur] 필터로 패닝샷 사진 만들기

[Motion Blur]를 이용하면 블러의 방향을 설정할 수 있어 움직이는 사진을 만들 수 있습니다.

◉ **시작 파일** : 8장\04_02.psd
◉ **완료 파일** : 8장\04_02_완료.psd

---

01 레이어 복사하기

❶ '차' 레이어를 [Create a new layer](🔲)로 드래그하여 레이어를 복사합니다.

02 [Motion Blur] 적용하기

❶ [Filter]-[Blur]-[Motion Blur] 메뉴를 클릭합니다. ❷대화상자가 나타나면 [Angle]은 '6', [Distance]는 '250'으로 조절합니다. 프리뷰 창에서 드래그하여 이미지를 확인한 후 ❸[OK]를 클릭합니다.

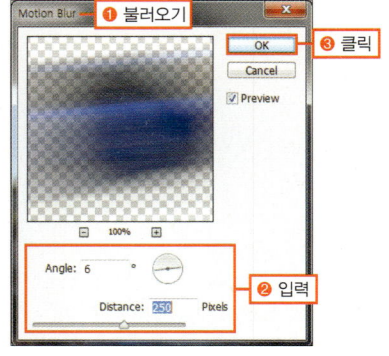

03 레이어 마스크 씌워 마무리하기

❶ [Layers] 패널에서 [Add layer mask](■)를 클릭하여 레이어 마스크를 만듭니다. ❷ [Default Color](■)를 클릭하고 ❸ [Gradient Tool](■)을 클릭합니다. ❹ 옵션 바에서 [Linear Gradient](■)를 클릭하고 ❺ 차의 뒤에서 앞으로 드래그하여 마스크를 적용합니다.

04 완성된 이미지 확인하기

레이어 마스크로 모션 블러의 정도를 수정한 이미지를 확인합니다.

실습 과정

[Sharpen] 필터로 이미지 선명하게 하기

[Sharpen] 필터 중에 [Unsharp Mask]는 이미지 경계 부분의 색상과 명암의 대비를 강하게 만들어 이미지가 선명해 보이도록 만드는 필터입니다.

◎ **시작 파일** : 8장\04_03.jpg
◎ **완료 파일** : 8장\04_03_완료.jpg

01 Lab 색상 모드로 변경하기

❶ [Image]-[Mode]-[Lab Color] 메뉴를 클릭하여 색상 모드를 변경합니다. ❷ [Channels] 패널의 탭을 클릭하여 색상 채널이 보이도록 합니다. ❸ 'Lightness' 채널을 클릭하여 이미지의 밝기만 보이도록 합니다.

참고

명암 이미지를 선명하게 만들기 위해 명암과 색상 채널이 분리되는 Lab 색상 모드로 변경합니다.

02 [Unsharp Mask]로 이미지 경계를 선명하게 만들기

❶ [Filter]-[Sharpen]-[Unsharp Mask] 메뉴를 클릭하여 [Unsharp Mask] 대화상자를 불러옵니다. ❷ [Amount]는 '100', [Radius]는 '3', [Threshold]는 '6'으로 조절하고 ❸ [OK]를 클릭합니다.

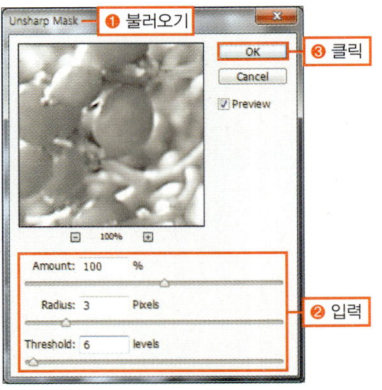

03 이미지 확인하기

이미지가 선명해진 것을 확인합니다.

04 [Surface Blur]로 이미지를 부드럽게 만들기

❶ [Filter]-[Blur]-[Surface Blue] 메뉴를 클릭합니다. ❷ [Surface Blur] 대화상자가 나타나면 [Radius]는 '50', [Threshold]는 '8'로 조절하고 ❸ [OK]를 클릭합니다.

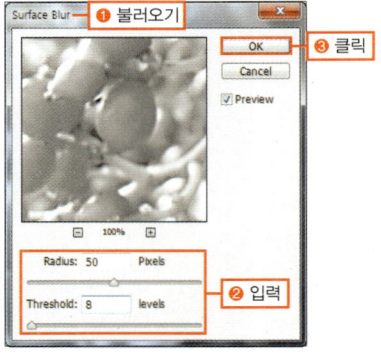

05 이미지의 노이즈 확인하기

이미지의 노이즈가 조금 제거되어 부드러워진 것을 확인합니다.

> **참고**
>
> [Surface Blur] 명령은 비슷한 색상을 합쳐 부드럽게 만드는 명령으로 경계 부분의 이미지는 그대로 둔 채 잡티나 노이즈를 제거할 때 좋은 필터입니다.

06 RGB 색상 모드로 변경하기

❶[Image]-[Mode]-[RGB Color] 메뉴를 클릭하여 색상 모드를 변경합니다. ❷[History] 패널 버튼(📷)을 클릭하여 패널을 엽니다.

07 수정 전 이미지와 비교한 후 마무리하기

❶가장 윗단계를 클릭하여 수정 전 이미지를 확인하고 ❷다시 마지막 단계를 클릭하여 수정 후 이미지를 확인합니다. ❸[History] 패널 버튼(📷)을 클릭하여 패널을 닫습니다.

확인실습

레이어를 복사하여 필터를 적용한 이미지를 만든 후 블렌딩 모드를 변경해 보세요.

◎ 시작 파일 : 8장\04_실습.jpg
◎ 완료 파일 : 8장\04_완료.psd

▼ 필터를 적용한 이미지

▲ 블렌딩 모드를 변경하여 완성한 이미지

사진을 유화로 바꾸는 [Oil Paint] 필터 적용하기

포토샵 CS6에 새로 추가된 [Oil Paint] 명령은 이미지를 유화처럼 보이게 만드는 필터입니다. 옵션을 조절하여 붓의 질감이나 종이 질감을 조절할 수 있습니다.

◎ **시작 파일** : 8장\04_04.jpg
◎ **완료 파일** : 8장\04_04_완료.jpg

1 [Oil Paint] 필터 적용하기

❶[Filter]—[Oil Paint] 메뉴를 클릭합니다.

2 [Oil Paint] 대화상자 옵션 조절하기

대화상자가 나타나면 ❶[Stylization]을 '9', [Cleanliness]를 '3', [Scale]을 '8', [Bristle Detail]을 '3', [Angular Direction]을 '120', [Shine]을 '3'으로 조절합니다. ❷[OK]를 클릭하여 대화상자를 닫습니다.

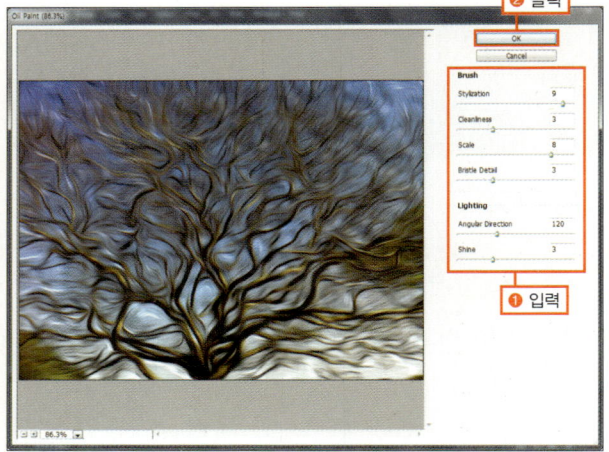

3 완성된 이미지 확인하기

이미지가 유화처럼 바뀐 것을 확인합니다.

참고 • [Oil Paint] 대화상자 옵션 살펴보기

이미지를 단순화시켜 붓터치 느낌을 적용해 유화 같은 느낌을 적용하는 필터입니다.

❶ **Stylization** : 수치가 클수록 이미지의 픽셀이 단순화되어 유화 느낌이 강해집니다.

❷ **Cleanliness** : 수치가 클수록 붓의 질감이 단순해집니다.

❸ **Scale** : 수치가 클수록 붓 간격이 넓어집니다.

❹ **Bristle Detail** : 수치가 작을수록 붓의 질감이 선명합니다.

❺ **Angular Direction** : 빛의 각도를 조절합니다.

❻ **Shine** : 빛의 강도를 조절해서 수치가 클수록 빛나는 부분이 많아집니다.

SECTION 05

왜곡을 적용하거나 변경하는 필터 살펴보기

카메라 렌즈에 의한 왜곡이나 원근법에 의한 왜곡을 수정할 수 있는 [Adaptive Wide Angle] 필터와 기울어짐, 이미지 좌우 균형을 수정하는 [Lens Correction], 원근감에 맞춰 이미지를 변형하는 [Vanishing Point], 이미지 형태를 왜곡하는 [Liquify]에 대해 알아보겠습니다.

다루는 내용

- 새로 생긴 [Adaptive Wide Angle]에 대해 알아보기
- [Lens Correction]으로 렌즈에 의한 변형 수정하기
- [Vanishing Point]로 원근감에 맞춰 이미지 변형하기
- [Liquify]로 이미지 형태 수정하기

기능 정리

포토샵 CS6의 신기능, [Adaptive Wide Angle] 필터와 [Lens Correction] 필터 살펴보기

포토샵 CS6에 새로 추가된 [Adaptive Wide Angle] 필터는 광각렌즈에 의한 사진의 왜곡이나 파노라마 사진의 굴곡을 수정하기 위한 필터입니다. 이미지를 자동으로 읽어 기준이 되는 선이나 면을 그려주면 왜곡을 수정합니다.

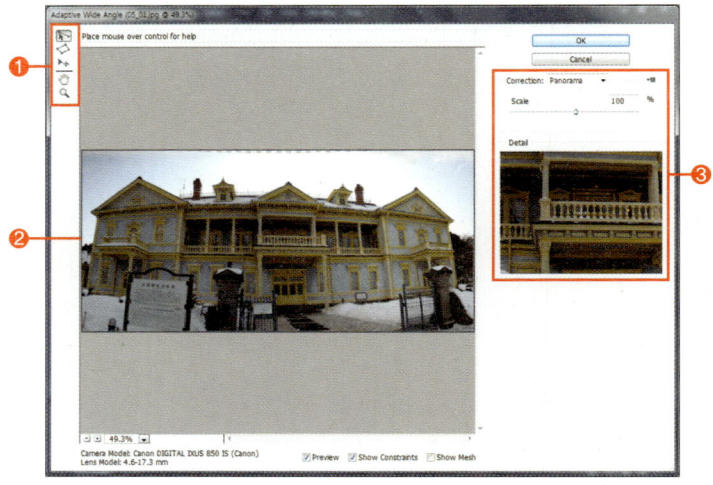

❶ **Tools** : [Constrain Tool](🖈)과 [Poly Constrain Tool](◇)로 이미지의 왜곡을 수정합니다.

❷ **Preview** : 수정된 왜곡을 미리 보기할 수 있습니다.

❸ **Options** : 이미지의 왜곡을 자동으로 읽어 Panorama, Perspective와 같은 설정 값으로 바뀌어 옵션을 조절할 수 있습니다.

▲ 원본 이미지

▲ [Adaptive Wide Angle] 필터로 수정한 이미지

디지털 카메라로 찍은 사진을 보면 카메라 렌즈의 왜곡에 의해 일부분이 확대되거나 회전된 이미지를 볼 수 있습니다. 이럴 때 사용하는 필터가 [Lens Correction]입니다. 이 필터를 사용하면 이미지를 회전하거나 세로나 가로 방향으로 혹대하여 이미지 왜곡을 수정할 수 있습니다.

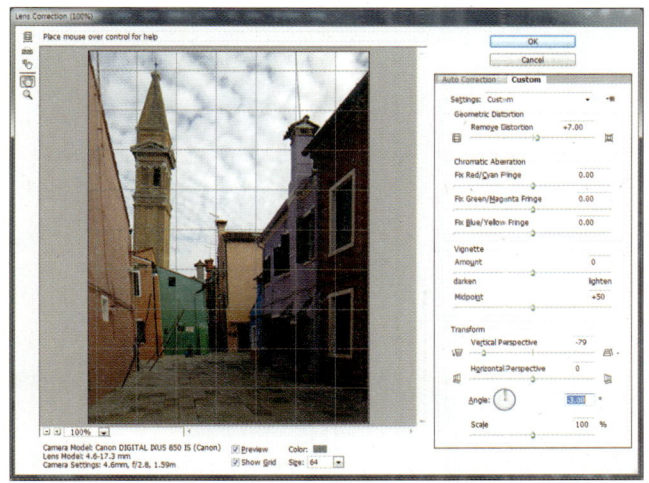

▲ 원본 이미지

▲ [Lens Correction] 필터 수정한 이미지

실습 과정

[Adaptive Wide Angle] 필터로 파노라마 이미지 수정하기

포토샵 CS6에서 새로 추가된 [Adaptive Wide Angle] 필터는 광각렌즈에 의한 왜곡이나 파노라마 사진의 굴곡, 원근감에 의한 굴곡을 수정할 때 사용합니다. [Constrain Tool]( )로 굴곡 선을 수정하여 수정할 수 있습니다.

- **시작 파일** : 8장\05_01.jpg
- **완료 파일** : 8장\05_01_완료.psd

01 [Adaptive Wide Angle] 적용하기

이미지의 왜곡을 수정하기 위해 ❶[Filter]-[Adaptive Wide Angle] 메뉴를 클릭합니다.

02 [Adaptive Wide Angle] 옵션으로 수정하기

❶[Constrain Tool]( )로 ❷왼쪽 탑 윗부분을 클릭하고 ❸ 아래 연결 부분을 클릭합니다. 굴곡이 생긴 부분이 수정됩니다.

03 추가 수정하기

❶오른쪽 탑 윗부분을 클릭하고 ❷아래 연결 부분을 클릭하여 굴곡을 수정합니다.

04 회전으로 수정하기

❶오른쪽 조절점을 오른쪽으로 드래그하여 탑의 기울기를 바로 세웁니다.

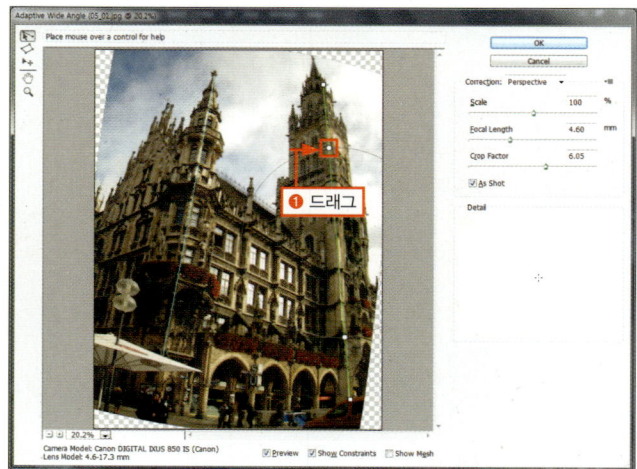

05 기울기 수정 마무리하기

❶왼쪽 조절선을 클릭하여 조절점이 보이면 ❷왼쪽으로 드래그하여 탑의 기울기를 바로 세웁니다.

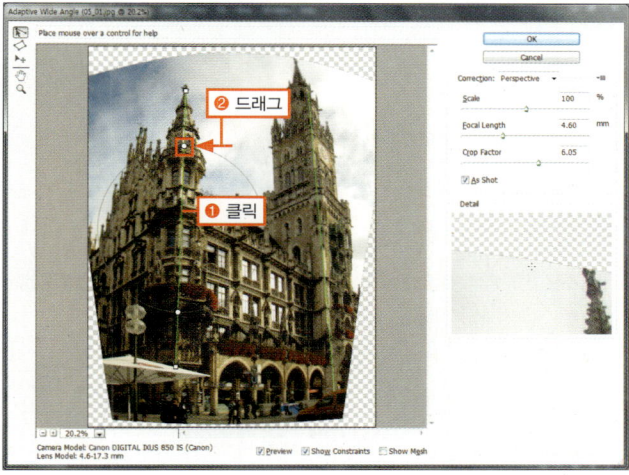

06 옵션을 조절하여 굴곡 수정하기

❶[Focus Length]를 '8.00', [Crop Factor]를 '6.00'으로 조절합니다. ❷[OK]를 클릭하여 대화상자를 닫습니다.

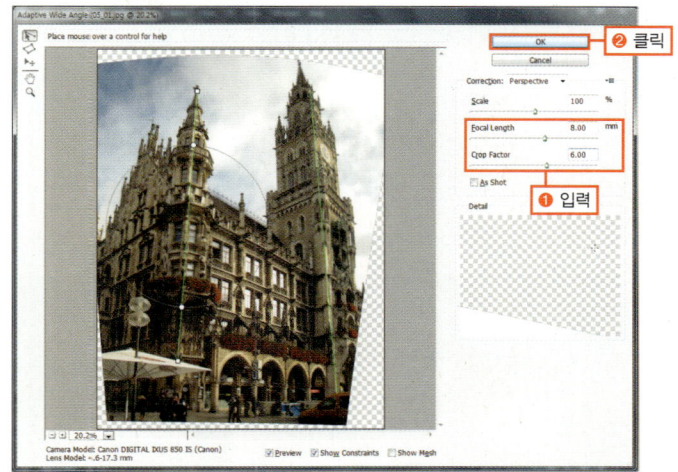

> **참고**
> [Focus Length]는 초점의 길이를 조절할 수 있으며, 수치가 커지면 멀리 보이듯이 수정됩니다. [Crop Factor]의 수치가 작아질수록 중심을 기점으로 둥글게 수정됩니다.

07 [Crop Tool]로 경계 부분을 수정하기

❶[Crop Tool](효.)을 클릭하여 ❷투명 영역이 잘리도록 설정합니다. ❸옵션 바의 [Commit](✔)를 클릭하여 잘라 냅니다.

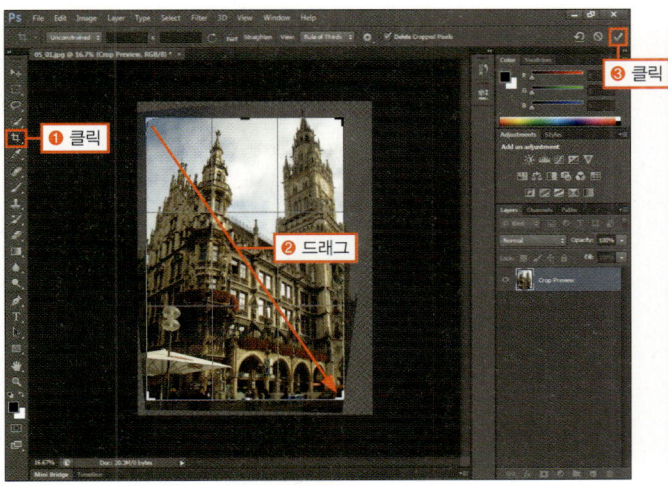

08 완성된 이미지 확인하기

완성된 이미지를 확인합니다.

실습 과정

[Lens Correction] 필터로 이미지의 왜곡 수정하기

[Lens Correction] 필터는 카메라 렌즈에 의해 왜곡된 부분을 수정할 수 있는 필터입니다. 이미지의 기울기와 비네팅, 회전 등을 수정할 수 있습니다.

◉ **시작 파일** : 8장\05_02.jpg
◉ **완료 파일** : 8장\05_02_완료.psd

---

01 [Lens Correction] 필터 선택하기

❶[Filter]-[Lens Correction] 메뉴를 클릭합니다.

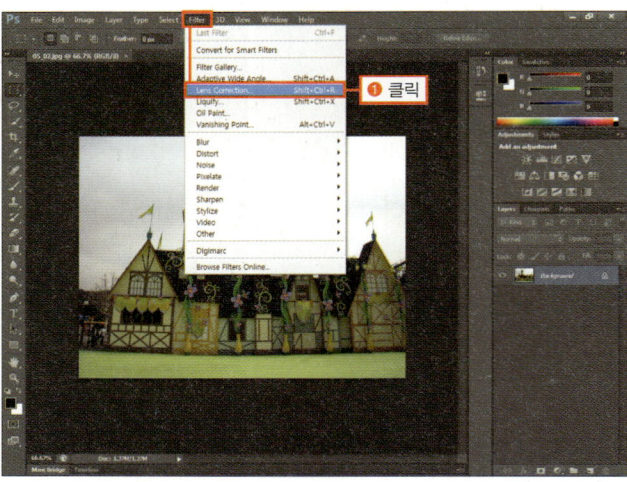

02 [Lens Correction] 대화상자에서 그리드 맞추기

❶[Move Grid Tool]( )을 클릭하고 ❷프리뷰 창에서 드래그하여 그리드 선이 집 바닥과 탑에 맞도록 이동합니다.

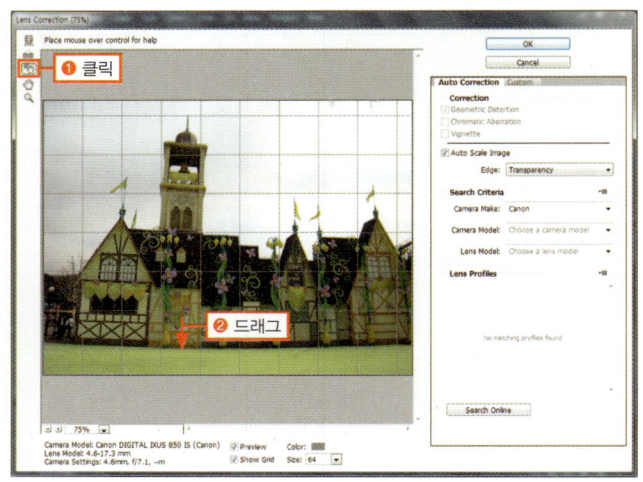

---

03 [Lens Correction]으로 이미지 변형하기

❶오른쪽 [Custom] 탭을 클릭하고 ❷[Remove Distortion]은 '+6', [Vignette Amount]는 '+5', [Midtone]은 '+60', [Vertical Perspective]는 '-30'으로 조절합니다. 왼쪽 프리뷰 화면의 이미지가 그리드 선과 잘 맞는지 확인한 후 ❸[OK]를 클릭하여 대화상자를 닫습니다.

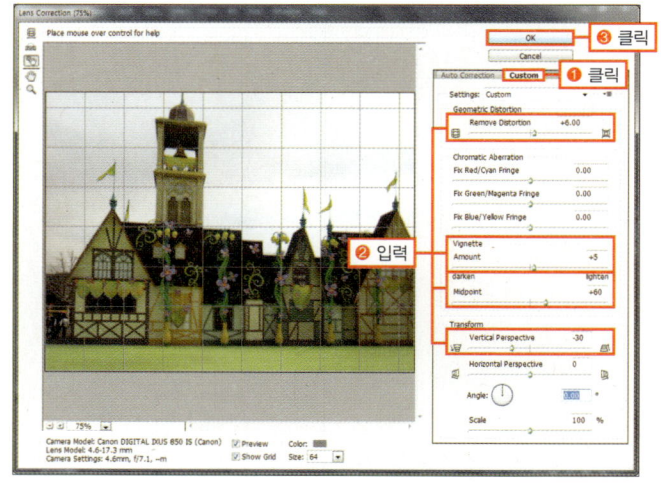

대화상자에서 Alt 를 누르면 [Cancel]이 [Reset]으로 바뀌어 이때 클릭하면 대화상자에서 지금까지 조절한 값을 초기값으로 되돌릴 수 있습니다.

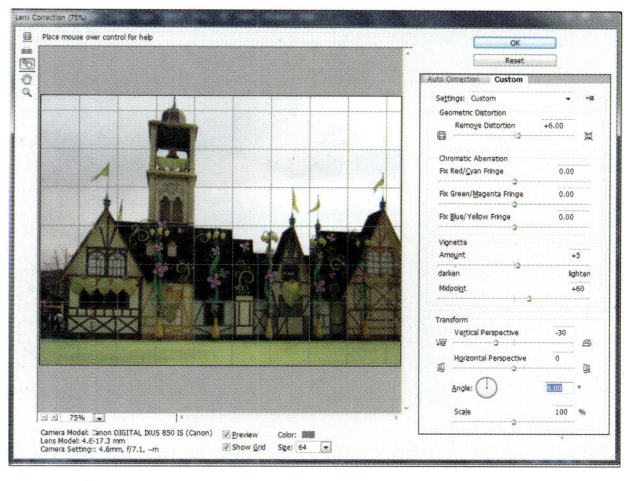

04 완성된 이미지 확인하기

평평해진 이미지를 확인합니다.

비네팅(Vignetting)은 사진을 찍었을 때 모서리 부분이 어두워지는 효과입니다. [Lens Correction] 필터를 이용하면 비네팅 효과를 적용하거나 제거할 수 있습니다.

[Vanishing Point] 필터로 원근감 있는 플래카드 씌우기

[Vanishing Point] 필터는 원근감 있는 이미지에 맞춰 수정하거나 다른 이미지를 붙여넣어 원근감에 맞춰 수정할 수 있는 필터입니다. 원근감을 맞추는 평면(Plane)을 그린 후 그 평면에 맞춰 수정하거나 확대, 변형할 수 있습니다.

◎ **시작 파일** : 8장\05_03_1.jpg, 05_03_2.psd
◎ **완료 파일** : 8장\05_03_완료.psd

01 이미지 복사하기

❶ [File]-[Open] 메뉴를 클릭하여 2개의 시작 파일을 불러옵니다. ❷ [05_03_1.jpg] 탭을 클릭하고 ❸ Ctrl + A 를 눌러 이미지 전체를 선택합니다. ❹ Ctrl + C 를 눌러 이미지를 복사합니다.

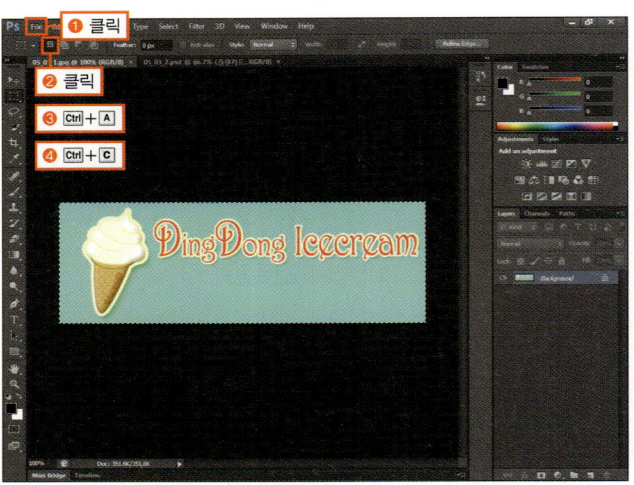

02 필터 메뉴 선택하기

❶ [05_03_2.psd] 탭을 클릭하고, ❷ [Filter]-[Vanishing Point] 메뉴를 클릭합니다.

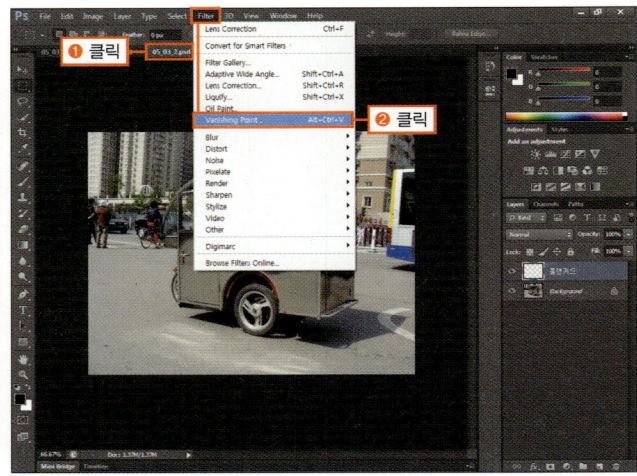

03 [Vanishing Point] 대화상자에서 조절선 설정하기

❶ [Vanishing Point] 대화상자의 프리뷰 화면에서 차 창문 앞의 모서리 부분을 클릭하고 ❷ 다음 모서리들을 차례대로 클릭합니다. 그려진 사각형에 그리드 선이 나타나면 차의 기울기에 잘 맞도록 각 모서리 포인트를 조절합니다.

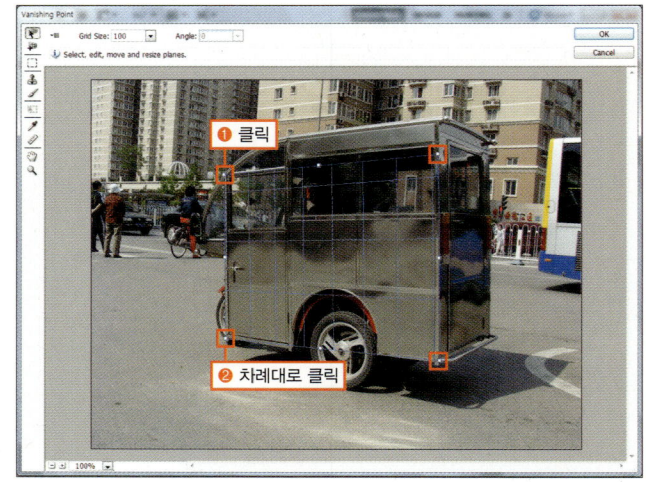

04 그려진 평면(Plane) 조절하기

왼쪽 툴이 [Edit Plane Tool]( )로 바뀐 것을 확인하고 ❶ 위쪽 조절점을 아래쪽으로 드래그하여 조절선의 위치를 조절합니다.

05 평면에 이미지 씌우기

❶ Ctrl + V 를 눌러 복사한 이미지를 붙여넣기한 후 ❷ 붙여 넣은 이미지를 드래그하여 평면 안으로 드래그합니다.

06 [Free Transform] 적용하기

❶ Ctrl + T 를 눌러 [Free Transform]을 실행한 후, ❷ 각 조절점을 이동하여 평면에 이미지가 잘 맞도록 변형합니다. ❸ Enter 를 눌러 변형을 마무리하여 대화상자를 닫습니다.

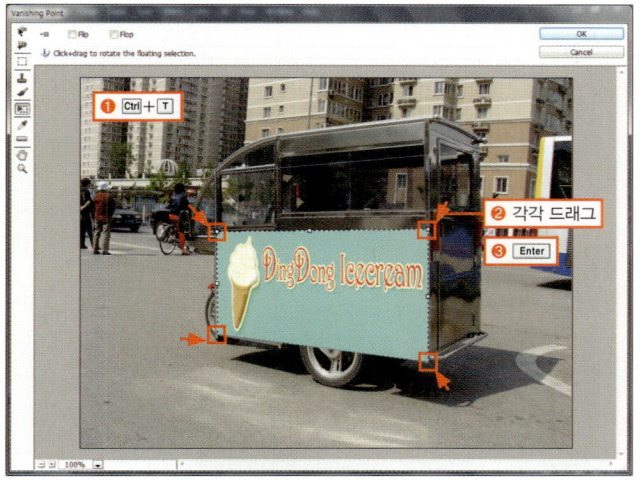

07 마스크를 씌워 마무리하기

❶ [Layers] 패널에서 블렌딩 모드를 [Overlay]로 선택하고 ❷ [Add layer mask]( )를 클릭하여 레이어 마스크를 만듭니다. ❸ [Brush Tool]( )을 클릭하고 전경색을 검은색으로 선택한 후 브러시 크기를 조절합니다. ❹ 바퀴 부분의 이미지를 칠해 가려줍니다. 완성된 이미지를 확인합니다.

실습 과정

[Liquify]를 이용하여 원하는 모양으로 쉽게 변형하기

[Liquify] 명령은 밀기, 회전, 확대, 축소 등의 툴을 제공하여 브러시 크기와 강도로 이미지를 왜곡하는 필터입니다. 인물 사진을 수정할 때도 사용되지만 이미지 형태를 휘게 하거나 원하는 대로 변형할 때도 사용합니다.

◎ **시작 파일** : 8장\05_04.psd
◎ **완료 파일** : 8장\05_04_완료.psd

01 선택한 레이어에 [Liquify] 필터 적용하기

❶[Filter]-[Liquify] 메뉴를 클릭합니다.

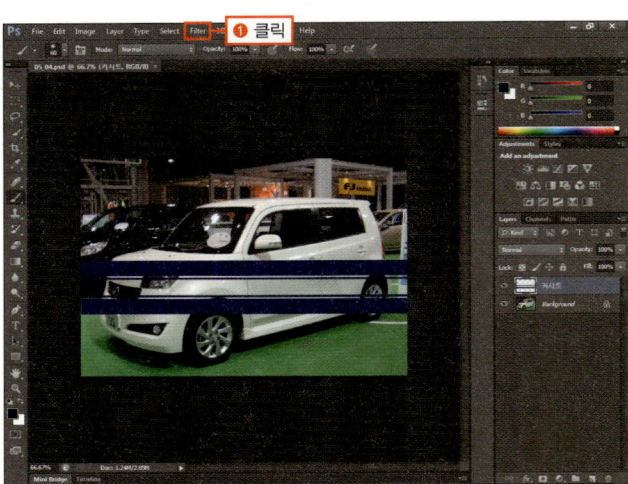

02 [Liquify] 대화상자에서 배경 이미지 보기

[Liquify] 대화상자가 열리면 ❶[Advanced Mode]를 체크하여 옵션이 보이도록 합니다. [Show Backdrop]을 체크하고 ❷[Use]는 'Background', [Mode]는 'Behind', [Opacity]는 '100'으로 설정합니다. 배경에 있는 차가 보이는지 확인합니다.

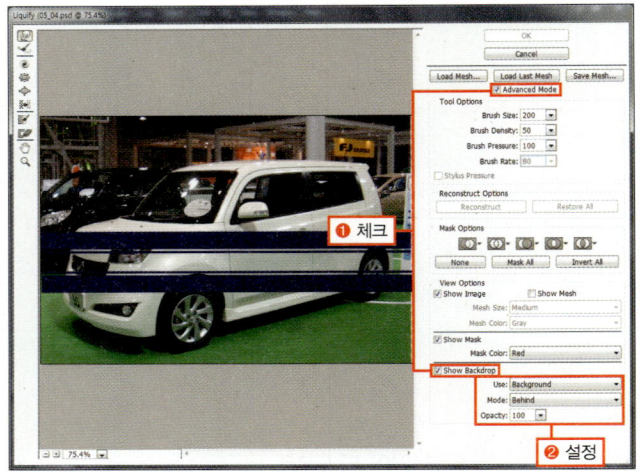

03 [Forward Warp Tool]로 이미지 밀기

❶[Forward Warp Tool]( )을 클릭하고 ❷오른쪽 옵션에서 [Brush Size]를 '200'으로 조절한 후 ❸차 방향에 맞게 선을 조금씩 밀어줍니다.

> **참고**
>
> [Forward Warp Tool]( )은 이미지 픽셀을 밀어주는 툴로 자연스러운 곡선으로 연결할 때는 조금 큰 브러시 사이즈를 선택하는 것이 좋습니다.

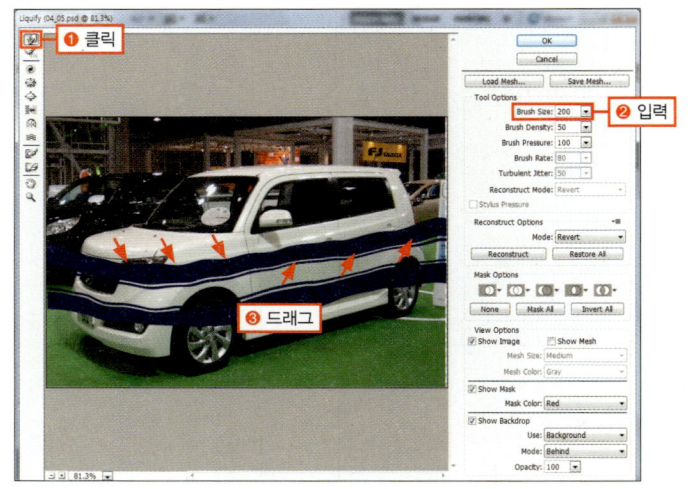

04 [Bloat Tool]로 확대하기

❶[Bloat Tool]( )을 클릭하고 ❷앞바퀴 중심에서 클릭하여 선 이미지가 위로 밀리면서 확대되도록 합니다. ❸[ ] 을 눌러 브러시 크기를 뒷바퀴에 맞도록 줄인 후 ❹뒷바퀴 중심을 클릭하여 같은 방법으로 선이 밀리면서 확대되도록 합니다.

05 선 이미지 수정하기

❶[Forward Warp Tool]( )을 클릭하고 ❷브러시 크기를 조절하면서 ❸휘어진 선을 드래그합니다. ❹[OK]를 클릭하여 대화상자를 닫습니다.

> **참고**
>
> 원하는 대로 왜곡되지 않는다면 [Reconstruct Tool]( )을 이용하여 원본 이미지로 되돌릴 수 있으며, 오른쪽 [Reconstruct]를 클릭하면 적용된 왜곡을 한 단계씩 되돌릴 수 있습니다.

06 블렌딩 모드와 레이어 마스크로 이미지 완성하기

❶[Layers] 패널에서 블렌딩 모드를 [Darken]으로 선택하고 ❷[Add layer mask]( )를 클릭하여 레이어 마스크를 만듭니다. ❸[Brush Tool]( )을 클릭하고 ❹옵션 바에서 ❺브러시 크기를 '15px', [Hardness]를 '98%'로 조절합니다.

07 선 지우고 완성하기

❶ 차 바깥의 선을 드래그하여 지워준 후 완성된 이미지를 확인합니다.

 학인실습

[Adaptive Wide Angle] 필터를 이용하여 다음 이미지와 같이 왜곡을 수정해 보세요.

◎ **시작 파일** : 8장\05_실습.jpg
◎ **완료 파일** : 8장\05_완료.psd

 >

❶ '이미지' 레이어에 스마트 필터로 [Crosshatch], [Graphic Pen] 효과를 적용하고 나머지 레이어에도 적당한 필터 효과를 더해 완성해 보세요.

◎ **시작 파일** : 8장\08test1.psd
◎ **완료 파일** : 8장\08test1_완료.psd
◎ **해설 파일** : 해설파일\08test1.pdf

Before

After

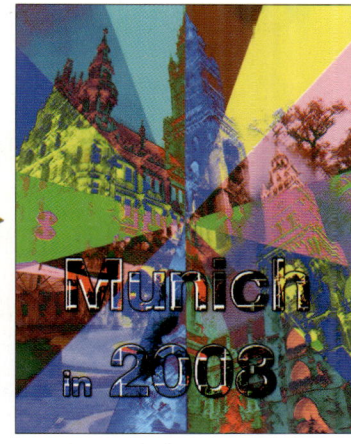

❶ '이미지' 레이어에 Smart Filter로 [Crosshatch] 필터 적용하고 [Filter Blending Options]를 [Overlay]로 변경하기
❷ [Graphic Pen] 필터 적용하고 [Filter Blending Options]을 [Soft Light]로 변경하기
❸ '세로줄' 레이어에 [Folar Coordinates] 필터 적용하고 블렌딩 모드를 [Difference]로 변경하기
❹ '글자' 레이어에 [Tiles] 필터 적용하고 블렌딩 모드를 [Hard Mix]로 변경하기

❷ 'Background' 레이어와 '꽃' 레이어에 맞는 필터를 적용하고, '라인' 레이어는 [Liquify] 명령을 이용하여 휘어지게 만듭니다. 알파 채널로 체크 무늬를 만들어 '라인' 레이어를 밝게 수정하여 완성해 보세요.

◎ **시작 파일** : 8장\08test2.psd
◎ **완료 파일** : 8장\08test2_완료.psd
◎ **해설 파일** : 해설파일\08test2.pdf

Before

After

❶ 'Background' 레이어에 [Filter]–[Pixelate]–[Crytallize] 필터 적용하기 ❷ '꽃' 레이어에 [Cutout] 필터 적용하여 복사하기 ❸ '라인' 레이어에 [Liquify] 필터로 휘어지게 만들기 ❹ 알파 채널을 만든 후 [Halftone Pattern] 필터 적용하기 ❺ [Select]–[Load Selection] 명령으로 알파 채널 불러오기 ❻ 선택 영역을 [Brightness/Contrast] 명령으로 보정하기

PART

09

만능 그래픽 툴,
포토샵의 고급 기능 배우기

포토샵에서는 이미지를 편집, 합성하는 기능 이외에 웹 이미지, 3D, 애니메이션까지 제작할 수 있습니다. 이런 기능은 디자인 고급 작업까지 마스터하기 위한 것으로, 이번 장에서 배워볼 예정입니다.

[Slice Tool]로 이미지를 잘라 웹에 최적화되도록 저장하여 HTML 파일을 만들거나 [ANIMATION] 패널을 이용하여 동영상 또는 GIF 이미지 애니메이션을 만들어 보겠습니다. 또한 [3D] 패널로 입체적인 3D 이미지를 만들어 봄으로써 웹, 멀티미디어 작업까지 완벽하게 준비할 수 있도록 합니다.

PHOTOSHOP CS6

SECTION
01

웹에 최적화된 이미지로 슬라이스하기

웹에서 사용되는 이미지 파일의 형식에 대해 알아봅니다. [Slice Tool]로 커다란 이미지를 조각낸 후, [Save for Web]으로 조각난 이미지를 웹에 최적화된 저장 형태로 만들어 보겠습니다.

다루는 내용

• [Slice Tool]로 이미지 자르기   • [Save for Web] 대화상자에서 이미지 저장하기

기능 정리

웹에서 사용하는 이미지 알아보기

내 컴퓨터에서 작업한 후 웹에 이미지 파일을 업로드할 경우, 파일이 보이지 않거나 굉장히 느리게 나타나는 경우가 있습니다. 이는 이미지가 웹에 최적화되어 있지 않기 때문입니다. 웹에 사용되는 이미지의 해상도는 72dpi가 적당하고 색상 모드는 RGB이어야 합니다. 또 이미지를 크게 올리기보다는 작게 조각내어 올려야 빠른 속도로 업로드할 수 있습니다. 웹에 주로 사용되는 이미지 파일 형식은 JPEG, GIF, PNG이고, 이외의 파일 형식의 이미지는 웹에서 오류가 나기 쉽습니다.

● 웹용 이미지를 최적화 상태로 저장할 수 있는 [Save for Web] 대화상자

이미지를 웹용으로 저장할 때 용량과 이미지 화질을 맞춰 최적화한 후 저장할 수 있는 [Save for Web] 대화상자를 살펴봅니다. 원본 이미지와 최적화 이미지를 비교해서 확인한 후 원하는 이미지 포맷으로 저장할 수 있습니다.

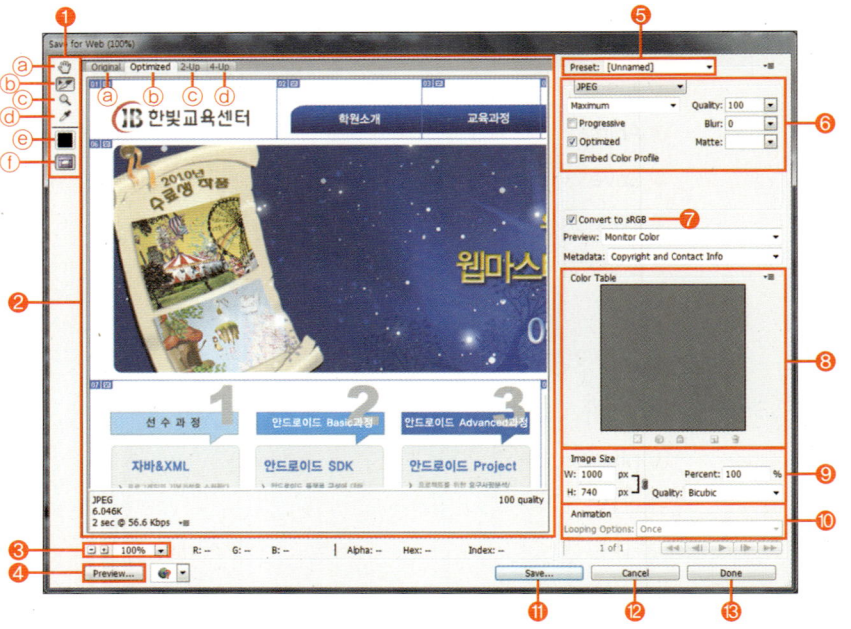

❶ **Tool** : 미리 보기에서 이미지를 확인하고, 조각난 이미지를 선택할 때 사용하는 툴입니다.

ⓐ **Hand Tool** : 미리 보기에서 이미지 위치를 이동할 때 사용합니다.

ⓑ **Slice Select Tool** : 조각난 이미지를 선택할 때 사용하며 Shift 를 누르면 다중 선택합니다.

ⓒ **Zoom Tool** : 미리 보기의 보기 비율을 확대하거나 축소할 때 사용합니다.

ⓓ **Eyedropper Tool** : 이미지에서 원하는 색상을 클릭하여 드롭 색상으로 지정할 수 있습니다.

ⓔ **Eyedropper Color** : 스포이트 툴로 클릭한 색상을 선택할 수 있어 투명색이 있을 때 그 경계를 보여줄 수 있는 색상이 됩니다.

ⓕ **Toggle Slices Visibility** : 이미지의 슬라이스 선을 보이거나 감출 수 있습니다.

❷ **미리 보기 창** : 최적화된 이미지를 미리 볼 할 수 있는 곳입니다.

ⓐ **Original** : 원본 이미지가 보입니다.

ⓑ **Optimized** : 오른쪽에서 선택한 저장 옵션에 따라 최적화한 이미지가 보이며 하단에 용량과 전송 속도를 볼 수 있습니다.

ⓒ **2-Up** : 원본과 최적화한 이미지를 비교해 확인할 수 있습니다.

ⓓ **4-Up** : 원본과 각기 다르게 최적화한 이미지를 3개 더 보여주며 동시에 비교할 수 있습니다.

❸ **이미지 보기 비율** : 이미지 보기 비율을 조절해 축소 또는 확대할 수 있으며 커서가 있는 곳의 색상 정보와 이미지 정보를 알려줍니다.

❹ **Preview** : 클릭하면 선택한 브라우저로 이미지를 확인할 수 있습니다.

❺ **Preset** : 자주 사용하는 최적화 이미지 포맷을 선택할 수 있습니다.

❻ **저장 포맷과 그 옵션** : 선택한 이미지의 저장 포맷과 옵션을 선택할 수 있습니다.

❼ **Convert to sRGB** : sRGB가 아닌 색상 프로파일이 포함된 이미지를 최적화하는 경우에는 이미지의 색상을 sRGB로 변환한 다음 웹용으로 이미지를 저장해야 합니다. 그러면 다른 웹 브라우저에서도 최적화된 이미지의 색상과 동일하게 보입니다. [sRGB로 변환] 옵션은 기본적으로 선택되어 있습니다.

❽ **Color Table** : 색상 테이블이 나타나는 곳으로 GIF와 PNG-8을 선택했을 때 활성화됩니다.

❾ **Image Size** : 선택한 이미지의 크기를 표시하면 변형할 수 있습니다.

❿ **Animation** : 애니메이션을 만들었을 때 활성화되어 애니메이션을 컨트롤할 수 있습니다.

⓫ **Save** : 최적화한 이미지들 중에 선택한 이미지를 저장합니다.

⓬ **Cancel** : 지금 선택한 옵션 값을 취소하여 대화상자를 닫습니다.

⓭ **Done** : 대화상자를 닫기 전에 지금 선택한 옵션들을 기억합니다.

● **웹용 이미지의 대표적인 포맷 세 가지**

웹 이미지는 작은 용량으로 최선의 화질을 보여주는 것이 가장 중요합니다. 이를 최적화 (Optimized) 이미지라고 하는데, 선택할 수 있는 포맷의 종류로는 JPEG나 GIF, PNG 등이 있습니다. 어떤 이미지냐에 따라 선택하는 포맷도 달라집니다. 각 저장 포맷과 그 옵션에 대해 알아보겠습니다.

● GIF

이미지의 색상이 256가지로 제한되는 파일 형식입니다. 색이 제한되어 있고 색상수가 적을수록 용량이 적기 때문에 단색으로 이루어져 있는 이미지에 적합한 파일 형식입니다. 또 애니메이션이 지원되어 단순하게 움직이는 아이콘이나 배너에 많이 쓰입니다. 그러나 색상 수가 제한되어 있기 때문에 사진과 같이 색상수가 많은 이미지는 깨져 보이는 현상이 일어납니다.

 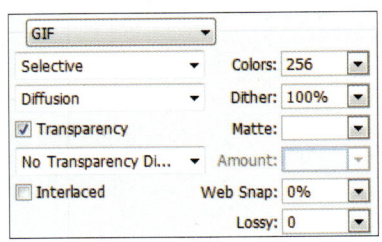

▲ 단색으로 이루어진 이미지 저장 시 적합한 GIF와 저장 옵션

● JPEG

GIF로 사진을 저장할 경우 제한된 색만 보여주기 때문에 깨져 보일 수 있습니다. 이것을 보완하여 만들어진 파일 형식이 JPEG입니다. 색상 수가 16만 이상이며 압축 효율이 매우 뛰어납니다. 주로 사진이나 세밀한 이미지에 사용되는 파일 형식입니다.

 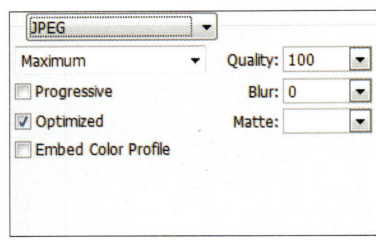

▲ 색상 수가 많은 이미지 저장 시 적합한 JPEG와 저장 옵션

● PNG

GIF와 JPEG의 장점을 취합하여 만들어진 파일 형식입니다. 압축률이 상당히 좋으며, 알파 채널 이미지를 지원하는 장점을 가지고 있습니다. 그러나 가장 늦게 나왔기 때문에 익스플로러나 넷스케이프 4.0부터만 지원이 됩니다.

  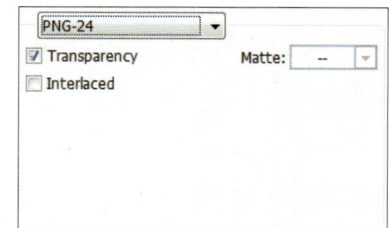

▲ 배경을 투명하게 저장할 수 있는 PNG와 저장 옵션

간단퀴즈

1 다음 ( ) 안에 적당한 용어를 입력하세요.

( )는 웹에서 최적화되어 있는 이미지의 형식이며, 색상이 256가지로 제한되어 있기 때문에 단색으로 이루어져 있는 이미지에 적합한 파일 형식입니다.

2 웹에서 사용할 수 있는 이미지 파일 형식이 아닌 것은?

① JPEG　② GIF　③ PSD　④ PNG

답 : **1** GIF, **2** ③

실습 과정

[Slice Tool]로 이미지 조각내기

웹에 사이즈가 큰 이미지를 업로드할 때에는 분할하여 올리는 것이 효과적입니다. [Slice Tool]( )로 커다란 이미지를 작게 분할하고 [Slice Select Tool]( )로 분할된 이미지를 선택하여 분할을 수정해 보도록 하겠습니다.

시작 파일 : 9장\01_01.jpg
완료 파일 : 9장\01_01_완료.jpg

01 [Slice Tool] 선택하기

❶ Ctrl + R 을 눌러 자가 보이도록 한 후 ❷자에서 마우스 오른쪽을 클릭하고 ❸[Pixels]를 선택합니다.

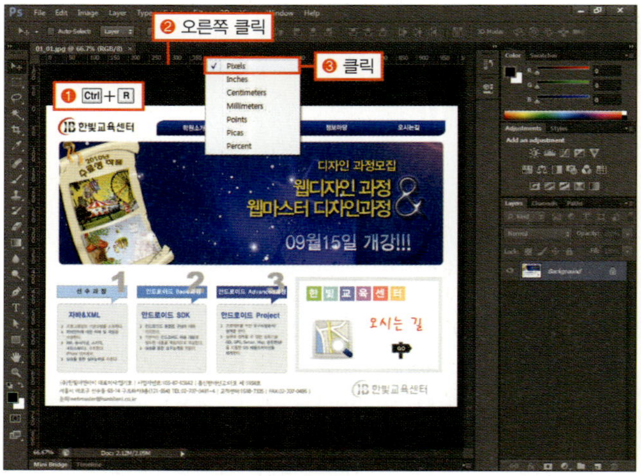

02 자에서 가이드 만들기

❶[Move Tool]( )을 클릭합니다. ❷상단 자를 클릭한 채 아래쪽으로 드래그하여 왼쪽 자의 80px에 맞춰 안내선을 만듭니다. 같은 방법으로 400px, 670px에 안내선을 만듭니다. ❸왼쪽 자를 드래그하여 위쪽 자의 250px에 맞춰 안내선을 만듭니다. 같은 방법으로 600px에 안내선을 만듭니다.

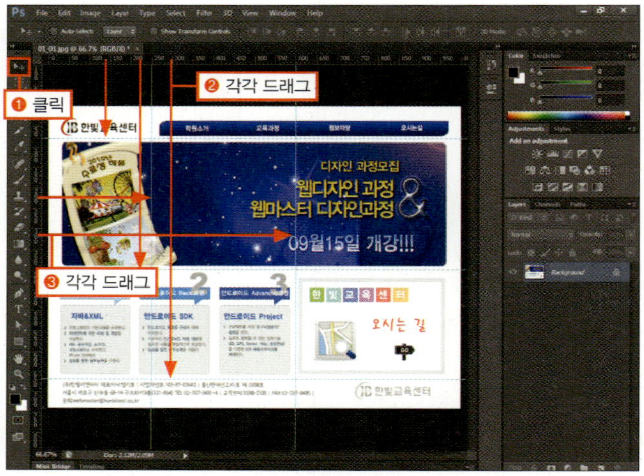

03 안내선에 맞춰 자르기

❶[Slice Tool]( )을 클릭합니다. ❷옵션 바에서 [Slice From Guides]를 클릭하여 가이드에 맞춰 자릅니다. ❸ Ctrl + ; 을 클릭하여 안내선을 감춥니다.

참고

[Slice Tool]( )은 [Crop Tool]( )을 클릭하여 숨은 툴이 나오면 선택할 수 있습니다.

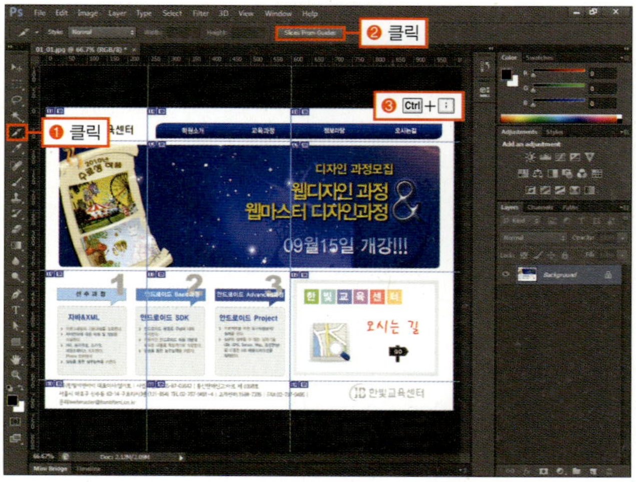

04 조각 이미지 합치기

❶[Slice Select Tool](✂️)을 클릭합니다. ❷'04'조각을 클릭하여 선택하고, Shift 를 누른 채 '05', '06' 조각을 선택합니다. ❸마우스 오른쪽을 클릭하고 ❹[Combine Slices] 메뉴를 클릭합니다.

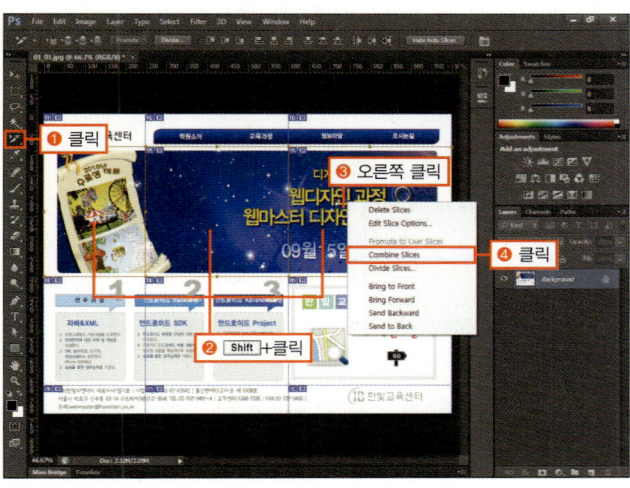

05 조각 이미지 합치기

❶'04', '05' 조각을 선택하여 합치고, ❷'07', '08' 조각을 선택하여 합칩니다.

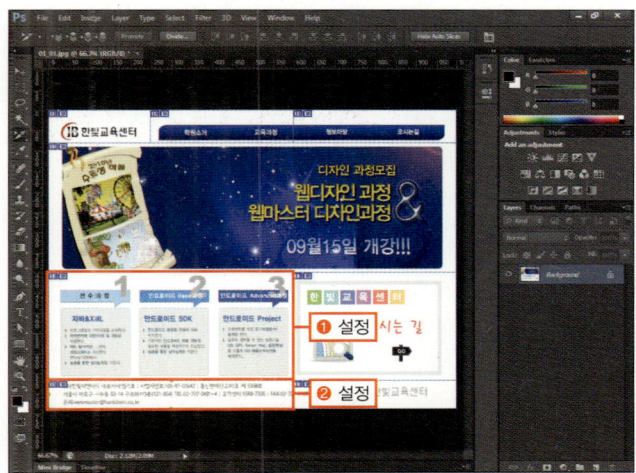

06 조각의 크기를 조절하기

❶'07' 조각과 '08' 조각의 경계를 맞춥니다.

07 조각 제거하기

❶'02' 조각을 선택하고 ❷Delete 를 눌러 조각을 지웁니다. ❸같은 방법으로 '03' 조각을 지웁니다.

08 [Slice Tool]로 조각내기

❶[Slice Tool](🔪)을 클릭합니다. ❷'01' 조각에 맞춰 오른쪽으로 드래그하여 그림과 같이 '02' 조각을 만듭니다.

09 조각난 이미지 확인하기

❶이미지에 맞춰 '03', '04' 조각도 만듭니다. 조각난 이미지를 확인합니다.

참고 • 슬라이스로 조각난 이미지 표시하기

조각난 이미지의 왼쪽 위 모퉁이에 번호가 생기는데 이를 '배지(badge)'라고 합니다. 간단한 표시로 현재 슬라이스 된 조각의 개수와 상태를 알 수 있습니다.

* 📧 : 조각의 순서를 표시한 것입니다. 왼쪽 위에서 오른쪽 아래로 차례로 번호가 붙습니다.
* 🖼 : 슬라이스 안에 이미지가 있다는 표시입니다.
* 🔳 : 다른 조각으로 인해 자동으로 잘린 이미지입니다. 슬라이스 선택 툴(🔪)로 선택하여 수정할 수 없습니다.
* 🔗 : 다른 슬라이스와 연결되어 있다는 표시입니다.

실습
과정

[Save for Web & Devices] 명령으로 조각낸 이미지 저장하기

[Save for Web & Devices] 명령은 이미지를 웹에 최적화 상태로 만들어줍니다. 조각난 이미지를 각각 저장할 때와 GIF 애니메이션을 저장할 때, PNG와 같은 웹용 이미지를 저장할 때 화질과 용량을 미리 보기로 확인하여 저장할 수 있는 명령입니다.

◎ **시작 파일** : 9장\01_02.jpg
◎ **완료 파일** : 9장\01_02_완료(폴더)

01 분할선 확인하기

10개의 조각으로 나뉜 것을 확인합니다.

참고 •

분할선이 보이지 않는다면 Ctrl + H 를 누릅니다.

---

02 [Save for Web] 대화상자로 저장 옵션 설정하기

❶ [File]-[Save for Web] 메뉴를 클릭하여 [Save for Web] 대화상자를 불러옵니다. ❷ 파일 포맷을 'JPEG', [Quality]는 '100'으로 설정합니다. ❸ [Save]를 클릭합니다.

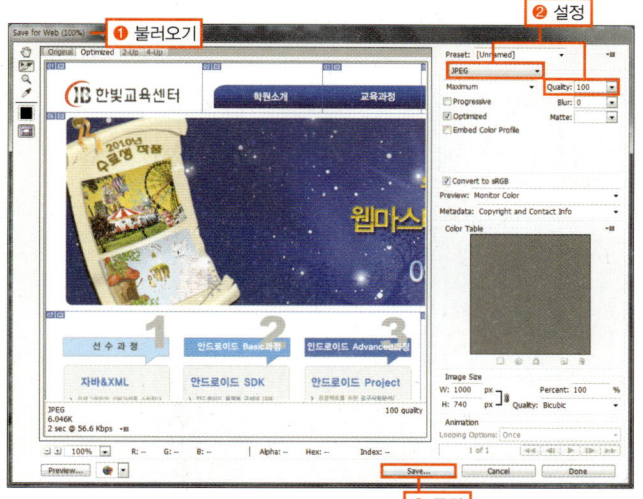

03 파일 포맷 설정하고 저장하기

❶ [Save Optimized As] 대화상자에서 [저장 위치]를 '바탕 화면'으로 설정합니다. ❷ [파일 이름]을 'main'으로 입력하고 ❸ [Format]에서 'HTML and Images', [Slices]를 'All Slices'로 설정한 후, ❹ [저장]을 클릭합니다.

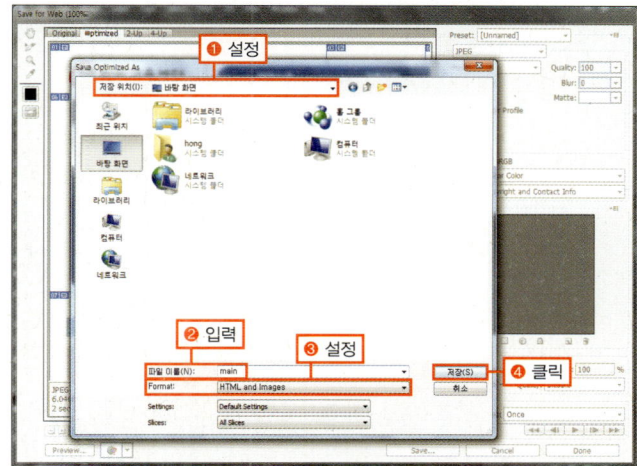

참고

Format에서 3가지 유형을 선택할 수 있습니다.

- HTML and Images : 분할된 이미지와 그 이미지로 편집된 HTML 파일을 함께 저장할 수 있습니다.
- Images Only : 분할된 이미지들만 저장됩니다.
- HTML Only : 분할된 이미지로 이루어져 있는 HTML 파일이 저장되고 이미지는 생성되지 않습니다.

---

04 폴더 확인하기

바탕화면에 'main.html' 파일과 'images' 폴더가 만들어진 것을 확인한 후, ❶ 더블클릭하여 확인합니다.

05 조각 이미지 확인하기

폴더가 열리면 분할된 이미지를 확인합니다.

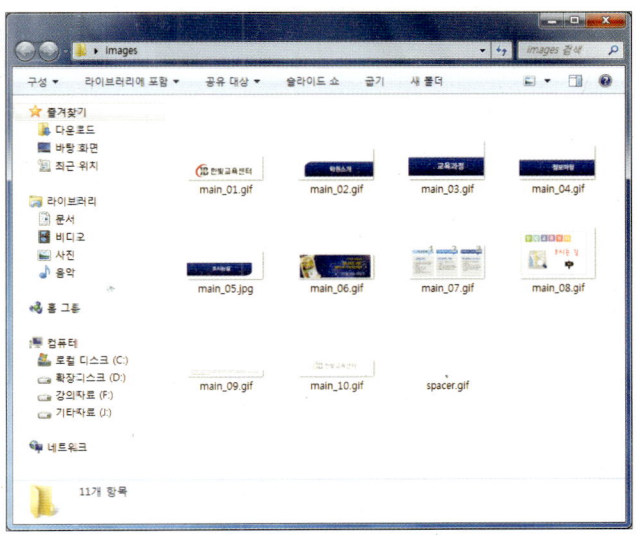

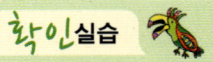

[Slice Tool](🔪)을 이용하여 이미지를 분할하고 HTML 페이지로 저장해 보세요.

⊙ **시작 파일** : 9장\01_실습.jpg
⊙ **완료 파일** : 9장\01_완료.jpg, 01_완료(폴더)

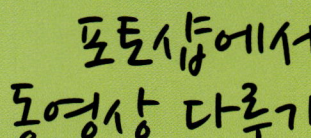

SECTION 02 포토샵에서 동영상 다루기

포토샵으로 간단한 동영상 편집이나 애니메이션을 만들 수 있습니다. 동영상 편집을 도와주는 [Timeline] 패널에 대해 알아보고 동영상을 포토샵으로 불러와 간단한 편집을 해보도록 하겠습니다.

다루는 내용

- [Timeline] 패널 살펴보기
- 동영상 편집하기
- 트렌지션 적용하기

기능 정리

움직이는 이미지를 만들 수 있는 [Timeline] 패널 살펴보기

[Window]-[Timeline] 메뉴를 클릭하면 [Timeline] 패널이 나타납니다. [Timeline] 패널은 동영상이나 애니메이션을 만들고 편집하는 패널입니다. 만들고ㅈ- 하는 동영상의 종류에 따라 프레임(Frame)과 타임라인(Timeline) 모드 두 가지로 사용할 수 있습니다.

▲ 필요한 장면을 삽입할 때 사용하는 프레임 모드

▲ 플래시나 프리미어 프로처럼 시간 단위로 편집할 때 사용하는 타임라인 모드

● [Timeline] 패널의 Frame 모드 살펴보기

❶ 프레임(Frame) : 애니메이션이 되는 장면, 장면을 보여줍니다.

❷ Selects looping options : 클릭하면 시간을 초 단위로 설정할 수 있습니다.

❸ Convert to video timeline : 현재 프레임 모드에서 타임라인 모드로 전환됩니다.

❹ Selects lopping options : 애니메이션이 반복되는 횟수를 설정할 수 있습니다.

❺ Selects first frame : 첫 프레임으로 되돌립니다.

❻ Select previous frame : 바로 앞 프레임으로 이동합니다.

❼ Plays animation/Stop animation : 애니메이션을 재생하거나 멈춥니다.

❽ Selects next frame : 다음 프레임으로 이동합니다.

❾ Tweens animation frames : 선택한 프레임의 위치, 투명도, 스타일이 자연스럽게 변하게 만들 수 있습니다.

❿ Duplicates selected frames : 선택된 프레임을 복사합니다.

⓫ Deletes selected frames : 선택한 프레임을 지웁니다.

● [Timeline] 패널의 Timeline 모드 살펴보기

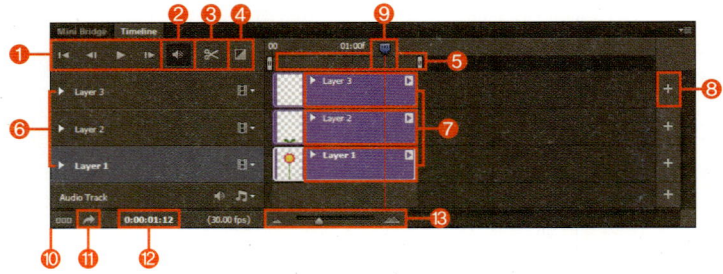

❶ 애니메이션을 컨트롤하는 버튼입니다.

❷ Mute Audio Playback : 소리를 끄거나 켤 수 있습니다.

❸ Split at playhead : 표시 지점이 있는 곳에서 선택한 레이어를 잘라 분리합니다.

❹ Select a transition and drag to apply : 표시 지점의 선택한 레이어에 화면전환 효과를 넣습니다.

❺ 애니메이션의 재생 범위를 설정합니다.

❻ 트랙(Track) : 애니메이션의 소스로 쓰이는 레이어를 지칭합니다.

❼ 클립(Clip) : 트랙(Track)에서 선택할 수 있는 소스 하나하나를 지칭합니다.

❽ Add media to track : 클릭하여 이미지나 동영상 등을 불러올 수 있습니다.

❾ Current Frame : 보이는 지점을 표시합니다.

⑩ **Convert to frame animaition** : 프레임 모드로 전환됩니다.

⑪ **Render Video** : 출력 상태를 설정할 수 있는 [Render Video] 대화상자를 불러옵니다.

⑫ **Scrub set time** : 드래그하여 표시 지점이 보이는 시간을 설정합니다.

⑬ **Zoom slider** : Timebase를 확대하거나 축소할 수 있습니다.

간단퀴즈

1 포토샵에서 동영상을 편집하는 패널은?

① [Actions] 패널   ② [Tool] 패널   ③ [Timeline] 패널   ④ [History] 패널

2 다음 ( ) 안에 적당한 용어를 입력하세요.

[Timeline] 패널은 동영상을 편집하는 기능이 있는 패널로, 프레임 모드와 (   ) 모드 두 가지로 사용할 수 있습니다.

답 : **1** ③, **2** 타임라인

타임라인으로 애니메이션 만들기

[Timeline] 패널의 타임라인 모드를 이용하면 이미지와 동영상을 그대로 합성할 수 있으며 간단한 편집도 할 수 있습니다.

◎ **시작 파일** : 9장\02_01_1.psd, 02_01_2.avi, 02_01_3.avi
◎ **완료 파일** : 9장\02_01_완료.psd

---

01 [Timeline] 패널 불러오기

❶ [Window]-[Timeline] 메뉴를 클릭하여 [Timeline] 패널이 보이도록 합니다. ❷ [Create Video Timeline]을 클릭해 봅니다.

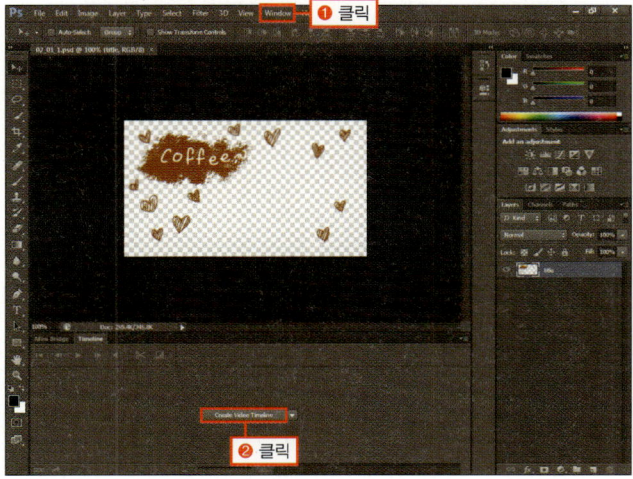

02 타임라인 모드로 열기

[Timeline] 패널의 타임라인이 나타납니다. ❶ [Layer]-[Video Layers]-[New Video Layer from Files] 메뉴를 클릭합니다.

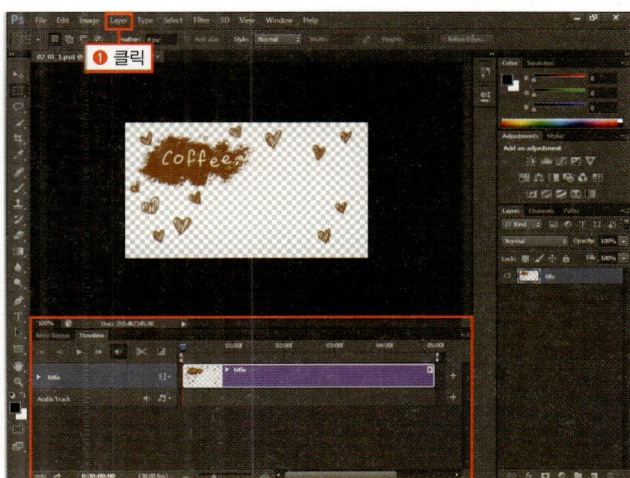

03 동영상 불러오기

대화상자가 나타나면 ❶'9장\02_01_2.avi' 파일을 선택하고 ❷[열기]를 클릭합니다.

04 시간 설정 및 키 생성하기

선택한 동영상이 타임라인으로 들어온 것을 확인합니다. 레이어 순서를 바꾸기 위해 ❶[Layers] 패널에서 'title' 레이어를 'Layer 1' 위로 드래그합니다. ❷[Timeline] 패널에 있는 'title'의 확장 탭을 클릭하고 ❸[Current Time Indicator](📷)를 '02:00f' 지점으로 드래그하여 옮깁니다. ❹'Opacity' 왼쪽의 스톱와치 아이콘(📷)을 클릭하여 키(◆)를 만듭니다.

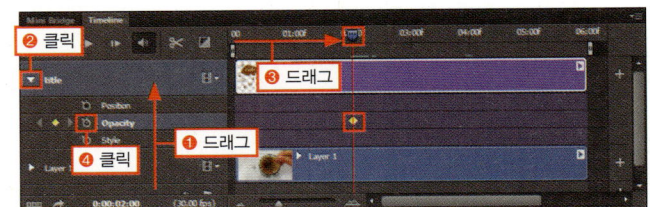

05 시간 및 투명도 설정하기

❶[Current Time Indicator](📷)를 '04:00f' 지점으로 옮긴 후 ❷[Layers] 패널의 [Opacity]를 '0'으로 조절합니다.

06 동영상 자르기

❶[Timeline] 패널에서 'Layer 1'을 선택하고 ❷[Current Time Indicator](🖱)를 '05:00f' 지점으로 드래그합니다. ❸ [Split at playhead](✂)를 클릭하여 자릅니다. ❹잘려진 'Layer 1 copy'를 선택하고 Delete 를 눌러 지웁니다.

참고
클립의 끝이나 앞부분을 클릭하여 드래그해도 클립의 길이가 잘립니다.

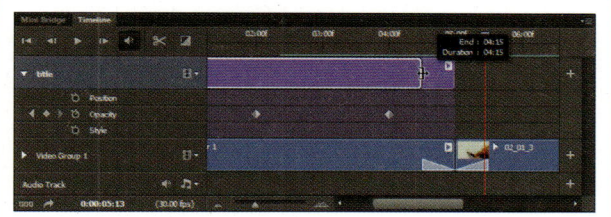

07 [Add media track]으로 동영상 추가하기

[Timeline] 패널에서 ❶'Layer 1'의 [Add media track](➕)을 클릭합니다. ❷대화상자에서 '02_01_3.avi' 파일을 선택하고 ❸[열기]를 클릭합니다.

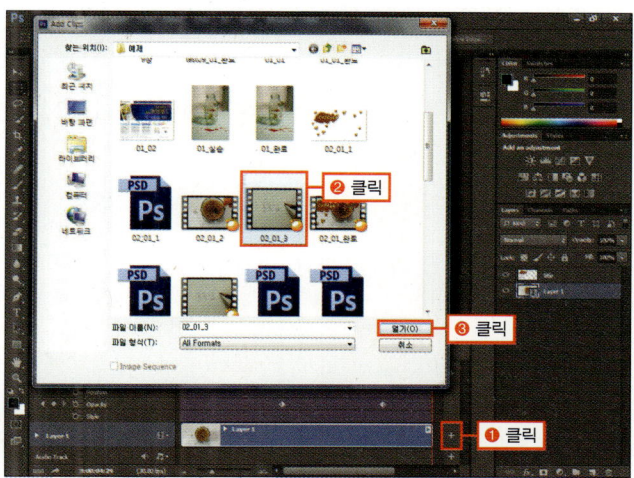

참고
[Add media track](➕)을 클릭하여 이미지와 동영상을 불러오면 선택한 트랙에 추가되며 레이어는 'Video Group'으로 변경됩니다.

08 Transition 적용하기

❶[Timeline] 패널의 스크롤을 조절하여 'Layer 1' 트랙에 동영상이 추가된 것을 확인합니다. ❷[Transition](◨)을 클릭하고 ❸'Fade With White'를 클릭한 후, ❹'Layer 1' 트랙의 두 클립 경계 부분으로 드래그하여 적용합니다.

참고
'Fade With White'는 앞의 클립이 흐려지면서 하얗게 바뀐 후 뒤쪽 클립으로 전환되는 트렌지션입니다.

09 애니메이션의 끝부분 편집하기

❶ [Timeline] 패널의 [Current Time Indicator](🔲)를 '09:20f' 지점으로 이동하고 ❷ 'Layer 1'의 클립을 선택하여 ❸ [Split at playhead](✂)를 클릭하여 자릅니다. ❹ 뒷부분을 선택하고 Delete를 눌러 지웁니다.

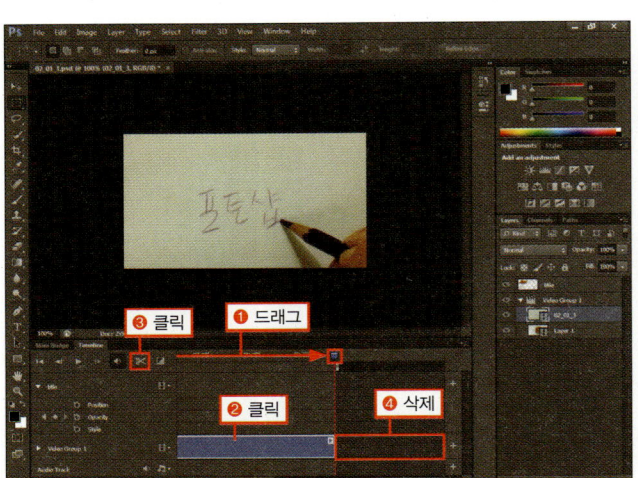

10 완성된 애니메이션 확인하기

❶ [Timeline] 패널의 컨트롤에서 [Play](▶)를 클릭하여 애니메이션을 확인합니다.

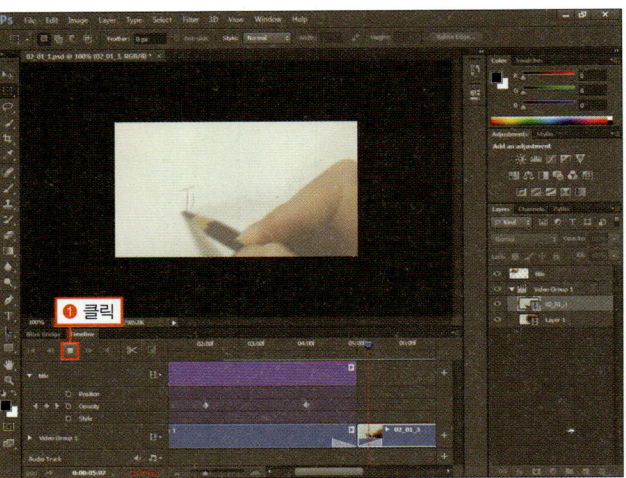

실습 과정

[Render Video] 명령을 이용해 동영상으로 저장하기

[Render Video]는 [Timeline] 패널로 제작한 애니메이션을 동영상으로 제작할 수 있는 명령입니다.

⊙ **시작 파일** : 9장\02_02.psd
⊙ **완료 파일** : 9장\02_02_완료.mov

01 동영상 파일 저장하기

❶ [File]-[Export]-[Render Video] 메뉴를 클릭합니다.

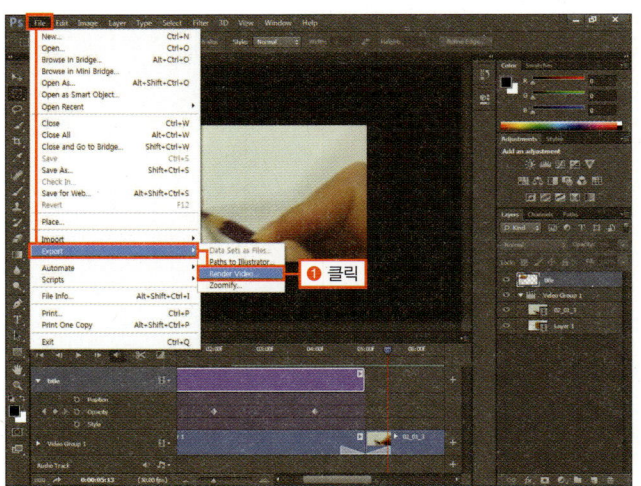

02 [Render Video] 대화상자 속성 설정하기

❶ [Render Video] 대화상자의 [Name]을 '02_02_완료.mov', [Select Folder]는 '바탕화면', [Format]을 'QuickTime'으로 설정한 후 ❷ [Render]를 클릭합니다.

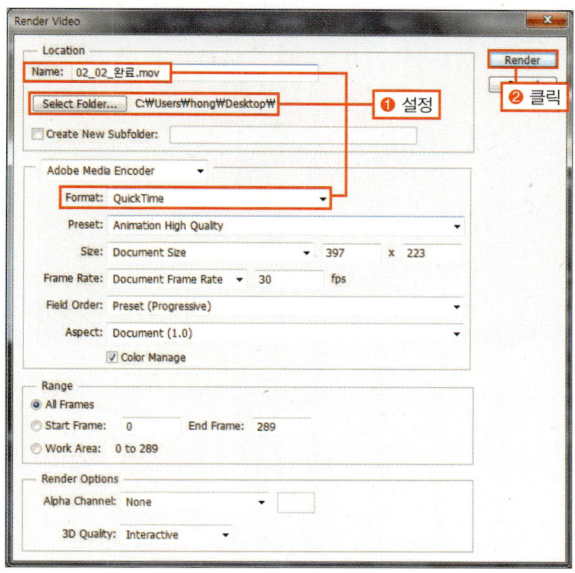

03 동영상 파일 확인하기

❶ 저장된 위치에서 파일을 더블클릭하여 확인합니다.

> **참고**
>
> 사용자 PC에 QuickTime Player가 설치되어 있어야 [Format]에 'QuickTime'이 표시됩니다.

참고 • 동영상 파일을 저장하는 [Render Video] 대화상자의 구성 보기

[Render Video] 대화상자는 만들어진 애니메이션을 원하는 동영상으로 저장할 수 있습니다.

❶ **Name** : 동영상 파일의 이름을 입력할 수 있습니다.
❷ **Select Folder** : 저장할 폴더를 선택합니다.
❸ **Export Type** : 'Adobe Media Encoder'를 선택하여 동영상을 만들거나 'Photoshop Image Sequence'로 선택하여 연속 이미지 파일로 저장할 수 있습니다.
❹ **저장 옵션** : 동영상 파일의 저장 옵션을 선택할 수 있습니다.
❺ **Range** : 동영상이 만들어질 프레임 길이를 조절합니다.
❻ **Render Options** : 동영상의 품질을 조절합니다.

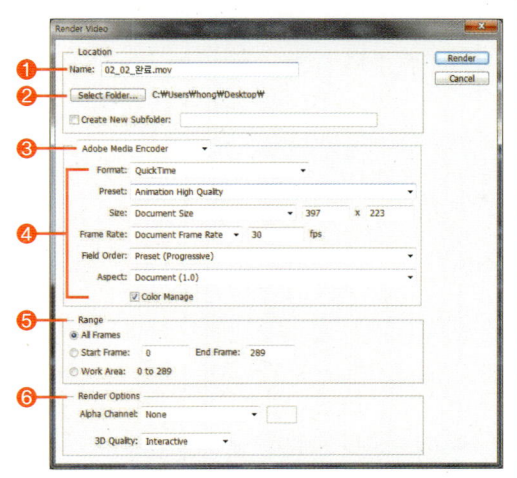

이미지 파일을 열고, 3개의 동영상을 불러온 후 5초씩 편집하고
적당한 트렌지션을 적용하여 MOV 파일로 저장해 보세요.

⊙ **시작 파일** : 9장\02_실습_1.psd, 02_실습_2.wmv~02_실습_4.wmv
⊙ **완료 파일** : 9장\02_완료.mov, 02_완료.psd

SECTION
03

프레임 애니메이션 만들기

여러 개의 이미지가 순차적으로 보이는 GF 애니메이션을 만들어 보겠습니다. 또 [Tween] 기능을 이용하여 자연스럽게 변하는 애니메이션을 만들어 브겠습니다.

다루는 내용

• GIF 애니메이션 만들어 보기

• [Tween] 기능 적용하여 애니메이션 만들기

기능
정리

GIF 애니메이션이란?

GIF 애니메이션이란 GIF 이미지 파일이 연속해서 보이는 간단한 애니메이션입니다. 주로 인터넷에 많이 사용되는 배너나 버튼 또는 간단한 애니메이션을 위해 만들어집니다. 포토샵 CS2 이전 버전에는 이미지레디라는 프로그램을 사용하였으나 포토샵 CS2 이후 버전부터 포토샵 내부에서 GIF 애니메이션 제작이 가능해졌습니다. [Timeline] 패널에 이미지 컷을 추가하여 GIF 애니메이션을 만들어 보도록 하겠습니다.

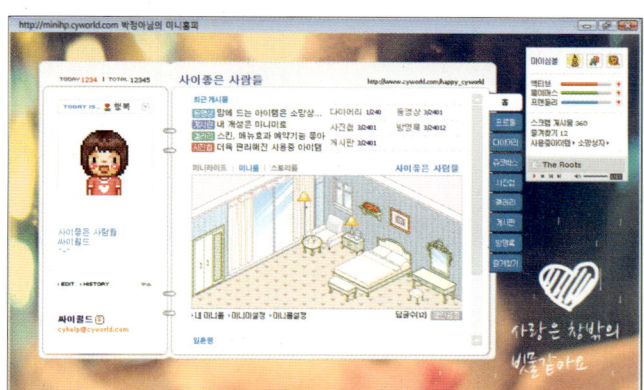 

▲ 스킨에서 간단히 글씨가 나타났다 사라지는 간단한 GIF 애니메이션

실습
과정

GIF 애니메이션 만들기

글자가 깜빡거리거나 이미지 몇 컷이 자연스럽게 바뀌는 애니메이션은 타임라인 모드보다 프레임 모드를 사용하는 것이 편리합니다.

◎ **시작 파일** : 9장\03_01.psd
◎ **완료 파일** : 9장\03_01_완료.psd, 03_01_완료(폴더)

01 [Timeline] 패널의 프레임 모드 사용하기

❶[Timeline] 패널의 모드 선택 버튼을 클릭하고 ❷'Create Frame Animation'을 클릭하여 프레임 모드로 엽니다.

02 두 번째 프레임 만들기

[Timeline] 패널에서 ❶[Duplicates Selected Frames](🔲)를 클릭하여 두 번째 프레임을 생성합니다. ❷[Layers] 패널에서 '토끼' 레이어의 '눈' 아이콘(👁)을 클릭하여 레이어가 보이도록 합니다. 두 번째 프레임에 토끼가 나타난 것을 확인합니다.

참고 •
[Timeline] 패널이 보이지 않으면 [Window]–[Timeline] 메뉴를 클릭합니다.

참고 •
[Duplicates Selected Frames](🔲)를 클릭하면 앞 프레임을 복사하여 새 프레임을 만듭니다.

03 여러 슬라이드 보기

[Timeline] 패널에서 ❶[Duplicates Selected Frames](🔲)를 클릭하여 세 번째 프레임을 생성합니다. ❷[Layers] 패널에서 '텍스트' 레이어의 '눈' 아이콘(👁)을 클릭하여 레이어가 보이도록 합니다. 세 번째 프레임에 텍스트가 나타난 것을 확인합니다.

04 프레임 복사하기

[Timeline] 패널의 ❶세 번째 프레임이 선택된 상태에서 Shift 를 누른 채 첫 번째 프레임을 클릭하여 선택합니다. ❷[Timeline] 패널의 오른쪽 메뉴 버튼(▼≣)을 클릭하고 ❸ [Copy Frame] 메뉴를 클릭합니다.

05 프레임 붙여넣기

❶다시 오른쪽 메뉴 버튼(▼≣)을 클릭하고 [Paste Frame] 메뉴를 클릭하여 대화상자를 불러옵니다. ❷[Paste After Selection]을 클릭하면 선택된 프레임 뒤에 붙여넣기 됩니다.

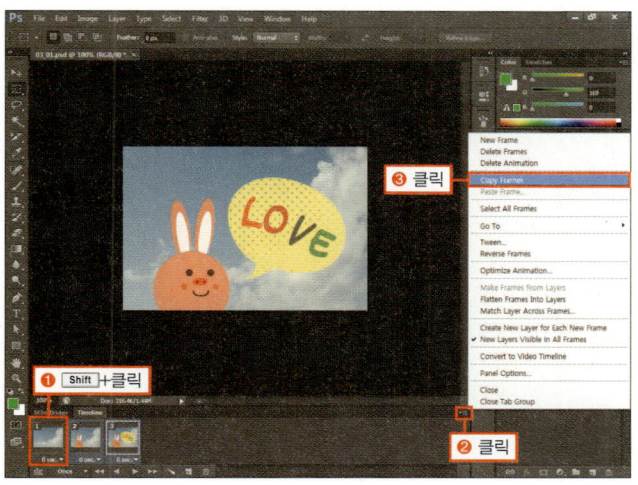

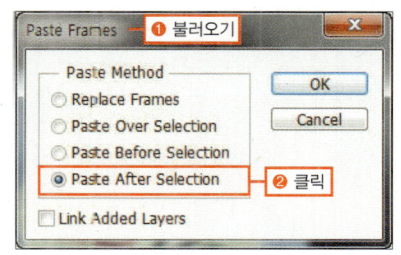

06 반복 실행하여 프레임 붙여넣기

❶같은 방법으로 한 번 더 붙여넣기 합니다.

07 프레임의 속도 조절하기

[Timeline] 패널에서 ❶첫 번째 프레임을 클릭하고 Shift 를 누른 채 두 번째 프레임을 클릭합니다. ❷숫자 부분에 있는 역삼각형(▼)을 클릭하여 '1.0'으로 설정합니다. ❸세 번째 프레임을 클릭하고 Shift 를 누른 채 마지막 프레임을 선택합니다. ❹'0.5'를 선택하여 속도를 설정합니다.

08 반복 횟수 설정하기

❶[Timeline] 패널의 왼쪽 하단에 [Once]를 클릭하여 [Forever]로 변경합니다.

❶ 설정

09 [Save for Web]으로 GIF 애니메이션 만들기

❶[File]-[Save for Web] 메뉴를 클릭하여 대화상자가 나타나면 저장 옵션이 'GIF'인 것을 확인하고 ❷[Save]를 클릭합니다.

❶ 불러오기

❷ 클릭

참고

저장하기 전에 선택한 저장 옵션의 화질과 용량을 확인하기 위해 Play 버튼(▶)을 클릭하여 애니메이션을 확인합니다.

10 [Save Optimized As] 대화상자 설정하기

❶[Save Optimized As] 대화상자가 나타나면 [파일 이름]을 '03_01_완료'로 입력하고 ❷[Format]을 'Images Only'로 선택한 후 ❸[저장(s)]을 클릭합니다.

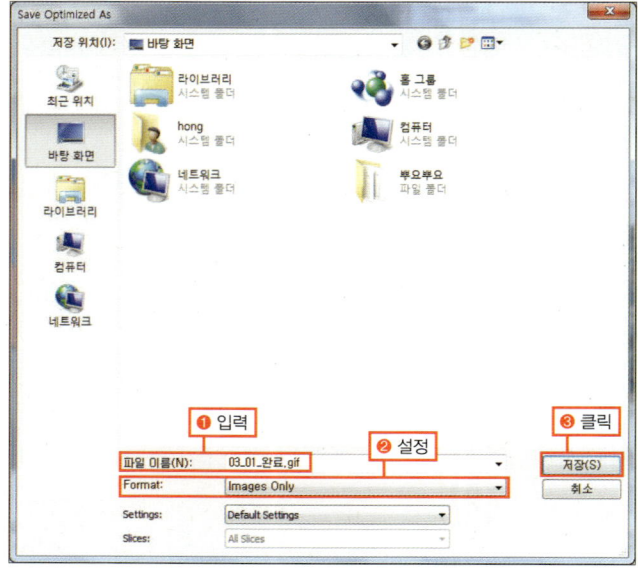

❶ 입력

❷ 설정

❸ 클릭

11 GIF 애니메이션 확인하기

저장한 위치로 이동하여 ❶더블클릭하여 애니메이션을 확인합니다.

❶ 더블클릭

참고

움직이는 이미지는 인터넷 익스플로러에서도 확인할 수 있습니다.

실습과정

[Tween] 기능을 이용해 배너 만들기

[Tween]은 GIF 애니메이션에서 중간 프레임을 자동 생성하여 부드럽게 이어주는 기능으로 투명도(Opacity)와 위치(Position), 레이어 스타일(Layer Style)로 애니메이션을 만들 수 있습니다.

◎ **시작 파일** : 9장\03_02.psd
◎ **완료 파일** : 9장\03_02_완료.psd, 03_02_완료.gif

01 프레임 추가하기

❶[Timeline] 패널에서 [Duplicates selected frame](🔲)을 클릭하여 두 번째 프레임을 만듭니다.

02 프레임 장면 수정하기

❶[Move Tool](🔛)을 클릭하고 ❷꽃을 위로 드래그하여 위치를 이동합니다. ❸[Layers] 패널에서 '날씨가 좋으면' 레이어의 '눈' 아이콘(👁)을 클릭하여 감춘 후 ❹'무럭무럭' 레이어의 '눈' 아이콘(👁)을 클릭하여 보이게 합니다.

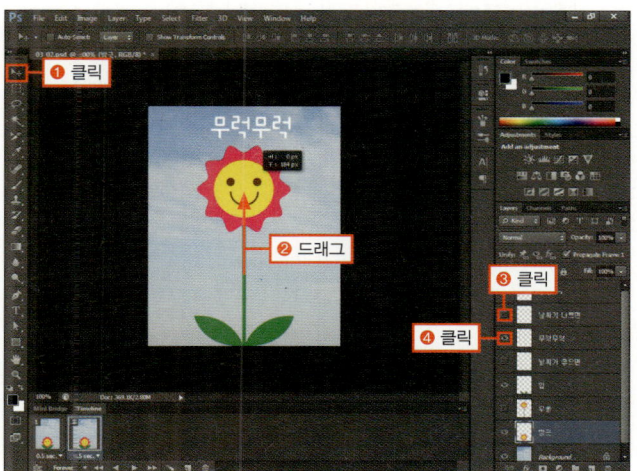

03 세 번째 프레임 만들고 수정하기

❶[Timeline] 패널에서 [Duplicates selected frame](🔲)을 클릭하여 세 번째 프레임을 만듭니다. ❷[Layers] 패널에서 '날씨가 좋으면' 레이어의 '눈' 아이콘(👁)을 클릭하여 감춘 후 ❸'날씨가 나쁘면' 레이어의 '눈' 아이콘(👁)을 클릭하여 보이도록 합니다.

04 네 번째 프레임을 만들고 수정하기

❶[Timeline] 패널에서 [Duplicates selected frame](🔳)을 클릭하여 네 번째 프레임을 만듭니다. ❷'방긋' 레이어의 '눈' 아이콘(👁)을 클릭하여 감춘 후 ❸'우울' 레이어의 '눈' 아이콘(👁)을 클릭하여 보이도록 합니다. ❹'날씨가 나쁘면' 레이어의 '눈' 아이콘(👁)을 클릭하여 감춘 후 ❺ '추우~ㄱ' 레이어의 '눈' 아이콘(👁)을 클릭하여 보이도록 합니다.

05 다섯 번째 프레임을 만들고 수정하기

❶[Timeline] 패널에서 [Duplicates selected frame](🔳)을 클릭하여 다섯 번째 프레임을 만듭니다. ❷[Layers] 패널의 '우울' 레이어를 선택하고 ❸[Move Tool](➤)이 선택된 상태에서 아래로 드래그합니다.

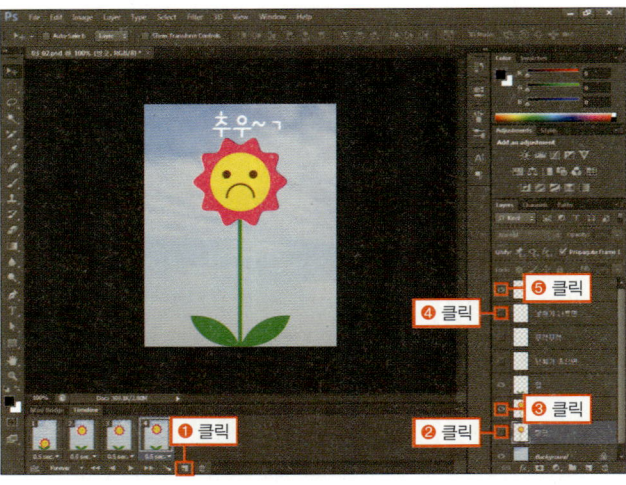

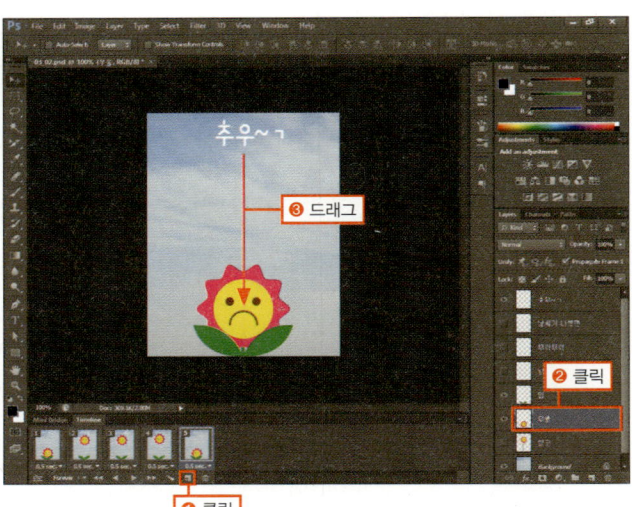

06 위치가 다른 두 프레임에 [Tween] 적용하기

❶[Timeline] 패널에서 첫 번째 프레임과 두 번째 프레임을 선택하고 ❷[Tween](🖌)을 클릭하여 대화상자가 나타나면 ❸[OK]를 클릭합니다.

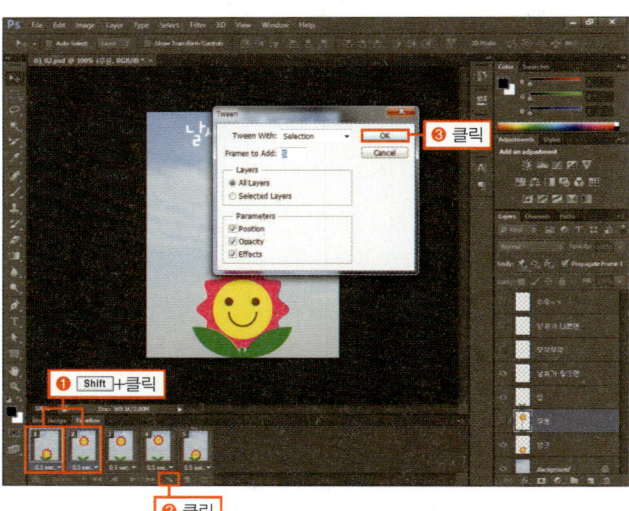

┌─ 참고 ●
위치가 다른 두 프레임에 [Tween]을 적용하면 추가된 장면 수만큼 자동으로 장면이 만들어집니다.
└─

07 투명도가 다른 두 프레임에 [Tween] 적용하기

❶[Timeline] 패널에서 8, 9 프레임을 선택하고 ❷[Tween] (⬛)을 클릭합니다. ❸대화상자가 나타나면 [Frames Add to]를 '3'으로 입력하고 ❹[OK]를 클릭합니다. ❺같은 방법 으로 마지막 두 프레임을 선택하고 [Tween](⬛)을 클릭 하여 프레임을 추가합니다.

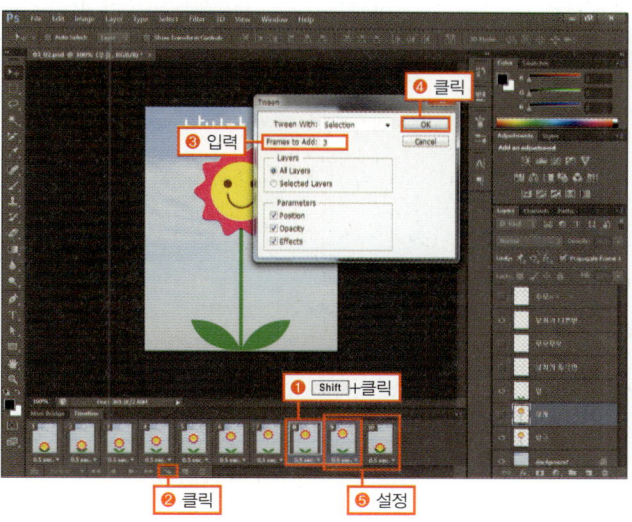

08 투경도에 [Tween] 적용하기

❶8, 9 프레임을 선택하고 ❷[Tween](⬛)을 클릭하여 대 화상자를 불러옵니다. ❸[Frames to Add]를 '3'으로 입력 하고 ❹[OK]를 클릭합니다.

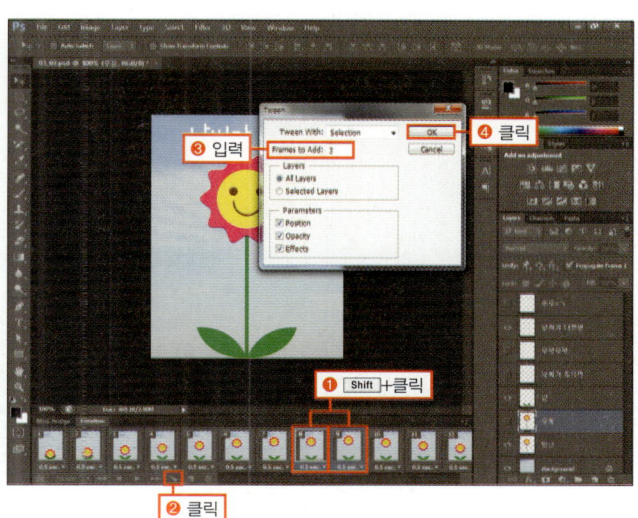

09 완성된 애니메이션 확인하기

❶[Timeline] 패널에서 [Play](▶)를 클릭하여 완성된 애 니메이션을 확인합니다.

왼쪽의 구름이 오른쪽으로 흘러가는 GIF 애니메이션을 만들어 보세요.

- **시작 파일** : 9장\03_실습.psd
- **완료 파일** : 9장\03_완료.psd, 03_완료.gif

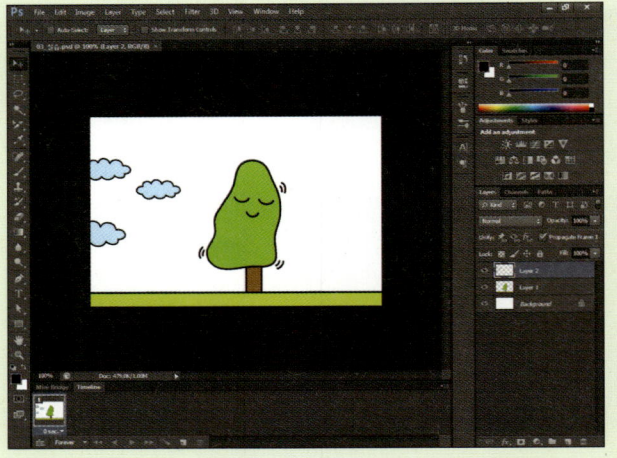

SECTION 04

3D 개체의 삽입, 매핑, 변형, 합성 배우기

포토샵 CS6에서는 간단한 3D 버튼 하나로 글자나 이미지를 3D 오브젝트로 만들 수 있으며 조절 선을 클릭하여 두께나 회전 등을 설정할 수 있습니다. 또한 3D 오브젝트를 선택하면 [Properties] 패널로 재질과 조명도 설정할 수 있습니다.

다루는 내용

- 3D 오브젝트 만들기
- 3D 오브젝트의 [Properties] 패널 살펴보기

기능 정리

3D 입체 오브젝트를 만들 수 있는 다양한 방법 미리 보기

3D 작업은 대부분 [3D] 패널에서 세부적으로 설정하므로 [3D] 패널의 메뉴와 기능만 잘 다룬다면 충분히 3D 오브젝트를 잘 다룰 수 있습니다. 매핑, 조명, 투명도 조절 등 세부 속성을 설정할 수 있습니다.

● **3D 오브젝트를 만드는 [3D] 패널**

[3D] 패널은 선택된 상태에 따라 달라집니다. 레이어를 선택하면 Postcard, 3D Extrusion, Mesh Object를 선택하여 만들 수 있습니다. [Window]-[3D] 메뉴를 클릭하면 [3D] 패널이 나타납니다. [3D] 패널에 대해 자세히 살펴보도록 하겠습니다.

▲ 레이어를 선택하고 3D로 만들기 전의 [3D] 패널

❶ **Source** : 3D로 변경할 레이어를 선택합니다.

❷ **3D Postcard** : 3차원 공간에 서있는 평면 오브젝트를 만듭니다.

❸ **3D Extrusion** : 두께가 있는 입체를 만듭니다.

❹ **Mesh From Preset** : 몇 개의 주어진 입체 도형을 만듭니다.

❺ **Mesh From Depth Map** : 두께를 주는 입체를 만들 때 모양을 선택할 수 있습니다.

❻ **3D Volume** : 선택한 2개의 레이어가 자연스럽게 바뀌는 입체를 만들 수 있습니다.

❼ **Create** : 위에서 선택한 3D 타입으로 오브젝트를 만듭니다.

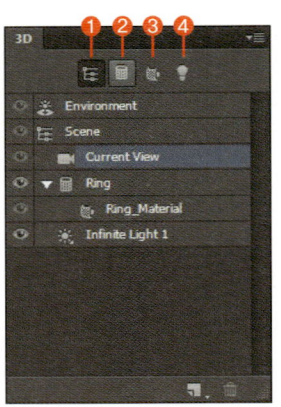

▲ 레이어를 선택하고 3D로 만들기 전의 [3D] 패널

❶ **Show all Scene Elements** : 3D 오브젝트의 메시, 재질, 조명 등 전반적인 구조를 총괄적으로 확인할 수 있습니다.

❷ **Show all 3D Mesh and 3D Extrusion** : 3D 오브젝트의 메시를 보여줍니다. 메시를 이동하거나 회전하는 등 메시의 세부 옵션을 설정할 수 있습니다.

❸ **Show all Materials** : 3D 오브젝트의 재질을 설정할 수 있습니다.

❹ **Show all Lights** : 3D 오브젝트의 조명을 보여줍니다. 조명을 이동하거나 회전하는 등의 세부 옵션을 설정할 수 있습니다.

● **3D 오브젝트 글자 설정**

글자를 입력 후에 옵션 바의 [3D] 버튼을 클릭하면 글자에 두께를 주면서 3D 화면으로 바뀌어 각도와 회전, 두께 등을 조절할 수 있습니다. 이때 3D 글자를 선택하면 [Properties] 패널에 기본 빛의 색상과 그림자 정도가 나타나며 카메라 각도와 위치에 따른 오브젝트의 위치를 조절할 수 있습니다. 또한 3D 오브젝트를 클릭하여 조절 선을 클릭하면 각 조절 방향으로 회전을 줄 수 있습니다.

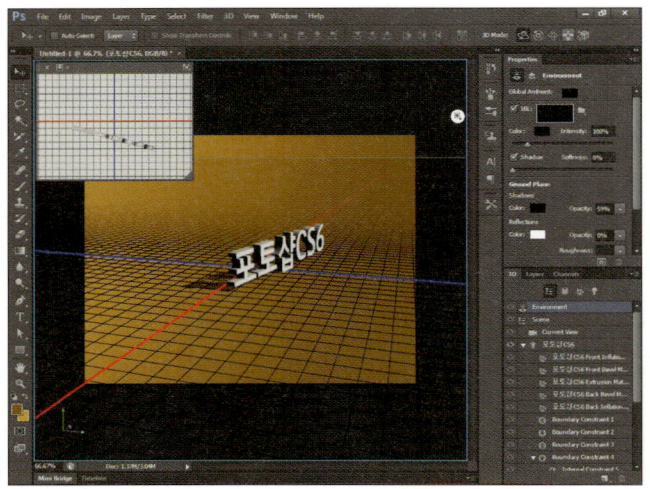

▲ 입체 글자 만들기

● 3D 오브젝트 도형 설정

[3D]-[New Mesh From Layer]-[Mesh Preset] 메뉴를 클릭하거나 [3D] 패널에서 [Mesh Preset]
에서 원하는 도형을 선택하면 간단한 입체 도형을 만들 수 있습니다. 이때 만들어진 [3D] 패널에
서 재질을 바꿀 수 있습니다.

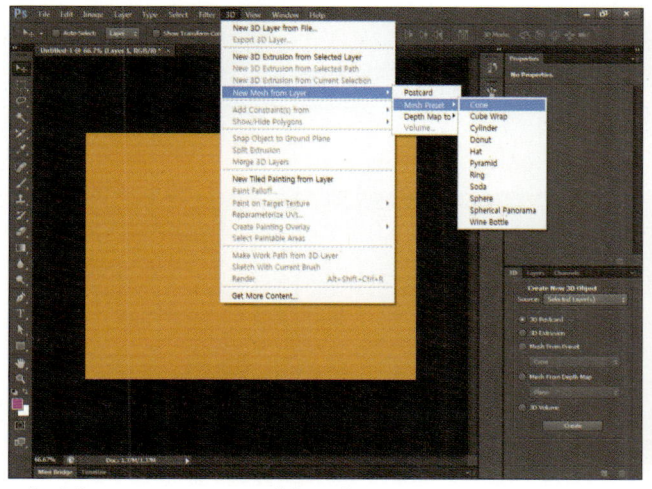

▲ [3D]-[New Mesh From Layer]-[Cone] 메뉴 클릭

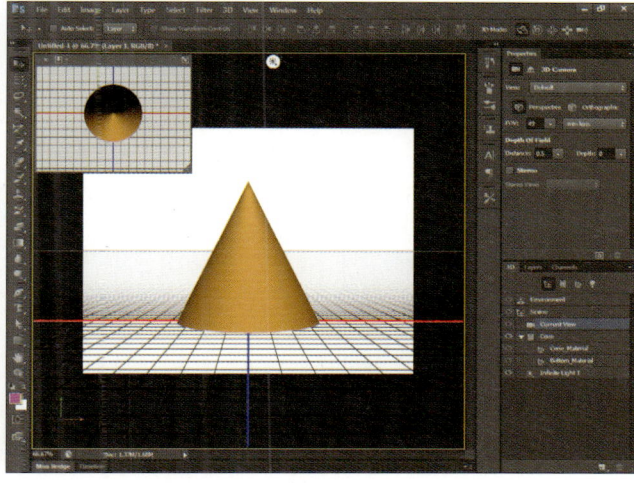

▲ Cone 모양의 입체 도형

큐브 모양 이외에 원뿔, 육면체, 도넛, 도자, 병 등 12가지의 3D 유형을 제공하고 있습니다.

▲ 원본

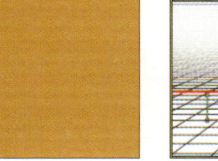

▲ Cone

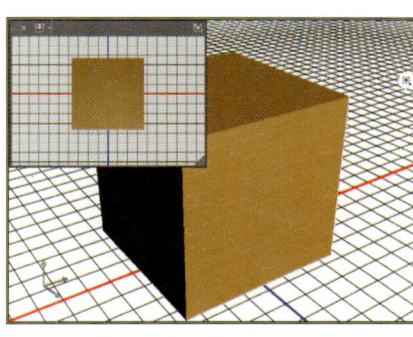

▲ Cube Warp

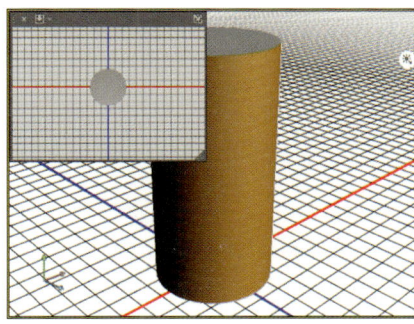

▲ Cylinder

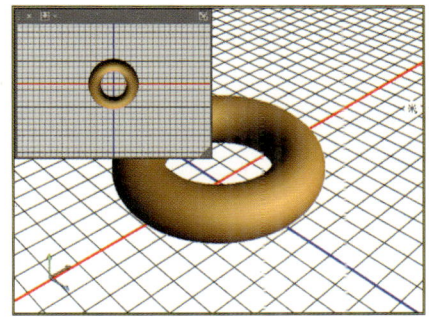

▲ Donut

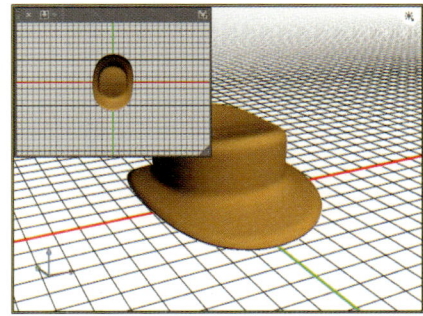

▲ Hat

▲ Pyramid

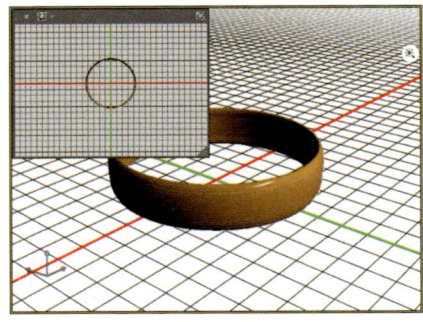
▲ Ring

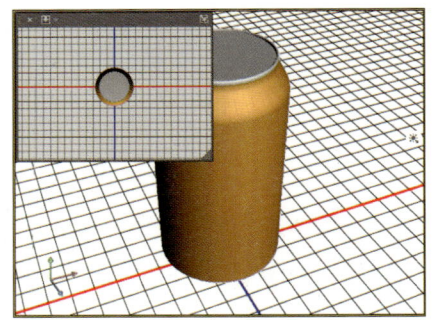
▲ Soda

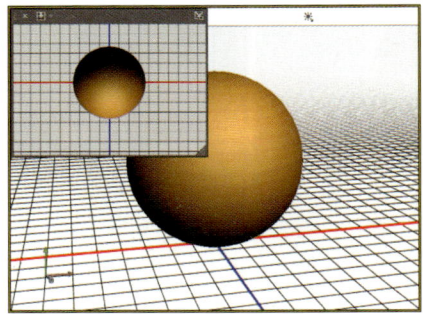
▲ Sphere

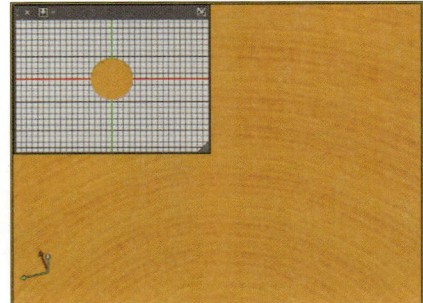
▲ Spherical Panorama

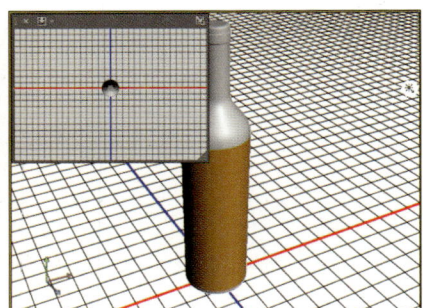
▲ Wine Bottle

> **참고 ● 간단한 입체 도형 만들기**
>
> [3D]–[New Mesh from Layer]–[Postcard] 메뉴를 클릭하거나 [3D] 패널에서 'Postcard'를 선택하고 [Create]를 클릭하면 두께가 없는 3D 공간에 놓인 오브젝트가 만들어집니다.
>
>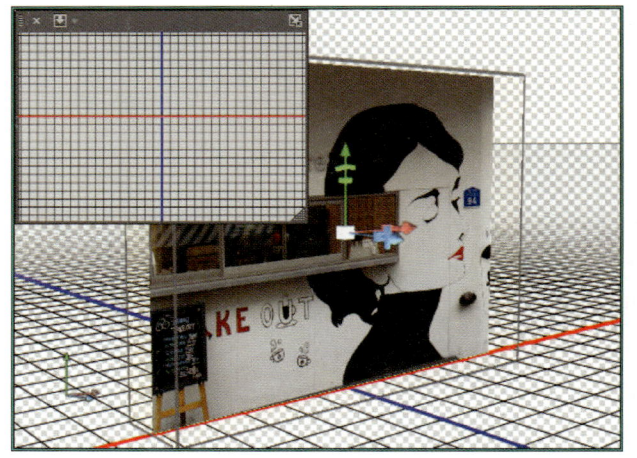

간단퀴즈

1 다음 ( ) 안에 적당한 용어를 입력하세요.

포토샵에서 [3D]–( ) 메뉴를 클릭하면 원뿔, 육면체, 도넛 모양 등 12가지의 3D 오브젝트의 유형이 나타납니다.

2 3D 오브젝트의 조명, 메시, 회전 등 세부 속성을 설정하는 패널은?

① [3D] 패널   ② [Color] 패널   ③ [Style] 패널   ④ [Paths] 패널

답 : **1** [New Shape From Layer], **2** ①

실습
과정

다양한 3D 이미지 만들기

[3D] 패널을 이용하여 다양한 3D 이미지를 제작하고 3D 축을 조절하여 회전, 위치, 크기 등을 조절해 보겠습니다.

◉ **시작 파일** : 9장\04_01_1.psd
◉ **완료 파일** : 9장\04_01_완료.psd

01 3D 작업 환경으로 변경하기

❶[Window]-[Workspace]-[3D] 메뉴를 클릭하여 3D 작업에 편한 환경으로 변경합니다. ❷[3D] 패널의 탭을 클릭한 채 드래그하여 분리합니다. [Layers] 패널에서 '책' 레이어가 선택된 것을 확인합니다.

02 두께감 있는 오브젝트 만들기

❶[3D] 패널에서 [3D Extrusion]을 클릭하고 ❷[Create]를 클릭합니다.

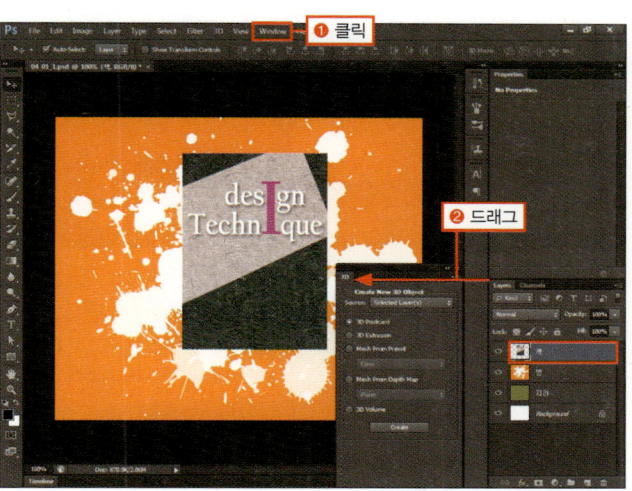

03 3D 오브젝트 위치 설정하기

3D 레이어로 변경된 것을 확인한 후, ❶이미지 창에서 오른쪽으로 드래그하여 만들어진 3D 오브젝트의 측면이 보이도록 합니다.

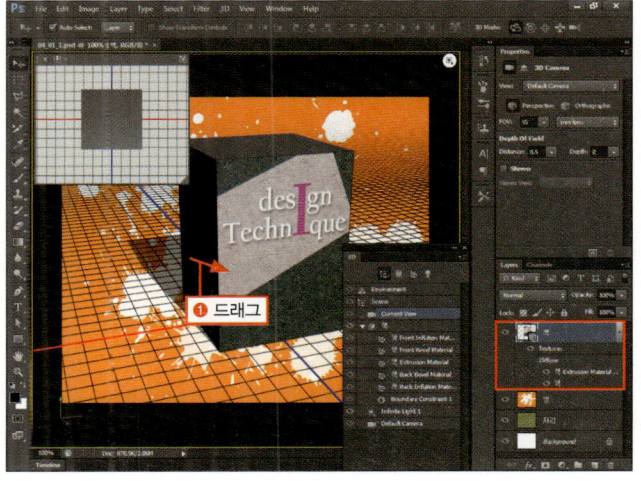

> **참고** •
>
> 3D 오브젝트를 선택하고 [Move Tool](🔸)을 클릭하면 옵션 바에서 [3D Mode]의 3D 조절 툴이 나타납니다. 이 툴로 3D 오브젝트의 회전, 이동, 크기를 조절할 수 있습니다.

04 두께 조절하기

❶[3D] 패널의 메시 '책'을 클릭하면 [Properties] 패널에 선택한 메시 옵션이 나타납니다. ❷[Extrusion Depth]를 '40'으로 조절하고 3D 오브젝트의 두께가 얇아진 것을 확인합니다.

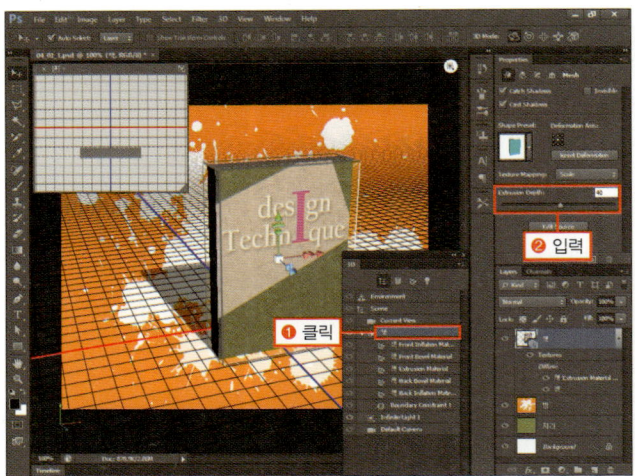

05 3D 축을 이용하여 회전하기

❶3D 오브젝트 위에 마우스 포인터를 위치시킨 후 3D 축이 보이면 ❷[Rotate Around X Axis] 위로 이동합니다. 회전선이 보이면 클릭한 채 위로 드래그하여 '책' 오브젝트가 다음과 같이 보이도록 회전합니다.

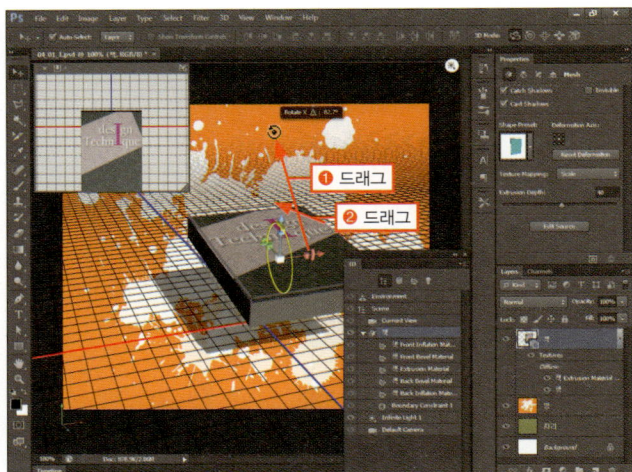

> **참고**
>
> 3D에서 메시(Mesh)는 오브젝트의 형태를 가리키는 것으로, 그림자의 유무와 두께, 바꿀 수 있는 기본 모양, 매핑되는 형태를 선택할 수 있습니다.

> **참고**
>
> 3D 오브젝트를 클릭하면 나타나는 축으로 각 지점을 클릭, 드래그하여 크기, 회전, 이동을 할 수 있습니다.
>
> ❶ **Scale Along X, Y, Z** : 클릭한 채 드래그하면 3D 오브젝트의 크기가 조절됩니다.
> ❷ **Rotate Around X, Y, Z Axis** : 클릭하면 각 방향의 회전선을 따라 3D 오브젝트가 회전합니다.
> ❸ **Move On X, Y, Z Axis** : 클릭한 채 드래그하면 각 축을 따라 이동합니다.
>
>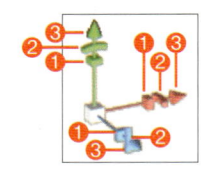

06 캔 모양 만들기

❶[Layers] 패널에서 '병' 레이어를 선택하고 ❷[3D] 패널에서 [Mesh From Preset]을 클릭합니다. ❸'Soda'를 선택하고 ❹[Create]를 클릭합니다.

07 캔 모양의 3D 오브젝트 확인하기

선택한 레이어가 캔 모양의 3D 오브젝트로 바뀐 것을 확인합니다.

08 Scale 툴로 크기 조절하기

❶캔 오브젝트를 클릭하여 3D 축이 나타나도록 한 후 ❷옵션 바의 [3D Mode]에서 [Scale the 3D Object](🎲)를 클릭합니다. ❸캔 오브젝트의 바깥 부분에서 커서의 모양이 바뀌면 안쪽으로 드래그하여 크기를 줄입니다.

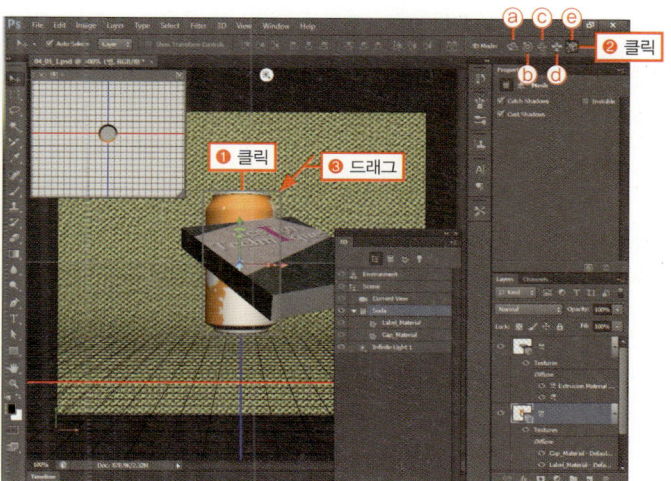

참고 • **3D 툴 자세히 살펴보기**

ⓐ Rotate the 3D Object(🔄) : 3D 오브젝트를 회전시킬 수 있습니다.

ⓑ Roll the 3D Object(🔄) : z축을 기준으로 회전시킬 수 있습니다.

ⓒ Drag 3D Object(✥) : 3D 오브젝트를 드래그하여 옮길 수 있습니다.

ⓓ Slide the 3D Object(✥) : 3D 오브젝트를 원근감 있게 옮길 수 있습니다.

ⓔ Object Scale Tool(🎲) : 3D 오브젝트의 크기를 비율에 맞춰 조정할 수 있습니다.

---

09 원근감 있는 3D 오브젝트 만들기

❶[Layers] 패널에서 '자리' 레이어를 선택하고 ❷[3D] 패널에서 [3D Postcard], ❸[Create]를 차례대로 클릭합니다.

10 오브젝트 회전하기

❶3D 오브젝트가 만들어지면 클릭하여 축이 보이도록 합니다. ❷[Rotate Around X Axis]를 클릭한 채 위로 드래그하여 그림과 같이 회전합니다. ❸[3D] 패널을 닫습니다.

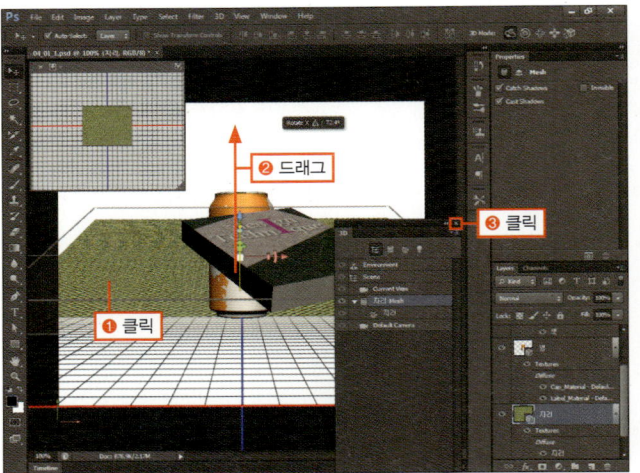

참고

안내선의 cm 단위는 [File]–[Document Setup] 메뉴를 클릭하고 [Document Setup] 대화상자의 [Unit]에서 설정할 수 있습니다.

11 3D 축으로 오브젝트의 위치 조절하기

각 3D 오브젝트가 잘 보이도록 합니다. ❶레이어를 클릭하여 3D 축이 나타나면 'Move On X, Y, Z Axis' 부분을 드래그하여 다음과 같은 위치에 배치합니다.

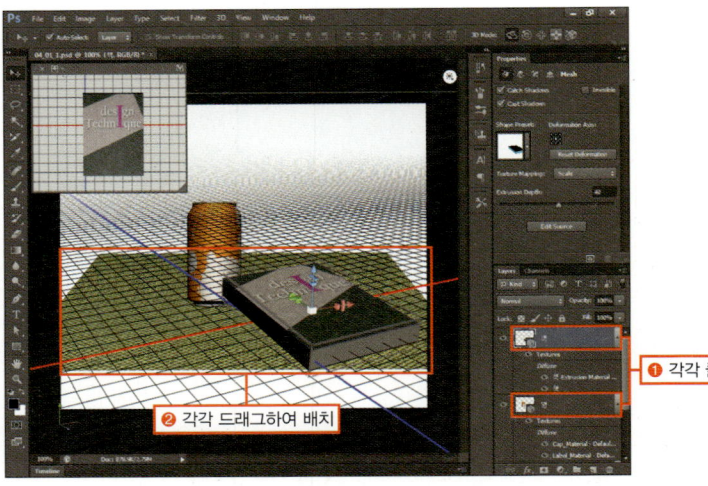

12 완성된 이미지 확인하기

❶[Layers] 패널의 'Background' 레이어를 선택하여 3D 조절선이 안 보이는 상태에서 완성된 이미지를 확인합니다.

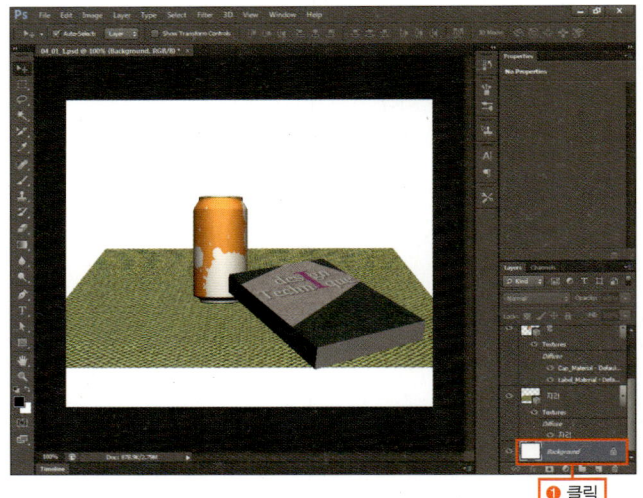

3D 오브젝트 수정하고 매핑 바꾸기

만들어진 3D 오브젝트는 [3D] 패널과 [Properties] 패널로 수정할 수 있으며 겉에 입혀진 매핑을 다른 것으로 변경할 수 있습니다.

◎ **시작 파일** : 9장\04_02_1.psd, 04_02_2.jpg
◎ **완료 파일** : 9장\04_02_완료.psd

01 3D View 화면으로 위치 조절하기

❶[Layers] 패널의 '병' 레이어를 선택하고 ❷[3D View] 화면의 [Select View](▶)를 클릭한 후, ❸[Left]를 선택합니다.

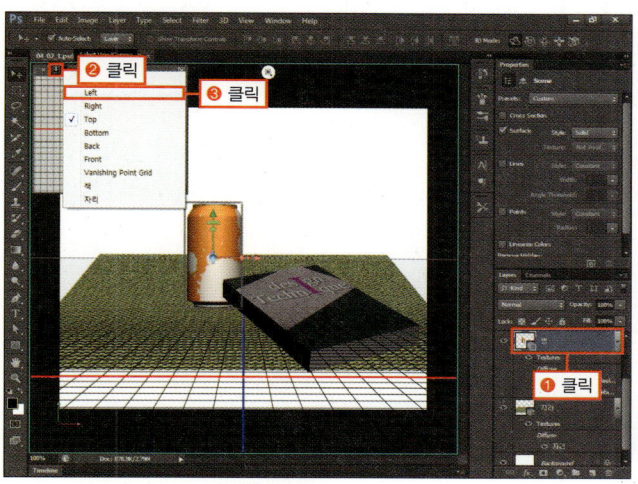

참고
앞의 과정에 이어 따라하는 경우 위치가 다를 수 있습니다. 위 그림과 같이 위치를 조절합니다.

02 병 오브젝트 배치하기

병 오브젝트가 공중에 떠있는 것을 확인하고 ❶3D 축에서 'Move On Y Axis'를 아래로 드래그하여 바닥에 붙도록 이동합니다.

참고
[3D View] 화면은 선택한 오브젝트를 각 방향에서 선택하여 볼 수 있어 오브젝트를 이동, 회전할 때 편리합니다.

03 책 이미지 조절하기

위와 같은 방법으로 ❶[3D View] 화면에서 'Left'를 선택하고 ❷3D 축의 각 'Move On' 부분을 조절하여 그림과 같이 배치합니다.

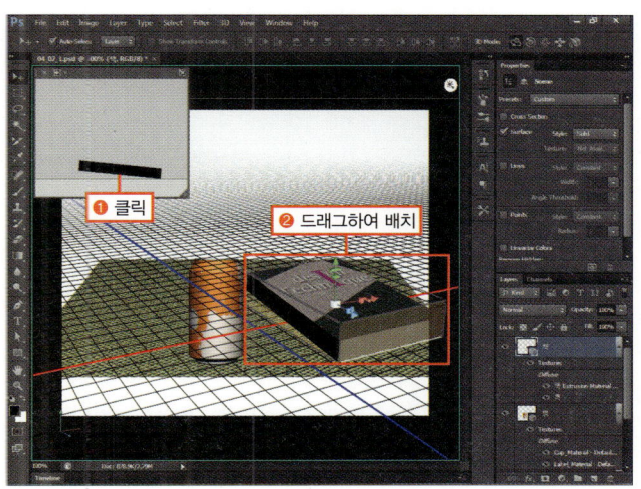

04 렌더링하기

'책' 오브젝트의 빛 위치를 확인합니다. ❶[Properties] 패널에서 [Render](📷)를 클릭하여 '책' 오브젝트를 렌더링합니다. 그림자가 만들어진 것을 확인합니다.

05 빛 이동한 후 렌더링하기

❶[Layers] 패널의 '병' 오브젝트를 클릭하고 ❷이미지 창 바깥쪽에 있는 '빛'을 클릭합니다. '병' 오브젝트에 빛의 중심과 방향이 나타납니다. ❸방향을 드래그하여 '책' 오브젝트의 빛과 비슷한 위치에 있도록 조절합니다. ❹[Properties] 패널의 [Render](📷)를 클릭하여 그림자를 만듭니다.

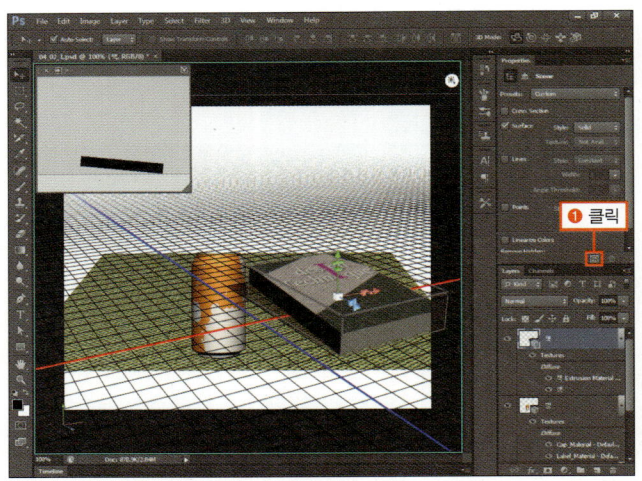

참고

포토샵 CS6에서는 3D 오브젝트마다 'Light'를 주어 이를 선택하면 이미지 창에는 빛의 방향을 조절할 수 있으며, [Properties] 패널에서는 빛의 색상, 강도, 그림자의 부드러움 정도를 조절할 수 있습니다. 빛을 조절한 후에는 [Render](📷)를 클릭하여 렌더링을 적용해야 오브젝트와 그림자가 제대로 보입니다.

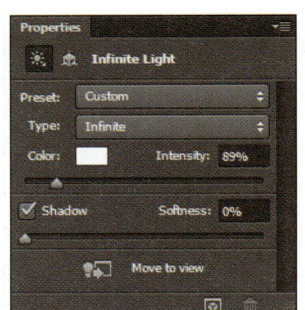

▲ Light를 선택했을 때 [Properties] 패널의 옵션

06 매핑 이미지 열기

책 그림자가 병을 가립니다. ❶[Layers] 패널에서 '병' 레이어를 선택하고 ❷'책' 오브젝트보다 위에 놓이도록 이동합니다. ❸[Layers] 패널에서 'Label Material'을 더블클릭하여 매핑 이미지를 엽니다.

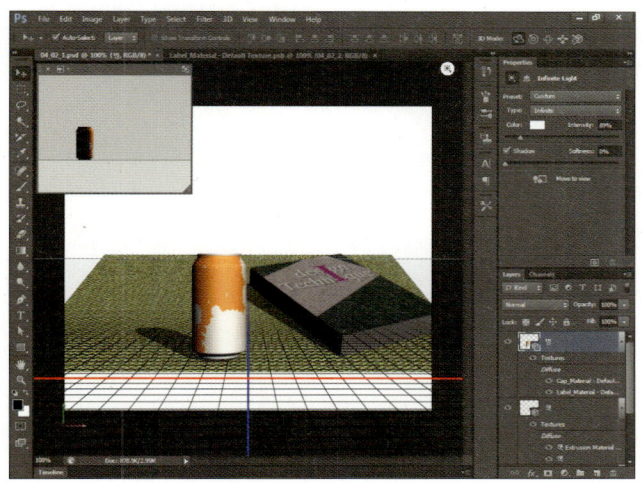

07 매핑 변경하기

매핑 이기지가 열리면 ❶[File]-[Place] 메뉴를 클릭하여 ❷'04_02_2.jpg' 파일을 ❸불러옵니다.

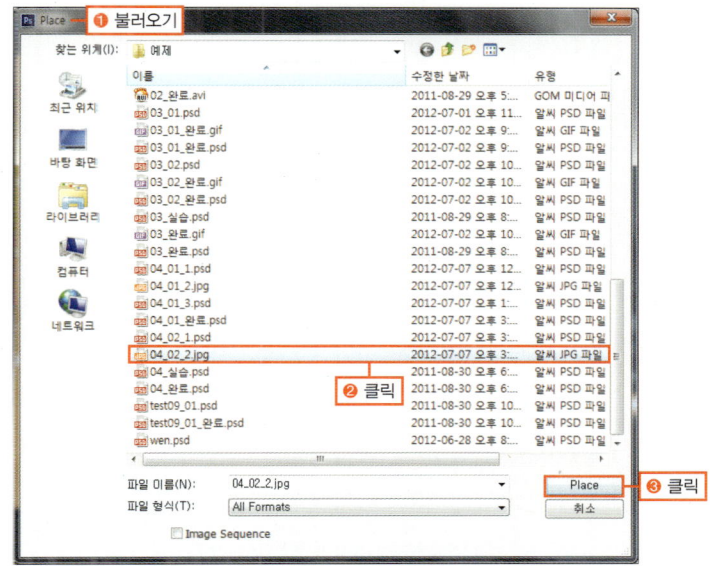

08 3D 오브젝트 확인하기

선택한 이미지가 나타나면 ❶ Enter 를 클릭하고 ❷ Ctrl + S 를 눌러 저장합니다.변경된 매핑을 확인합니다. ❸ [Properties] 패널에서 [Render](⬛)를 클릭하여 다시 렌더링합니다. ❹[Layers] 패널에서 'Background' 레이어를 클릭하여 완성된 이미지를 확인합니다.

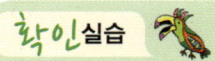

'Layer 1'을 도넛 모양의 3D로 만들어 보세요.

◉ **시작 파일** : 9장\04_실습.psd
◉ **완료 파일** : 9장\04_완료.psd

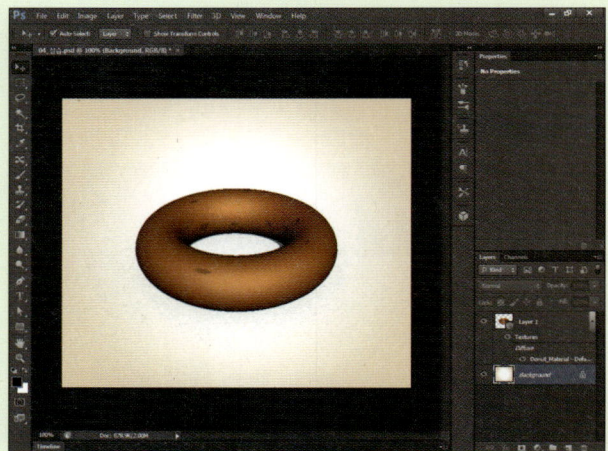

P h o t o s h o p C S 6

❶ 5초 길이의 MOV 동영상으로 제작합니다. '무늬' 레이어는 오른쪽으로 이동하고, '글자1' 레이어는 2초 동안 깜빡거리게, '캐릭터1', '글자1' 레이어는 2초 15프레임 후에 사라지면서 '캐릭터2', '글자2' 레이어가 보이도록 만들어 보세요.

◎ **시작 파일** : 9장\09test1.psd
◎ **완료 파일** : 9장\09test1_완료.psd, 09test1_완료.mov
◎ **해설 파일** : 해설파일\09test1.pdf

Before

After

❶[Video Timeline] 패널에서 '무늬' 레이어의 [Position] 키프레임 생성하기 ❷시간을 '04:29f'로 설정하기 ❸'무늬' 레이어 위치를 오른쪽으로 드래그하여 이동하기 ❹'캐릭터1', '글자1' 레이어의 길이를 '02:15'로 줄이기 ❺'캐릭터2', '글자2' 레이어의 시작 위치를 '02:15f'로 이동 ❻[Render Video] 명령으로 MOV 동영상으로 만들기

❷ [3D] 패널을 이용하여 와인병을 만들고 텍스트가 깜빡깜빡 거리는 GIF 애니메이션으로 만들어 보세요.

◎ **시작 파일** : 9장\09test2.psd
◎ **완료 파일** : 9장\09test2_완료.psd, 09test2_완료.gif
◎ **해설 파일** : 해설파일\09test2.pdf

Before

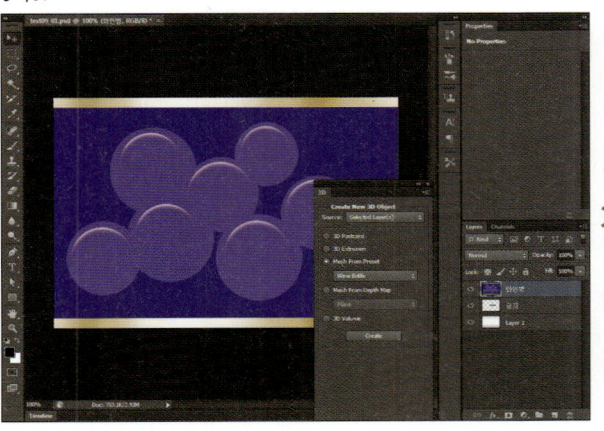

After

❶'와인병' 레이어에 3D오브젝트 'Wine Bottle' 적용하기 ❷와인병 배치하고 조명 위치 및 그림자 설정하기 ❸[Frame Animation Timeline] 패널에서 새 프레임 추가하기 ❹'글자' 레이어 감추고, 시간 및 반복 횟수 설정하기 ❺[Save for Web] 명령으로 'GIF'로 저장하기

PART 09.
응용실습 | 431

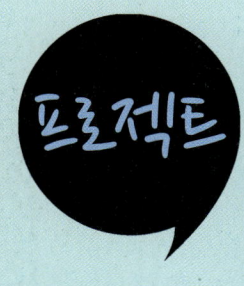

실무를 완벽하게 대비하는 종합 실습 문제

전체 과정을 종합적으로 활용할 수 있는 능력을 키워주는 '프로젝트'입니다.

총 5개의 문제로 구성되어 있으며, PDF 해설 파일과 동영상 해설 파일(부록 CD 및 QR 코드)이

제공됩니다.

P H O T O S H O P   C S 6

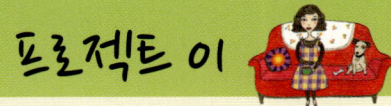

프로젝트 이
Photoshop CS6

크리스마스 분위기의 이미지 만들기

도형 툴, [Paths] 패널의 패스로 오브젝트를 그리고, 그레이디언트로 페인팅하며
크리스마스 분위기의 이미지를 만들어 보세요.

- ⊙ **시작 파일 및 소스 파일** : 프로젝트\project01-1.psd, project01-2.ai
- ⊙ **완료 파일** : 프로젝트\project01_완료.psd
- ⊙ **해설 파일** : 해설파일\project01.pdf
- ⊙ **동영상 해설 파일** : 해설파일\project_01.avi

1단계 : 그레이디언트로 배경 페인팅
2단계 : 패스 선과 도형 툴로 언덕과 나무 등의 오브젝트 드로잉
3단계 : [Brush Tool](✐)로 페인팅
4단계 : 일러스트레이터 파일 플레이스(Place)하여 배치
5단계 : 눈 모양 삽입하고 투명도 조절

자기 PR용 이미지 만들기

자신을 표현할 수 있는 여러 장의 이미지를 불러와 편집하고 레이어 스타일을 적용하여 자신을 표현할 수 있는 이미지로 완성해 보세요.

- ⊙ **시작 파일 및 소스 파일** : 프로젝트\project02-1.psd, project02-2.jpg~project02-9.jpg, project02-pat.jpg, textvivid.aco, project02_logo.ai
- ⊙ **완료 파일** : 프로젝트\project02_완료.psd
- ⊙ **해설 파일** : 해설파일\project02.pdf
- ⊙ **동영상 해설 파일** : 해설파일\project_02.avi

1단계 : 패턴 저장한 후, 도형에 패턴 적용
2단계 : 각각의 이미지 불러온 후 테두리 설정하고 배치
3단계 : 레이어 스타일로 그림자 설정
4단계 : 그룹 폴더에 레이어 정리
5단계 : 일러스트레이터 로고 파일 플레이스(Place)하여 배치
6단계 : 글자 왜곡 및 색상 설정

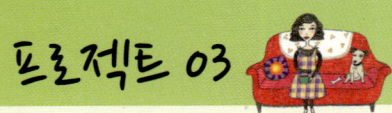
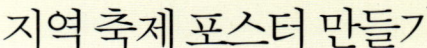

지역 축제 포스터 만들기

레이어 마스크를 이용하여 이미지를 합성하고 셰이프 레이어로 배경 이미지를
그리거나 편집하여 지역 축제 포스터를 만들어 보세요.

- ◎ **시작 파일 및 소스 파일** : 프로젝트\project03-1.psd, project03-2.jpg~project03-4.jpg,
  project03-logo.ai
- ◎ **완료 파일** : 프로젝트\project03_완료.psd
- ◎ **해설 파일** : 해설파일\project03.pdf
- ◎ **동영상 해설 파일** : 해설파일\project_03.avi

1단계 : 'project03-01.psd' 파일의 사람 삭제하고, 레이어 마스크로 부드럽게 합성
2단계 : 'project03-2.jpg' 파일을 부드러운 영역으로 선택하여 시작 파일의 하단에 배치하고 레이어 마스크로 합성
3단계 : 'project03-3.jpg' 파일의 일부를 부드럽게 선택한 후 모양을 왜곡하여 시작 파일의 오른쪽 하단에 합성
4단계 : 'project03-4.jpg' 파일의 오브젝트를 패스 선으로 따서 시작 파일의 오른쪽 중앙에 뒤집어서 배치
5단계 : 일러스트레이터 로고 파일 플레이스(Place)하여 배치
6단계 : 도형 툴로 벡터 이미지 삽입하고 [Rasterize Layer] 적용
7단계 : 투명도와 블렌딩 모드 적용

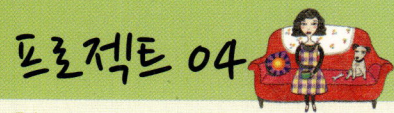

프로젝트 04
Photoshop CS6

북커버 디자인하기

이미지를 브러시로 설정하여 배경을 그린 후 클리핑 마스크로 글자에 이미지를 넣어 완성해 보세요.

- ⊙ **시작 파일 및 소스 파일** : 프로젝트\project04.psd, project04-2.jpg, project04-3.png, project04-book.ai
- ⊙ **완료 파일** : 프로젝트\project04_완료.psd
- ⊙ **해설 파일** : 해설파일\project04.pdf
- ⊙ **동영상 해설 파일** : 해설파일\project_04.avi

1단계 : 사각형 삽입하고 그레이디언트 적용
2단계 : 'project04-3.png' 파일을 브러시 프리셋으로 등록하고 세부 항목 설정
3단계 : 'project04-3.png'의 장미 오브젝트를 배치하고 반사 이미지 설정
4단계 : 책 오브젝트 파일을 플레이스(Place)하여 배치하고 글자 입력
5단계 : 책 표지의 글자에 'project04-2.jpg' 파일을 클리핑 마스크 적용
6단계 : 그룹 폴더에 레이어 정리
7단계 : 책 오브젝트의 반사 이미지 설정하고 레이어 마스크 적용

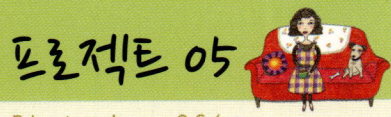
그레이디언트로 자연스럽게 페인팅한 후 소스 이미지를 불러와 블렌딩 모드와
레이어 스타일을 알맞게 적용하여 홈페이지 메인 화면을 만들어 보세요.

- ◉ **시작 파일 및 소스 파일** : 프로젝트\project05-1.psd, project05-2.jpg, project05-3.png
- ◉ **완료 파일** : 프로젝트\project05_완료.psd
- ◉ **해설 파일** : 해설파일\project05.pdf
- ◉ **동영상 해설 파일** : 해설파일\project_05.avi

1단계 : 그레이디언트로 배경 페인팅

2단계 : 'project05-2.jpg' 파일 불러와 블렌딩 모드 설정

3단계 : 제목 부분에 부드러운 영역 설정하여 흰색 배경 페인팅

4단계 : 'project05-3.png' 파일 배치하고 테두리 설정

5단계 : 그레이디언트로 페인팅하고 [Liquify]로 왜곡하여 조명 효과

6단계 : [Warp]로 메뉴판과 글자 왜곡

7단계 : 제목에 그레이디언트 및 엠보싱 효과 적용